中华传世藏书 【图文珍藏版】

论语诠解

[春秋]孔子⊙原著　马博⊙主编

线装书局

宓不齐

宓不齐（公元前 502～?），字子贱，春秋鲁国人。贱理单父，弹琴，身不下堂，单父理。巫马期以星出，以星入，而单父亦理。巫马期问其故，宓子贱曰："我之谓任人，子之谓任力；任力者故劳，任人者故逸。"

宰予

宰予(生卒年不详),字子我,春
秋鲁国人。子长于言语,有政治之
才,列孔门十哲之一,以智不克其辩,
故夫子曰:"以辞取人,则失之宰予。"

申枨

　　申枨(生卒年不详)，字周，春秋鲁国人。枨性方而多好不平，夫子谓曰："枨也欲，焉得刚？"

公良孺

公良孺(生卒年不详),字子正,春秋陈国人。孺贤而有勇,孔子周游,常以家车五乘从孔子游。

司马耕

　　司马耕(生卒年不详),字子牛,春秋宋国人。耕多言而躁,夫子谓曰:"仁者其言也讱。"

"做"才是生存的根本

【原文】

子曰："君子耻其言而过其行。"

我们知道建楼房,必须要有个坚实而牢固的根基。基础不牢,地动山摇。没有一个好的根基,楼房是建不起来的,根基不扎实,楼房也不可能建高。但要想把楼房建起来,建好,光靠地面下的根基是不够的,关键还要靠地面上的工作。这个地面上边的工作,放在人的生存过程中,就是"做",而且要能干。

古时候,有个人很会贮藏柑橘,到了寒冬腊月,别人家的柑橘早都干的干,烂的烂,而他家的柑橘却新鲜如初。这样的柑橘拿到集市上,自然可以卖个不错的价钱。这个人也因此而大赚了一笔。可买柑橘的人拿回去却发现,这样的柑橘只是外表好看,里面却都像破败的棉絮,根本不能吃了。

人们把这种柑橘称作"金玉其外,败絮其中"。

人世间有这样一个简单的道理:一个柑橘即使内里的果肉再好再甜,如果没有差不多的外表,绝对没有人会看上一眼的;同样,光有美丽的外表,却没有实实在在甘美的果肉,这样的柑橘人们也不会要。卖这种柑橘的人只能骗几个人,骗不了多数,这样的柑橘也只能卖一次,第二次也绝对没人买。

做人也是一样,不管你肚子里有多少才学,说不出来,不会有人注意。于是常常有人"怀才不遇",也常有人感叹"千里马常有而伯乐不常有"。现代人重视情商的培养,也说明了它的重要。但除了一张利嘴外,没有什么才干的人,更不可能有什么作为。毛泽东给这种人做过一个十分形象的描述:墙上芦苇,头重脚轻根底浅;山间竹笋,嘴尖皮厚腹中空。

实际上,"说"和"做"的关系,就像是一棵大树的枝叶和主干,没有枝叶,主干难以成活;没有了主干,也就不存在枝叶。

一个人活着,仅仅会说,是远远不够的。就像我国历史上发生过的王衍清谈误国的故事就值得我们深刻地反省。晋惠帝时期,一些朝廷士族官员不务正事,经常三五成群聚集在一起胡乱吹牛,浮夸成风。他们谈的话题多是不着边际、荒诞无稽的事情。这种谈话当时比较风行,人们称它为"清谈"。

王衍当时在朝中任尚书令,他经常与河南尹乐广凑在一起清谈。一时间他们在社会上的名声很大,朝廷内外的人都争相效仿他们。王衍与弟弟王澄,喜好品评人物,当时的人都以他们的评价作为标准。

王衍

王衍神态聪明,容貌秀美。他小的时候,山涛见到他,赞叹了很久,说:"什么样的妇人,竟然生下这样好的孩子!但是危害天下百姓的,未必就不是这个人。"

王澄以及阮咸、阮咸的侄子阮修、泰山人胡母辅之、陈国人谢鲲、新蔡人毕卓等人,都以任性放纵为通达,甚至他们喝醉了酒发狂裸体,也不觉得有什么不对的。

胡母辅之一次痛饮,他的儿子胡母谦之见到了,厉声叫着他的字说:"彦国,你是上了年纪的人,不应该做这样的事了!"胡母辅之听后放声大笑,叫他进来一起喝酒。毕卓曾经担任吏部侍郎,一次他的邻居酿造的酒熟了,毕卓就借着酒劲,趁夜跑到隔壁去偷酒喝,结果被看管的人捆绑起来。第二天早晨,邻居才发现是吏部侍郎毕卓。乐广听说此事后取笑他说:"名教之中自有欢乐之处,何必这样呢?"当初何晏等人继承老庄学说,提出了新的观点。他们认为:"天地万物,都以'无'作为根本。所谓'无',就是滋生万物,成就万事,无论到哪儿都存在的东西。阴阳依赖它而变化相生,贤者,依赖它而成就德性。所以'无'所到之处,没有爵位也照样富贵。"对何晏的学说,王衍非常认同。朝廷中的士大夫知道后,就都把虚浮怪诞看作美好的行为,而荒废了正业。

侍中裴颁认为崇尚虚无,有害无益,于是他就写了一篇论文《崇有论》,来纠正虚无思想的误导。然而当时那种崇尚虚无的风气已经非常盛行了,裴颁的论文也就无法进行纠正了。

到了公元 311 年四月,东海王司马越在项县去世,太尉王衍等人一起扶奉司马越的灵柩回东海郡安葬。途中,石勒率领轻装骑兵追击司马越的灵车,在苦县宁平城大败晋军,消灭了十几万护送的晋朝军队。

石勒擒获太尉王衍等人后,让他们坐在帐幕下,向他们询问晋朝的事情。王衍详细陈说了祸患衰败的原因,声称计策不是自己制定的,并且说自己从小就没有当官的欲望,不参与俗世的事务。又借这个机会劝石勒称帝,希望自己能因此得到赦免。石勒听完后冷笑着说:"您年轻力壮的时候就已在朝廷当官了,身居要位,名声响彻海内,凭什么说自己没有当官的欲望呢? 你把天下搞得一团糟,不是你又是谁呢?"说完,他命令部下将王衍架了出去。石勒对部下孔苌说:"天下我去过的地方多了,还不曾见过这种人,你看这种人应不应该留?"孔苌说:"他们都是晋朝的王公大臣,终究不会被我们所用。"言下之意很明显。石勒说:"那就杀了他们。不过为了表示尊重,就不要让他们死在刀刃之下了。"

于是当天晚上,石勒就派人推倒墙壁,将王衍等人压死了。

因此,我们不仅仅要会说,还应当要做到言行一致。这就要求我们行动起来,敢于务实,切不可清谈务虚。只清谈务虚,容易使自己行为张扬,容易导致他人忌恨,这样祸害也就不远了。更何况人要想生存,就注定了必须要以劳动为根本。多劳多得,少劳少得,不劳不得,不管是人还是动物,不做事,你无法生活。

寒号鸟是以懒而出名的。在寒冷的天气里,它躲在石头缝里"哆罗罗,哆罗罗"地叫,发誓一定要在第二天垒窝。但只要第二天的天气稍稍变好一点,它就会懒洋洋地蹲在一个背风的地方晒太阳,并不断地给自己寻找各种不用垒窝的理由。最终的结果大家都知道,它不得不吞下自己种下的苦果,接受冻死的命运。人世间也是这样,勤劳的不一定能致富,但懒人绝大多数都是贫穷的。不做事,你不可能得到实实在在的东西,当一个人连最起码的衣食住行都保障不了的时候,所谓的做人的尊严、地位就更加不必奢望了,在这种情况下,即使他仍旧能够在这个世界上苟延残喘,也不过是个行尸走肉,生和死对于他而言,已经没有什么太大的区别了。

"寒号鸟"的故事差不多人人皆知,可并不是所有的人都能明白"做"的重要性的。譬如说我们身边那些已经参加工作,却整天不思进取、慵懒无比的人,他们中间有些人在浑浑噩噩中由天才变成了傻子,有些人不得不在"失业,择业,再失业,再择业"的怪圈中耗费人生,这样的人永远不可能成为竞争中的胜利者,也永远得不到享受美好人生的权利和机会。

自然界的生存竞争,其意义是物种的进化。物竞天择,适者生存,不适者被淘汰。即使没有人类的破坏,也同样会有许多物种因为不能适应自然规律而自然消亡。人类社会也存在激烈的竞争,但这种竞争淘汰的不是人类或哪一个人,它淘汰的是不适应社会进步所需要的生存方式。如果一个人固守那种生活方式,始终不愿意松手,他必将成为这种生活方式的陪葬品。不愿意"做"的人,就时刻面临着这样的危险。

我们不是皇族地主,也很少有人能够因中彩票而一夜之间暴富,大多数的我们都极其平凡,没有殷实的家底,没有强大的靠山,我们所有的东西都是通过努力而得到的。因而,我们生存的过程从本质上说,应该是个"打江山"而不是"坐江山"的过程。那么,既然是在"打江山","做"就非常重要,就是根本。

该智则智,当愚则愚

【原文】

子曰:"宁武子邦有道,则知;邦无道,则愚。其知可及也,其愚不可及也。"

郑板桥有句名言:"聪明难,糊涂更难;由聪明而转入糊涂尤难。"这其中包含了对把握人生的态度之难的感慨。其实,不管人自身的素质——诸如智商、情商等各种做人做事的本领如何,相对于强大的外部外境,都显得比较弱小。尤其当局势动荡变化,人成为其中一颗身不由己的小棋子,必须采取适当的态度和手段,该智则智,当愚则愚,这样才能保住身家平安,才能图谋机会以求发展。

世事诡谲,风云变幻,非人力所能把握和控制;而几乎所有的事物,都存在人所看不透彻、无法预料的一面。因此，只有让自己心如明镜，顺应事物变化的规律，才能赢得主动，不被无常的大势裹挟。

公元前 5 世纪，在今天的苏杭一带，有吴、越两国。两国虽然相邻，但是为了争夺霸业，互不相让，相互对抗。后来，越王勾践败于吴王夫差之手，不得不逃亡会稽山，忍辱负重与吴国谈和，在几经交涉后，吴国才答应勾践回国。勾践回国后一直记着所受的耻辱，卧薪尝胆，立誓雪耻。二十年后，越王终于灭掉吴国。而帮助越王成功的就是范蠡。范蠡不但是一个忠心耿耿的臣子，而且是一个理智的智者。

范蠡被任命为大将军后，自忖长久在得意之至的君主手下工作是危机的根源。勾践这个人臣下虽然可以与他分担劳苦，但是不能与他共享成果。于是他便向勾践表明自己的辞意。勾践并不知道范蠡的真实意图，极力挽留他。但范蠡去意已定，搬到齐国居住，自此与勾践一刀两断，不再往来。

移居齐国后，范蠡不问政事，与儿子共同经商，很快成为富甲一方的大富翁。齐王也看中他的能力，想请他当宰相。但他婉言谢绝。他深知"在野而拥有千万财富，在朝而荣任一国宰相，这确实是莫大的荣耀。可是，荣耀太长久了反而会成为祸害的根源。"于是，他将财产分给众人，又悄悄离开了齐国到了陶地。不久后他又在陶地经营商业成功，积存了百万财富。

范蠡才智过人，并具有过人的洞察力。他之所以离开越国，拒绝齐王的招聘，以及成功地经营事业，这些都在于他深刻敏锐的洞察力所致。有一句成语叫"明哲保身"，明哲就是指深刻的洞察力，即发挥深刻的洞察力来保全自己。范蠡正是这种能够明哲保身的人。

唐朝郭子仪平定安史之乱的事迹已为人所熟知，但很少人知道，这位红极一时的大将为人处世却极为小心谨慎，与他在千军万马中叱咤风云、指挥若定的风格全然不同。

唐肃宗上元二年（公元 761 年），郭子仪晋封汾阳郡王，住进了位于长安亲仁里金碧辉煌的王府。令人不解的是，堂堂汾阳王府每天总是门户大开，任人出入，不闻不问，与别处官宅门禁森严的情况判然有别。客人来访，郭子仪无所忌讳地请他们进入内室，并且命姬妾侍候。有一次，某将军离京赴职，前来王府辞行，看见他的夫人和爱女正在梳妆,差使郭子仪递这拿那,竟同使唤仆人没有两样。儿子们觉得他身为王爷,这样子总是不太好,一齐来劝谏父亲以后分个内外,以免让人耻笑。

郭子仪笑着说:"你们根本不知道我的用意,我的马吃公家草料的有 500 匹,我的部属、仆人吃公家粮食的有 1000 人。现在我可以说是位极人臣,受尽恩宠了。但是,谁能保证没人正在暗中算计我们呢?如果我一向修筑高墙,关闭门户,和朝廷内外不相往来,假如有人与我结下怨仇,诬陷我怀有二心麻烦就大了。因此,无所隐私,不使流言蜚语有滋生的余地,就是有人想用谗言诋毁我,也找不到什么借口了。"

几个儿子听了这一席话,都拜倒在地,对父亲的深谋远虑深感佩服。

中国历史上多的是有大功于朝廷的文臣武将,但大多数的下场都不好。郭子仪历经玄宗、肃宗、代宗、德宗数朝,身居要职 60 年,虽然在宦海也几经沉浮,但总算保全了自己和子孙,以 80 多岁的高龄寿终正寝,给几十年戎马生涯画上了一个完美句号。这不能不归之于他的这份谨慎。

范蠡和郭子仪显然都是才智超群的人。但若依某种世俗的眼光看,他们的某些行为又"蠢"得不可理解。其实,这才是真正的"若愚的大智",他们超出常人的聪明之处,也正在于此。

建功隐退,看准时机

【原文】

子谓南容:"邦有道不废;邦无道免于刑戮。"以其兄之子妻之。

人的一生,都有水涨船高和水落船舶的时候,这不仅跟人自身有关,更是由各种外部因素决定的。因此,是否能够准确把握时机和形势,做出正确判断和决策,对于人的生活、事业,乃至一生的命运,都有至关重要的影响。真正的聪明人总是会让自己去适应这个世界,结果一生顺风顺水。

如孔子所说,"有道"或"无道",都是一种世道,同时也是人所处的大环境,对于一般人,外界大的动荡往往会对他造成伤害,但倘若能认清局势变化加以利用,就能够像玩冲浪的人那样,随波起伏而不伤毫发,并且"尽兴"地大获其利。由隋入唐的裴矩,就是这样一个"代代红"的人物。

裴矩一生侍奉过北齐、隋文帝、隋炀帝、宇文化及窦建德、唐高祖、唐太宗,共三个王朝,七个主子,他在每一个主子手下都很得意。

他看出隋炀帝是一个好大喜功的人,便想方设法挑动他拓边扩土的野心。他不辞劳苦,亲自深入西域各国,采访各国的风俗习惯、山川状况、民族分布、物产等情况,撰写了一本《西域图记》,果然大得炀帝的欢心。一次便赏赐他五百匹绸缎,每天将他召到御座之旁,详细询问西域状况,并将他升为黄门侍郎,让他到西北地区处理与西域各国的事务。他倒不负所望,说服了十几个小国归顺了隋朝。

有一年,隋炀帝要到西北边地巡视,裴矩不惜花费重金,说服西域二十七个国家的酋长,佩珠戴玉,焚香奏乐,载歌载舞,拜谒于道旁;又命令当地男女百姓浓妆艳抹,纵情围观,队伍绵延数十里,可谓盛况空前。隋炀帝大为高兴,又将他升为银青光禄大夫。

裴矩一看他这一手屡屡奏效,便越发别出心裁,劝请隋炀帝将天下四方各种奇技,诸如爬高竿、走钢丝、相扑、摔跤以及斗鸡等各种杂技玩耍,全都集中到东都洛阳,令西域各国酋长使节纵情观看,以夸示国威,前后历时一月之久。在这期间,又在洛阳街头设篷帐,盛陈酒食,让外国人随意吃喝,醉饱而散,分文不取。当时外国人中的一些有识之士也看出这是浮夸,是打肿脸充胖子,隋炀帝却十分满意,对裴矩更是夸奖备至,说道:"裴矩是太了解我了,凡是他所奏请的,都是我早已想到的,可还没等我说出来,他就先提出来了。如果不是对国家的事处处留心,怎么能做到这一点呢!"于是又赐钱四十万,还有各种珍贵的毛皮及西域的宝物。

裴矩个人是既富又贵了,却给国家和人民带来了巨大的灾难。那场讨伐辽东的战争便是在裴矩的唆使之下而发动的,战争旷日持久,屡打屡败,耗尽了隋朝的人力、物力、财力,以致闹得国敝民穷,怨声四起,导致了隋朝的灭亡。

而当义兵满布、怒火四起,隋炀帝困守扬州、一筹莫展之时,裴矩看出来,这个皇帝已是日暮途穷了,再一味地巴结他,对自己会有百害而无一利,他要转舵了,将目标转向那些躁动不安的军官士卒了。哪怕是地位再低的官吏,他也总是笑脸相迎。他向隋炀帝建议:"陛下来扬州已经两年了,士兵们在这里形单影只,也没个贴心人,这不是长久之计,请陛下允许士兵在这里娶妻成家,将扬州内外的孤女寡妇、女尼道姑分配给士兵,原来有私情来往的,一律予以承认。"

隋炀帝对这一建议十分赞赏,立即批准执行,士兵们更是皆大欢喜,对裴矩赞不绝口。纷纷说:"这是裴大人的恩惠!"到将士们发动政变,绞杀隋炀帝时,原来的一些宠臣都被乱兵杀死,唯独裴矩,士兵们异口同声说他是好人,得以幸免于难。

后来他几经辗转,投降了唐朝,在唐太宗时担任吏部尚书。他也看到唐太宗喜欢谏臣,于是摇身一变,也成了仗义执言、直言敢谏的忠臣了。

唐太宗对官吏贪赃受贿之事十分担忧,决心加以禁绝,可又苦于抓不住证据。有一次他故意派人给人送礼行贿,有一个掌管门禁的小官接受了一匹绢,太宗大怒,要将这个小官杀掉。裴矩劝阻道:"此人受贿,应当严惩。可是,陛下先以财物引诱,因此而处极刑,这叫做作人以罪,恐怕不符合以礼义道德教导人的原则。"

唐太宗接受了他的意见,并召集臣僚说道:"裴矩能够当众表示不同的意见,而不是表面上顺从而心存不满。如果在每一件事情上都能这样,还用担心天下不会大治吗?"

裴矩的聪明之处在于善于"见风使舵",但他这种转变是高智商、高水平的,是以准确把握人心趋势、细心揣测上司心理为基础的。当然,我们可以学他那种"邦有道,不废;邦无道,免戮"的手段,做一个世俗的聪明人;但对于他助隋炀帝为虐的做法,则应加以摈弃。

敬事而后取的做事态度

【原文】

宪问耻。子曰:"邦有道,谷;邦无道,谷,耻也。"

孔子"敬其事而后其食"的观点,不仅表现了他严格要求自己,始终把社会责任放在首位的高境界，同时对于世人也是有益的劝诫。它是人类维持社会正常秩序、人生实现其社会价值的重要策略。因为人与社会之间，是相互依存的关系，在人与社会这种相互依存的关系中，每个人首先应该想到为社会先做贡献，多做贡献，促使社会财富迅速增加，逐渐发达，然后才能谈得上取之于社会。对从政者而言，严格意义上讲他从政本身就应该是效力社会，而不应先考虑为个人捞好处。所以从政者首先必须考虑如何为国家出力。历史上辅政者、从政者多得无法统计，但能流芳后世的哪一个不是"敬其事而后其食"的能人、贤者呢！

唐朝贞观年间的宰相房玄龄可算是一个"敬其事而后其食"的贤臣。

房玄龄是齐州临淄县人，开始在隋朝做官，任隰城县尉，后来因事获罪被革官，迁居上郡。李世民率军巡行渭北，房玄龄拄着拐杖到军门拜见。李世民一见玄龄就像看到久别的故人，于是暂任他为渭北道行军记室参军。玄龄既然喜遇知己，就竭尽心力效劳。当时，每平定一个地方，别人都争相搜珍宝，唯独玄龄先收罗人才，送他们到幕府。如有善于谋划的文臣和武艺高强的猛将，就暗中向他们再三致意，互相结约，各尽死力报效国家。后来玄龄得到多次提升，官做到秦王府记室兼陕东大行台考功郎中。玄龄在秦王府中供职十多年，长期主管记室，很得秦王李世民的信任。李世民的势力受到身为太子的李建成的妒忌，太子更嫉恨李世民的得力助手房玄龄，就在高祖李渊面前说他的坏话。这样，房玄龄与杜如晦一起受到高祖的驱逐斥退。到太子将要作乱的时候，秦王就召见房玄龄与杜如晦，令他二人穿上道家服装，暗中进入秦王府商议。玄武门之变平息后，李世民当上皇帝，房玄龄被任命为尚书省尉，监管修撰国史，又被封邢国公，任宰相，总管百官。他更是从早到晚的虔诚奉职，尽心尽力，不愿让一人一事处理失当。听到别人有优点，就如自己有一样。他用人不求全责备，也不用自己的长处去衡量别人，总是按照才能的高低或成绩的大小来录用或奖励，不嫌弃出身低微的人。贞观十三年，他又被加封为太子少师。玄龄独任宰相职务十五年，多次向唐太宗李世民呈递奏章，要求辞去宰相职务，太宗下诏不同意。贞观十六年，玄龄又晋官为司空，仍然总理朝政，依旧监管修撰国史。玄龄又以年纪老迈，请求辞官。太宗派使者对玄龄说："国家长期任用，一旦突然没有贤良的宰相，就像一个人失去了两手。你如果精力不衰，就不要辞让此职，如果自己感觉精力衰弱,再另奏明。"房玄龄这才停止自己的请求。李世民又经常想到开创帝业的艰难和房玄龄辅佐自己创业的功劳,就写了一篇《威凤赋》来比喻自己,将它赐给了房玄龄,由此可看出太宗对玄龄的称赞与信赖到何等程度。

苏轼曾把西湖赞美为"淡妆浓抹总相宜"的美女。在这仪态万方的"美女"身旁却葬着两位铮铮铁骨、气壮山河的汉子。后人有"赖有岳于双少保,人间始觉重西湖"的诗句。"岳于双少保",一个是指南宋民族英雄岳飞岳少保,另一个少保则是明代名臣于谦。这位于谦于少保便是一位"敬其事而后其食"的典范。

明洪武三十一年(公元1398年),于谦出生于浙江钱塘县(今杭州)一个官宦诗书的家庭,从小就在祖父的督教下刻苦学习。他特别爱听历代先贤殉国忘身、舍生取义的故事,十分珍爱祖父的一幅文天祥的画像,在几十年的为官生涯中一直带在身边。于谦立志以身报国,常叹曰:"此一腔热血,竟洒何地!"他写下了著名的《石灰吟》一诗:

千锤万凿出深山,烈火焚烧若等闲。粉身碎骨浑不怕,要留清白在人间。

于谦一生的事迹与岳飞有相似之处,岳飞提出的"文官不爱钱,武将不惜死",于谦都做到了。他不仅是一个军事家、民族英雄,更主要的是作为一个政治家,一生勤政爱民、刚直不阿、忧国忘家,在为政治国方面颇有建树。

于谦聪明好学,少有神童美誉,十五岁中秀才,二十三岁中举人,二十四岁中进士。次年,于谦被选授山西道御史,从此步入仕途。任御史期间,他直言敢谏,首先弹劾了西南地区某些将吏妄杀百姓、冒充军功的罪行,接着又弹劾了陕西将吏扰掠民众、为害地方的劣迹,引起朝廷重视,很快下令严办。宣德初,明宣宗接见御史,见于谦相貌堂堂,奏对自如,颇为注目。当时顾佐任都御史,对御史要求严格,唯独十分推重于谦。不久,于谦出任江西巡按,在任期间他不畏权贵,平反冤狱,打击豪强,官场震动,于谦名声大震。宣德五年,河南、山西灾荒严重,朝廷拟派大员前往治灾,明宣宗亲笔书写了于谦的名字,授给吏部,破格提拔于谦为兵部右侍郎,巡抚河南、山西。

于谦肩负重任,匆匆上路赴任了。为了了解情况,他"朝在太行南,暮在太行北"。大灾之后的惨景深深地震撼着他的心。他以诗歌的形式记载了民生的艰辛:"村落甚荒凉,年年苦旱蝗。老翁佣纳债,稚子卖输粮。""倚门皓首老耕夫,辛苦年年叹未苏,桩木运来桑柘尽，民丁抽后子孙无。典余田宅因供役，买绝鸡豚为了逋。"历任地方官不谋民生，只知搜刮民脂民膏，辛苦终年的农夫到头只有用粥菜充饥。一遇灾荒绝收，面临的就是绝境。于是于谦上书请求朝廷拨款三十万两，开仓放粮，赈济饥民，并严令地方官秉公办事，违者严惩。这一举动，把几十万灾民从死亡线上解救下来。为了使人民度过荒年，于谦还下令将一些地方仓库的存粮减价卖给农民，还免去了一些地方百姓的田租劳役。为了制止灾后疫病的流行，他还设立了惠民药局，免费为百姓治病。

于谦

于谦在河南、山西任地方长官达十九年之久。这一地区历来多灾，尤以河南为甚。为给人民筹长远之利，他做了一项规定：每年三月青黄不接之时，官府借粮给贫苦的百姓，待秋后归还；对实在无力偿还者可酌情免掉他们的借粮；州县官每年必须备足粮食，否则，任满当迁者不许离任。河南黄河多水患，于谦发动百姓修筑大堤，并在堤上植树固基；设置亭长，专职督率修堤，一有缺损，随时修补。他还令地方种树凿井，为商旅提供歇息之处。于谦巡抚山西、河南期间，深受人民爱戴，人民亲切地称他为"于青天"。

从三十三岁起任兵都右侍郎巡抚河南、山西时起，于谦历任高级官职，但他一生清廉自守，把名节看得很重。他认为金钱会损害名节，聚敛金钱的人即使逃过了国法，也逃不过公议。他为官从不搞排场，都是轻车简从，也从不搞请客送礼。当时地方官进京办事，按例要带很多钱物，以疏通关系，而于谦每次空手入京。有人劝他说：你不带金银，也应带点手帕、蘑菇、线香之类的土产。于是，于谦作诗一首以明志：

手帕蘑菇与线香，本资民用反为殃。两袖清风朝天去，免得阎闾话短长。

于谦后来任兵部尚书时，日夜筹划军国大计，索性就住在官署，不回家了。他平生不治产业，所住的房子仅能蔽风雨，皇帝在西直门赐给他一所宅院，他推辞说："国家多难，臣子何敢自安。"皇帝不允,于谦不得已接受了,但始终没有住进正房,只住在偏房中。

天顺元年(公元 1457 年)爆发了"夺门之变",以石亨、徐有贞为首的军人、政客和宦官曹吉祥等利用景帝病重之机,带兵闯入皇宫,撞门毁墙,接出英宗,拥至奉天殿。当时文武百官正待景帝临朝,徐有贞大呼:"上皇复辟了!"事起仓促,百官惶恐,只得分班朝贺。一场宫廷政变就这样成功了,景帝被废掉,几天后就不明不白地死去了。

政变的发动者们把打击矛头指向于谦。石亨因保举于谦的儿子为官受到于谦的痛斥,一直心存怨恨,加之于谦平日对他约束甚严,他的侄子石彪贪赃枉法受过于谦的弹劾,因此,把于谦视为眼中钉。徐有贞本名徐呈,因倡言迁都遭于谦痛斥,臭名昭著,不得不改名有贞,更是恨于谦入骨。一些太监因于谦约束甚严,不得擅权,也恨于谦,于是他们群起攻之,定于谦谋逆罪。英宗因于谦当年拥立景帝,自然是心存私憾,但不忍杀之,说:"于谦实在是有功。"但在徐有贞的极力怂恿下,英宗下了决心。

于谦被捕后,徐有贞下令严刑拷打,一同被捕的王文抗辩不已,于谦从容劝道:"这是石亨的意思,辩也没用。"当年,于谦在北京惨遭杀害。当时,路人嗟悼,天下冤之,京郊妇孺无不洒泪。抄家时"无余资,萧然仅书籍耳。"抄家者见正房紧锁,破门一看,原来里面放着景帝赏赐的玺书、剑器、蟒衣等。当时有个叫陈逵的官员感念于谦的忠义,收殓了他的遗骸,于谦的女婿朱骥将灵柩运回故乡,葬于西湖三台山麓。宪宗成化初年,明政府为于谦平反昭雪,他在北京的故宅改为"忠节祠",祠内悬有后人题写的匾额——"热血千秋"。

数百年来,于谦一直受到后人的景仰,激励着后代仁人志士舍生取义。这与他毕生恪守"敬其事而后其食"的信条,清廉刚直、爱国爱民是分不开的。

一个人首先要"敬其事",就是现在讲的"负责任""敬业",先真正能负了责任,然后再考虑待遇、生活的问题。假使说为了待遇、生活而担任这个职务,那将为人们所不齿,不是一个君子应该做的。孔子身体力行地体现了做人处世的责任感、事业心。

群策群力才能有力量

【原文】

子曰：君子周而不比。小人比而不周。

"团结就是力量"，这是至理名言。同事之间只有彼此配合与团结才能把工作做好，如果闹意见闹分裂，不仅有如南辕北辙前进不了，甚至倒退，把事情弄糟。能从大局出发的人，为了互相团结，在一些非原则问题上迁就对方；即使是一些原则问题，不影响大局的话，也不计较。东晋王导就是这样，晋元帝能在南方站稳脚跟，与王导能团结人大有关系。而唐时房玄龄与杜如晦二人合契很好，史称"房谋杜断"，对辅佐唐太宗创业起了关键性的作用。

西晋自从白痴惠帝继位，任其后贾南风胡作非为，引起八王之乱，互相残杀，国势日衰，至愍帝，被匈奴族、北汉王刘聪所灭，西晋亡，司马懿曾孙司马睿创建东晋。东晋的创建与王导的辅佐及其团结北、南士族是分不开的。

《晋书·王导传》记载：司马睿被封为琅玡王时，适逢八王之乱，他恭俭退让，得免于祸。王导素与琅玡王亲善，二人倾心相交，雅相器重，契同友执。王导见王室内讧，天下大乱，劝琅玡王到封国。王导帮助他依靠避乱南迁的北方大族，团结江南大族顾荣、纪瞻等，在长江中下游和珠江流域发展势力。愍帝被俘，琅玡王于建康称晋王，建立政权，史称东晋。愍帝被害，晋王称帝，即晋元帝。王导在辅佐元帝期间，一直坚持团结，反对分裂。司马睿即位后，以王导为开府仪同三司，王导堂兄王敦为大将军。故当时有"王与马共天下"之说。实际上东晋权力掌握在王氏手里，故元帝称帝时，一再令王导到御床共坐，以受百官朝贺，王导推辞说："若太阳下同万物，苍生何由仰照"。元帝乃止。

元帝表面尊重王导，暗地里却想削弱王氏势力，他任戴渊为征西将军、刘隗为征北将军，名义是北伐石勒，实是对付王敦。开始王敦恐元帝年长难制，想另议所立以专国政，王导固争乃罢。及刘隗受元帝宠信，王导渐被疏远，他"澹如也"，不与计较。王敦以"清君侧"为借口,从武昌举兵攻入建康,杀戴渊等,刘隗逃奔石勒。攻陷建康后,王敦对王导说:"不从吾言,几致族灭。"想篡夺政权,王导坚决反对,王敦阴谋没有得逞。及元帝死,明帝即位,王敦以为有机可乘,因病由其兄王含举兵内向,王导部署兵迎击,王含大败。王敦不久病死,其分裂势力终被镇压。

明帝死,王导与庾亮等同受遗诏,共辅幼主,是为成帝。庾亮出镇于外,有人向王导进谗说庾亮可能举兵内向,劝导密为之防,导说:"我与庾亮休戚与共,他若来了,我就回家去,有什么可怕!"其不计较个人进退如此!

王导辅东晋王朝三代,协调王氏势力与司马氏势力的矛盾,联合一切可以联合的南北方士族,团结一切可以团结的人,打击分裂势力,以巩固东晋在南方的统治。在南方,司马氏势力是很单薄的。西晋灭吴国后,排斥南方望族,故他们对司马氏很不满。这些望族如周氏、顾氏等是拥有部曲(又称客,在魏晋南北朝时部曲主要指家兵、私兵)的大地主,如遭其反对,将会引起动乱。同时,"中原冠带,随晋渡江者百家",他们都拥有部曲、佃客,周氏也与南方望族发生矛盾。所以,如何争取南方士族的支持,调和南北士族的矛盾,是东晋王朝的要务。王导采取的措施是:一是安置好渡江的北方士族,使他们居住于南方望族势力较弱地区,使彼此少接触,以免引起摩擦;二是任用南方士族的首领如顾荣、贺循等,通过他们团结南方士族,并对南方武力强宗采取忍让的态度。如周勰父亲周玘已因受北士轻侮而气死,死时嘱周勰为他报仇。周勰拟起兵叛乱,因其叔父从事中郎周札反对,周勰不敢发兵,但其族兄周续聚众响应。如果由朝廷发兵征讨,将扩大与周氏的矛盾,王导乃派周勰族弟周莛带兵去镇压,周莛用计杀了周续。对于周勰,则不穷追,抚之如昔,把周氏族众争取过来。

人至察则不明,能糊涂则安静。至察的人,能见秋毫之末,而往往忽略事物的整体。对事物的看法就可能做出错误的结论,故说人至察则不明。但是在特殊的情况下,明智的人为避免引起麻烦,便装作糊涂以求得一时安静,而明智的人假装糊涂是不容易的。故说难得糊涂。当时东晋的基础很不牢固,那帮渡江来的北方士族只想偏安江左,南方士族则不尽支持司马氏,而东晋王朝必须依靠北方士族,团结南方士族,得罪哪一方都会激化矛盾,可能引起动乱,所以王导只能采取"举贤不出士族,用法不及权贵"的方针。而不管是北方士族或南方士族，为了本家族的利益，百般掠夺百姓，大多违法乱纪，且这些士族都拥有部曲，如果违法者都绳之以法，非朝廷力量所能及。何况北方统治者无时不在虎视眈眈，大敌当前，内部团结是最要紧的。因此，只要不危及东晋的统治，王导总是睁一眼闭一眼，装作看不清或看不见，置之不理，使大事化小事，小事化无事，以求得暂时安静。

王导任扬州刺史时，派属官顾荣到本州各郡去考察政治得失，回来后他汇报时却默不作声，王导问他看到些什么？顾荣说，你是国家首辅，应该让吞舟的大鱼也能漏出网去，何必计较地方官的好坏。王导连声称赞他见解高明。王导晚年常说，人家说我糊涂，将来会有人想念我这糊涂。糊涂便是王导能团结南北士族，也是他使东晋求得暂时安静的秘诀之一。

唐太宗能图天下，固然因他手中有许多猛将，如尉迟敬德、程知节等。更重要的是他有杰出谋臣房玄龄、杜如晦的辅佐，为他"运筹于帷幄之中，决胜于千里之外。"可贵的是，他俩配合得很合契，房知杜善于决断，杜知房善于出谋，便各发挥其所长，遇事互相商量，然后做出决定，经过房谋杜断，于是正确的策略也就形成了。这使唐太宗在图天下时，由于有正确的策略指导，战无不胜；世民即皇帝位后，他俩也团结无间，共同为唐太宗制定治国方略，对贞观之治做出了贡献。

据《旧唐书》的《房玄龄传》和《杜如晦传》记载：玄龄"幼聪敏，博览经史，工草隶，善属文"，如晦也"少聪悟，好谈文史"。在他俩还默默无闻时，善于知人的吏部侍郎高孝基就对他俩深为器重，他对房玄龄的评价是："仆阅人多矣，未见如此郎者，将来必成伟器。"对杜如晦的评价是：如晦"有应变之才，当为栋梁之用。"在隋末还安定时，他俩都预知天下将大乱，房玄龄曾对其父泾阳令彦谦说："废嫡立庶，倾夺嗣位；贵族又竞相淫侈，隋终将内相诛夷，不足保全家国。今虽清平，其亡可翘足而待。"李渊父子揭起义旗入关，李世民攻取渭北，时任隋隰城尉的房玄龄立即前往投到其麾下；世民一见便如旧识，任为渭北道行军记室参军。杜如晦曾任滏阳尉，知天下将乱，早就弃官归去。及世民平京城，被引为秦王府兵曹参军，从此，房、杜二人得遇知己，便竭力献智，知无不为。

房玄龄能宽容人，善于团结同事，他知人善任，帮助李世民选拔贤才。玄龄随李世民出征,每次战胜,众将竞求珍玩,他"独先收人物,至于幕府。及有谋臣猛将,皆与之潜相申结,各尽其死力。"时秦王府中多英俊,被外调的日多,房玄龄听知杜如晦将要外调,当即去对李世民说:"府僚去的虽多,都不足惜。杜如晦聪明识达,是呈佐之才,如果大王只当秦王,不用他也行;必欲图天下,非此人莫可。"李世民大惊说:"你不说,几失此人",便奏请为府属。由于秦王李世民战功最大,军力最强,威望最隆。太子李建成深忌之,便与其三弟李元吉相互勾结,想中伤世民并陷害之。建成对元吉说:"秦王府中可怕的,只有杜如晦与房玄龄。"因向高祖李渊进谗言,于是,杜、房两个同时被斥逐。

李氏兄弟矛盾越来越深,以太子建成和三弟元吉为一方,世民为一方,保嗣位和夺嗣位的斗争在发展,各方都使计设谋以消灭对方。已到了弓在弦上不得不发的地步。房玄龄早预料到这种形势的出现,他对李世民的妻兄长孙无忌说:"今彼此嫌隙已成,危机将发,大乱必兴,不仅祸及秦府,且危及唐朝的统治。不如效法周公除掉管、蔡那样,消灭建成、元吉势力,内安李氏,孝敬高祖。古人说,'为国者不顾小节',不然,国家将沦亡,我们也身败名裂。"无忌说:"我也久怀此谋,不敢说出,公今所说,正好我心。"无忌便将此意告诉世民。世民召见房玄龄,跟他商议施行措施,玄龄便与杜如晦秘密策划,同心勠力为世民效命。及建成、元吉将有变时,世民令无忌密召已被驱逐在外的房玄龄、杜如晦,他俩穿着道士服,潜入秦王府计事。于是发生"玄武门之变",除掉建成、元吉,世民继为太子,高祖退位由世民为皇帝。论功行赏,以房玄龄、长孙无忌、杜如晦、尉迟敬德、侯君集五人为最。后杜如晦与房玄龄共掌朝改,他俩同心协力,为唐太宗治国安邦。谈唐初良相,后代史学家都推崇房、杜。

要成就一项事业,没有众人的群策群力是不可能的,君子深深明白这个道理,因此总是在关键时候讲团结与协调。

忘记旧仇,不惹新怨

【原文】

子曰:"伯夷、叔齐,不念旧恶,怨是用希。"

我们大概都对一句话耳熟能详："冤冤相报何时了。"这句话不仅适用于"江湖"，更适用于我们的日常生活。现实中有一些人，总是计较这样的事：谁曾在过去招惹过我，谁又曾在某时让我下不来台，将来找机会一定要好好整他一顿，出口恶气。其实，这种"恶气"并不来源于别人，正是他自己催生的。可以想象，他倘若在某个时候得到机会去整别人，势必会引起新的怨隙，这于人于己，都是有害无益的事。

中国历史上，李世民在一定意义上也是依靠"不念人旧恶"，才得到众臣的鼎力相助，从而开创了唐代盛世的。如李靖曾在隋朝隋炀帝时代任郡丞。而且他最早发现李渊即李世民的父亲有图谋天下之意，并亲自向隋炀帝检举揭发。李渊灭隋后，要杀李靖，李世民却极力反对，再三恳求父亲说，目前正用人之际，不可念旧恶而滥杀将才；只要李靖甘心归顺，可免除一死。李靖的性命终于保住了。李靖有感于李世民的厚德，竭尽全力，为唐朝的安邦定国驰骋疆场，立下了赫赫战功。

在唐朝王室争权中，魏征原来是辅佐李渊的长子太子李建成的。魏征早就察觉到李世民不是等闲之辈，不会甘心屈居秦王之爵，为巩固太子的地位，以便日后顺利继位，他曾鼓动太子建成杀掉李世民。这件事李世民耳闻已久，但玄武门政变夺取帝位后，他不计旧恶，重用魏征，使魏征觉得"喜逢知己为主，竭其力用"，为唐朝盛世的开创立下了丰功伟绩。

李世民还对很多与他有过冲突的人不计旧怨，一概量才录用，因而成为历史上深受臣民拥护的君主。

明末文人洪应明在其所著《菜根谭》中说："邀千百人之欢，不如释一人之怨。"这是说，释怨的工作比施恩的工作更重要。事实确实如此，一人之怨不及时化解，会影响许多人，甚至会坏了大事。春秋时，宋郑两国交战。宋军主帅华元宰羊犒赏三军，在分羊肉时忘了为华元驾驶战车的羊斟，羊斟因此怨恨华元，华元没有觉察，更谈不上及时做释怨的工作。作战时，羊斟便把华元的战车驾到郑军阵地里，使华元当了俘虏。华元本来想犒赏三军以提高士气，但处事不细反而结怨于羊斟，而羊斟气量又小，导致兵败被俘的后果。

"君子报仇，十年不晚。"这种偏激狭隘的话，不仅能误导人的精神和言行，而且会改变一个人的一生。倘若付诸行动,则有可能产生毁己害人的恶果。聪明善良的人,无论从哪种角度出发,都不会采取这种不明智的做法。

方法要活,原则要强

【原文】

子曰:"君子之于天下也,无适也,无莫也,义之与比。"

儒家认为,君子立身处世,应完全依据公道、正义来作为行事的基准,而没有主观的偏执和个人私利的考虑。义当富贵便富贵,义当贫贱则贫贱,义当生则生,义当死则死,义理上要求怎样干就怎样干。但同时也强调在这个框架内,并不拘泥于一定的死规矩。这个观点在今天也是有道理的,而且与我们所倡导的社会文明也是相符的,即做事方法要灵活,但一定要以正确、坚定的原则做保证。这既是正确做人的道理,也是成功做事的途径。

真正有远大志向和做事眼光的人,总是会在某种原则的基础之上,运用灵活机动的方法去行事,这既保证了自己的权威和公信力,又不会把事态弄僵。这种古今相通的正确途径,已被越来越多的人们奉为立身处世的方法和准则。我们不妨通过下面这个事例,从中得到点有益的启示。

春秋时期,晋国、燕国联合出兵攻打齐国,齐国节节败退。齐景公召集文武大臣商量如何挽救危局。

坐在齐景公身边的是相国晏婴,他认为最要紧的是选拔一个得力的统帅。他向齐景公说:"臣举荐一人,名叫田穰苴,他文能服众,武能慑敌,希望大王试一试。"

齐景公立即召来田穰苴,和他谈用兵之法,退敌之计,听后齐景公非常高兴,认为他确实是难得的帅才,便当场宣布田穰苴为齐军最高统帅,由他率领大军抵抗晋燕之师,保卫齐国。

田穰苴受命之后,向齐景公请求说:"我素来卑贱,大王虽然提拔我为大将,位居大夫之上，但恐怕人心不服，人微言轻，请大王派一位您最信任的显贵为监军，才好发兵！"

齐景公马上同意，任命他最宠爱的贵戚大臣庄贾为监军。田穰苴和庄贾约定，次日正午在军营的大门口相会。

第二天，田穰苴在军营门口等候庄贾。庄贾平时十分傲慢，仗着是齐景公的宠臣，根本无视田穰苴和军中的纪律。过了正午他还没有到，田穰苴只好独自发布命令，部署军队。直到黄昏时分，庄贾才慢腾腾地来。

田穰苴责问庄贾："你身为监军，为何不按时到来？"庄贾满不在乎地说："哎呀！听说我当了监军，亲戚朋友都来送行，留下喝酒啊，结果晚来一步！"田穰苴很严肃地说："一个带兵的人，从接到委任的那一刻起，就应当忘掉自己的家；治理军队就应当忘掉自己的亲人；临阵对敌，就应当忘掉自己。今强敌压境，举国上下人心浮动，士卒在边境死战，国君寝食不安，百姓生命难保，社稷危在旦夕，你还有什么心事饮酒作乐1。随即调过头去问站在一旁的军正官："按照军法，约定时间而不能准时到达应当怎么办？"军正官说："杀头！"庄贾听到这两个字，顿时吓出一身冷汗，他的手下人忙去报知齐景公。

齐景公听到田穰苴要斩庄贾，立即派使臣持符节去营救。使臣在军中驾车奔跑，也犯了军令，本应斩首，因为持有君命，田穰苴命令斩其仆从及左骖，毁其车左边的立木，以晓示三军，并派使者向齐景公汇报，然后发兵。

从此，无人敢违军令，军威大震，田穰苴带领齐军抗击燕、晋联军，收复失地，取得胜利。齐景公闻捷大喜，称赞田穰苴是个治国安邦的栋梁之材。

田穰苴的这种治军之法，从理论上讲完全符合孔子的"君子之于天下"的指导原则。他有以才治军的决心和能力，但又同时请求显贵做监军；他严格执法，但又能变通赦免庄贾和使臣。这种既有坚定的原则，又不墨守成规认死理，而是能够根据时、地、条件，决定自己该怎样做才能取得最佳效果的做事方法，是永远不会过时的。几千年前的古人亦能运用自如，作为现代人，我们既应该学习，更应该把它运用到实际生活中去，让自己能够省心省力地做人做事。

第八节 《论语》的管理智慧

好领导的素质

【原文】

子张问于孔子曰：何如斯可以从政矣？子曰：尊五美，屏四恶，斯可以从政矣。

一个国家需要英明的君主，一个组织需要英明的领导。领导有好的领导，也有不好的领导。从人的本性来说，每个人都希望自己做个好领导，或者有一个好的领导。那么，什么样的人才是好领导呢？

子张当了一个地方上的小官，没有什么工作经验，就向自己的老师请教如何从政。

孔子说："能尊崇五种美德，排除四种恶政，就可以从政了。"子张问："五种美德指的是什么？"孔子说："君子给人恩惠却无所耗费，让百姓为他劳动而无怨言，有追求却不贪婪，安泰却不骄傲，威严却不凶猛。"

子张问："如何具体理解？"孔子说："顺着民众能得利益之处而使他们获利，这不就是给人恩惠却无所耗费吗？选择民众便于劳动的时间让他们劳动，又有谁会抱怨呢？自己想要仁德就得到仁德，又贪求什么呢？君子不论民众人多人少、人贵人贱，都不敢怠慢他们，这不就是安泰却不骄傲吗？君子整理自己的衣冠，目光尊严地远视，庄严得使人产生畏惧感，这不就是威严却不凶猛吗？"

子张又问："四种恶政指的是什么？"孔子说："事先不进行教育，却对民众加以杀戮，叫作虐；事先不进行告诫，却要他们取得成绩，叫作暴；起先懈怠，却突然限期完成，叫作贼；给人东西，却出手吝啬，叫作小家子气。"

其实，"尊五美，除四恶"不仅对于从政有启发，就是对于平常做人也是有好处的，对商人经商更有益处。那么,这句话到底蕴涵了什么深意呢?

有句话说:"身在公门好修行。"这其实就蕴含了"惠而不费"的意思在内。政府的一项好政策出台,取之于民,用之于民,而不需要耗费政府的财力和物力,这样的事情的确是有的。比如说"为市民办实事"的问题,很多实事,其实就在于当政者能不能想到,而不在于需要什么耗费的问题。

这种"惠而不费",在个人生活中也是有的。其实,严格意义上的助人为乐就是一个"惠而不费"的问题。帮朋友的忙,替人带东西,捎口信,或者替外地人指路等,都是于人有利而于己无害的事情,不是"惠而不费"又是什么呢?真要惠而"有"费,把自己的贵重东西送给人家,别人还不见得会接受呢。

所以,应该大力提倡"惠而不费"的风尚。无论在不在"公门",这种风尚都是可以身体力行的。想

子张

当好领导,就要会"惠而不费",不需要自己必须做出什么,拿出多少钱,或者说牺牲多少利益,但能让员工们觉得舒服、贴心,愿意为你卖力工作,就能达到管理中的上层境界。

"劳而不怨"其实就是我们平常说的任劳任怨。任劳容易任怨难,这是大家都有的经验。所以,做一个领导人能让人任劳任怨是很不简单的。尤其是做一个基层领导,能使手下人都高高兴兴地工作,任劳任怨,那可真要难上加难了。

现代管理者必须懂得人是世界上最富感情的群体,"情感投资"是管理者调动人积极性的一个重要手段。管理工作者在实施"情感投资"时,必须抓住一个"心"字,与下属员工互相交心、互相关心、以心换心,从而达到心心相印、同心同德、共同一心干事业。"情感投资"已经成为许多成功企业家的制胜法宝,因企业管理者对待人才的态度、方法不同,造成企业兴衰的例子不胜枚举。

"惠而不费""劳而不怨"侧重于领导水平的方面,"欲而不贪""泰而不骄""威而不猛"却涉及领导者的个人修养和素质了。"欲而不贪"是说要有欲望但不要贪婪。有欲望并不是坏事,有时候,欲望往往能转化为压力,而压力往往又能转化为动力。但就我们这个时代而论,"君子爱财,取之有道。"该拿的钱还是要拿的,但不能贪污受贿,利用职权谋私利。不能做到"欲而不贪",你的人品就落了下乘,不要说身居高位,领导他人了,很有可能还会触犯法律,"泥菩萨过河自身难保"。

"泰而不骄"是说既要保持不忧不惧的心态,心平气和,遇事泰然自若,又不要装模作样,色厉内荏,给人以盛气凌人的感觉。至于"威而不猛",则是说一个人既要有威严,要让人畏服,但又不能给人以凶猛可怕的印象。有了这种印象,人家一看见你就躲得远远的,你还怎么去领导他呢?

现代企业管理经常讲"以德服人",而不是"以权压人",就是这个道理。"以权压人"是听你话,但并不是真正地服你。干起事来,自然动力不足,更容易出问题。

五美有了,领导者的形象也就树立起来了。相应的,还要去掉一些坏毛病,这就是"四恶"的问题了。

一恶"不教而杀"。所谓"杀",照我们的理解,倒不一定真要动刀子、判死刑,而是说处罚。对于部下也好,对于民众也好,不加以教育引导而只知一味惩处,那这领导是绝对做不长的了。属下错了,你只会批评责备,却不告诉他哪里错了,也不跟他说以后怎么避免再犯错。那估计遇到同样情况,属下还得继续错下去,这样领导不满,属下也觉得委屈。别说做领导,就是做家长,"不教而杀",或者说不教而惩罚,那也是要父子反目成仇的。所以,这是一个领导者绝对应摒除的毛病。

二恶"不戒视成"。事先不告诫,不指导而只管要部下做出成绩来给你看,这是一个粗暴的领导者形象。人家不给你完成,你又能把他怎么样呢?再说了,你什么都没给,部下怎么能做出成绩来啊,"巧妇难为无米之炊",你这不是刁难吗!

三恶"慢令致期"。领导者自己要求不严格,却要求人家如期完成任务,这不是害人家吗,这也不是一个好干部应有的作风。部下会想到"只许州官放火,不许百姓点灯",凭什么啊,不服!

四恶"出纳之吝"。做领导人一定要大人大量,有魄力、有决断,切忌像个小管家一样,小气吝啬,成不了大事。经常有领导胡乱许诺,言而无信,说了又不算。等到部下达到要求了,该给的奖励不给。那你下次再说话,还有谁信啊。再说了,也严重挫伤了部下做事的积极性。

有些企业领导。在事前和员工们谈提成,说得"天花乱坠",以合同的形式写成文件。可事成之后,翻脸无情,再不承认。这种事,贪的是小利,伤的是人心。

做个好领导,真的挺不容易。不同的领导,风格不尽相同。我们不能强求一致,更多的时候要调整自己去适应。如果按照孔子的教诲,五美有了,四恶除了,从政经商也就游刃有余、进退自如了。

用人格魅力影响人

【原文】

子曰:其身正,不令而行;其身不正,虽令不从。

孔子论为政之道,很讲究为政者的自我表率作用,强调树立榜样典范、以身作则以取信于民。孔子的这一认识源于他对人生的基本看法。

孔子论人重在仁德的修养。在孔子看来,人之为人,在于自觉承担社会和家庭责任,动之以真情、晓之以理义,并以诚挚的信念和仁爱之心来沟通自己与外面世界的关系,使之达到和谐、自由的理想境界。为人如果没有仁爱之心和诚信之情,如果不能和他人取得相互理解和信任,进而和谐共处的话,那么,必然会陷入闭塞不通、孤家寡人的孤立境地,很难成就什么事业,更无法实现人生的存在价值。在此基础上,孔子讲为仁由己,即修养仁德需要从自身做起,要以身作则,反思自己当下的生活,体察人生之使命,努力实现自己的理想人格。

所谓政者,正也,以仁义之道教化万方之义。这个仁义之道是需要由自身体现出来的。否则,便是空洞的说教,更是言行不一的虚伪。孔子讲仁义从来都是在身体力行中论述而拒绝空泛的理论探讨，原因就在于此。因此，鲁哀公问孔子如何才能取信于民的时候，孔子很干脆地告诉他，只要他做君王地做事公正无私，任用贤能，老百姓自然信服。反之，如果他一味任用小人，徇私枉法，老百姓自然不会服气。孔子也曾经说过："只要自己行为端正了，对于治理政事还有什么困难？假如自己行为不能端正，又怎能使别人端正呢？"

领导的"导"有引导、表率的含义，领导者若能身体力行，做出表率作用，则不用严刑苛责，下边的人也能各行其是，无为而治，境内也没有作奸犯科之人。如果为官之人作风不正，则虽有政令却无人遵守，如同空文。

柳传志管理联想集团时，立下一个规定，凡开会迟到者都要罚站。第一个罚站的人是柳传志的一个老领导，他罚站的时候，站了一身汗。后来，柳传志跟他说："今天晚上我到你们家去，给你站一分钟。"柳传志自己也被罚过 3 次，罚站的时候是挺严肃，而且是很尴尬的一件事情，因为这并不是随便站着就可以敷衍了事的。在 20 个人开会的时候，迟到的人进来以后会议要停一下，静默看他站一分钟，有点像默哀，真是挺难受的一件事情。虽然不好做，但也就这么硬做下来了。

在我国的一些企业中，虽然也有不少的企业规章制度，但这些制度似乎只是对付普通员工的，对管理者，尤其是中、高层次的管理者，这些规章制度对他们约束力就少。少数管理者似乎只有监督下级执行规章制度的责任，而没有自己执行规章制度的义务。同时，即使在执行规章制度的过程中，也往往对"疏离者"严，而对亲近者宽，人情干扰了这些管理者的执法。由此，在这些企业中就出现了一批享有法外特权的管理者。这样的管理很难使规章制度落到实处、起到作用，影响了企业的生存和发展。

三国时的曹操曾被人称为"治国之能臣，乱世之奸雄"，古往今来褒贬不一。他在治国治军方面深得将士尊重，因为他深谙管理之道，正人先正己，以身作则。曹操割发代首的典故就说明了曹操正人先正己、自己以身作则的领导美德。

不仅是历史名人能够以身作则，著名的企业经营者土光敏夫身先示范、以身作则，几十年如一日，从来没有改变过。

日本东芝电器公司是当今世界上屈指可数的名牌公司之一。但是，二十多年前，东芝电器公司因经营方针出现重大失误,负债累累,濒临倒闭。在这个生死关头,东芝公司把目光盯在日本石川岛造船厂总经理土光敏夫的身上,希冀能借助土光敏夫的"神力",力挽狂澜,把公司带出死亡的港湾,扬帆远航。

土光敏夫就任东芝电气公司所"烧"的第一把"火",是唤起东芝公司全体员工的士气,想方设法把每一个人的潜力都发挥出来。

土光敏夫还大力提倡敬业精神,号召全体员工为公司无私奉献。土光敏夫的办公室有一条横幅:"每个瞬间,都要集中你的全部力量工作。"土光敏夫以此为座右铭,每天第一个走进办公室,最后一个走出办公室,几十年如一日,从未请过假,从未迟到过。一直到80高龄的时候,他还与老伴一起住在一间简朴的小木屋中。

如今,日本东芝电气公司已经跻身世界著名企业的行列,它与石川岛造船公司同被列入世界100家大企业之中。这与他以身作则的管理制度是分不开的。

土光敏夫的一句名言是:"上级全力以赴地工作就是对下级的教育。职工三倍努力,领导就要十倍努力。"人是企业之本,是公司的重要资源,实现公司目标要靠全体人员的干劲和智慧。领导如何以身作则,实行人力科学管理对企业的生存和发展具有重要意义。

现实中,很多人只要求别人,却看不见自己的缺点,对人对事习惯采取双重标准。说一套,做一套;台上一套,台下一套。在这种情况下,又怎么能够实现诚信,取信于人呢?古语讲"上梁不正下梁歪",说的也是这个意思。

所以,领导要以身作则。当我们要求别人如何如何时,是不是应该先审视一下自己是否符合标准呢?只有以身作则,才能给予正确地引导,增强说服力。

识人的方法

【原文】

子曰:视其所以,观其所由,察其所安。

哀公曰："何为则民服？"孔子对曰："举直错诸枉，则民服；举枉错诸直，则民不服。"

子曰："回也非助我者也，于吾言无所不说。"

子曰：吾与回言终日，不违，如愚。退而省其私，亦足已发，回也不愚。

为政者最重要的任务恐怕就是用人了。用人的关键恐怕就在于识人了。

识人难吗？人海茫茫，世事变幻，要真正了解一个人很难，正是"画虎画皮难画骨，知人知面难知心"。所以，孔子给我们讲了一个故事。他说，我和颜回谈话，谈了一整天，他从来没有反对我的意思，好像很愚蠢呀！还真有些失望呢！但是，私下再考察他，情况就大不一样了，他不但懂我的思想，还能更进一步发挥，颜回一点也不笨。孔子只是举了身边的一个例子。那些笑里藏刀、万岁不离口却暗藏杀机的反面人物，很多，孔子不屑去说他们。看来，评价一个人不能凭表面印象，因为不同的阅历，不同的环境，不同的爱好，不同的追求，塑造了不同性格的人：有的外向，有的内敛；有的活泼，有的沉默；有的坦诚，有的含蓄；有的沉着，有的暴躁；有的温顺，有的刚直；有的敏感，有的迟钝；有的貌似憨厚却行为诡诈，有的外表君子之相却品行不端！有的道貌岸然却笑里藏刀。再加上环境的急骤变化，人的各种形态更是毕露：阿谀奉承者可以落井下石；锦上添花者可以雪上加霜；花言巧语者可以污蔑陷害；同心同德者可以反目为仇。真是鱼龙混杂，眼花缭乱，人心比山川还险恶，知人比知天还困难。

识人易吗？识人又很易。路遥知马力，日久见人心。"试玉要烧三日满，辨才须待七年期"，"听其言，观其行"，等等。都很有效，但孔子也给我们提供了一些方法，一要视其所以，就是看他的动机和目的。动机决定手段。周恩来为中华之崛起而读书，苏秦为扬名于天下而"锥刺股"，易牙为篡权而杀子做汤取悦于齐桓公。我们要看他做什么，更要看为什么这样做，要透过荷叶看到藕，如果我们仅被表面的现象所迷惑，我们对人的认识又有多少呢？齐桓公被易牙的所谓忠诚所感动，结果落了个死无葬身之地。二要观其所由，就是看他一贯的做法。君子也爱财，但君子和小人不同，小人可以偷，可以抢，可以夺，甚至杀人越货；君子却做不来，即使财如同身旁的鲜花随意采撷，他也要考虑是不是符合道。有时候不在乎做什么、做多大、做多少，而要看他怎么做，官做得大，却是行贿得来的，钱赚得多，却是靠坑蒙拐骗得来，那也为人所不齿。三要察其所安，就是说看他安干什么,也就是平常的涵养。比如浮浮躁躁,比如急功近利,比如脸红心跳,比如一有成绩就自视甚高、目中无人,比如一遇挫折就垂头丧气、怨天尤人,等等,都是没有涵养的。

这样的人最易折,做事有可能半途而废,交友有可能背信弃义。只有有静气的人才能威临世界,而不被身外之物所包裹。想想吧,越王勾践如果没有静气,怎么能卧薪尝胆?司马迁没有静气,宫刑的痛苦还不缠绕终生,哪还有什么心思写《史记》?韩信如果没有静气,早成为流氓的陪葬品,还能帮助刘邦成就霸业?静气是在寂寞中的坚韧,在困苦中的达观,在迷离中的坚定,在庸常中的高贵,在失败中的自信,在成功中的沉稳。有如此品质的人,谁又能怀疑他呢?

用这三点去识人,他怎么能隐瞒得了呢?孔子连说了两遍,孔子似在肯定,又似乎在提醒人们做到这点又是多么不容易!

要了解部下的特点

【原文】

孟武伯问:"子路仁乎?"子曰:"不知也。"又问。子曰:"由也,千乘之国,可使治其赋也,不知其仁也。""求也何如?"子曰:"求也,千室之邑,百乘之家,可使为之宰也,不知其仁也。""赤也何如?"子曰:"赤也,束带立于朝,可使与宾客言也,不知其仁也。"

孟武伯,鲁国的大夫。看来是向孔子来讨人才了,就如同现在在单位缺乏人才,到人才市场招聘一样,因为孔子那里是个"人才库"。只是他问的问题太大,让孔子不好回答。仁,是多么重大的课题,是人生无穷尽的实践课题,孔子只表扬颜回"三月不违仁",说不定还是颜回作古后的评价。当然也有谦虚之意,夸学生,不也等于夸自己吗?孔子怎么能说得出口。

孔子只是说明了几个学生的各自特点。他说,子路可以在一个拥有千辆兵车的国家,管理赋税,掌握军政;冉求可以在千户人家的公邑,或者百辆兵车的采邑,担任总管;公西赤可以让他穿国宾礼服,系上袍带,站在朝廷大堂上,接待宾客。至于,他们是否做到了"仁",呵呵,孔子幽默地笑了,"不知其仁也"。

我们理解这个"仁",大概相当于全才的意思。世界上有没有全才?可能有,如果有,那定是人中之王。王者,微乎其微。所以,绝大部分人还是像子贡一样"器也",具有某一方面的专长。既如此,我们做领导的在看待部下的时候,能求全责备吗?莫如把"王"字去掉,我们需要的不是全才,而是人才。春秋时伊尹大兴土木的时候,用脊力强健的人背土,独眼人来推车,驼背的人来涂抹……各人做其适宜做的事,从而使每个人的特点得到了充分发挥。

什么是人才?孔子给了我们一个启发,特点即才,特长即才。脚烧火,手和面,胳膊肘子去砸蒜。管仲在向齐桓公推荐人才时说,对各种进退有序的朝班礼仪,我不如隰朋,让他来做大行吧;开荒种地,发挥地利,发展农业,我不如宁戚,让他来做司天吧;吸引人才,能使三军将士视死如归,我不如王子城父,让他来做大司马吧;处理案件,秉公执法,不滥杀无辜,不冤枉好人,我不如宾胥无,让他来做大理吧;敢于犯颜直谏,不畏权贵,尽职尽忠,以死抗争,我不如东郭牙,让他坐在谏吧。若想富国强兵,有这五个人就够了。张良能运筹帷幄,决胜千里,萧何能定国安邦,安抚百姓,供应军需,保证粮道畅通,韩信能统领百万大军,战必胜,攻必克,都是人中精英。尺有所短,寸有所长,关键是避其所短,用其所长。有时,人才的优点和缺点并存,才干越高,缺点越明显。比如,一个志趣恢宏远大的人,在处理琐碎小事的时候就粗心大意;一个严厉直率的人,当法官可能做到有理有据,正直公平,而处理外交事务就会变得暴躁不通情理;一个进取心强,敢闯敢冒,敢于创新的人,难免处事不周;一个有魄力、有才干,独立思考的人,难免有些固执和骄傲。这时就看领导的用人智慧了。子路虽性格直率,脾气暴躁,但他有军事才能,后来不就成为军队的首领了吗?虽然失败,那他是跟错了人,但至死依然坐姿堂正,谁又好意思耻笑一个失败的英雄?

世无完人,也无废人,但有平庸的领导。如果能给一个位置找到最佳人选,能为一个人找到最佳位置,那不就人尽其才、物尽其用了吗?如果你不服气,非得让鸭子上天,让乌龟长跑,那不能证明鸭子和乌龟无能,只能说明你的昏庸无能。

人尽其用

【原文】

子曰："君子不可小知,而可大受也;小人不可大受,而可小知也。"

这里的"小人"不是指品德方面,而是指才具一般的人。孔子这番话似乎在讲用人的道理。他说,对君子,不能只让他做小事,而应当让他接受重大任务;对才具一般之人,不可让他接受重大任务,可以让他做些小事情。总之,按能分配,各尽所能,人与事最佳组合,取得最佳效果。

从孔子的话中,让我们大大拓宽了对"人才"概念的认识。什么是人才? 狭义地理解,人才就是人群中的精英,是群体中的部分,而且是少部分,类似领导或者领袖,搞文学不是人才,成为作家才是人才;学数学不是人才,成为数学家才是人才;当公务员不是人才,只有当了领导才是人才。这样一来,人才的内涵缩小了,许许多人被排斥人才之外。从孔子的观点看,有用就是人才,首先是有用,在有用的基础上,才有层次之分。

可见,世上没有绝对无用之人,只有庸才的领导者。鸦片是一种剧毒药,但高明的医生却能用来止痛;刘邦手下的陈平有什么忠厚的品德? 却奠定了汉王朝的基业;苏秦何曾守过信义? 却拯救了弱小的燕国。看来,对人才,关键是怎么看,怎么用。人家擅长爬山,你让人家去游泳;人家爱外交,你让人家搞科研;人家学食品,你让人家去做老鼠药;人家爱思考,你让人家做警卫;兔子跑得快,你却让他和乌龟去比赛,兔子当然要睡大觉。这一切究竟是谁的悲哀?

人才多样化,社会岗位也多样化。聪明的领导者要从狭隘的人才观中走出来,应当为每个岗位、每项工作找到合适的人,为每个人找到合适的岗位和工作。合适是多么的重要,合适是人和事的和谐,合适是人和事的促进,合适产生效率,合适产生效果,合适产生人才。合适就是幸福。你看看恋爱中的男女,不是大学生找到大学生才幸福,不是写小说地找到诗人才幸福,不是门当户对才幸福,不是郎才女貌才幸福,而是彼此感觉"合适"才幸福。因为追求这"合适",人类的恋爱史上上演了多少惊天动地的悲喜剧呀！在人才的使用上,谁又做过统计？

不要以人划线

【原文】

子曰："雍也,可使南面。"

仲弓问子桑伯子,子曰："可也,简。"仲弓曰："居敬而行简？以临其民,不亦可乎？居简而行简,无乃大简乎？"子曰："雍之言然。"

子谓仲弓曰："犁牛之子且角,虽欲勿用,山川其舍诸？"

想象冉雍肯定仪表堂堂,且为人通达干练。不然,孔子不会这么喜欢,孔子说,"雍也,可使南面",这简直就是任命书:冉雍可以做大官。冉雍做什么了吗？无可考证。但冉雍却对为政有一段高论,他说,为政者为人必须严肃认真,严格要求自己,处事要突出重点,简明扼要。不能随随便便,简单粗暴。好一副帝王将相的气派！孔子连连夸奖,"雍之言然"。

尽管冉雍有帝王之才,但他的出身并不好。他的父亲是失去贵族身份的"贱人",自身品德也不好。这怎么能不影响冉雍的成长,"龙生龙,凤生凤,老鼠的孩子会打洞"嘛,你没听人们评价一个人,总要追溯到祖宗八辈。中国是一个讲血统的国度,只要生错了门第,入错了行,不管你有多大的本事,也会被视为朽木而弃之不用。明代宦官魏忠贤手里就有东林党和阉党两份名单,提议任命的官员中只要是东林党人,皆一笔勾销,纵使有经天纬地之才,对国家用处再大,也折戟沉沙,不露光明。明代如此,何况还是在二千五百年前的不发达年代。冉雍甚是苦恼呀！冉雍的苦恼是很现实的,父辈的影子就像尾巴一样跟着他,怎么也甩不掉。就是放到现在,你试试,假如你的父辈被判刑,坐车都没人愿意挨着你,好像你的血液里面天生就有犯罪因子,一不小心你就会传染他;假如你跟错了人,站错了队,你就痛苦缠身吧,人们避之唯恐不及,仿佛离你近了,会沾染晦气,形影

相吊也是必然,造谣生事,栽赃陷害,落井下石,把你当作立功谄媚的工具,也未可知。

圣人就是圣人,孔子并不考虑这些。他只关心你是不是一个真正的人才,是人才,该怎么办就怎么办。没有任命的权力,但有公正评说的权力,孔子身上有一种巨大的人格力量。当他发现冉雍浓重的自卑心理后,就劝导他,"犁牛之子,且角,虽欲勿用,山川其舍诸?"犁牛是一种杂毛牛,在古代这种牛除了耕种,没什么用途,尤其在祭天祭祖等庄重的典礼中,是不能用杂毛牛做牺牲的。孔子的意思是,虽然杂毛牛品种不好,但只要本身条件优良,即使在祭祀大典中,"虽欲勿用",但山川神灵是不会舍弃他的。别灰心呀,冉雍,不要介意你的家庭出身,你的德行才具都好,天生我才必有用,别人想不用你,天地鬼神都不答应。

孔子不仅对冉雍这样,对所有弟子都是如此。他没有富贵贫贱、天资优劣智愚、等级地位高低、地域远近、善恶不同等加以区别和限制。他曾幽默地说,只要给我点腊肉,我就没有不教的。他的弟子中,富有的如冉有、子贡,贫穷的如颜回、原思,地位高的如孟懿子,地位低的如子路,鲁钝的如曾参,愚笨的如高柴,什么人都有。

别陷于人事纠纷,干些人生的大事

【原文】

子曰:"志于道,据于德,依于仁,游于艺。"

不说什么大话,但就人生的短暂来说,人与人之间应当和谐一些,比如对父母孝敬,对子女关怀,对上级尊重,对下级爱护,对同事关心,对事业热爱,至少社会成员彼此少制造一些痛苦和不快,不好吗? 在此基础上,能做事就做事,能多做事就多做事,能做大事就做大事,不好吗?

很难。孔子说,"唯女子与小人为难养也,近之则不孙,远之则怨"。为什么孔子如此仇视女子与小人? 因为女人容易受感情驱使,少理性;小人容易受利益支配,少德行。他们都不遵守规范或者游戏规则。在这里,我们姑且把女子和小人看作是一个隐语,是人

际环境恶劣的代名词。你还没有做事了，人际的纠纷就布满你的周围。远不行，近不行，前不行，后不行。事业没有铺陈，人事却令人费神。王蒙先生就说，人生的大悲剧就是事情没有做成多少，先陷入人事纠纷。于是左挡右突，于是殚精竭虑，于是纵横捭阖，于是无可奈何，最后孤注一掷，钩心斗角，亲亲仇仇，拉拉扯扯，阴阳怪气，把人生搞得一塌糊涂，人没做好，事没做成，一地鸡毛，人生的背篓里一堆零散的部件。

真的没有了办法？不是，关键在自己。你自己得有人生的主线呀！孔子不是说了吗？"志于道，据于德，依于仁，游于艺。"你得给自己短暂的一生有个定位，这个定位是根据德和仁来确定的，同时也是依据德和仁来追求。至于人际关系，那肯定是存在的，你要有所了解，有所体察，有所分析，有所为有所不为，但绝对不可沉溺其中，不能把做人的技巧，把"术"的东西，当作做人的根本和终极追求。多"游于艺"，多一些"文，行，忠，信"。不执着于人际关系，不把处理人际关系作为学问，作为本事。能和谐人际关系，不过是自己修养的结果，不过是性格锻造的结果，不过是无心的结果。不刻意反而收到意想不到的效果。

人，关键是要有主心骨。有了主心骨，还不能应对一切吗？正如王蒙先生所说，你搞你的摩擦，我做我的切实工作；你造你的流言，我做我的切实工作；你起你的哄，我做我的切实工作；你哗众取宠，我做我的切实工作；你跳八丈高闹成一团，我做我的切实工作；你声嘶力竭、大呼小叫、高调人云、危言耸听、装腔作势、连蒙带唬，我依然专心致志地做我的切实工作。假以时日，谁高谁低，谁胜谁负，还用说吗？

也要给小人一点生存空间

【原文】

子曰："好勇疾贫，乱也。人而不仁，疾之已甚，乱也。"

"卑鄙是卑鄙者的通行证，高尚是高尚者的墓志铭"。

世界是对立统一的存在，比如没有小人，怎么产生的君子？这说明小人将永远与君子同在。你不能完全消灭小人。你不仅不能完全消灭他们,你还得注意别被小人消灭。因为小人是不计手段的,他不讲什么脸面和尊严,而且为了自身的利益可以豁出一切,对有用的人,可以卑躬屈膝,对无用的人,可以置之不理,对反对的人,可以无情打击。君子和小人作对,一般败阵的是君子,狗急了,会跳墙,兔子急了,会咬人。但君子急了,大不了会骂"鸟人",决不会去咬狗和兔子。

有一篇文章把小人的特点概括绝了,他说,小人眼累、嘴累、心累。别人在正常工作,他的眼睛却如同探照灯,找寻别人的不是,哪怕你有半点的疏忽,都休想逃过去;小人的心胸狭窄,谁伤害了他现实的利益,谁有可能伤害他未来的利益,他心里清楚得很,他心里总有几套方案;小人的嘴也没个闲着的时候,天底下没有他不知道的事,没有他不敢说的话,没有他不敢造的谣。他能调动所有的器官功能,集中全部的精力,去做一件事,去糟蹋一个人,为了得到一根草,他能糟蹋所有的麦苗;别人不经意洒了他一滴水,他会找机会泼别人一桶脏水。君子心中有太多的原则,有太多的善良,有太多的不忍,小人可不管那么多,小人真的得罪不起。不信? 齐国有一大夫叫夷射,一次他接受齐王宴请,酒醉而出,倚在门边,一守门人请赐些剩余的酒菜。夷射不屑一顾。等夷射一走,那守门人便在大王门口的接水槽中撒尿。早晨,被大王发现,便询问守门人何人所为,守门人便诬陷夷射。大王因此诛杀了夷射。你说夷射冤不冤? 小人狠不狠?

美好的东西都需要代价,不然就不会有"卑鄙是卑鄙者的通行证,高尚是高尚者的墓志铭"的名言。你越是纯洁,越是一尘不染,你越是要容忍。你不是是非分明吗? 你得允许别人糊涂;你不是守身如玉吗? 你得许可人家出入舞厅。这是你的操守必然要付出的。不能容忍不行,你不是叱咤风云的人物,你总是以你的标准衡量人,你自己改变不了什么。相反,时间一长,轻则孤家寡人,重则,被剪除异己。假若你是一个强者,你会把小人逼得无地自容,小人就会集聚,黑云压城,那还能不出乱子吗? 北魏时期,张仲禹负责考核人才,相当于现在的组织部长,在选拔人才时,得罪了武人,一时武人愤怒至极,于是,几千人涌到他家,不论老小全都投入火中,尸体被大火烧得不能辨认。他所以受到这样狠毒的报复,都是逼人太急太甚的结果。在这方面,唐朝名将郭子仪就显得十分聪明。他每次会见客人的时候,总有许多侍女陪伴左右,但只要听说宰相卢杞来,就令侍女全部回避。他的儿子不明白什么原因，郭子仪说，"卢杞的容貌丑陋，妇人见了没有不笑的。卢杞心胸狭窄，会记恨在心。将来如果他得志，我们全家都活不成。"郭子仪就是靠给小人空间的方式得到自救。相反，杨炎瞧不起卢杞，处处让他下不来台，最终被卢杞栽赃陷害。

交忠良而远小人，嫉恶但不如仇，给小人适当的空间，应该是为政的一点小策略吧！

别对年轻人不放心

【原文】

子曰："后生可畏，焉知来者之不如今也？四十、五十而无闻焉，斯亦不足畏也已。"

孔子好像是在和一位君王谈话，这位君王对年轻人不是很放心，不敢放手使用。于是，孔子有了这番劝解言辞。

是的，年轻人有很多毛病，比如经验不丰富，比如性格偏于直率，比如干事有些急躁，比如做事缺乏韧性，比如一旦有些成绩就容易骄傲，比如有时不太注意礼节，等等。但年轻人优点也很多，比如精力充沛，比如接受新生事物快，比如思维活跃，比如敢于突破框框，敢于探索，等等。缺点在实践中会得到修正，而优点也会在磕碰和摔打中变得日益纯熟。相反，把他放在温室中，不历风雨，不见雪霜，什么时候才能长成参天大树？舍不了孩子打不了狼，不能因为一两棵小树被飓风刮倒被寒流冻伤，就否定了森林，不能叶公好龙呀！在这方面，孔子的思想是先进的，他认为年轻人是值得敬畏的，你看看从事 IT 行业的，有超过四十岁的吗？你在操作电脑或者电脑出现故障的时候，是不是经常问自己的孩子？作家余秋雨在考察清朝史后，说道，一个国家君王年轻，体力健壮，国家就显得充满活力。反之，一个国家就显得死气沉沉。当然，这是指君王在基本道德具备的情况下。

年老的人在位，由于经验丰富，资历深厚，威望日高，有利于一个单位和地方的稳定。但负面的效应是，年老的人往往只想稳定，或只考虑自己的权威，而对发展思虑不多。也有的领导想干事，急着干事，甚至想在自己在位时干成几件漂亮的事情，往往急功近利，

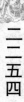

好高骛远，异想天开，任意妄为，颇有些儿童心态，其结果是一地鸡毛。到那时候再交权，这句号也就画得没那么圆了。

一些所谓经验丰富的同志对年轻人总是不那么放心，主要是出于对事业的关心，认为离开自己，企业效益就要下滑，学校升学率就要下降，商场就要关门，单位就要动荡。表现在实际工作中，就是不敢放手用，总觉得嘴上没毛办事不牢，不相信人家会知道乌龟跑得慢兔子跑得快，不相信人家会分辨韭菜和麦苗，不相信人家嗅得鲜花香大粪臭。即使使用了，总是要"扶上马，送一程"，有的送得还很远，既"顾"还"问"，有的横竖看着不顺眼，你敢闯敢干，他嫌你不太听话；你稳重处事，他嫌你魄力不足；你懂得工程，他嫌你不懂政治；你懂政治了，他又说业务不精通。关心"千里马"的心情是可以理解的，但不能牵住缰绳不松手，不让千里马奋蹄急驰，其结果千里马根本不能行千里。这样的关心，总让人怀疑其真实的程度。总让人感觉是不是恋权，在"官本位"的时代，因为权力就意味着地位，权力就意味着荣耀，权力就意味着幸福。

一位老同志把"扶上马，送一程"改为"扶上马，放缰绳，自奋蹄，任驰骋"，是开明且聪明的做法。

对那些抓住缰绳不放的人，倒是应该把孔子结尾的话送给他："四十、五十而无闻焉，斯亦不足畏也已"。

要区分形式和形式主义

【原文】

子贡欲去告朔之饩羊。子曰："赐也，尔爱其羊，我爱其礼。"

子曰："事君尽礼，人以为谄也。"

形式主义的共同特征是：徒有其表，华而不实；关注形式，漠视内容；注重过程，不管结果。

孔子很执拗。因为一只羊的问题，和子贡发生了争吵。孔子之世，承上古遗风，告朔时一定要杀羊，子贡认为这些繁文缛节应该去掉，只要拜拜，羊可以节省。这引起了孔子很大的不悦。孔子说，决不能去掉，他代表了一种精神。固然不用象征性的东西，只要内心虔诚就可，但没有一件象征的东西维系，你的虔诚岂不成了虚无？何况还有那么多不虔诚的人的存在，如果没有必要的形式的约束，会变得更加不虔诚。所以，你子贡看中的是羊，我看中的是礼仪和他的精神内涵。

这就涉及形式和内容的问题。

形式很重要。没有河道这个形式，水怎么会顺畅地流向大海？没有水杯这个形式，怎么会轻松地送到你的嘴里？没有河道，不知道洪水祸害多少良田，没有水杯，人类喝水的姿态没有那么优雅。这就是形式的重要。但形式一旦加上主义，就变得很不可爱。因为形式主义的共同特征是：徒有其表，华而不实；关注形式，漠视内容；注重过程，不管结果。发文很重要，但什么情况什么事情都发文，而且一发了之，这就是形式主义。开会很重要，但天天开会，事事开会，视开会为落实，这也是形式主义。现在值得注意的倾向是，有人借口反对形式主义而不要形式了，让他学习，他说是形式主义，让他搞结构调整，他说形式主义，实际上以反对形式主义来掩盖懒惰主义。为什么懒惰？因为在现实中，的确存在一种现象：不干事，则没事；干事越多，是非越多；干的事越大则风险越高。哪如坐在屋里，日晒不着、风吹不着、雨淋不着，兵来将挡，水来土掩，多舒服！看来，没有一定的形式去约束，还真不行。

所以，孔子还是极力提倡必要的形式。

祭祀这样，待人也是如此。对长辈，对上司，处处合礼尽忠，别人会以为献媚。怎么办？只要自己内心真诚，"尔爱其羊，我爱其礼"，不用管它，"路遥知马力，日久见人心"，让时间来考验，即使时间证明不了，自己也心安理得。

人心换人心是什么结果

【原文】

定公问："君使臣，臣事君，如之何？"孔子对曰："君使臣以礼，臣事君以忠。"

定公问的时机很好。当时，他的哥哥昭公被贵族季氏赶到国外，他被推上了君王的位置。百废待举，人际迷离，他深知自己的处境险恶。便就如何处理君臣关系维护政权问计于孔子。但他问的动机并不好，他的真正动机是想获得权谋之术。

孔子没有正面回答。孔子是不屑于"术"的。术就是手段。玩手段的都自以为聪明。花招迭出，套路多变，但玩到最后结局都不很妙。就如同孙悟空和众妖魔斗法，都使出浑身解数，打得昏天黑地，煞是好看，可谁又斗出如来佛的手心？如来佛飘忽不定、跑来跑去了吗？没有，到哪里都稳如泰山，但他深怀利器，那就是道。官场复杂，但以复杂对复杂，得到的结果是更加复杂，以简约对复杂，也许复杂就变得简单了。

孔子看中的就是这个。得道德到，德到得到。孔子推崇德。他说，你不要什么术。一个领导人要求部下忠心，你就要首先以礼待人。别要威使横，别吹胡子瞪眼，别鸡蛋里面挑骨头。你要疼爱部下，你要爱护部下，你要理解部下。比如部下感冒了，你能不能屈尊看望？

比如部下做出了业绩，你能不能把手中的官帽攥下来，别在手里把玩不已？比如部下为了创新，犯了规出了格，你能不能宽容甚至承担责任？人心不是钢铁，四两拨动千斤，唐朝，唐太宗在谈论历史上忠贞之士时，对他们的近臣们说，"狄人杀死了卫懿公，吃光了他的肉，只留下他的肝。卫懿公的臣子弘演哭得呼天抢地，剖腹取出自己的肝，把卫懿公的肝放进腹中。如今像这样的忠义之士恐怕找不到了。"

魏征也向唐太宗讲了一个故事，他说，过去豫让为智伯报仇，企图刺杀赵襄子。赵襄子把他抓住，对他说，"你从前不是侍奉奉范氏、中行氏吗？智伯把他们剿灭了，你就归顺了智伯。你不为奉范氏、中行氏报仇，如今却为智伯报仇，这是为什么？"豫让回答道，"我从前侍奉奉范氏、中行氏的时候,他们以一般人的礼节待我,所以我也像一般人那样报答他;智伯以国士的礼节礼遇我,所以我就以国士的身份来报答他。由此可见,只要君主诚心诚意,以礼对待臣下,臣子自然会以死来报答君王,怎么能说现在没有像豫让那样的忠义之士呢?"一席话,说得唐太宗张口结舌。

所以,孔子说,君使臣以礼——这是因;臣事君以忠——这是果。

团结一致向前看

【原文】

哀公问社于宰我。宰我对曰:"夏后氏以松,殷人以柏,周人以栗。"曰:"使民战栗。"子闻之曰:"成事不说,遂事不谏,既往不咎。"

子谓韶:"尽美矣,又尽善也。"谓武:"尽美矣,未尽善也。"

"成事不说,遂事不谏,既往不咎",是一种明智的、务实的、豁达的人生态度。

别怪孔子说宰我"朽木不可雕也",他总是在点孔子的穴位。孔子很喜欢周朝的礼节,只是"周人以栗"这件事,让人感觉不太妥当;也正如评价《武》乐一样,"尽美矣,未尽善也"。但对前辈圣人,孔子不太好意思说三道四,所以,孔子说,已经做过的事不用再说了,已经完成的事就不必劝谏了,已经过去的事不要再去责备追究了。毕竟是人民内部矛盾,又是瑕不掩瑜,何必用阶级斗争的方式?孔子的话,既是一种无奈的情绪,也是对历史的一种宽容态度。

历史就是从风风雨雨的隧道里走来,不可避免地带着尘土和泥斑。这是不能完全抹掉的;能够抹掉就不是历史了。我们需要总结,但不能沉溺于过去的失误而耿耿于怀,也不能为过去的失误而争论不休。历史只能代表过去,历史也只能由历史的人负责。我们当代人还是要对当代负责,还是要赶自己的路。一位名人说的好,"昨天是一张作废的支票,明天是一张虚幻的期票,而今天才是你唯一的现金,当好好把握。"一个人也是如此,难免失误甚至错误,难免不完美,伤感吗?悔恨吗?但还能改变吗?能改变的只是当下。

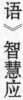

如果背负沉重的包袱，前进的步伐能加快吗？如果一味伤感不已，眼前的时光岂不白白虚耗？总结过去，让人聪明；追悔过去，失掉现在；失掉现在，未来除了空白还能有什么？正如赶车，一班车错过了，是考验你的心性，耐心等待，说不定豪华的大巴正向你开来，还不拥挤呢！相反，一着急，就往别的站点赶，还只能对着正徐徐开走的汽车尾气"望洋兴叹"啊！

"成事不说，遂事不谏，既往不咎"，是一种明智的、务实的、豁达的人生态度。他让人们不要陷入昨天，在历史的纠葛中难以自拔。教训不能不总结，但总结不是目的，就好比"温故"是为了"知新"一样，走出阴影，把握现在，开拓未来。

邓小平对待历史就非常明智。他总结，他评价，就像孔子评价《韶》和《武》乐一样，客观公正。但他不苛责，他说毛泽东的错误也有他的一份；更不纠缠，他说不争论是我的一大发明，一争论就把时间争掉了。他号召，团结一致向前看！看，全面建设小康社会的时代就来临了。让我们记住孔子和小平的话。

为政如同演奏音乐

【原文】

子语鲁大师乐，曰："乐其可知也：始作，翕如也；从之，纯如也，皦如也，绎如也，以成。"

仪封人请见。曰："君子之至于斯也，吾未尝不得见也。"从者见之。出曰："二三子何患于丧乎？天下之无道也久矣，天将以夫子为木铎。"

孔子在欣赏音乐。演奏完毕，他又和乐师讨论起音乐的原理来了。他说，乐曲开始的时候，好像含苞待放的花蕾，轻轻地舒展开来，和谐，舒缓，协调；接下来，由小而大，高低相间，节奏分明；到了高潮，或激昂慷慨，或庄严肃穆，或低沉悲壮；结束了，还余音袅袅，绕梁不散，似有幽幽未尽之意。这便是成功的音乐。

你真的以为孔子是在讲乐理吗？天地一道，万物一理。孔子在欣赏音乐的同时，也

　　你当领导了,当领导当然就要带领大家做事。怎么做事? 首先,要统一思想,万众一心,形成共识,宣传发动,步调一致,就如同演奏开始"始作,翕如也",和谐协调,否则,各吹各的号,各拿各的调,红灯不停,绿灯不行,还不乱成一锅粥? 也许你都做了,效果不错,但真正干起来,还要注意章法,天下大事必做于细,天下难事必做于易,先从小事做起,还要注意抓重点,不能眉毛胡子一把抓。"从之,纯如也,徼如也。"

　　干成了吧,很好,好多人都在念叨你的好处,多少年以后还在怀念你,尽管他们不会为你立碑,但他们在心中已经为你树起了高高的丰碑。为什么? 你干的是造福当代、惠及子孙的实实在在的事呀! 可不是什么形象工程、政绩工程,甚至什么豆腐渣工程。在你颐养天年的时候,你就闭上你的眼睛,欣赏民声这首博大的音乐吧,这就叫"绎如也,以成"。

学会因势用人

【原文】

　　子曰:道千乘之国,敬事而信,节用而爱人,使民以时。

　　孔子认为,为政之道在于用人,由此提出了用人的主张。在古代,国家的治乱关键在于国君,国君首要的是用人。用人得当,方法正确,国家就会大治。反之,国家就会大乱。不管是治理国家,还是开公司、办企业,其实管理的精神、根源、内容和步骤都是相似的。

　　古人云:治大国如烹小鲜。作为经营人,要想让自己的企业红红火火,有几个基本的条件:第一,敬事而信,就是做到严肃认真地对待各项工作,守信用。这在每个企业中都是通用的原则:你不认真对待工作,怎么赚钱啊;不守信用,赚谁的钱啊。第二,节用而爱人,这也是"老调重弹"了,就是节约开支,爱惜人才。现在的企业,在"节流"方面都做得很好,经营者绝对是会把一分钱掰两半花的,不会存在浪费现象。至于爱惜人才,经营管理强调"以人为本","人才是企业最大的财富"。只要是人才,在企业中都能得到重用,也会有比较好的待遇。

孔子主张，役使百姓的时候注意顺应农时，不影响他们的生产。现实的意义，"使民以时"就是用人时应该把握时间，把握大势，也就是因势用人的意思。这从军事思想方面来讲包括很多。孙子兵法讲时讲势，也讲用势之道。在因势用人这方面，汉高祖刘邦可谓做到了极致。

刘邦用人学问中最独到的一点是，他通常能根据不同的时期与形势采取不同的用人策略。这从他对韩信的态度和使用上可以清楚地看出来。

韩信初到汉营时还属无名小卒，刘邦看不起他。但当他听萧何说韩信是一个大将之才，可以帮他打天下时，马上放下汉王的架子，筑了一个高台，举行隆重典礼，毕恭毕敬地拜韩信为大将，并向全军宣布："凡我汉军将士，今后俱由大将军节制。如有藐视大将军、违令不从者，尽可按军法处置，先斩后奏。"刘邦那种谦恭卑顺的样子，令全军上下莫名其妙。

汉高祖四年，刘邦在成皋战场失利，急需把韩信、彭越等部队调来支援正面战场。不料，此时已攻占齐地的韩信派使者来，要求刘邦封他为"假王"，以镇守齐国。刘邦大怒道："怪不得几次调他一直按兵不动，原来是想自己称王！"这时，正在一旁的张良、陈平赶紧用脚踢了他一下。刘邦恍然大悟，急忙改变口气对韩信的使者说："大丈夫平定诸侯，做王就该做真王，为何要做假王呢？"于是，派张良为特使正式封韩信为齐王。韩信受封后，果然高高兴兴地率兵来参加正面战场作战。

韩信

刘邦称帝后，大封自己的同姓子弟为王。同时，认为那些在战争年代封的异姓王公居功自傲、藐视皇帝。刘邦决定先拿韩信开刀，除掉异姓王。高祖六年，刘邦宣称巡游云梦泽，约定在陈地会晤诸侯。当韩信奉命到来时，刘邦以有人告他谋反为由，令武士将其拿下。当韩信申辩时，刘邦厉声说："有人告你谋反，你敢抵赖吗？"把韩信押回洛阳后，因查无实据，刘邦便把他降为淮阴侯，软禁在京城。吕后洞悉刘邦的心意，在一次刘邦出京时把韩信诱到长乐宫杀掉了。

刘邦在历史上无疑是独树一帜的，他不像曹操、李世民那样文韬武略兼而有之，身先士卒，垂范天下；也不像康熙、朱棣那样借助龙脉相承，挟先人之余威而君临天下。他所凭借的只是一门因势用人的用人术，当势力单薄时卑躬屈膝，当形势不利时慷慨让步，当功成名就后心狠手辣。他把用人权谋作为一个系统来研究与运用，能根据不同的历史时期和处境遭遇来确定自己的用人策略。

清朝著名商人胡雪岩也是一个擅长因势用人的典范。

胡雪岩在用人上颇有裁缝量体裁衣的细心。他经营钱庄"知人善任，所有号友皆是少年能干，精于会计者"。办胡庆余堂药店，重金聘请长期从事药业经营，熟悉药材业务，又懂得经营管理的行家担任阿大（经理）；聘请熟悉药材产地、生产季节和质量真伪优劣的人当阿二（协理），作为阿大的副手，负责进货业务；还选取熟悉财务的人担任总账房。

以上三种人被列为头档雇员，称"先生"，他们能写会算，懂业务，善经营，属于穿长衫的"白领"，一切待遇从优。先生以下是被称为"师傅"的二档雇员，他们略懂药物知识，会切药、熬药、制药，实践经验丰富，是穿短衣在工场劳动的"蓝领工作者"，工资待遇低于先生。师傅以下是末档帮工，是临时雇来的，主要从事搓丸药等简单的劳动，计件付酬。由于分工明确，职位相称，酬劳合理，胡雪岩的钱庄、药号运转灵活，相互协调。

此外，胡雪岩在经营管理中非常善于用人之长，客观待人。《胡庆余堂：中药文化国宝》一书记载了这样一件事：有一年，胡庆余堂负责进货的"阿二"千里迢迢到东北采购大批药材。可当他风尘仆仆地回到杭州后，药号"阿大"见人参质量不如往年，价格却比过去高，就埋怨阿二不会办事。阿二以质次价高是因为边境有战事之故而据理力争，两人一直吵到胡雪岩处。

胡雪岩了解情况后，留他们吃饭，并特意向阿二敬酒，感谢他万里奔波，在货源短缺的困难时期为胡庆余堂采购到大量紧俏的药品。用这些话打动阿大的心，让他也向阿二敬酒，两人一笑泯怨怒。

饭后，胡雪岩吩咐阿大："古人云，将在外，君命有所不受，商事如同战事，应当用人不疑。以后凡采购的价格、数量和质量，就由阿二负责。"阿大怕这样做有了两个阿大会坏了店规，胡雪岩说："我们就叫阿二为'进货阿大'。"从此，胡庆余堂便有了两个"阿大"，两位阿大各司其职，把生意做得更红火了。

一个企业是否兴旺发达，老板的眼光——见人、用人的标准起着决定性作用。领导者要灵活机动，这是在用人策略上的"时"。当然，领导者在用人的时候在道德上也要知道"时"。比如，部下生重病，你不去慰问，反责备他不来上班，这就是不"爱人""使民不以时"了。"使民以时"是用人要在时间上恰到好处，这是道德的修养，也是一门学问。

实行人性化管理

【原文】

厩焚。子退朝，曰：伤人乎？不问马。

孔子思想的主要特征之一是，他提出了著名的"仁"的思想，以致后来有人把孔子的思想概括为"仁学"。在《论语》一书中，"仁"字出现达 109 次之多，说明"仁"在孔子的思想体系中居于十分重要的地位。

有一次，孔子家的马棚失火了，损失非常严重。孔子回家得知此事，第一句问的竟然不是马的损失情况，而是伤人没有。这说明，在孔子的眼中，"人"的价值要比任何财富包括马都重要得多。马棚塌了可以再盖，马损失了可以再买，但人没有了，就不容易再找了。这种"仁者爱人"的思想放在现代，就可以运用在"以人为本""人性化管理"等管理人才的各个方面。

一个企业生存和发展的根本保证，归根到底就是拥有大批优秀员工。柳传志说："小企业做事，大企业做人。"松下幸之助也曾经说过："松下先塑造人，后生产电器。"而盛田昭夫说得更加直接明了："使企业得到成功的，既不是什么理论，更不是什么计划，而是人！"在崇尚人本管理的今天，"企无人则止"的理念已经深植于人心。

望关门马

　　企业终归是人的企业,而人也最终要靠企业的发展来实现个人的价值。从这个意义上说,人即企业,企业即人。企业从初创到壮大到辉煌,离不开优秀的人在起推动作用。因此,企业的发展要从培育以人为本的企业精神开始。

　　华人企业领袖施振荣非常推崇"人道"。他认为人性本善,应该发掘人性之善。施振荣一直提倡对人的宽容和信任,容许他人有犯错误的机会。最难得的是,施振容能够让出舞台和权力,宁愿自己大权旁落,也要给予别人舞台。施振荣曾说:"创业30年,我实际上是在经营人性。结果是,人才辈出,王中生王,宏基也成长为全球企业巨头。"

　　宏基之所以能够人才辈出,王中生王,很大程度就在于施振荣对于人性的超越。施振荣在宏基推行"人性本善"的观念,在问到三十多年来,他是否从未遇到过不忠甚至背叛?施振荣说:"遇人不淑在所难免,你的筹码就是万一遇人不淑的时候你受的伤害是你可以忍受的,因为你由相信人得到的利益更大。"遇到背叛和欺骗,施振荣的做法不是"一朝被蛇咬,十年怕井绳"。相反,他不断地相信人,因为他认为多数人值得相信,只有相信更多的人,才能抵消少数人背叛和欺骗的成本。

　　当年的李锟耀,性情躁烈,也属于不听话的能人。但是,施振荣并没有用自己的权威去压制他。相反,他给了李锟耀足够的舞台,允许其犯错误,甚至让其在明基单飞,成全英雄人物的鸿鹄之志。

反观国内很多企业,存在的恰恰是对人的普遍不信任,老板猜疑职业经理人,职业经理人对老板也有保留,基本是疑人不用,用人也疑,互相提防,内耗巨大。在企业初期,难以破钱财之贪,很多合作人为了利益打得头破血流。很多老板总舍不得为职业经理人花钱,最后企业如鸟兽散。

公司是由人组成的,人是有感情的,影响其行为的心理是复杂的。人们都希望在一个和谐、融洽的环境下工作,并且希望自己被重视。所以,企业实施人性管理很重要。

人性化管理并非一种策略,而是一种"以人为本"的态度,人性化管理是一种管理思想,也是一种企业文化,它需要身体力行去实践才起作用。人是渴望被点燃的,人也是可以被点燃的。企业应该给人更大的发展空间,给人更多的关爱。人性化管理的实质在于尊重人性特点,人性化管理的魅力就是让每一个管理者都能感受到来自企业的人文关怀无处不在。

日本索尼公司创始人盛田昭夫认为,没有一种理论、计划或政府的政策可以使企业成功。关键只有一个,就是要与他的职员建立起一种健康的关系,在公司内部创造出一种家庭式的和谐感情,而这种感情将促使管理阶层与职工皆有同舟共济的精神。

盛田昭夫每年都把索尼公司所招聘的人员集合到索尼公司总部,进行培训,盛田昭夫为他们上有关企业内容的第一课。盛田昭夫通过讲演,使索尼公司的每个职工都树立了"人人都是索尼大家庭成员"的观念。

正是在盛田昭夫的倡议下,索尼公司的管理建筑在互敬互重的精神基础上。这种精神让索尼的每位职工明白,索尼公司不是属于少数管理者,而是属于全体职工。索尼公司有一项政策:只要是索尼公司的职工,不论他在何处,就是索尼公司大家庭的重要成员。基于这项政策,索尼公司的高级领导人没有私人办公室,甚至连工厂的厂长也没有办公室。公司的管理中心委员同其他职工坐在一起,使用同样的办公设备。

索尼鼓励个人才智的发挥,做到人人适才任用,故而能将每位职工的潜能发挥到极值,这是索尼与其他企业竞争所体现出来的最大力量。盛田昭夫深有体会地指出:"我们的信念是:'人'是一切活动之本。"这种"以人为本"的企业理念正是索尼成功的根本所在。

"打虎亲兄弟，上阵父子兵"。许多企业的最终失败，并非因为它们不曾拥有一流的人才，而是没有将这些人才有效地组织成一个胜似"父子兵"的战斗"大家庭"，而勉强能体现"企业大家庭"的居然就是"开会"。这应该是我们必须避免的。

弄清事实真相

【原文】

宰予昼寝，子曰：朽木不可雕也，粪土之墙不可圬也，于予与何诛！子曰：始吾于人也，听其言而信其行；今吾于人也，听其言而观其行。于予与改是。

孔子有一个弟子叫宰予，他很会说话，以言词动人。孔子曾经列了"德行、言语、政事、文学"四个排行榜，宰予列于"言语"榜。但宰予的品德却算不上高尚，他曾经嫌服丧3年的时间太长并向孔子抱怨，惹得孔子骂他"不仁"；又热衷于做官，后来到齐国为临淄大夫，与高官田常合伙作乱，阴谋反叛朝廷，结果被满门抄斩，孔子为他感到耻辱。

大白天，同学们都在认真读书学习，而宰予却在睡大觉。孔子很生气。孔子为什么生这么大气呢？就是宰予虽然话说得很漂亮，但行为不符，实际上欺骗了孔子。孔子之所以人家说什么他就相信，"听其言而信其行"，并不是说孔子笨或愚蠢，而是孔子对每个人都很信任，相信"人性本善"，但没想到就是这个宰予，辜负了孔子的信任，欺骗自己的老师，既无信，又对师长不敬。所以，孔子才这么生气。

从这件事中，孔子也悟出了一个道理：耳听为虚，眼见为实。不管你是什么人，不管你话说得多么好听，哪怕是舌绽莲花，也得看看你的行动，再决定相信不相信你。

在另外的一个场合，孔子也重述过这个道理，只不过换了个说法。孔子曾经说过："如果有一个人令众人都讨厌的话，那么，你对他不要轻下结论，需要审查一下实情。如果有一个人令众人都喜欢的话，那么，你也不要轻下结论，需要好好调查一下他的本来面目。"这再次说明了"耳听为虚，眼见为实"的重要性。如果未经核实就盲目相信别人说的话,很可能酿成大祸。

当年刘邦打天下时,本来准备委以陈平重任。结果,部下有人向他打小报告说,陈平个人生活作风有问题,并且以权谋私。经过一番实际调查后,得出的结论是"并无此事"。两个人沟通后,达成相互的谅解,陈平重新得到信任。后来,陈平又屡出奇计,帮助刘邦安定天下。

虽然是"耳听为虚,眼见为实",但也要提防,有的时候"耳听为虚","眼见未必为实",必须要会思考。否则的话,再"明亮"的眼睛也有靠不住的时候。

当年孔子带弟子周游列国,困于陈蔡之间,生活艰辛,常常吃了上顿没下顿。有一日,又没米下锅了。亏得弟子子贡向乡人四处讨求,讨得一些米来。弟子颜回便急忙生火做饭。

子贡讨米辛苦,躺着休息了一会儿。饥肠辘辘,躺不住,便上井边喝水。此时,一股米饭香飘入鼻孔,子贡不由向颜回做饭处望望,却见颜回从饭锅里迅速抓了一把塞入口中。子贡好不生气,便来向孔子告状:"真是知人知面不知心,平日看不出,一到困苦时就露馅了。"

孔子疑惑道:"真有此事?"子贡说:"我亲眼所见,绝对不会错。"要换了别人,可能就会勃然大怒,把颜回叫来狠狠批评一顿。可孔子不会如此鲁莽,他在思考子贡是否真的看明白了。于是,他劝子贡莫轻下结论,待自己了解后再说。

一会儿,颜回来请孔子去吃饭。孔子说道:"方才我打了个盹儿,梦见先父。他是要来保佑我吧。因此,我想先拿这饭来祭祀先父。不过,不知这饭你动过了没有?动过的饭是不能用来祭祀的。"

颜回急忙摇手说道:"老师,千万不能用这饭祭祀。适才煮饭时,恰有黑灰落在饭上,不管它吧,不干净;想扔了吧,又可惜。我就把那块沾灰的饭抓起吃了。"子贡这才知道自己冤枉了颜回,好不惭愧。

对于孔子来说,这件事,他没有偏听子贡的话,虽然是起了疑心,但终究试探了一番,明白了真相,纵然稍稍惭愧,但幸好没犯大错,"耳听为虚,眼见为实"的准则还是遵守了。但对于子贡来说,行为就有些鲁莽,"眼见未必为实",他只相信自己所见,就跑去告状,未免太武断了。所以说,有的时候,看到的事情,也不能臆测,也需要用心去分析。

做任何事,都应该遵循"耳听为虚,眼见为实"的原则,先做好调查研究工作,等事情搞得一清二白,再下结论也不迟。至于说重大的决策事宜,就更不能马虎了。不仅要"耳听为虚,眼见为实",还需要把事情的起因结果、来龙去脉都调查核实清楚,才能做进一步的工作。不然的话,所造成的损失和伤害,不仅有物质上的,而且也有精神上的,这就远远不是金钱所能弥补的。

人无欲则刚

【原文】

子曰:吾未见刚者。或对曰:申枨。子曰:枨也欲,焉得刚?

林则徐有一副对联:海纳百川,有容乃大;壁立千仞,无欲则刚。有容乃大,出自《尚书》。无欲则刚,出自《论语》。就是孔子所言:枨也欲,焉得刚?

孔子说"无欲则刚",此言不虚。如果我们在某一方面有欲望,那这种欲望就有可能被别人所利用。如果贪色,有求之人就可能诱之以色;如果贪财,别有用心之人就会诱之以财;你喜好什么,他就给你什么。当看到鱼儿因贪吃而上钩时,我们会笑鱼儿太痴。但假如我们不能抑制自己的欲望,我们同那些鱼儿其实也没有什么两样。

清朝乾隆年间大贪官和珅官至大学士,想当初招权纳贿,声势显赫,后受参劾,被赐死后,衣带中还留有一首七绝诗:"五十年前幻梦真,今朝撒手撒红尘。他时睢口安澜日,记取怀才误自身。"和珅的临终"绝唱"是一种迟到的醒悟,对国家和自己都于事无补。

被人们称为"三光书记"的一位贪官,在担任一个县的县委书记期间,"把官位卖光,把财政拨款捞光,把看中的女人搞光",那不是无尽的贪欲又是什么呢?

人不可能一点欲望都没有,像个木头人,但不能有过分的欲望。没有贪欲,就可以做到"软硬不吃",坚持自己做人的原则,至大至刚。而一旦有了贪欲,不是"吃人家的嘴软,拿人家的手短",就是"英雄难过美人关",哪里还算什么刚毅的男子汉呢?

孔子认为，贪欲太过强烈的人不免为私利屈己，所以绝做不到刚。不过，历史上，也有许多人做到了刚强。东汉时的董宣就是一位。

董宣任洛阳令。东汉光武帝的姐姐湖阳公主有一奴仆杀了人，在湖阳公主包庇下逍遥法外。

董宣一次拦住公主车驾，命奴仆下车，就地正法。公主便向光武帝申诉。光武帝大怒，召董宣，要用竹板将他打死。董宣说："陛下今日纵容恶奴杀好人，又如何治理天下？我不需竹板打，请让我自杀。"说完，头撞柱子，血流满面。

光武帝连忙叫宦官拉住他，让他向公主叩头谢罪。董宣坚持不叩，光武帝就叫宦官强按他的头，董宣两手撑地，就是不低头。光武帝实在没办法，只好作罢。董宣由此得了个"强项令"的美称。

以虎门销烟闻名中外的清朝封疆大吏林则徐，便深谙"无欲行自刚"的道理。他以"无欲则刚"为座右铭，为官40年，在权力、金钱、美色面前做到了洁身自好。他教育两个儿子"切勿仰仗乃父的势力"，实则也是本人处世的准则。他在《自定分析家产书》中说，"田地家产折价三百银有零""况目下均无现银可分"，其廉洁之状可见一斑。他终其一生，从未沾染拥姬纳妾之俗，在高官重臣之中恐怕也是少见的。

像董宣、林则徐这样的人，都可说是"刚"。人类的一切烦恼都源于贪欲，因为贪欲是无限的，而能得到满足的贪欲是有限的，所以我们一生烦恼不断。他们之所以能做到"刚"，是因为他们心里没有那么多的贪欲，或者说能克制自己的贪欲。例如董宣，你即使是公主，我不求官，我不求财，我只求法律公道，我凭什么怕你啊！做人不能没有这种"刚"，否则，就是软骨头，就不能立于世上。

做官与经商，都要克制自己的欲望。经商就怕一开始就在心中膨胀出一个很大的贪欲。这会使人变得浮躁，而不去脚踏实地赚钱。或者说因为贪欲，而不遵守自己经商的原则，总想着一口气吃个胖子。企业家是不能缺乏实干精神的，任何怠惰都可能导致经济上的损失。没有天生的百万富豪，要想开创一番大事业，就必须亲力亲为、戒贪戒躁，从最基本的做起，经受最艰苦环境的考验。只有这样，你才能经垒土之末，成千尺高台。

有的人，就是抓住了人性中的贪欲做文章，使得一些企业家贪小便宜吃大亏，上当、上钩,深陷泥潭而不能自拔。这样的企业家,已经失去了"刚"的勇气、"刚"的凭借,只能任由别人,以蝇头小利牵着鼻子走。

每个人为政、经商、求学、生活都有自己的原则。只有克制自己无限膨胀的贪欲,才能做到坚守原则,才能做到"刚",才能得到最好的结果,最终才能成就事业。我们所应拥有的"刚",是在大是大非上坚持真理、坚持原则的"刚",而不是不分青红皂白,不管具体对象,都一概犟脾气,一概固执己见,一概认死理。

生活中,与人相处,原则问题当然应该刚硬坚持,寸步不让。但非原则问题,大可不必"一根筋"、犟到底,也不能"得理不饶人"。否则,除了把人际关系搞僵,让本可换个方式解决的问题走入死胡同外,又有什么好处呢?

好刚,没错,但还要好学。知道什么情况下应该"刚",什么情况下则需要"柔",需要灵活。性格刚强的人,要注意避免刚愎自用,骄傲粗暴,固执己见。只有刚柔相济,才能真正获得人生的成功。

采用最好的领导策略

【原文】

子曰:道之以政,齐之以刑,民免而无耻;道之以德,齐之以礼,有耻且格。

孔子这句话是讲管理之道的,他讲了两种领导策略和结果。领导者通过观察、比较和分析不同的取舍所造成的不同后果,从而趋利避害,提高领导艺术。

"道之以政"。是用政策、法规等引导百姓的心,通过设置一些政策、法规、条文,来让百姓遵守,而不去告诉他们为什么要这样。"齐之以刑"是用刑法等规范百姓的言行,通过设置一些刑法,告诉百姓在言行上如果做了什么坏事,就要受到什么惩罚。这种领导策略的特点是用框框条条等来限制百姓言行,而没有教化百姓的内心、培养其取舍智慧的动机。

采用这种策略的领导对自己顺利领导一个团队的要求比较看重,因此设置了一些政策和刑法,这些政策和刑法是领导者对百姓的期望和要求,但是这样的领导者没有去深刻地、细致地去关心被领导者的实际情况，没有想到百姓也在追求安乐，百姓也是人，也和自己一样具有思想、取舍智慧等。这样的领导策略导致的后果就是"民免而无耻"，虽然不犯罪，但是却没有培养起羞耻心，还是不知道为什么"这些该做。那些不该做"。"免"是因为害怕受到惩罚而被动地不去做，"耻"是由于知道取舍而主动地不去做。

汉文帝

我们再来看"道之以德"，这是用道德等引导百姓的心，告诉百姓，一件事为什么能做，或者为什么不能做，做了会有什么后果。而"齐之以礼"是用礼节来规范百姓的言行，告诉百姓，什么样的言行会受到大众的认同。这种领导策略的特点是用智慧教育百姓的心，用礼节来规范百姓的行为。

两领导策略比较，"道之以德，齐之以礼"的领导策略是仁慈的，对下属是尊重的，注重下属的心灵管理，是引导式教育，告诉他们什么是正确，重点放在训练下属的习惯上，而不在惩罚上。有什么的因，就会有什么样的果。我们所得到的，正是我们所付出的。用什么方式去做，关系到你得的结果。

孔子弟子宓子贱到单父担任宰，宰是邑的最高行政长官。相当于现在的县长。3年过去了,宓子贱当的怎么样? 孔子不放心,派另一个学生巫马期去看他。

巫马期赶到这个县的边境时已经是傍晚了,看到一个老人家在打鱼,奇怪的是他把鱼打上来之后又放回到河里去。巫马期于是问这位老人家为什么? 老人家回答说,我刚才放回河里去的是小鱼,因为我们宓县长告诉大家,打鱼只能打大鱼,小鱼还在生长,如果大鱼小鱼都捞光了明年就没有鱼吃了。巫马期听了之后非常感动:一条边境小河,天快黑了,只有老人家一个人在这里打鱼,也没有人监督他,感觉这里的人都非常自觉。

巫马期跑回去报告孔子,宓子贱的德政真是到家了,老百姓都这么自觉自愿地遵守法令! 孔子告诉他,宓子贱3年前要到单父当官,单父是在鲁国的边境,和别的国家交界,这个地方民风彪悍,有人说是土匪窝。孔子告诫宓子贱,你去到那里治理县政有两条路,一条是以暴治暴,但只能收效于一时,不能治理长久;还有一条路是道德教化,让老百姓懂得什么是善、什么是恶,学会做好人,做好事,才能得到真正的长治久安。宓子贱正是按照孔子"道德教化"的思路去做的,所以取得了这样的效果。

儒家很强调道德教化,孔子三千弟子里有很多学生去从政,都按照孔子的思想去推行德政、德化。德政的作用,体现了儒家教化的力量。所以,现代的领导者,要学会用"道之以德,齐之以礼"的方法来进行治理,运用人的仁爱心、自尊心、自信心、自觉心来发挥其内在的动力,以求达到组织的平衡与协调。

最后,要强调的是,管理重视道德是应该的,但也不能忽视了刑政、法制的治理作用。德治与法治应该是互补的,只是有所侧重而已。

第九节 《论语》的为官智慧

要培养多方面的才能

【原文】

子曰:"君子不器。"

我们知道:一件器具,只有一定的用途。例如茶杯只能盛水。器具定了型,用途就有限。孔子说:"君子不器。"君子不能像器具,就是强调"为政"要通才,通才就要样样懂。"不器"就是指不能成为某一个定型的人,而应该做到古今中外无所不通,做能文能武的通才;只有具备这样的素质、这样的知识结构,才是一个合格的、称职的为政者。孔子对为政者提出的素养和知识结构的要求,是非常有见地的。

对于一个高层次的管理者,必须具备决断、敢断、善断等能力,同时还应掌握制定决策方案本身的具体本领。高层管理者,只有具备广博而丰富的知识,才能视野开阔,才能综合分析,才能联想,才能发挥、判断并决策,这是为政者的主要职责,而判断、决策又必须具有严密的逻辑思维和通盘把握的能力。因为从认识论的角度讲,决策是为政者在社会实践中选择目标和行动方案的认识过程。决策的对象,不论是社会、军事,还是生产经营,都是一个复杂的系统,它涉及多方面领域,涉及种种事物的属性和特点,尤其决策的主体——人,具有丰富感情和心理活动,这就更增加了决策的复杂性。同时,作为认识过程,决策首先需要敏锐的观察能力和深刻的理解能力;需要准确的判断能力,深入的分析能力、横向综合把握的能力;还需要抽象思维,从而具有揭示客观事物规律的能力,等等。正因为如此,作为一个决策者、高层管理者,熟悉一两门专业知识是必要的,但是不必,也不可能像专家那样精通,重要的是要广博。

由此可见,孔子"君子不器"的见解,是符合实际的,与现代管理的客观规律是相吻合的。几千年前的孔子能提出这种见解不能不令人叹服。

孔子本人,也不只是在口头上讲讲"君子不器",在他育人、察人的过程中,也是坚持"君子不器"这个观点的。

《论语》中记载着这样一件事。有一天季康子(鲁国的大夫,权臣)向孔子打听他的学生的才干。季康子首先问起有军事统帅之才的子路,是不是可以请他当政?孔子说子路的个性太果敢,对事情决断得太快,而且下了决心以后,绝不动摇,决断、果敢,可为统御三军之帅,而决胜千里之外。如果要他从政,恐怕就不太合适,因为怕他过刚易折。

季康子接着问,请子贡出来好不好呢?孔子说,不行,不行。子贡太通达,把事情看得太清楚,功名富贵全不在他眼中,聪明通达的人,不一定对每件事盯得那么牢。比如说桌子脏了,擦一下好不好? 通达的人认为擦不擦都是一样,因为擦了又会脏,不擦也可以。如果有人说一定要擦,通达的人就会说擦也可以,擦了总比较干净,那就擦吧! 像这样的人,往往可以做大哲学家、大文学家?因为他有超然的胸襟,也有满不在乎的气概。但是如果从政,却不太妥当。

幽谷听泉图

季康子再请教冉求是否可以从政。孔子说,再求是才子、文学家,诗词歌赋琴棋书画样样精通,名士气味颇大,也不能从政。

诚然,季康子问到这三位学生,想请他们其中的任何一个出来帮助他,而孔子都不放行,也有另外一层原因,因为季氏当时在鲁国为权臣,气焰嚣张跋扈,孔子不愿让自己的学生去插上一脚。不过孔子又确实从另一个侧面说出了实情:一个从政的人,这三种才能都需要。第一性情要通达,胸襟不可那么狭隘,气量要大,否则成就有限。其次要处事果决、刚毅,当断则断,决不拖泥带水,下了决心,能坚定不移,才不会受环境的影响。第三要多艺,样样都知道。政治生涯很痛苦,生活枯燥无味。每天接触的都是痛苦烦恼的事,都是在是非中讨生活。所以自己要有游艺之趣,要有胸襟和超然的修养。

但是,单具其中一种品质,甚至把它推向极端,那就不是一个优秀的从政者。如子路,具有果敢的品质,但过于果敢,下决心、拍板太快且又毫不动摇,容易造成武断、专制。如子贡,十分通达,但通达得过分,不是圆滑,就是缺乏主见,这也是从政者之大忌。如冉求,多才多艺,这有利于结交朋友、自我排遣心中烦恼、胸中积忧,但过于专注于诗词歌赋琴棋书画,以至放荡不羁,过分新潮,则只适宜于作艺术家,而不合政治家的要求。可是,这几种品质又都是从政者必不可少的。怎么办呢? 孔子告诉我们必须"君子不器",样样都通,都懂一点,都具备一些,但不必也不能太专一。换句话说,如果把他们三个人的品质集合起来,就不愧是个大政治家的材料。请看,如果具备子路的刚毅果断的精神,又具备子贡那种豁达大度的胸襟和任劳任怨的气度,再兼备冉求的艺术家的修养,不就是一位通才吗？只有成为这样的通才,同时具备这些品质,从政之际,方能应付各种复杂的局面:情况紧急,事关重大,需要果敢决策时,你能下定决心,果断采取措施;执行计划、政策,情况万变,反映不一,发展不平衡,有人欢笑,有人骂娘,你又能以豁达的胸襟,任劳任怨,泰然处之,直到做出成绩用事实说话;当头绪繁多,工作繁忙且又感到枯燥时,则可赋一诗,抚一曲,或寄情于山水,泼墨写意,排解烦忧,调节精神状态,以更舒畅、更愉快的心境重新投入工作之中。

如此说来,孔子强调从政者不能单具一种品质、才干,即"君子不器",主张从政者成为通才,确实是一种真知灼见。

当领导的学问

【原文】

子张学干禄。子曰:"多闻阙疑,慎言其余,则寡尤;多见阙殆,慎行其余,则寡悔。言寡尤,行寡悔,禄在其中矣。"

孔子说了,多听呀,可疑的地方先研究,谨慎地说出被实践公认的道理;多看呀,把拿不准的事情先搁一下,干那些大家都认可的事情。这不是保守,这叫稳妥,做个稳健的领导也就很简单了。

子张是孔子的学生,他姓颛孙,名叫师,少孔子四十八岁,是位年轻学生。子张这次来孔子这里求教,并不是来学仁学义,而是直截了当地提出了自己的目的:干禄。

什么叫"干禄"呢？就是如何当上官和如何当官。在古代,俸和禄是两回事。"俸"等于现在的月薪;"禄"有食物配给。禄位是永远的,所以过去重在禄。"干"就是干进、干求、干禄,就是如何拿到禄位。换句话说,孔子希望弟子们学仁学义,子张这位学生来的时候,却与众不同,要找饭辙,要当个高级公务员。但是孔老夫子并没有把他撵出去,反而传授他一套找到饭碗和保住饭碗的办法。非常认真地告诉他说:想做一个好领导,做一个良好的公务员,要知识渊博,宜多听、多看、多经验,有怀疑不懂的地方则保留。"阙"就是保留,等着请教人家,讲话要谨慎,不要讲过分的话。本来不懂的事,不要吹上一大堆,好像自己全通,最后根本不通,这就丢人了。如不讲过分的话,不吹牛,就很少过错;多去看,多去体验,对有疑难问题多采取保留的态度。古人有两句话:"事到万难须放胆,宜于两可莫粗心。"这第二句话,说的就是"多闻阙殆"的意思,这个时候要特别小心处理,不要有过分的行动,这样处世就少后悔。一个人做到讲话很少过错,处世很少后悔,当然行为上就不会有差错的地方。这样去谋生,随便干哪一行都可以,禄位的道理就在其中了。

从这一段书中,我们看到孔子的教育态度,实在了不起,这个学生是来学吃饭的本领,要如何马上找到职业。孔子教了,教他做人的正统道理,也就是求职业的基本条件,我们为人做任何事业,基本条件很要紧,孔子说的这个基本条件已经够了。

当领导难不难?难。因为领导和普通人一样,有七情六欲,喜怒哀乐,油盐酱茶,吃喝拉撒,同样面对于人的生老病死,夫妻的争争吵吵,子女的升学就业,人际间的来来往往,同样面对爱,亲人之爱,朋友之爱,同学之爱,以及爱给他带来的美好和困惑。他既有普通人的欢乐,也就难免犯下普通人的错误。但是处于高位,就会被万人瞩目。权力不仅仅是身份、地位的象征,也是责任、压力、负担的代名词,怎么可能没有如履薄冰、如临深渊之感呢!怎么办?孔子说了,多听呀,可疑的地方先研究,谨慎地说出被实践公认的道理;多看呀,把拿不准的事情先搁一下,干那些大家都认可的事情。这不是保守,这叫稳妥,做个稳健的领导也就很简单了。

找对位置做对事

【原文】

齐景公问政于孔子。孔子对曰:"君君,臣臣,父父,子子。"公曰:"善哉!信如君不君,臣不臣,父不父,子不子,虽有粟,吾得而食诸?"

这里讲的是中国的政治哲学了。古代中国的政治哲学是建立在伦常文化的基础上，就是孔子所讲的"君君、臣臣、父父、子子"这四点。用现代的管理理论来考察，会认为这种观点有些落后，应该放到一边。但如果我们真了解了，就觉得非常深刻，非常有味道。

齐景公

这八个字上面的君臣父子四字是名词，下面的君臣父子四字是借用来做动词。"君君"就是说领导人做到自己真正是一个领导人，领导人有领导人的道德。君是君，领导人就是一个领导人。臣是臣，做干部的有干部的立场，规规矩矩是个好干部，好的宰相，好的辅助人。

这个话连起来讲，如果君不君，领导人不是一个领导人，违反了领导人应有的道德，这时臣也不臣了。"父父、子子"是说，如果父亲做得不合一个父亲的标准，但是却要儿女孝顺，尽儿女的本分，怎么可能呢？所以父母是父母，子女就是子女，这才是所谓的父慈子孝，这也是《易经》上"复"这一卦所讲的道理。古代的文字很简略，但包括的意义很多。孔子答复了这一点。齐景公非常聪明，他说，好，我懂了。一个领导人自己不站在领导人的本位，越出范围，那么臣也不臣；一个家庭中，父母不像父母，儿女就不像儿女。如果一个国家，政治、社会的风气到了这个程度的话，国家的财富虽充足，我也用不到了，一定要失败的。这一点就是中国政治哲学的中心思想。

有人说，民主社会没有这个"君"，这就狭隘了。这几句话讲的是领导与被领导的关系，虽然古今制度不同，但核心并无变化，都是一样的道理。过去是一人领导万人，现在是万人领导所有的人。但是，无论你做什么，都应该找对自己的位置，做自己该做的事。

做领导的真经

【原文】

子张问于孔子曰:"何如斯可以从政矣?"

子曰:"尊五美,屏四恶,斯可以从政亦。"

子张曰:"何谓五美?"

子曰:"君子惠而不费,劳而不怨,欲而不贪,泰而不骄,威而不猛。"

子张曰:"何谓惠而不费?"

子曰:"因民之利而利之,斯不亦惠而不费乎?择可劳而劳之,又谁怨?欲仁而得仁,又焉贪?君子无众寡,无大小,无敢慢,斯不亦泰而不骄乎?君子正其衣冠,尊其瞻视,俨然人望而畏之,斯不亦威而不猛乎?"

子张曰:"何谓四恶?"

子曰:"不教而杀谓之虐;不戒视成谓之暴;慢令致期谓之贼;犹之与人也,出纳之吝谓之有司。"

"因民之所利而利之,斯不亦惠而不费乎?"说的是一个民本思想。百姓需要什么,我们就去做什么。百姓反对什么,我们就要解决问题,找出问题症结之所在。顺应民意,当领导如同水之趋下,毫不费力,也就是"惠而不费"。

一个人衣冠端正,礼貌威仪都到了,别人无论是远瞻或近首,别人自然会有诚敬之心。这也就是如何做到"威而不猛"的简单办法。

这一段文字,我们很容易看懂。"惠而不费",在领导者的位置上。有时候很容易能做到。俗话说"身在公门好修行",做了领导,掌握了一定的社会资源,做起好事来就很简单。坐在办公室里想出来一个好办法,一个好建议,实行起来,影响往往是非常大的。所以最高明的领导者,经常有这种机会,给下级很大的利益,让大家获得福利,自己获得好名声,而自己的利益也没有什么损害。

但是有的人，对这一类"惠而不费"的事，往往不干。譬如有一个人来办事，或请求什么帮助，而有的领导连多讲一句话都不肯，致使许多人埋怨。所以为政之道，许多"惠而不费"的事，做了多好！可是有时候还做不到。

最难的是"劳而不怨"。大家常说，做事要任劳任怨。经验告诉我们，任劳易，任怨难。多做点事，累一点，这都没有关系。做了事还挨骂，众人还不领情，甚至还有埋怨，这就吃不消了。但做一件事，一做上就要准备挨骂，但无论自己付出了多大的牺牲和努力，多么的不被人理解，都不发牢骚，心里始终很平静，就很难得了。"劳而不怨"，我觉得难在任怨。

"欲而不贪"这句话很有道理，人要做到绝对清廉，可以要求自己，不必苛求别人。人生有本能的欲望，欲则可以，不可过分的贪求。"水至清则无鱼，人至察则无徒。"中国文化，儒家也好，道家也好，都主张大公，但不是无私，也都容许部分私心的存在。

"泰而不骄"是指在态度方面、心境方面、待人接物平和泰然，不矫饰，不造作。胸襟要宽广，不骄傲。

"威而不猛"，是说一个人如果诚心诚意地待人、做事，自然地就不会有轻浮的态度，有一种自然的威严。一个人的修养，真有威德，人家看见自然会害怕，这是威，而别人的害怕，并不是恐惧，是一种敬畏、敬重之意。如果"威"得使人真的恐惧，下级都不来亲近，就是"猛"了。我们看历史上许多人，一犯猛的毛病，自然众叛亲离，没有不失败的。

以上这五美讲的是做领导的基本素质，也是领导者最应该具备的修养，包括了为政和做人处世的原则。

孔子是这么解释的："择可劳而劳之，又谁怨？"同样的使用民力，领导下级，以对老百姓利益有关的事而劳动老百姓，就不会有人怨恨。"仁而得仁，又焉贪？"所要求的是仁，而得到了仁，这种要求还是过分的吗？所要求的正当本分，而达到了目的，就没有分外之贪。

"君子无众寡，无小大，无敢慢，斯不亦泰而不骄乎？"换句话说，君子之人处在任何环境当中没有多与少的观念，如待遇的多少、利益的高低等观念，也没有什么职位大小的观念；对于任何事情都不轻慢，一件小事情，往往用全力。佛学中有个譬喻——"狮子搏物"。狮子是百兽之王,狮子何以会是百兽之王?因为他对任何事情都很恭敬,很认真,当狮子要吃人的时候,使出全部的力量,绝不放松,当狮子抓一只小老鼠的时候,也是用全部力量。这就是狮子的精神,就是无小大,无轻慢。一件事情到了手上,不管小事大事,不要以为容易,如果以为容易往往出毛病,这就是说怎样可以做到泰而不骄。

下面讲到态度:"君子正其衣冠,尊其瞻视,俨然人望而畏之?斯不亦威而不猛乎?"这是说,处在领导者的位置上,衣饰行动受众人瞩目,不能率性而为。一个人衣冠端正,礼貌威仪都到了,别人无论是远瞻或近看,别人自然会有诚敬之心。这也就是如何做到"威而不猛"的简单办法。

讲过了"五美",还要讲一下如何避免错误,也就是上面所说的"四恶"。

"不教而杀谓之虐",对部下,对学生,都是如此。一个领导者,不能只领导部下,还负有教育部下的责任。如果没有教导他,他做错了,我们要自己负责。人并不一定对任何事情都有经验,而教了以后,改不过来,才可以处罚他。

"不戒视成谓之暴",这个"戒"就是告诫。要部下处理一个问题,事前不告诫他,到时候又要他拿出成就来,要求太高,不合情理,不可以,这是非常要不得的事。

"慢令致期谓之贼",对于法规、命令,处以轻慢的态度,不在乎。"慢令"就是现在所谓耍手段,利用制度和规定,达到自己的目的。符合你的期望,这就是贼。

"犹之与人也,出纳之吝,谓之有司。"为政之道,一切事情都要想到,我所需要的,别人也需要,假使一件事临到我身上,我会很不愿意,临到别人身上也是一样,就是将心比心的意思。"出纳之吝"——为政与经济分开来——就是怎样节省或放开来用,这个分寸,各有专门负责的人,该用则用,该省则省。

一个领导者,如果说做到了"五美",避免了"四恶",那么这个领导还有什么难当的呢?

社会公信是领导者的生命

【原文】

子贡问政。子曰："足食。足兵。民信之矣。"子贡曰："必不得已而去,于斯三者何先?"曰:"去兵。"子贡曰:"必不得已而去,于斯二者何先?"曰:"去食。自古皆有死,民无信不立。"

子贡确实是一个相当优秀的学生,他的问题既刁钻又充满着情趣和智慧。他问老师怎样治理国家,孔子说,要做到三条:有充足的粮食,有充足的军备,人民信任政府。孔子不愧是圣人,简明扼要,切中为政要害。老百姓天天吃不饱肚子,你的主意再好谁又能追随你的主意? 骂娘是小事,揭竿而起也在意料之中。没有强大的国防作后盾,国家安全就得不到保证,战争连绵不断,还怎么搞建设? 人民信任政府是很重要的,没有信任,就得不到公众的理解和支持,政令又如何行使? 一个不能行使政令的政府还叫政府吗?

按道理问到这里,就全清楚了,可子贡是个爱思考的人,他还接着追问,"不得已一定要去掉一项,先去掉哪一项呢?"孔子说,"去掉军备"。子贡还不满足,"不得已还要去掉一项,剩下的两项去掉哪一项呢?"孔子说,"去掉粮食"。他还进一步阐述了信任的重要,他说,自古以来人总是要死的,但如果人民对政府失去信任,那政府是立不住的。

建立信任,建立社会公信力,是一个为政者首当其冲的任务,也是一个政府能够存在和发展的理由。信任缺失,建立不起政权;信任危机,维持不了政权;信任丧失,就会丢掉政权。社会公信力是政府的生命,一个清醒的为政者应当像爱护眼睛一样爱护社会公信。信任出现危机,就像人得了肾衰,往往具有不可逆性。一只碗摔在地上,再高明的工匠能修复原样吗? 氢和氧一旦遇到了火,氢还能是氢、氧还能是氧吗? 一个女人一旦欺骗了丈夫失身他人,不论她怎么忏悔,丈夫还能像过去那样信任她吗? 一个官员尸位素餐、阴险歹毒,失去百姓信任,他的滔滔宏论不是垃圾又是什么?

建立社会公信,首先为政者要讲信用,提高自身的信用赢得民众的信任。秦国是怎么强大的？不能说不是商鞅变法奠定了良好的基础,商鞅变法是怎么取得成功的？最著名的故事就是"徙木取信";"文化大革命"最严重的后果是什么？就是没人敢讲真话了,谁讲真话谁倒霉,甚至造成了一个民族的虚假。"见人要说三分话,未可全抛一片心"之类的话成了大多数人的做人准则,造成了全民族的信用缺失。

什么损失最大？丢了车,可以再去买;丢了钱,可以再慢慢挣;房子倒了,再去盖,都不可怕。但是信用的缺失是最可怕的,丢失了就很难再得到,损失是不可弥补的。

成熟的领导者

【原文】

颜渊喟然叹曰:"仰之弥高,钻之弥坚;瞻之在前,忽焉在后。夫子循循然善诱人,博我以文,约我以礼。欲罢不能,既竭吾才,如有所立卓尔。虽欲从之,末由也已。"

这是颜回对老师的一段评价文字。他说,老师的品德和学识,抬头仰望,越望越高;努力钻研,越钻越觉得深邃;看着在前面,忽然又在你的身后。老师善于一步一步诱导人,用文化典籍来丰富人的知识,用礼节来约束人的行动,想停止都不可能,直到竭尽人的才力。他给人的感觉就好像一个高大的东西立在眼前,虽然想攀登上去,却无法达到山顶。

颜回是在评价老师,我们却可以理解为领导者的一种至高境界。

一是方法。要明确干什么,不要大轰大嗡,不要眉毛胡子一把抓,不要哭了半天不知谁死了,同时要有制度做保证,应该怎么干,不应该怎么干,不干怎么办,干好怎么办,然后,用思想,用观念,用自身的行动,去导向,去诱导,把他带上高速公路的路口。开弓没有回头箭,人一旦走上了正途,欲罢还能吗？兵熊熊一个,将熊熊一窝。别总是埋怨别人落后,世界上哪有落后的群众,只有落后的领导。检查一下你的方法对路吗？看看是不是给一个位置找到了合适的人,是不是给一个人找到了合适的位置。

二是效果。怎么才算一个好领导？标准很多,但最终的效果体现在群众对你的感觉

和评价上，感觉好，评价高，群众就会跟你干。感觉好来源于哪里？靠权力压出来了吗？靠威风耍出来了吗？靠硬横逼出来了吗？都不行，那是怕你，而不是威信，只有靠良好的品德和深厚的学识。有人做过这样的观察，随便找几个互不相识的路人，让他们在一起闲谈，一两个小时之后，你就能观察出这里面谁是"头"来，因为在闲谈中，实际上就是一种人格、性情、素养、知识、道德、个性、层次的较量。慢慢地就分出了高低。于是，某个人自然不自然地就从群体中脱颖而出，处高居之势。凡是具备领袖气质的人，你总会感觉它的身上有一种异乎常人的"气"，你还没靠近他，就已感觉心理的压力。这种压力让你敬畏，让你有一种不可企及的距离，你忐忑不安，甚至面对他回答问题时，脑子一片混沌，说话也前言不搭后语，你自己都感觉好笑，而他其实并没有威胁甚至说什么咄咄逼人的话，而且还一直微笑着对你示好呢！这就是诸多东西在一个人身上凝聚成的素养。有了良好的修养，你就能平和地待人，而不是目中无人，你就能宽容地待人，而不是苛责尖刻。你就不是崎岖的华山，让人望而生畏、望而却步，而是敦厚、平坦而高的泰山，既能吸引人往上爬，又感觉风景的博大而不能全部领略。伟人的伟大就在于平凡之中见高大，简约之中见深邃，就是颜回所说的"仰之弥高，钻之弥坚；瞻之在前，忽焉在后""如有所立卓尔，虽欲从之，末由也已"的境界。说到底是一种化境，正如海尔集团总裁张瑞敏所说，领导的最高境界是靠精神来指挥。达到这种境界，他的部下根本不知道他的存在，而他的气息却像空气一样弥漫周围，就会按照他的意图去干。

想达到此种境界吗？增加你的修养吧！

当领导不能随便发脾气

【原文】

樊迟从游于舞雩之下，曰："敢问崇德、修慝、辨惑。"子曰："善哉问！先事后得，非崇德与？攻其恶，勿攻人之恶，非修慝与？一朝之忿，忘其身以及其亲，非惑与？"

当领导必须要有良好的心理素质，保持健康的情绪，有制怒的本事，能控制自己的情绪,做到热而能冷,乱而能静,急而能安。

生活中哪有事事顺心的。当领导常常不是人们想象的那样随心所欲,恰恰相反,领导因为受到工作性质、工作环境、大局意识的影响,强制自己去做一些自己不想做但又必须去做的事情,或者自己想去做而又不能去做的事情。管不住自己的思想和情绪,行吗?

领导工作最大的特点,就是接触人,接触不同脾性、不同思想、不同阅历、不同身份、不同学识的人。这就难免出现意想不到的情况,受到误解,受到侮辱,受到讽刺,受到围攻,受到谩骂,受到谣言,受到攻击,受到吵闹,受到阻力,是领导活动中的常态。既然是常态,当然就应该以一颗平常心处之,相反,"一朝之忿,忘其身",或者"匹夫见辱,拔剑而起,挺身而斗",最终的结果,使无事生非,有事变大,大事变炸,简单问题复杂化,复杂问题糟糕化。因此,当领导必须要有良好的心理素质,保持健康的情绪,有制怒的本事,能控制自己的情绪,做到热而能冷,乱而能静,急而能安。

你看看"怒"字,当你发怒时,你的心就成了脾气的奴隶,脾气一般说都是非理性的,按照非理性的指向去考虑问题,还能全面?那还不意气用事?那还不蛮干起来?三国时期,诸葛亮第七次兵出祁山,求战心情十分迫切,可是不论怎样挑战,司马懿就是按兵不动,诸葛亮便使出"致巾帼妇人之饰,以怒宣王"的办法,嘲笑司马懿不配做大丈夫,刺激司马懿出兵。如果动怒而草率行动,则正中诸葛亮下怀。可司马懿关键时候控制了自己的情绪,以至于熬死诸葛亮,从而无人与之敌,为统一全国打下基础。东晋时候,有一个叫王述的人,据说脾气十分暴躁,有一次吃鸡蛋,用筷子夹没夹到,便大发脾气,顺手把鸡蛋扔到地上,可鸡蛋在地上滚来滚去并没有碎,这下更把他惹火了,又用木屐去碾,又没碾着,他气得简直要发疯,又把鸡蛋放进嘴里嚼碎吐出。就是这么一个怪脾气的人,对人却从不动怒。当时有一位同僚和他发生矛盾,找到他家骂街,他却面壁不动,那人自觉没趣,便离开了。王述很清楚,对一个没有生命的鸡蛋动怒,鸡蛋不会报复,对人出言不逊,就可能惹来大祸。苏东坡有一篇文章叫《二鱼说》,讲述的是有一条豚鱼,在桥下撞到桥柱上,它不怪自己不小心,反倒认为桥柱故意找茬,于是也不过桥了,生起气来,气得张嘴、竖鳍、胀肚,漂在水面,一动不动。老鹰看见了,冲上前,把它的肚子撕裂,这条豚鱼就这样成了老鹰的美餐。别发怒呀!相反,要冷静下来,想想自己有什么不对。否则,你可就成了豚鱼了,那命运还好得了?

做个明白的领导

【原文】

子张问明。子曰:"浸润之谮,肤受之愬,不行焉。可谓明也已矣。浸润之谮,肤受之愬,不行焉,可谓远也已矣。"

因为干事的人,或者品德高尚的人。就像一面镜子,现出了品德低下的人、庸碌平常的人、懒惰保守的人的原形。

子张问什么是"明"?孔子就答复他上面的两句话,这是我们要注意的。尤其是领导者,更要注意"浸润之谮,肤受之愬"这八个字。如果领导别人,乃至朋友同事之间的相处,是很难避免的。

"浸润"就是"渗透"手段。"谮"是讲人家的坏话。"肤受"就是皮肤表面上的一点点伤害。"愬"是心理上的埋怨、攻击。"远",就远离错失了。

我们看历史上和社会上许多现象,尤其当过主管的,更体会得到,许多人攻击的手段非常高明。一点一滴的来,有时讲一句毫不相干的话,而使人对被攻击者的印象大大改变。而身受攻击的人,只觉得好像皮肤上轻轻被抓了一下而已。所以这八个字,特别要注意。自己千万不要这样对人,同时自己也不要听这些小话进来,尤其当领导的,对于这些小话不听进来,是真正的明白人。但做明白人很难,尤其做领导,容易受蒙蔽,受人的蒙蔽,要"浸润之谮,肤受之愬"在你面前行不通,你才是明白人,这是孔子对于"明白人"的定义。做到这一步,才会远离错失。至于老子所讲的"明白人"又进一步了,老子说:"知人者智,自知者明。"能够知人,能够了解任何一个人的人,才是有大智慧的人,能够认识自己的,才是明白人。

人都不大了解自己,对别人反而知道得很清楚。因此在老子的观念中,"明白人"并不多。所谓事修而谤兴,德高而毁来。一个人不干事,反倒没是非,越干事,越有事,干事越多,是非越多,干事越大,是非越大。于是闲言碎语者有之,进谗言者有之,诬告者有之。这其中固然有干事得罪人的因素,但更有嫉妒心理作祟。因为干事的人,或者品德高尚的人,就像一面镜子,现出了品德低下的人、庸碌平常的人、懒惰保守的人的原形。现出了原形,能不难堪吗?于是便用不平常的手段平息内心熊熊燃烧的炉火。最终的结果就是把干事者整倒,把一盆清水搅浑,在浑水中,我不好,你也别好,彼此彼此,一竿子拉平。

刘备

不干事的人别看没有干事的本事,但进谗言、搞诬告却智商不低。孔子说,"浸润之谮"别说谗言贴着标签,它披着温情、关心、正义的外衣,像温水一样浸过来,你根本感觉不是在进谗言呢!孔子说,肤受之愬,诬告也不戴着虚假的帽子,总能抓住别人的"小辫子",字字血,声声泪,刀刀砍在皮肤上。就说刘备吧,吕布被曹操活捉,在杀与不杀之间,颇费踌躇,刘备趁机进言,"你不记得丁建阳、董卓了吗?"吕布最初投靠丁建阳,董卓摄政乱天下后,吕布为求富贵,杀了丁建阳归顺董卓,后因历史上四大美女之一的貂蝉,又杀了董卓。刘备意在提醒曹操,假如你不杀吕布,你就是丁建阳、董卓的下场!话虽半句,但含义全尽,不得不使曹操下了狠心。刘备真是进谗言的高手,既用事实说话,又站在维护曹操利益的角度,不由得人不相信他的真诚。他真是设身处地为曹操着想吗?不,他是怕曹操有了吕布而如虎添翼,从而为自己日后的霸业设置障碍。

现在,你明白了吧,你知道如何处理谗言和诬告了吧。人是有目的的动物。不管他说的比唱的还好,你可要弄清他真实的目的。人有了目的,他怎么伪装、怎么掩盖,也总有破绽。就好像孔雀开屏,像一个艳丽的花篮,多漂亮!可它真实的目的是露出生殖器官,说不定是想和别的孔雀做爱呢,人可比孔雀更聪明,但"人外有人,天外有天"。还有更聪明的呀,你就是!

在其位则谋其政

【原文】

子曰：不在其位，不谋其政。

"在其位，谋其政"，为孔子所立明训，亦被后世之从政者奉为圭臬，诸葛亮之前后《出师表》与鞠躬尽瘁、死而后已的行动，堪称楷模。后来这优秀的从政者，或尽心尽职，精心政务；或引咎自责，以一身而谢天下，皆可称道。当然，也有些尸位素餐、碌碌无为者，当引以为戒。

在其位不谋其政，或无力谋其政，结果一定是既害人也害己。每一个官位都是一个组织里必不可少的环节，职责各异。只有各司其职，才能保证各尽其责，才能使整个组织正常运转，如果做下属的可以随意更改领导的决定，管财务的可以插手人事，管人事的可以任意干预财务，那一定会混乱不堪。

在其位，谋其政，首先是要兢兢业业，勤勤恳恳，在这一点上，中国古代一些名相如高颖、王旦、姚崇等都颇具诸葛亮遗风。开皇元年杨坚登上皇位，称文帝，正式建立隋王朝。文帝任北同时相府司马高颖为尚书左仆射兼纳言（侍中），即宰相。高颖甚被文帝倚重，凡军国要政、大小政事，文帝皆与之谋议。隋朝初建，百废待兴，政权要进一步巩固，政治、法律、军事、经济、文化等制度都需要改革或重建，生产、经济也面临着如何进一步恢复发展的问题；另外，还必须北服突厥，南平陈朝。特别是平陈、统一天下，是以文帝、高颖为主的隋朝君臣们所经常考虑谋划的问题。由于政务繁多，高颖每日孜孜不息，即便退朝后在家里也思考国家大事。他常常用盘子装一些粉，置于床边，夜里想到一件该办的公事，就用手指记在粉盘上，天亮后就笔录下来，入朝处理。

宋相王旦对朝廷政务也是兢兢业业，勤勤恳恳。他退朝归家时还常常惦记朝政，专心思考。王旦有一马夫，岁满辞归，王旦问道："你控马几时？"答："五年矣。"王旦曰："我不省有汝。"马夫转身欲去，王旦急忙叫住他问："你乃某人乎？"于是厚赐之。原来此夫每日为王旦赶车御马,王旦在路上只是想着政事,从未注意过马夫是何模样,也从未与之交谈过,故只识其背,不识其面。归家后,王旦往往不去冠带休息,却入静室默坐,家人每每惶恐不安,不敢惊扰,也不明白是何道理。后来,王旦的弟弟去问副相、参知政事赵安仁,说:"家兄归时一如此,何也?"赵安仁告诉他:"方议事,公不欲行而未决,此必忧朝廷矣。"在其位,谋其政,还要兴利除弊,救时救世,如唐中期的名相姚崇即被称为"救世宰相"。

姚崇历经唐武则天、睿宗、玄宗诸朝。他"明于吏道,断割不滞","善应变以成天下事",为相期间,恪尽职守,勤政爱民,政绩卓著,被时人誉为"救世宰相"。武则天时期,他因富于才干,被破格提拔为兵部侍郎、同中书门下平章事(宰相)。当时武则天重用酷吏,告密者风起云涌,酷吏来俊臣、周兴等大兴冤狱,许多朝臣和李氏宗族被无辜杀死,因此,朝臣人人自危。刚上任的姚崇认为自己有责任改变这种局面。于是他直率而诚恳地劝谏武则天,说服她改变酷治,以保持政局的安定,统治的长久。武则天为之所动,并于长安二年修正来俊臣等酷吏造成的冤假错案,为受害的官员"伸其枉滥"。为此,武则天赞赏他道:"以前宰相皆顺成其事,陷朕为淫刑之主。闻卿所说,甚合朕意。"并赏银千两。

睿宗时期,身居相位的姚崇极力革除弊政。当时官僚机构臃肿,百官泛滥,铨选制度紊乱。尤其是公主、后妃们,大搞"斜封官"。按正常程序,应是吏部先用赤笔注官之状,门下省审批,皇帝授旨,称"赤牒授官"。斜封官则是皇帝受公主、后妃的请谒,用墨笔敕书任命官员,用斜封交付中书省。她们利用斜封,枉法徇私,进而搞裙带,各树朋党,扰乱吏治,致使政府机构的工作难以正常开展。姚崇则联合宋璟等上言:"先朝斜封官悉宜停废。"睿宗采纳了他们的建议,"罢斜封官数千人"。同时,他不畏强权,大力整顿吏治,使唐政府很快出现了"赏罚尽公,请托不行,纲纪修举"的清新局面。姚崇为玄宗辅政时期,继续大力整肃吏治。严格铨选制度,对于以请托等不正当手段谋取官职的,无论是谁,姚崇都坚决予以制止。开元二年二月,申王李成义向玄宗请托,要求将他府中的阎楚硅破格晋升,玄宗答应照顾。这种做法违反了官吏提拔的正常程序,姚崇坚决反对。他和另一丞相卢怀慎上书,反对因亲故而升官晋爵。姚崇的力争,迫使玄宗收回成命。至此,向皇帝请谒讨官的情况大为收敛。

唐中宗时,佛教盛行,公主、外戚皆奏请度民为僧尼,以求福祛灾;富户强丁也多削发以避赋税徭役,破坏了政府的正常赋税征收及农业生产的发展。姚崇再居相位后,义不容辞地上书玄宗,说:"佛不在外,求之于心……但发心慈悲,行事利益,使苍生安乐,即起佛身。何用妄度奸人,令坏正法?"唐玄宗采纳了姚崇的建议,命有司检括天下僧尼,以伪滥还俗者 1.1 万多人。又规定"自今所在毋得创建佛寺","禁百官家毋得与僧、尼、道士往还","禁人向铸佛写经"。

大唐贤相姚崇

玄宗开元四年(公元 716 年),山东蝗虫大起,当时百姓迷信,不敢捕杀,而在田旁设祭、焚香。姚崇派遣御史分道捕杀。汴州刺史倪若水拒绝御史入境,认为蝗虫是天灾,自宜修德,以感动上天。姚崇得知大怒,牒报倪若水说:"古之良守,蝗虫避境,若其修德可免,彼岂无德致然!今坐看食苗,何忍不救? 因以饥馑,将何自安? 幸勿迟回,自招悔吝!"此时,包括卢怀慎在内的朝中大臣也多认为驱蝗不便,玄宗也有所怀疑,姚崇说:"今山东蝗虫所在流满,仍极繁息,实所稀闻。河北、河南,无多贮积,倘不收获,岂免流离。事系安危,不可胶柱……若除不得,臣在身官爵,并请削除。"结果玄宗被说服。排除各方阻力后,姚崇全力督察捕蝗工作,并且还亲自设计捕蝗办法:"蝗既解飞,夜必赴火,夜中设火,火边掘坑,且焚且瘗,除之可尽。"结果颇见成效,蝗灾逐渐止息,当年农业取得了较好的收成。

姚崇一生为政,以身作则,兴利除弊,救世治国,尽责尽职,深得诸帝及同僚们的推许,并对后世产生了很大影响。

在其位,谋其政,又要真正地以政治为己任,不因个人才名而偏忽。宋朝宰相欧阳修为政一向严肃认真,一丝不苟,即使与人言谈,也多谈吏事。有人曾不理解:像他这样名冠天下的大文学家,谈论的应该是文章诗赋、古往今事,而他却多讲为官之道,故发问道:"学者见公,莫不欲闻道德文章,今先生何教人以吏事?"欧阳修回答道:"吾子皆时才,异日临事当自知之。大抵文学止于润身,政事可以及物。吾昔贬官夷陵,彼非入境也。方壮年未厌学，欲求《史》《汉》一观，公私无有也。无以遣日，因取架陈年公案，反复观之，见其枉直乖错，不可胜数；以无为有，以枉为直，违法徇情，灭亲害义，无所不有。且以夷陵荒远偏小，尚如此，天下固可知矣。当时仰天誓心：自尔遇事，不敢忽也。"

在中国古代，士大夫们往往恃才倨傲，以学问、文章矜夸，而视政事为俗流、浊流，不肯尽心尽责。而欧阳修作为一代文宗，为官30余年，无论被贬为地方小官，还是在中央为相，处理政事都勤恳认真，从不疏忽大意，这是难能可贵的。

在其位，谋其政，也要以国事为重，当失职或尸位，无以辅政时，应急流勇退，以避贤路。石庆是汉武帝时丞相，他一生以醇谨闻名。在他任太仆时，为武帝驭马驾车。武帝曾问驾车的共有几匹马，他举鞭一一点数，然后恭敬地报告："六马。"其谨慎如此。后为丞相，并封为牧丘侯。当时汉武帝正胸怀韬略，用兵连年，欲建功业。而石庆身为丞相却谨言慎行，瞻前顾后，对皇帝只是唯言是从，俯首听命；居相位九年，竟无所建树。元封四年（前107年），关东地区出现流民200万，其中有40万口为无户籍可核的农民。石庆认为自己身居丞相之位，每日餐位尸禄，自惭形秽，便上书引咎辞职，他说："臣幸得待罪露相，疲驽无以辅治，城郭仓廪空虚，民多流亡，罪当伏斧质，上下忍致法，愿归丞相、侯印，乞骸骨归，避贤者路。"武帝未许。二年后，石庆在不安中去世。

在其位则谋其政，既是为政者的义务也是责任。否则，尸位素餐、混天度日，误己误人误事误国，罪莫大焉。

真诚方可取信于民

【原文】

子贡问政，子曰："足食，足兵，民信之矣。"子贡曰："必不得已而去，于斯三者何先？"曰："去兵。"子贡曰："必不得已而去，于斯二者何先？"曰："去食。自古皆有死，民无信不立。"

如果你已经是一位主事者，并且相当机智，请注意，任何官场手腕、伎俩都只是"用"，这种用,如果没有下属的拥护为"体"的话,注定是难以长久的。

美国总统大选前夕,形势对林肯十分不利。他的对手民主党在南方蓄奴州的选票万无一失,只要争取到不多的几个北方州,就可稳操胜券。民主党的内定候选人是道格拉斯。如果想战胜道格拉斯,首先必须制造民主党内部的不和。于是,林肯在一次辩论时,向道格拉斯提出了一个挑战性的问题:"在未成立州的美国领土之内,人民是否可以合法地把奴隶制驱逐界外?"这是一个十分难回答的问题。如果道格拉斯作肯定的回答,就会失去南部各州的支持;如果作否定的回答,又会失去北部各州的支持,包括他的本州伊利诺州在内。

美国前总统林肯

道格拉斯在他本州民主党机构的压力下,加上他一人也不愿背叛江东父老,便做了肯定的回答。结果激怒了南方民主党人,他们决定取消对道格拉斯的支持,另外组党。这样,民主党就宣告分裂,南方民主党也选出了自己的候选人。虽然民主党被林肯离间了,但道格拉斯仍然信心十足。他租用了一辆豪华列车,供竞选之用。他在最后一节车上安置礼炮一尊,每到一站就鸣礼炮 32 响,然后乐队奏乐,十分排场。每到一站,他还要乘一辆六轮马车去市镇中心发表演说。前面有彪形大汉骑骏马开道,后面则是许多马车,满载着红男绿女,吆五喝六,不可一世。道格拉斯叫嚷:"我要让林肯这个乡巴佬闻闻我的贵族气味。"

林肯没有马车,更不用说专列;他买票乘车,每到一站,坐的是从朋友那里借来的耕田用的马拉车,在演说中,他常说:"道格拉斯参议员是闻名世界的人,是一位大人物。他有钱也有势,有圆圆的、发福的脸,他当过邮政官、土地官、内阁官、外交官等等。相反,没有人会认为我会当上总统。有人写信给我,问我有多少财产。我只有一位妻子和一个儿子,都是无价之宝。此外,还租有一间破旧办公室,室内只有桌子一张,价值二元伍角,椅子三把,价值一元。墙角里还有一个大书架,架上的书值得每个人一读。我本人既穷又瘦,脸很长,不会发福。我实在没有什么可依靠的,唯一可依靠的就是你们。"

　　众所周知,最后,贵族气味十足的道格拉斯没有成为美国总统,而一无所有的乡巴佬林肯却如愿以偿,当上了美国总统。道格拉斯因为出言不慎而失去了民众的支持,而林肯则以其真诚和坦率赢得了人民的信任,登上了总统的宝座。有人认为,林肯竞选之胜,是胜在了他的才干上。这种看法有道理,但却是片面的。林肯固然有能力,道格拉斯不也一样有能力吗?况且,林肯的政绩为民众广为了解是他当了总统以后的事。

　　其实,林肯的胜利根基乃在于他的坦率和真诚。他不摆架子,不讲排场,处处都显得就是民众的代表。群众的眼睛是雪亮的。所谓"天地之间有杆秤,那秤砣就是老百姓"。

　　中国古人对于"君、民"关系的论述,早已点明了上司与下属关系的精髓——君是舟,民是水,水能载舟,亦能覆舟;是载是覆,全看这舟的表现如何了。为政之道,在于审时度势,依势用势;但为政之本,却在取信、立诚。赢得信任,取得支持,便可乘风破浪;相反,众叛亲离,威风扫地,则有翻船溺水之险。到那时,尽管你用尽阳奉阴违,两面三刀的技术,也是无力回天。也许落到水里,呛个半死,才想起来:之所以落到这步田地,全是自己平时的"积累",上下内外,离心离德,脚上的泡是自己走的呀!

　　庸俗领导学只讲诡诈权谋,不讲德操品行;高调领导学只会讲大道理,婆婆妈妈;真正的领导学则从原则到技术全面分析。因为,原则与技术是相互为用,密不可分的,两者缺一,即落入旁门左道。领导学既不是为了培养阴谋家,也不是为了培养理论家,它的目的是培养出扎扎实实、德才均备的领导人才。这里需要着重指出的是,权力运作,要有一个"本末轻重"的观念。为政运谋者可以衡量,可以调和利害,却万万不可以舍本逐末。看重眼前利益与看到长远利益,是区分英才与庸才的重要准绳。退一步说,如果说为你的团队谋利益不是你的目的,它至少也是提高你形象的一种根本手段。请不要轻视这一点。

　　群众的眼睛是雪亮的,没有人能在所有的地点与所有的时间都能欺骗与虚伪,只有真诚坦率方可取信于民,这个道理很简单,但是在现实生活中却常常有人忘记。

其身正，不令而行

【原文】

子曰："其身正，不令而行；其身不正，虽令不从。"

汉朝初期，有一位名将叫李广，他有勇有谋，在抗击匈奴的作战中，打了70余次胜仗，匈奴人十分畏惧他的英勇善战，号为"飞将军"，只要一听到李广领兵出击，便闻风丧胆而逃。李广不仅自身骁勇，还统御着一支骁勇的军队，所有的士卒都愿意跟随他作战。

李广本人不擅长言辞，但他带出了一支训练有素的精壮队伍。其奥秘在于"其身正"，才有"不令而行"的效果。

李广为人十分廉洁。他屡立战功，每次得到赏赐，都分给部下同享。平时演练行军，他总与士卒同吃同住。身为将军40年，"至死身无余物"。镇守边塞，异域作战，时常出击千百里，要露宿荒漠，十分艰苦，只要有一名士兵尚未喝到水，他不到水边去；只要有一名士兵还未吃上饭，他就不尝一口。他对士卒一向宽厚，从不随意苛责辱骂，士卒也都视之如父。因而，李广虽然口才笨拙，不爱多说话，却在士兵中享有崇高的威望。每有征战，李广总是身先士卒，甘冒矢石，而士卒则更加奋勇向前，舍命围护李广。在60多岁最后一次同匈奴作战中，他因出师不利而自杀。全军将士个个痛哭失声，百姓闻讯，也人人涕泪直流。所以司马迁在总结李广的一生时说："余睹李将军悛悛如鄙人，口不能道辞。及死之日，天下知与不知，皆为尽哀。彼其忠实心诚信于士大夫也？谚曰：桃李不言，下自成蹊。此言虽小，可以喻人也。"

"其身正，不令而行；其身不正，虽令不从"的道理其实就是要说明作领导的要"以身示人"，要"身教重于言教"，只有这样，才能让自己有权威，让部下心服口服而不遗余力地执行命令。在历史上，"以身示人"的例子是不胜枚举的。就说曹操吧，那"割发代首"的故事也说明了他对身体力行、率先垂范的作用了解得非常清楚。那一次是曹操亲自领兵出征，适逢麦熟季节，为此，他下了一道死命令：凡有践踏麦田者一律处死。不料，他自己的马受惊闯入麦田，踏坏了庄稼，于是他把执法官找来议罪。法官认为按《春秋》"罚不加于尊"之义，可以免去处罚。曹操却说："制法而犯之，何以帅下？"但自己身为统帅负有重任，"不可自杀，请自刑"。便拔剑割下头发表示接受惩罚。在"身体发肤受之父母"的古代，能做到"割发代首"并不是一件容易事。恩格斯说过："判断一个人当然不是看他的声明，而是看他的行为；不是看他自称如何如何，而是看他做些什么和实际上是怎样一个人。"通过这种方式，曹操在他部下中获得极大的权威。

李广

清朝的于成龙也坚持"以身示人"，提倡"治乱世，用重典"的他曾得到康熙召见，被褒赞"今时清官第一"。凡他所到之处，"官吏望风改操"，人格境界也随之攀高，造成了其身正不令而行的良好效果。

"三年清知府，十万雪花银，"做官对于很多封建官吏来说尤异于最好的敛财手段。当这种判断成为社会风气后，做清官便非常艰难，但是百姓呼唤清官，当以"清端""卓异"闻名的于成龙登上官场的时候，注定引来一片喝彩声。少有大志的他自幼过着耕读生活，受到正规的儒家教育，后怀"此行绝不以温饱为志，誓勿昧天理良心"的抱负，接受清廷委任，去往遥远的边荒之地做县令。这可不是轻巧活儿，两届前任一死一逃，罗城遍地荒草，城内只有居民六家，茅屋数间，政府办公地只设三间破茅草房，他这个县令寄居于关帝庙中，同来的从仆或死或逃。作为迈向仕宦生涯的第一步，带病的他只有以坚强的意志奔走操劳。

面对百废待兴的局面，于成龙"治乱世，用重典"，大张声势地"严禁盗贼"。他抱定"未奉邻而专征，功成也互不赦之条"的信念，讨伐经常扰害的"柳城西乡贼"。结果是贼人"渠魁俯首乞恩讲和，抢掳男女……尽行退还"，邻盗从此再不敢犯境。摆脱内忧外患的同时，于成龙刚柔并用地解决了"数大姓负势不下"的问题，使桀骜的地方豪强"皆奉法惟谨"。他突出的办事能力得到上级的重视,他也有机会被举荐为广西唯一的"卓异",升任四川合州知州。赴任时,他连路费都没有,当地百姓"遮道呼号:'公今去,我侪五天矣!'追送数十里,哭而还"。到合州之后,他革除宿弊,改善百姓的生活质量,免去规定驱从,仅以家仆随身;合州也是穷地方,他的务实努力又改变了当地面貌,遂被擢升为湖广黄州府同知。

干同知有两件事情值得细述:治盗省讼和两次平定"东山之乱",为了摸清重大盗案的来龙去脉,"微行私访"的他扮作田夫、旅客或乞丐,到村落、田野调查疑情,特意在衣内置布袋装有盗贼名单,"自剧贼、偷儿踪迹无不毕具,探袋中勾捕尤不得。"他"宽严并治""以盗治盗",而被百姓呼为"于青天";值得提及的是,其破案、察盗之能在清人野史、笔记和民间文艺中得到神化,《聊斋志异·于中丞》描述得绘声绘色。

"二藩之乱"爆发之后,"通贼"罪名使人人自危,于成龙又出来收拾尴尬局面。无畏的他冒着生命危险进入发难的山寨说服300名枪手,当"高山大潮,烽火相望"的时候,他力排众议主动进剿,乘胜平定其余叛乱。

于成龙的让人难忘,主要在于异于常人的艰苦生活,遇到灾荒的时候,他以糠代粮救济灾民。"要得清廉分数足,唯学于公食糠粥。"把仅剩供骑乘的骡子也"鬻之市,得十余两,施一日而尽"。事情做到这个份上,为民称颂就丝毫不令人感到意外了,说他是"闽省廉能第一",也绝非什么夸张之辞。康熙在紫禁城召见他,褒赞他"今时清官第一","制诗一章"表赐白银、御马"嘉其廉能",任其为总制两江总督。有了广阔天地的他开始大举整顿吏治,试图以模范作用带动整个封建官场。

"国家之安危由于人心之得失,而人心之得失在于用人行政,识其顺页逆之情。""以一夫不获日子之喜,以一吏不法门予之咎,为保郅致政之本。"于成龙责令部属揭报"不肖贪酷官员""昏庸哀志等辈","以凭正章参处"。他"勤抚恤,慎刑法,绝贿赂,杜私派,严征收,崇节俭",凡其所到之处,"官吏望风改操",由于他的举荐,很多廉洁有为的人才得到重用。每个发现科考中有舞弊之风,他规定"立刻正章人告,官则摘印,子衿黜革候者按律拟罪:其蠹胥、奸棍即刻毙之杖下"。这番努力改变了贫苦士子虽皓首穷经却屡遭落榜的状况,他的官阶和人格境界越升越高,生活却更加艰苦。"为民上者,务须躬先俭仆"，他"屑糠杂米为粥，与同仆共吃"，"日食粗粝一盂，粥糜一匙，侑以青菜，终年不知肉味。"江南百姓亲切地称他"于青菜"，周围的官吏也不得不"无从得蔬茗，则日采衙后槐叶啖之，树为之秃"。云游宦海的他只身行走天涯，与结发妻阔别 20 年之后才得一见，及至去世的时候，居室中只有"冷落菜羹……故衣破靴，外无长物"。"士民男女无少长，皆巷哭罢市。持香楮至者日数万人。下至菜庸负贩，色目、番僧也伏地哭"，得到如此爱戴，康熙破例亲自为其撰写碑文。据报载，他的后世子孙如今仍生活在于氏繁衍的土地上，没有忘记祖辈的历史而朴实地劳作着。

俗话说：上梁不正下梁歪。对于制定的规则，如果自己首先就不遵循，那么要部下遵循它无异于缘木求鱼。而如果自己行为正派，"以身示人"，当然规则与命令就能得到很好的执行。

要有全面的察人眼光

【原文】

子曰："视其所以，观其所由，察其所安。人焉廋哉？人焉廋哉？"

历史上，因错误识人用人而铸成大错的例子不在少数。无论是何种原因，他们的教训都是值得吸取的。

前秦帝国的皇帝苻坚，任用平民出身的王猛为相，统一了中国的北方，是颇有作为的一代帝王。淝水之战失败后，前秦帝国迅速瓦解，他被后秦帝国的姚苌所杀，结束了其轰轰烈烈的一生。

苻坚是个心地善良，胸襟开阔的人，他对人从不猜忌，即便是那些投降或被俘的帝王将相，他也以礼相待，从不杀戮。甚至如鲜卑亲王慕容垂，羌部落酋长姚苌，他还引为知己，授予高官并赋予很大的权力。

王猛生前曾劝谏苻坚说："皇上与人为善，也不能不分敌我。国家的死敌不是晋国，而是杂处在国内的鲜卑人和羌人。更让臣担心的是，他们的首领都在朝中身居要职，有的更握有兵权,一旦有变,国家就危险了。"

符坚坚信只要诚心待人,对方一定能诚心待我,有此观念,他并未把王猛之言放在心上。王猛死后,他对这些人更是信任不二,宠爱日隆。

淝水之战后,符坚逃到洛阳,那些尚未到达淝水的大军也闻风溃散。鲜卑籍大将慕容垂见有机可乘,遂起反叛之心。他借口黄河以北人心浮动,自请符坚派他前去安慰镇抚,符坚对他毫无防范,不仅痛快地答应了他的请求,还亲自向他致谢。慕容垂渡过黄河后,立即号召前燕雨国的鲜卑遗民复国,建立了后燕帝国。

其后,迁到关中的鲜卑人,又在慕容泓的领导下,建立了西燕帝国。符坚命他的儿子和羌籍大将姚苌征讨西燕,结果大败,符坚的儿子阵亡,姚苌畏罪逃到北方,后又叛变,建立了后秦帝国。

鲜卑人和羌人的反叛,使前秦帝国陷入了灭顶之灾。不久,首都长安被困,符坚突围西行,在五将山被后秦兵生擒,送到后秦皇帝姚苌的手上。

符坚至此,仍怀有生的希望。姚苌二十年前犯罪当诛,在绑赴刑场处斩时,时为亲王的符坚见他英武不凡,遂动了恻隐之心,将其救下。有此大恩,符坚深信姚苌自会感恩图报,放他一马。

万没想到,姚苌先是向他索取传国御玺,继而百般污辱。符坚万念俱灰,大骂姚苌忘恩负义,姚苌不待他多言,就把符坚活活缢死。面对如此惨剧,后秦的羌人部队都忍不住流下了眼泪。

符坚犯错误的根源,在于他心地过于善良,在各种情况都十分复杂的情况下,仍轻易相信别人并委以重任。这种品质对于个人,无疑是那种值得去结交做朋友的人;但作为一个治国者,这反而成为一种致命的弱点。识人难,用人更难,预防这类错误,关键在于"防",可惜的是,符坚从来没有给自己在这方面筑起防线。

符坚的惨痛教训告诉我们,认识和评定一个人,不能只看表面,人的许多外在情感都是装出来的,尤其是当处于复杂的环境中时,人心更是难测。所以,无论是作为普通人还是为政者,都必须深入观察,真正看透一个人的内心,谨防误识、误交、误用。暂时难以认清的,不妨冷淡处之。否则,将会给自己造成不利,给大局造成损失。

当然，人作为社会关系的集合体，具有多方面的特征，有时这些特征是相互矛盾冲突的，因此，想看透、了解一个人，并不是一件很容易的事，只有通过像孔子说的方式，才能由外而内，正确全面地认清一个人的真面目。

这种认识，并不只是看别人的缺点，也应该据此发现一个人的闪光之处。否则，就难免会走向偏颇，那样，也就不是知人了。

认清一个人，在很多时候都是一件极其困难的事，尤其是当对方心怀不轨而竭力伪装时。但最根本的原因，恐怕还在于自身的"失察"。

西汉的王莽，为历代诟骂，他篡汉自代，愚弄天下，早已是奸恶臣子的代名词了。

从改朝换代，江山易姓的手法上来看，王莽又是一个非比寻常的人物，他完全依靠一个人的力量和智慧，没有动用一兵一卒，就完成了夺取帝位、建立王朝的大业，不能不说是一个奇迹。

王莽的发迹，起初完全得力于他的那个当皇后的姑姑王政君。王莽出身贫寒，父亲早死，他和母亲相依为命，艰苦度日。王政君见其母子可怜，多方照顾，对王莽比自己的孩子还要疼爱。他不顾众大臣的非议和反对，极力提拔王莽，以致王莽三十八岁的时候，就已经是朝廷重臣，身兼大司马之职。

王政君如此行事，有人便向她进言道："王莽虽然是皇后的至亲，加恩与他未尝不可。只是王莽外表看似敦厚，其实未必心存感激。一旦尾大不去，皇后的苦心白费不说，大汉的江山也会岌岌可危啊！"

应该说王莽的伪装功夫天下一流。虽然有臣子进言，可是王政君却怎么也看不出王莽有不轨的行为来。她曾经私下里把王莽召来，对他说："你有今天，不是姑姑的功劳，乃是皇恩浩荡之故。我们王家深受汉室大恩，任何时候，我们都要恪尽职守，报效天子。"

王莽装得涕泣横流，忠心不二，王政君为其愚弄，更是不遗余力地提携他了。

有了王政君这个靠山，再加上皇帝年幼无知，王莽欺上瞒下，培植自己的势力，最后被封为"安汉王"，位在三公之上，一手把持了朝政。

位极人臣，王莽并没有心满意足。他要当皇帝，自然遭到了身为大汉皇后的王政君的极力反对。因为，她自己知道：一旦大汉王朝不存在了，他这个皇后也就失去了立足的根基。她把王莽召来,未等训斥,只见王莽也不像以前那样恭敬,却是傲慢无礼地抢先说道:"我意已决,姑姑就不要再多费口舌了。汉室气数已尽,天命在我,姑姑若是知趣,还是把玉玺交给我吧。"

王政君深知王莽羽翼已丰,再也无法驾驭他了。她又悔又恨,无奈之下,便愤愤地将玉玺摔在了地上,以致玉玺缺了一角。

至此,王莽完全撕掉了伪装,登基做了皇帝,改国号为"新朝"。

王政君之所以对王莽失察,原因就在于她只看到并相信了王莽所显示出的表面现象,而且这种现象还是虚伪的、装出来的。按照孔子所提出的察人标准,很显然相差甚远。因此,她也只好无奈地承担其严重后果。

诚然,现实总是有其远超任何理论的复杂性,但是如果对孔子关于察人知人的教诲加以细细体味,我们始终都会有所启发的,而且在自己的实际工作和生活中也会有所裨益的。

用人时使功不如使过

【原文】

互乡难与言,童子见,门人惑。子曰:"与其进也,不与其退也,唯何甚!人洁己以进,与其洁也,不保其往也!"

"人非圣贤,孰能无过。"我们看待一个人,不能紧抓住别人所犯的错误不放,而应该以辩证与发展的眼光来看待问题,一旦他人改正了错误,就应该赞许与重新评价。这就是孔子所说的"人洁己以进,与其洁也,不保其往也!"的意思。这一点应用到用人上边,就是使功不如使过。一般用人者,都希望手下之人有功,不愿其有过,不容其有过。然而善于用人者,却能利用手下人的过错,化消极为积极,充分调动手下人的积极性。唐高祖与隋文帝便是如此。

李靖青年时就颇有文才武略,他常对亲近的人说:"大丈夫若生逢其时,遇到明主,必当建功立业，以取富贵。"他的舅父韩擒虎为名将，每次与他谈论军事，都连声称善，抚摸着他的后背说："能和我在一起谈论孙子、吴起兵法的，只有这个人啊！"李靖初仕隋，任长安县功曹，后任驾部员外郎。左仆射杨素、吏部尚书牛弘都与他相友善。杨素曾经抚摸着自己的座椅说："你终究要坐在这个位置上。"

大业末年，李靖任马邑君丞。适逢高祖李渊在塞外攻击突厥，李靖访察高祖的行动，知道高祖有夺取天下之志，便要向隋炀帝密告高祖李渊预谋造反的事。他将要前往江都（今江苏扬州），到了长安（今陕西省西安市），因为道路阻塞不通而停下来，高祖攻破京城长安，擒获了李靖，要将他斩首，李靖高喊道："您起义兵，本来是为天下人除暴乱，想成就大事业，却因为个人恩怨而要斩杀壮士吗？"高祖认为他言辞雄壮，太宗又坚持为他说情，于是高祖就饶恕了他。

不久，太宗将李靖召入幕府。武德二年（公元619年），李靖随太宗讨伐王世充，因立下大功授开府之职。当时，萧铣占据荆州（今湖北江陵），高祖派李靖前去安抚他。李靖率轻装的骑兵到达金州（今陕西安康），遇到南方少数民族首领率领的数万蛮兵驻扎在山谷，庐江王李瑗率军前去讨伐，屡次被蛮兵击败。李靖为李瑗设计攻击蛮兵，多次取胜。李靖率军到达硖州，被萧铣的军队阻遏，长时间不能前进。高祖因为李靖在中途长时间滞留而大怒，暗中命令硖州都督许绍将李靖斩首。许绍爱惜李靖的才能，为他请命，于是李靖才得以免除死罪。适逢开州蛮兵首领冉肇则造反，率领蛮兵进攻夔州，赵郡王李孝恭与蛮兵交战失利。李靖率领八万精兵，突袭蛮兵营寨，然后又在地势险要之处设下埋伏，蛮兵果然中计，交战中，李靖将蛮兵首领冉肇则斩首，俘获蛮兵5000余人。高祖闻讯，非常高兴，对众朝臣说："我听说，使功不如使过，李靖果然发挥了他的重要作用。"于是，高祖降旨慰劳李靖说："您竭诚尽力，功劳极其显著。我远在都城，已看到您的至诚之心，特予赞扬、奖赏，请勿担忧不得富贵。"又亲笔给李靖写书信道："我对您既往不咎，过去的事，我早就忘了。"李靖接到嘉奖诏书及高祖的亲笔信之后，深受感动，更加竭忠尽智报效国家，以谢高祖知遇之恩。

金无足赤，人无完人。凡为人，都有自己的短处，也都会犯错误。犯了错误怎么办？有过则罚，改过则用。这也是用人的一大原则。有过则罚，不罚不足以明事理，有过不纠,对犯错者本人也没有益处。改过则用,不用就是一棍子打死,就是对人才的一大浪费。隋高祖杨坚在对苏威的使用上,基本上就使用了"使功不如使过"这一用人原则。

苏威是隋初著名的宰相,他在任职期间多有惠政,为世人所称道,但是当初隋高祖杨坚发现和使用苏威这个人,并不是件很容易的事。苏威很早就有才名,但是一直没被朝廷重用。杨坚在做北周丞相时,大将军高颖曾屡次推荐苏威,陈述苏威的才能。杨坚把苏威召来后,引到卧室内交谈,两个人谈得很投机。后来苏威听说杨坚要废周立隋,自己要称帝,就逃回到家里,闭门不出。高照要迫他回来,杨坚说:"他现在不想参与我的事,先让他去吧。"

隋文帝杨坚

杨坚即皇帝位后,苏威又出来辅佐他,杨坚不计前嫌,授苏威为太子少保,追赠苏威的父亲为邳国公,让苏威承继父爵,不久又让苏威兼任纳言、吏部上书两职。苏威上书推辞,杨坚下诏说:"大船承载重,骏马奔驰远。你兼有多人的才能,不要推辞,多干事情吧。"由此可见杨坚对苏威的信任。苏威曾主张减免赋税,杨坚听从了他的主张,这一政策深为百姓喜欢,因此苏威也更受杨坚的宠信,杨坚让苏威参掌朝政,苏威见宫中帘幔的钩子都是用银子作的,就主张换用其他材料,要节俭从事,受到杨坚的赞赏。

有一次,杨坚对一个人发怒,要杀那个人,苏威进谏,杨坚非但不听,反而更加生气,过了一会儿,杨坚的怒气消了,对他的进谏表示感谢,并说:"你能做到这样,我确实没看错人。"当时的治书侍御史梁毗因为苏威身兼五职,并没有举荐其他人的意思,就上书弹劾苏威。杨坚对他说:"苏威虽然身兼五职,但始终孜孜不倦,志向远大。而且职务有空缺时才能推举别人,现在苏威很称职,你为什么要求他引荐别人呢?"有一次,杨坚还对朝臣说:"苏威遇不到我,就不能实行他的主张;我得不到苏威,就不能行大道。杨素舌辩之才当世无双,至于斟酌古今,审时度势,帮助我治理国家方面,他却比不上苏威。"

开皇十二年(公元 592 年),有人告发苏威和主持科举考试的官员结为朋党,任用私人。杨坚让蜀王杨秀、上柱国虞庆则审查这件事,结果是确有其事。杨坚指出《宋书·谢晦传》中涉及朋堂故事的地方,让苏威阅读。苏威很害怕,免冠谢罪。杨坚说:"你现在谢罪已经太迟了。"于是免去了苏威的官职。

后来有一次议事的时候,杨坚又想起了苏威,他对群臣说:"有些人总是说苏威假装清廉,实际上家中金子很多,这是虚妄之言。苏威这个人,只不过性情有点乖戾,把握不住世事的要害,过于追求名利,别人服从自己就很高兴,违逆自己就很生气,这是他最大的毛病。别的倒没什么。"群臣们也都同意。于是杨坚又重新启用了苏威。苏威果然不负众望,对隋朝忠心耿耿,竭尽职守,一直到死。

"使功不如使过"是一条值得借鉴的用人之道。对有过者,宽容之,信任之,使用之,就可使之以一种感激之情以十倍百倍的努力,发挥自己的聪明才智,将功补过,从而最大限度地发挥自己的积极性。当然,信任使用有过者,必须是有过而能改的君子,对于那些文过饰非的小人,万万不可行此道!

孔子说过:遂事不谏,既往不咎。凡事必须着眼于长远,对人才的使用也是如此。

为政当居之无倦

【原文】

子张问政,子曰:"居之无倦,行之以忠。"

居之无倦就是身居官位不懈怠,勤于政事,就是兢兢业业,夜以继日,励精图治;不辞病苦,奉公尽职。其最高境界就是有"先天下之忧而忧,后天下之乐而乐"的精神,忘我工作,利国惠民。

勤于政事,是成就一个有作为的封建君王的基本条件。综观历代比较英明杰出的帝王,特别是那些开国创业之君,一般都是兢兢业业,勤于政事。如果连勤政都做不到,那就必然陷于荒淫:嬉戏怠惰而难以自拔,朝政因之委与他人,于是重臣擅权,宦官干政,轻则导致朝纲紊乱,大权旁落,重则引来内忧外患,身败国亡。

平民皇帝明太祖朱元璋是个勤政的典范。他从征讨杀伐中夺得江山,深知皇权来之不易。为了防止大权旁落,他登位以后便果断废除丞相制,改由六部(吏、户、礼、兵、刑、工)长官直接向皇帝汇报,由皇帝亲自裁决,使得皇权与相权集于一身,大小政务均亲自处理,断不假手他人。他往往天不亮就起床批阅公文,直到深夜才得以休息,甚至吃饭时还在思考政务。每思得一事,就顺手写在纸上,缝在衣服上,事情记多了,挂得满身都是,上朝时再把它们一一处理了当。以洪武十七年九月的收文为例,从十四日至二十一日 8 天内,共收到内外诸司奏扎共 1660 件,计 3391 事,平均每天要批阅 200 多件奏札,处理 400 多件事。其政务的辛劳可以想见。侍臣十白他操劳过度,劝他:"陛下励精图治,天下苍生之福,但圣体过劳,宜多加保重。"而朱元璋却说:"我难道好劳而恶安吗?以往天下未定,我饥不暇食,倦不暇寝,奖励将帅平定平下;现在天下已定,四方无事,难道可以高居宴乐了吗?自古以来,人勤则国家兴,人怠则国家衰,我怎么敢暇逸呢?"他把勤政放到关系国家兴衰存亡的高度来认识,所以能自觉坚持,甘之如饴。洪武九年,刑部主事茹太素上万言书,朱元璋命人读了 6000 多字还未听到具体意见,大发脾气,叫人把茹打了一顿。可是心中仍然系于政事,未能释然。于是第二天又命人读,读到 1.6 万字后,才涉及本题,建议了 5 件事情,其中 4 件可行。朱元璋即命主管部门予以施行,并指出这 5 件事有 500 字即可,不必啰嗦 1 万多字,还承认自己打人是过失,表扬茹为忠臣。并亲自写文规定建言格式,公布全国。可见其对政事是多么一丝不苟。

《尚书》说,"怠忽荒政""业广惟勤""勤能补拙"。因此,古代贤能的地方官吏,都以勤政来自律自警,从而实现吏事的练达和政治的清明。

晋朝时的陶侃,历任南蛮长史、江夏太守、武昌太守、侍中、太尉等职,他不仅是一代名将,也以"性聪敏,勤于吏职"著称。

王敦之乱平定后,朝廷任命陶侃为南蛮校尉、征西大将军和荆州(今湖北江陵县)刺史。陶侃资性聪敏,勤于吏职。他整天正襟危坐,处理公务,千头万绪,都没有遗漏;远近的书信和奏疏都亲手草写,下笔如流;及时接见远来近投的客人,门前没有停客。他经常对人说:"大禹是圣人,尚且珍惜每一寸光阴;至于我们这些凡俗的人,应当珍惜每一分光阴。怎么能够游逸荒醉,生着无益于当时,死了默默无闻于后世呢?那样是自暴自弃啊!"僚佐有的因为闲谈和游戏荒废了正事,陶侃就命人取来他们喝酒、赌博的器具,都投入江中。如果参与的人是官吏和将领,则加以鞭打,并且说:"赌博是牧猪奴才干的勾当。"有奉赠物品的,陶侃都仔细地问明由来,如果是辛勤劳作所致,虽然微小,也一定高兴,慰劳和赏赐都加倍;如果是不正当的方式所得,就严厉地斥责他们,还其所赠。

陶侃曾经出游,见人持一把未熟的稻子,便问:"用它干什么?"那人说:"行道所见,随便取了点。"陶侃大怒道:"你不种田,竟敢糟蹋人家的稻子!"抓过来就鞭打了他一顿。由于陶侃勤政爱民,老百姓也都勤于农业生产,家家丰裕,人人富足。当时造船,陶侃命令把锯下的木屑和竹头全部收起来,官员们都不了解他的用意。后来,正月初一,正遇上雪后转晴,公署厅堂前余雪犹湿,于是以木屑铺到地上,走路时一点没有妨碍。到桓温伐蜀时,又以陶侃所存的竹头作钉子,建造船只。

陶侃珍惜光阴,理政周详,建立了不朽功业。北魏时的宋世景为政"无早晚之节",也写下一段勤政的佳话。

宋世景起初官拜国子助教,后任司徒法曹行参军、尚书祠部郎和荥阳太守等职。时称他的文才武略和清平忠直,少有人能比得上。他虽才德过人,依然夙勤不怠,因而判案如神,政绩卓著。

宋世景任荥阳太守时,当地豪门郑氏依仗权势,纵横乡里,人们都很惧怕。世景下车伊始,就抑压豪强,赶跑了郑家一位贪赃枉法的县令。于是,僚属们都害怕他的威严,没有不改过自谨的。为了治理好荥阳,宋世景废寝忘食,僚属和百姓,随到随见,没有早晚时节的分别。来者没有一个不和盘托出隐情和心事的,因为太守总是平易近人,屏人密语。这样,宋世景对于民间发生的事情,不论大小,都能知道;揭发奸人、揪出隐情,像神明一样。曾经有一个官吏,休完假还郡,路上吃了人家的鸡;又有一个听差,私下里接受了别人一顶帽子,又吃了两只鸡。世景呵斥他们说:"你们怎么敢吃了某某的鸡,拿了某某的帽子呢!"二人听了,大惊失色,急忙叩头服罪。于是,上上下下都震惊恐惧,没有敢触犯禁令的。

古人说,勤于思则理得,勤于行则事治。居之无倦、勤于政事是为政者的基本品格与原则。一个人不论才能大小和职位高低，只要在其位，就应该敬其事，出其力，勤于行，尽其职。

为政不要以私害公

【原文】

子曰："人之生也直，罔之生也幸而免。"

孔子认为："人之生也直，罔之生也幸而免。"意思是说，一个人能够生存在世界上是由于正直，不正直的人有时也能够生存在世界上，那是由于他侥幸地避免了祸害。在政治上，不以私害公是正直的一种很重要的表现形式。中国历史上，有许多人不念旧怨，不计私情，以国事为重，而不以私害公。他们的行为至今受到人们的称赞。

西汉萧何与曹参都堪称不以私害公的杰出人物。

萧何与曹参都曾是沛县小吏，萧何是主吏椽，曹参是狱椽，两人同时参加了刘邦起兵。后来，一个运筹帷幄，支撑全局；一个披坚执锐，身经百战，又同时成为西汉王朝的开国元勋。

刘邦统一天下后，大行封拜，先树萧何为酂侯，食邑最多，这时，包括曹参在内的战将功臣们愤愤不平，都说："臣等披坚执锐，多者百余战，少者数十合，攻城略地，大小各有差。今萧何未尝有汗马之劳，徒持文墨议论，不战，反居臣等上，何也？"刘邦借狩猎讲明了萧何在建汉中的作用，他说："夫猎，追杀兽兔者，狗也，而发踪指示兽处者，人也。今诸君徒能得走兽耳，功狗也。至如萧何，发踪指示，功人也。"既然说到这一步，战将们便不好再说什么。

受封完毕，排定位次时，战将门推出了他们的代表曹参，纷纷陈辞道："平阳侯曹参身被七十创，攻城略地，功最多，宜第一。"分封之时，刘邦已拂逆功臣，首封萧何，这时，虽然仍想将其列为第一，但一时找不出新的理由，关内侯鄂君很了解刘邦的心思，遂上言论萧何与曹参之功劳，他说："群臣议皆误。夫曹参虽有野战掠地之功，此特一时之事。夫上

萧何、曹参塑像

与楚相距五岁,常失军亡众,逃身遁者数矣。然萧何常从关中遣军补其处,非上所诏令召,而数万众会上之乏绝者数矣。夫汉与楚相守荥阳数年,军无见粮,萧何转漕关中,给食不乏。陛下虽数亡山东,萧何常全关中以待陛下,此万世之功也。今虽亡曹参等百数,何缺于汉?汉得之不必待以全。奈何欲以一旦之功而加万世之功哉!萧何第一,曹参次之。"

刘邦当然立即采纳了这一建议。虽然两次事件都是刘邦定夺,但曹参、萧何之间却产生了较深的隔阂。史称:"(萧)何素不与曹参相能。"又称:"参始微时,与萧何善,及为将相,有隙。"但两人又都有一个共同的特点,即宰相气度,都做到了不以私害公。萧何病重之时,惠帝前往探视,问道:"君即百岁后,谁可代君者?"萧何答道:"知臣莫如主。"惠帝问:"曹参何如?"萧何马上顿首道:"帝得之矣,臣死不恨矣!"萧何完全抛弃个人恩怨,举荐曹参。而曹参为相后,也是不计个人恩怨,一仍萧何成法,史称:"至何且死,所推贤唯参,参代何为汉相国,举事无所变更,一遵萧何约束。"

唐中朝的名相李泌与名相兼名将郭子仪也都是不计私情以大局为重的代表。

安史之乱爆发后,李泌随肃宗至彭原(今甘肃镇原东),规划反叛大计。肃宗与李泌谈及李林甫,想命令诸将,克长安后,掘其冢墓,焚骨扬灰。李林甫是唐玄宗后期宠信的奸相，口蜜腹剑，害人无数。他曾谗害李泌，几致死地，按照常理，对肃宗这一想法，他自然会十分赞同。但李泌考虑的却不是个人私愤，他认为若是肃宗为首的新朝廷这样对待以往的怨仇，恐怕会波及安史叛军中的新仇人，使他们断了改过自新、归附朝廷的念头。因此，他提出："陛下方定天下，奈何雠死者，彼枯骨何知，徒示圣德之不弘耳。且方今从贼者皆陛下之雠也，若闻此举，恐阻其自新之心。"肃宗听后，十分不悦，反问道："此贼昔日百万危朕，当是时，朕弗保朝夕。朕之全，特天幸耳！林甫亦恶卿，但未及害卿而死耳，奈何矜之？"后在李泌的反复劝导下，肃宗接受了这一意见，并说："朕不及此，是天使先生言之也。"

对昔日仇雠如此，对昔日有恩于他的人，李泌也同样不徇私情，以大局为重。肃宗与李泌少相友善，一直尊称"先生"，其爱妃张良娣非常关照李泌，并曾为其解脱险境，安史之乱爆发后，两人又都十分倚仗李泌。但在关于张良娣的问题上，李泌一直恪守大局，不肯迁就，肃宗抵彭原不久，玄宗曾派人送给张良娣一副七宝鞍，李泌认为应交付国库，他说："今四海分崩，当以俭约示人，良娣不宜乘此。请撤其珠玉付库吏，以俟有战功者赏之。"听到这话，张良娣不太高兴，道："乡里之旧，何至于是！"良娣与李泌又是同乡，故云。肃宗道："先生为社稷计也。"马上命人撤下七宝鞍。过了不久，肃宗又对李泌道："良娣祖母，昭成太后之妹也，上皇所念。朕欲使正位中宫以慰上皇心，何如？"也就是要封良娣祖母为太后。李泌则认为："陛下在灵武（今宁夏永宁西南），以群臣望尺寸之功，故践大位，非私己也。至于家事，宜待上皇之命，不过晚岁月之间耳。"肃宗又接受了这一建议。不过，李泌也由此得罪了张良娣，以后，连续发生了一些不愉快的事情，使他一度归隐山林。

与李泌相似，当时的另一位名相兼名将郭子仪也是不计前嫌，不念私恩，完全以国是为重。安史之乱爆发前，郭子仪与李光弼同为朔方节度使的牙门都将，两人积怨甚深，不交一言。安史之乱爆发后，原朔方节度使安思顺因是安禄山从弟被赐死，郭子仪被任命为朔方节度使，准备分兵东进，抗击安史乱军。这时，李光弼内心十分不安，担心郭子仪乘机加害，遂入府门向郭子仪请罪道："一死固甘，乞免妻子。"郭子仪急忙下堂，扶光弼上堂对坐，推心置腹地说："今国乱主迁，非公不能东伐，岂怀私愤时邪？"他又上书唐廷，以李光弼为河东节度使，将朔方兵万余人分给光弼统领。史称两人分别时，"执手涕泣，相勉以忠义"。在平定安史之乱的战争中，两人都建立殊勋，彪炳史册。

当安史之乱尚未平定之时，权阉鱼朝恩对郭子仪百般进谗，乾元二年，郭子仪被解除朔方节度使一职，召回京师，挂了一个空头宰相的名号。宝应元年，因朔方节度使李国贞治军过严，将士们怨声载道，无不思念郭子仪，牙将王元振遂发动兵变，杀李国贞。唐廷不得已，又任命郭子仪为朔方节度使。子仪抵朔方后，将士们欢呼不已，

李泌

王元振也自以为立了大功，期望得到奖赏。因为在唐后期，节镇主帅被逐比较常见，逐杀主帅之人也往往不被定罪，要么自立为帅，要么拥立新帅成为功臣，新任主帅则对之优遇有加。但郭子仪却不这么做，王元振自以为有功于郭子仪，认为必有重赏。谁料，郭子仪到任后，马上将他扣押，严正地对他说："汝临贼境，辄害主将，若贼乘隙，无绛州矣（朔方节度使时治绛州，即今山西绛县）。吾为宰相，岂受一卒之私邪？"不久，就将王元振等人斩首，史称："由是，河东诸镇率皆奉法。"若郭子仪囿于私恩，不斩王元振，很难安定河东局势，由此也可见郭子仪的不凡气度。

此事过后10余年，郭子仪在邠宁节度使任上时，曾上奏唐廷，请任命某人为州县官，但未能获准。在唐后期，这种情况比较少见，因为当时的节度使们握有一方重兵，对他们奏请除授的官员，唐廷一般是照例恩准，稍不如意，这些重臣便可能举兵而起，兴师问罪。因此，得知郭子仪奏请的任命未能获准，僚佐们便纷纷议论道："以令公勋德，奏一屑吏而不从，何宰相之不知体？"但郭子仪对此毫不介意，反倒认为这是朝廷对他的信任，他对僚佐们说："自兵兴以来，方镇武臣多跋扈，凡有所求，朝廷常委曲从之；此无他，乃疑之也。今子仪所奏事，人主以其不可行而置之，是不以武臣相待而亲厚之也；诸君可贺矣，又何怪焉！"从这番表述，我们又可以看到郭子仪顾全大局、不计私憾的政治气度。

凡事有大小轻重之分。政治乃天下之公器，是为众人谋利益的事情，而个人恩怨属

于个人之私务,切不可以私乱公,以小乱大!

第十节 《论语》的职场智慧

"仁义礼智信"是职场生存的 5 字箴言

【原文】

人而不仁,如礼何? 人而不仁,如乐何?

子路问成人。子曰:"若臧武仲之知,公绰之不欲,卞庄子之勇,冉求之艺,文之以礼乐,亦可以为成人矣。"曰:"今之成人者何必然? 见利思义,见危授命,久要不忘平生之言,亦可以为成人矣。"

片言之赐,皆为吾师。从小,我们便生活在《论语》营造的氛围中,思想和言行多少都受过儒家文化的影响,《论语》中流溢出来的智慧光芒普照着我们,让我们在成长和生活的每一个印迹中,都能拥有一种"寻根"式的文化情怀。

身为职场中人,每一位员工在工作和生活之中,都可以运用《论语》中讲述的人生道理和工作智慧,为职场成功之旅"扬帆远行"。

在职场中做到"仁义礼智信",是员工的生存之本。

先说"仁"。

孔子的核心思想就是仁。儒家思想强调的是仁者爱人,一个心中没有仁爱的人,我们不能期待他能够做到爱岗敬业,因为他不会爱及他人,同样也不会达到乐业和立业的境界。

理解"义"。

"义"这个词不仅包括了我们平时所说的义气,还包括民族大义,也就是金庸先生所说的"侠之大者,爱国爱民"。中国人受孔子的思想影响深远。文天祥慷慨就义、至死不变节,坚持的便是孔孟之道中"杀身成仁"的信念。为了集体利益合生取义,这是孔子在《论语》中强调的"见利思义,见危授命"。

"礼"为何物?

"礼"是我们生存的社会秩序与礼仪,包括各种伦理道德。孔子说"不学礼,无以立",可见他对于"礼"的重视。"礼"的范围很广泛,可以说除了法律的规范,一切言行都在"礼"的规定范围了。在单位与同事要讲究"礼",下班后回家对家人一样要讲究"礼"。如果没有长幼的秩序,也没有上下级的秩序,那么我们整个社会不是要乱成一团糟吗?所以,我们平时对同事讲究"礼"的分寸,对领导要敬重,对公司的规章制度要严格执行等,这些都是"礼"的具体体现。

不妨讲讲"智"。

在古代,"知"有些地方是"智"的通假字,含有智慧的意思。老子说:"自知者明,知人者智。"他把"智"定义为"知人",就是能够清醒地看清别人。《论语》中有孔子弟子樊迟问智的事。"樊迟问知。子曰:务民之义,敬鬼神而远之,可谓知矣。"孔子在《论语》中又说道:"知者乐水,仁者乐山;知者乐,仁者寿。""知者无忧,勇者无惧。"这些都是孔子对"智"的理解。

孔子认为一个智者是快乐而达观的,这一点性格应当像他的弟子子贡,他也有夸赞过子贡"赐也达"的话语。工作中,我们怎样做到"智"呢?按照孔子的理解,应当凡事做到通达,时刻用一种豁达的心胸,去看待工作中的各种人与事,面对问题时不是怨天尤人,而是智慧地去应对,并在工作中找到心安和快乐,让人生变得充盈而富有价值。能达到这样境界的人,也就可以称之为"智者"了。

最后来理解"信"。

"信"就是诚信,这一点与"义"有相近的地方。孔子在《论语》中说"信近于义,言可复也"。他认为"信义"是相似的,承诺能够兑现,也就做到了"言可复也"。生存在现代职场中,如果我们都能恪守诚实的品格,践行自己的承诺,懂得保全企业的信誉,用一颗正直之心待人接物,我们将成为一个"言之必信,行之必果"的人,一个值得信赖的人。

"仁义礼智信"这五个字是孔子学说的核心观点,如果职场中的我们照此去要求自己、考核自己,那么我们的人格将会趋于完美。这5字涵盖了工作、生活、做人、处世的方方面面,真正聪明的人会将这5字箴言实践起来。掌握了这5点立身职场的要求,我们会慢慢悟懂工作的意义及职场卓越人士的成功之道。

从这层意义上讲,我们就生活在《论语》营造的世界中,《论语》距离我们并不遥远,孔子这位千古智者对我们的谆谆教诲,在现代职场中仍散发着智慧的温度。

成功的境界取决于人生修养的高度

【原文】

子曰:"君子谋道不谋食。耕也,馁在其中矣;学也,禄在其中矣。君子忧道不忧贫。"

孔子关于"谋道不谋食","忧道不忧贫"的主张,并不是对人的空洞说教,可以说是他从自身的人生体验中总结概括出来的生活准则。综观孔子的一生,应该说是"谋道不谋食""忧道不忧贫"的一生。他自己曾经说过:"德之不修,学之不讲,闻义不能徙,不善不能改,是吾忧也。"就是此四项的内涵,足以陈述孔子当时忧天下、忧国家、忧民族、忧文化衰颓的心情。它饱蘸着人生甘苦浓汁,又蕴涵着丰富的人生哲理,不但鞭策着他自己孜孜不倦地追求自己的人生理想,也启迪着后人为国为民贡献自己的才华以至热血。

千古名篇《岳阳楼记》深刻地表达了范仲淹"不以物喜,不以己悲"的阔大情怀和"先天下之忧而忧,后天下之乐而乐"的政治抱负,也充分展现了作者崇高的人格和宽广的胸怀。

范仲淹通晓六经,尤以《易经》为专长。很多学习儒家经典的人,都来向他请教、问业,他捧着经书为人们讲解,从来不知疲倦。他还曾经用自己的俸禄购买饭食,供给前来求学的各地学子,以致自己的孩子们衣履不整,出门时不得不轮流更换一件较好的衣衫,范仲淹对此却处之泰然。每当谈论起天下大事,他都慷慨激昂,当时士大夫间注意品格修养和讲究节操的风尚,正是在范仲淹的倡导下开始形成的。

范仲淹为人正直，刚正不阿，遂与宰相吕夷简不和，又因他屡次上书，批评朝政，惹得皇帝不高兴而将其贬出京城，后又调任陕西路永兴军的知军州事。对于个人的升迁去留或褒或贬，范仲淹从不计较。在新任上，他积极整顿军备，训练队伍，改变战略，当战则厮杀疆场，当和则加以安抚，不几年工夫就使西线边防稳定了下来。

范仲淹幼时贫困，后来官至龙图阁大学士，虽然富贵起来，但没有宾客在场时，一餐仍不吃两份肉菜。妻子儿女的衣食，也是刚够吃用，然而，他喜欢将自己的钱财赠送给别人，在家乡还创置了"义庄"，用来赡养和救济那些无依无靠的本宗族的人。他待人十分亲热敦厚，并乐于助人。当时的贤士，很多是在他的指导和荐拔下成长起来的。他处理政事，最讲究忠厚二字，所到之处，多有惠民的德政。邠州和庆州的百姓，与归附宋朝的羌族人民，都画了他的肖像，给他立生祠来纪念他。待到他逝世时，各地听到噩耗的人，都深深为之叹息。羌族首领带数百民众举哀，像死去父亲一样痛哭斋戒了三天才散去。后人在他的碑上铭刻"廉洁俭约，克己奉公，直言尽职，利泽生民"等语。

范仲淹正是以倡导和践行"先天下之忧而忧，后天下之乐而乐"的精神，在古代的官场上树起了一座范风之碑，也开拓性地诠释了"谋道不谋食，忧道不忧贫"的深刻内涵。

这种精神，即使在今天看来，也是光辉崇高的，值得每一位职场中人去继承和发扬。

比尔·盖茨的财产净值大约是 466 亿美元。如果他和他太太每年用掉一亿美元也要 466 年才能用完这些钱——这还没有计算这笔巨款带来的巨大利息。那他为什么还要每天工作？

斯蒂芬·斯皮尔伯格的财产净值估计为 10 亿美元，虽不像比尔·盖茨那么多，不过也足以让他在余生享受优裕的生活了，但他为什么还要不停地拍片呢？

美国 Viacom 公司董事长萨默·莱德斯通在 63 岁时开始着手建立一个很庞大的娱乐商业帝国。63 岁，在多数人看来是尽享天年的时候，他却在此时做了重大决定，让自己重新回到工作中去，而且，他总是一切围绕 Viacom 转，工作日和休息日、个人生活与公司之间没有任何的界限，有时甚至一天工作 24 小时。他哪来这么大的工作热情呢？

诸如此类的例子还有很多。那些拥有了巨额财产的人们，不但每天工作，而且工作相当卖力。如果你跟着他们工作，一定会因为工作时间太长而感到精疲力竭。那么，他们为何还要这么做,是为钱吗?

让我们看看萨默·莱德斯通自己对此的看法:"实际上,钱从来不是我的动力。我的动力源自对我所做的事的热爱,我喜欢娱乐业,喜欢我的公司。我有一个愿望,要实现生活中最高的价值,尽可能地实现。"

在励志电影《为人师表》中饰演角色的演员爱德华·奥尔莫斯应邀参加大学生的毕业典礼时,曾满怀激情地对大学生说:"在大家离开学校之前,我有一件事要提醒各位,记住千万不要为了钱而工作,不要只是找一份差事。我所说的'差事'是指为了赚钱而做的事情,在座的各位当中有许多人在校期间就已经做过各式各样的差事,但工作是不一样的。你对工作应该有非做不可的使命感,并且要乐在其中,甚至在酬劳仅够温饱的情况下,你也无怨无悔。你投入这项工作,因为它是你的生命。"

愿景无论是个人的,还是共同的,都不是一个遥远的、虚无缥缈的东西,而是一个可以描绘的、确定的图像。就如弗利慈所形容的:"伟大的愿景一旦出现,大家就会舍弃琐碎的事。"若没有一个伟大的愿景,则整天忙的都是些琐碎之事,就像赫门米勒家具公司的总经理赛蒙说的那样:"当你努力想达成愿景时,你知道需要做哪些事情,但是却常不知道要如何做,于是你进行试验。如果行不通,你会另寻对策、改变方向、搜集新的资料,然后再试验。你不知道这次试验是否成功,但你仍然会试,因为你相信唯有试验可使你在不断尝试与修正之中,一步步地接近目标。"

价值观在韦伯字典里的解释是:"内心认为值得或欲求的原则、标准或品质。"在拉丁语中,"价值观是力量的来源,因为它能赋予人力量去采取行动"。一个人的价值观是围绕着"什么对我很重要"这个问题的,它们是根深蒂固的标准,几乎影响一个人生活的各个层面——道德判断、对他人的态度,以及对目标的投入。因为有价值观,人们才能不仅仅为个人利益行事,而且能够从更广泛的意义上看待事情。

管理学家奥里森·马登注意到这种现象:"如果员工知道他们的公司代表什么,知道他们所拥护的标准是什么,就能做出支持这些标准的决策,也会认为自己是公司内重要的一员,他们会因为在公司工作对他们具有意义而受到激励。"当员工的价值观和公司的价值观保持一致时,个人的生活就会更好,对工作的态度会比较乐观,压力也会减轻。

公司愿景为公司的生存和发展提供基本方向和行动指南,为公司员工形成共同的行为准则奠定了基础。李维休闲服装公司的总裁执行长汉斯说:"一家公司的价值观——它所代表的,以及它的员工所信仰的理念对它的竞争力至为重要。事实上,是价值观在驱动事业。"

聪明的立身法则:己所不欲勿施于人

【原文】

子贡问曰:"有一言而可以终身行之者乎?"子曰:"其恕乎!己所不欲,勿施于人。"

孔子关于"己所不欲,勿施于人"的思想,包含着极为丰富的内容。对于为政者,孔子反对"居上不宽",要求对下级"赦小过"。上级要根据制度规定的职责范围安排下属,不要逾越,为政者使用民力时,应像祭祀天地祖宗那样慎重、虔诚,不要轻率妄为,这些都是对为政者行恕道的基本要求。对一般人而言,要求"躬身自厚而薄责于人",即多自责,少责人,以及贵人而贱己,先人而后己等,都是"恕"的体现。

"恕"是一种推己及人的情怀。一个内心怀有仁德的人,即使不能成全别人,起码遇事不会给他人下套子,自己不愿意干的事,不会推到别人头上,把麻烦和痛苦转嫁到别人头上;而会在替自己打算的时候,也设身处地地替别人想一下。能够做到这一点,并且能够坚持,就可以算得上心里有仁义了,能让自己在任何人面前都问心无愧,活得光明正大,活得舒心自然。

据《贞观政要》记载:在贞观四年,唐太宗李世民有一次与魏征谈皇帝的行事原则问题。唐太宗说:"扩建修饰宫殿屋宇,游玩观赏池台,这是皇帝所希望的,但不为百姓所希望。帝王所希望的是骄奢淫逸,百姓所不希望的是劳累疲惫。其实,劳累疲惫恐怕是人见人弃的事。孔子曾经说过'己所不欲,勿施于人',看来劳累疲惫的事,确实不能施加给百姓。我处于帝王的尊位,富有天下,处理事情都能设身处地,才真正能够节制自己的欲望。如果百姓不希望那样做而硬要做下去,一定不能够顺应民情。"魏征说:"陛下素来怜恤百姓,常常节制自己去顺应民情,臣听说:'拿自己的欲望去顺应民情的就会昌盛,劳累百姓来娱乐自己的就会灭亡。'隋炀帝贪心无厌,专门喜好奢侈,每当有关官署供奉营造稍不称心,就用严厉的处罚。上面喜好做什么,下面必定做得更好。上下争相奢侈放纵没有限度,终于导致灭亡。这不仅是史籍里有记载,也是陛下亲眼看见的。陛下如果认为欲望满足了,那么现在不仅仅是满足了,而是应该节制欲望了。如果认为欲望还不能满足,那么再超过这样万倍也不会满足。"唐太宗说:"你讲得很好! 不是你,我岂能听到这些话!"

有一年,公卿大臣上奏说:"按照《礼记》,夏季最末一个月,可以居住高台上筑成的楼阁。现在夏热未退,秋季的连绵大雨才开始,皇宫里低矮潮湿,请陛下营建一座楼阁来居住。"有的臣子为巴结皇上,不可谓不用心良苦,要为唐太宗修建一座避暑的行宫,还引经据典,搬出《礼记》来。唐太宗见到奏章后说:"我患有气喘病,哪里适宜住低下潮湿的地方? 修一座行宫避暑,按理说也不为过,但是如果同意了你们的请求,浪费实在多。从前汉文帝准备建筑露台,因为要耗费相当于十户人家财产的费用,就不再兴建。我的德行赶不上汉文帝,而耗费的财物却超过他,这是作为百姓父母的国君的德行吗?"尽管公卿再三坚决奏请,唐太宗始终没有答应。

唐太宗是通过节制自己的物欲来实践"己所不欲,勿施于人"的"恕"道的。其实遵循恕道并不是仅此一项,能够设身处地为别人着想,对别人合理的欲念予以理解,对别人的过失施以宽容等都是"恕",或者说都是"己所不欲,勿施于人"这种美德的延伸和扩展。

从前有一个富翁,他有三个儿子,在他年事已高的时候,富翁决定把自己的财产全部留给三个儿子中的一个。可是,到底要把财产留给哪一个儿子呢? 富翁于是想出了一个办法:他要三个儿子都花一年时间去游历世界,回来之后看谁做了最高尚的事情,谁就是财产的继承者。

一年时间很快就过去了,三个儿子陆续回到家中,富翁要三个人都讲一讲自己的经历。大儿子得意地说:"我在游历世界的时候,遇到了一个陌生人,他十分信任我,把一袋金币交给我保管,可是那个人却意外去世了,我就把那袋金币原封不动地交还给了他的家人。"二儿子自信地说:"当我旅行到一个贫穷落后的村落时,看到一个可怜的小乞丐不辛掉到湖里了,我立即跳下马,从河里把他救了起来,并留给他一笔钱。"三儿子犹豫地说:"我,我没有遇到两个哥哥碰到的那种事,在我旅行的时候遇到了一个人,他很想得到我的钱袋,一路上千方百计地害我,我差点死在他手上。可是有一天我经过悬崖边,看到那个人正在悬崖边的一棵树下睡觉。当时我只要一抬脚就可以轻松地把他踢到悬崖下,我想了想,觉得不能这么做,正打算走,又担心他一翻身掉下悬崖,就叫醒了他,然后继续赶路了。这实在算不了什么有意义的经历。"富翁听完三个儿子的话,点了点头说道:"诚实、见义勇为都是一个人应有的品质,称不上是高尚。有机会报仇却放弃,反而帮助自己的仇人脱离危险的仁爱之心才是最高尚的。我的全部财产都是老三的了。"

恩将仇报的人是屡见不鲜的;有机会报仇却放弃,反而帮助自己的仇人脱离危险的人并不多见。但只有这样仁爱与宽恕的人,才能享受人生的最高境界。

孔子的中心思想是"仁"。《论语·里仁》中,孔子告诉曾子:"吾道一以贯之。"曾子解释得十分准确:"夫子之道,忠恕而已矣!"忠恕就是"仁"。忠,就是"中心",把心放在当中,就是孔子明确地告诉子贡的,"己欲立而立人,己欲达而达人",这就是"忠";恕,就是"如心",将心比心,就是孔子明确地告诉仲弓的,"己所不欲,勿施于人",这就是"恕"。

其实,《论语·颜渊》有一章也是讲这点,"君子成人之美,不成人之恶;小人反是"。成人之美是忠,不成人之恶是恕;而小人是不忠不恕。在《论语》中,或强调忠,或强调恕,都是一个意思。

"己所不欲,勿施于人"这样的标准,其实是很多人可以做到的,而且一生都用得着的,上自帝王,下至黎民百姓,都可以也应该以"恕"字规范自己、要求自己。这样,不仅能与人为善,而且人也会与"我"为善。

人格是人一生的最高学位

【原文】

南宫适问于孔子曰:"羿善射,奡荡舟,俱不得其死然。禹、稷躬稼而有天下。"夫子不答。

南宫适出，子曰："君子哉若人！尚德哉若人！"

一个人在世，或由于天资的差别，或由于受教育程度的不同，或由于所处社会地位的限制和职责的规范，办事能力有大有小，这是不以人的意志为转移的。但只要重视德行，有好的操行，就是一个值得称道的人，也是一个能够做好自己的事业，前程充满希望的人。

孔子这个观点，对现代生活同样具有指导意义。因为作为一种做人做事手段，相对于机巧和力量，其实德行、操行是具有更大的影响力的，同时也是最为长久永恒的。那种逞勇斗狠的行为，其实是一种最没有"技术含量"的做法。

很多很多年前，有一位学大提琴的年轻人去向大提琴家卡萨尔斯讨教："我怎样才能成为一名优秀的大提琴家？"卡萨尔斯面对雄心勃勃的年轻人，意味深长地回答："先成为优秀的人，然后成为一名优秀的音乐人，之后才能成为一名优秀的大提琴家。"

一位大学教授在上课的时候，拿出一个广口玻璃瓶子，把石头装在瓶子里，当不能再装石头的时候，他就问他的学生："满了吗？"而学生几乎异口同声地说："满了。"然后，他又把沙子放在瓶子里，当不能再放沙子的时候，他又问："满了吗？"这次学生就说："还没有。"教授笑了笑，说："对！"接着他又把水灌进瓶子里，然后问："今天，你们从这个实验想到了什么？"有一个学生说："我知道了，无论一个人的时间是多么紧张，他都有空去学其他知识。"而另一个学生说："无论你的知识多么丰富，你都能容下别人的建议。"教授笑了笑："你们说的只是它的一部分意思而已。大家想一想，如果我刚才先放沙，再放石头，那么，石头还能全部装下去吗？先放石头，还是先放沙，其中包含了我们人生一个很重要的道理，那么，什么才是人生这块石头呢？"

"地位。"一个学生说。"学历。"另一个学生说。

学生们纷纷发表自己的意见。最后，教授说："人格，人格就是这块石头，人格才是人生最高的学位。无论在什么时候，我们都要把别人放在第一位，先人后己，这是我们中华民族的一项美德，也是全世界人民所要继承和发扬的。"

史蒂芬·柯维博士曾被美国《时代》杂志誉为"人类潜能的导师"，并入选为全美25

位最有影响力的人物之一。他在《高效能人士的七个习惯》一书开篇就写道：

"我潜心研究自1 776年以来，美国所有讨论成功因素的文献。我阅读或浏览过的论著不下数百，主题遍及自我完善、大众心理学以及自我帮助等方面，对于爱好自由民主的美国人民所公认的种种成功之论，已算得上了如指掌。

"从这200年来的作品中，我注意到一个令人诧异的趋势。那就是过去50年来讨论成功的著作都很肤浅，谈的都是如何运用社会形象的技巧与如何成功的捷径，但往往是头痛医头、脚痛医脚的特效药，治标而不治本。

"比较而言，前150年的作品则有很大不同。这些早期论著强调'品德'（character Ethic）为成功之本，诸如正直、谦虚、诚信、勤勉、朴实、耐心、勇气、公正和一些称得上是金科玉律的品德。富兰克林的自传就是这个时期的代表作，内容主要描述一个人如何努力进行品德修养。

"品德成功论强调，圆满的生活与基本品德是不可分的。唯有修养自己具备品德，才能享受真正的成功与恒久的快乐。"

完善的人格魅力，其基本点就是修习完美的品德，恪守品格亦是赢得人心、产生吸引力的必要前提。一个有德行的人，能更多地获得他人的信赖、理解，能得到更多的支持、合作。

1836年，林肯通过考试当上了律师。当律师以后，由于他精通法律，口才很好，在当地很有声望，很多人都来找他帮忙打官司。但是他为当事人辩护有一个条件，就是当事人必须是正义的一方。许多穷人没有钱付给他劳务费，但是只要告诉林肯："我是正义的，请你帮我讨回公道。"林肯就会免费为他辩护。

一次，一个很有钱的人请林肯为他辩护。林肯听了那个客户的陈述，发现那个人是在诬陷好人，于是就说："很抱歉，我不能替您辩护，因为您的行为是非正义的。"那个人说："林肯先生，我就是想请您帮我打这场不正义的官司，只要我胜诉，您要多少酬劳都可以。"林肯严肃地说："只要使用一点点法庭辩护的技巧了，您的案子很容易胜诉，但是案子本身是不公平的。假如我接了您的案子，当我站在法官面前讲话的时候，我会对自己说：'林肯，你在撒谎。'谎话只有在丢掉良心的时候，才能大声地说出口。我不能丢掉良心,也不可能讲出谎话。所以,请您另请高明,我没有能力为您效劳。"那个人听了,什么也没说,默默地离开了林肯的办公室。

也许,偶尔撒个谎原本是毫无恶意的,但久而久之会成为一种习惯,成为理所当然的事情。可怕的是,小谎言需要大谎言来掩饰,然后,谎言就会愈撒愈大。永远都别尝试去背离忠诚和信义,也别窃占任何不属于自己的东西,只有这样你才能高枕无忧。

品德是没有等级、不分程度的,它们不是为交换报酬而来的,品德本身就是奖励,它是人类行为最具有成效的一种。恪守品德的人从不担心向谁撒了什么谎,无须忧虑谎言会被揭穿,所以,他们可以集中心力,做一些更有意义的事情。

"品格"在英语词典中的定义是:"一个人生命过程中建立的稳定和特殊的品质,使他无论在什么环境中都有同样的反应。"好品格源自一个人的内心深处,它不受地位、财富、环境等的限制。"没有关系。大家都是这样的",这就是道德对我们的试探,而想拥有良好品格的人必须战胜这些试探。

温良谦恭是职场生存的护身符

【原文】

子禽问于子贡曰:"夫子至于是邦也,必闻其政,求之与,抑与之与?"子贡曰:"夫子温、良、恭、俭、让以得之。夫子之求之也,其诸异乎人之求之与?"

温、良、恭、俭、让作为一种内心道德修养的外在表现,既是做人之德,又是做事之器。我们常在生活中见到这样一种人,他们态度蛮横,行为霸道,恨不得将所有的好东西都据为己有,但结果他们又真正得到了什么呢?而有温、良、恭、俭、让这五种美好品德的人,虽然他并未有意地去索取,但上天并不负于他,那些理应属于他的,以及他所配得到的东西,都会尽其所用,伸手可及。

有人说美德当不了饭吃。在这个一切讲究实际的社会里,那种"迂腐"的道德品质反而会让自己吃亏。这其实是一种短视之见。真正有眼光、会办事之人,都会把温良、谦恭等美德作为自己的处世工具。

有一位老锁匠一生修锁无数，技艺高超，收费合理，深受人们敬重。更主要的是老锁匠为人正直，每修一把锁他都告诉别人自己的姓名和住址，说："如果你家发生了盗窃，只要是用钥匙打开家门的，你就来找我！"

老锁匠老了，为了不让他的技艺失传，人们帮他物色徒弟。最后老锁匠挑中了两个年轻人，准备将一身技艺传给他们。

一段时间以后，两个年轻人都学会了不少技术。但两个人当中只能有一个人得到真传，老锁匠决定对他们进行一次考试。

老锁匠准备了两个保险柜，分别放在两个房间，让两个徒弟去打开，谁花的时间短谁就是胜者。

结果大徒弟只用了不到 10 分钟就打开了保险柜，而二徒弟却用了半个小时，众人都以为大徒弟必胜无疑。

老锁匠问大徒弟："保险柜里有什么？"大徒弟眼中放出了光亮："师傅，里面有很多钱，全是百元大钞。"问二徒弟同样的问题，二徒弟支吾了半天说："师傅，我没看见里面有什么，您只让我打开锁，我就打开了锁。"

老锁匠十分高兴，郑重宣布二徒弟为他的正式接班人。大徒弟不服，众人不解。

老锁匠微微一笑说："不管干什么行业都要讲一个'信'字，尤其是我们这一行，要有更高的职业道德。我收徒弟是要把他培养成一个高超的锁匠，他必须做到心中只有锁而无其他，对钱财视而不见。否则，心有私念，稍有贪心，登门入室窃取钱财之事就会发生，最终只能害人害己。我们修锁的人，每个人心上都要有一把不能打开的锁。"

《三国演义》把刘备描写成一个大好人，评价他的为人与曹操完全相反。不过，若从个人能力上来观察，刘备是一个无能之辈。如果曹操参战的获胜率为八成，刘备就只有两成，可以说是败多胜少，结果曹操顺利地扩充势力，而刘备却时沉时浮，举兵 20 年后仍毫无建树。

既然如此，曹操为什么会将能力远不如自己的刘备视为最强的对手呢？根本原因在于刘备拥有一种足以弥补个人能力不足的秘密武器。这种武器不是别的，是"德"。

譬如有名的"三顾茅庐"的故事,刘备为了聘请诸葛亮为军师,不惜三次亲自到诸葛亮的茅屋去请他。当时两个人地位悬殊,刘备虽然在争霸的过程中不太顺利,但是也颇有名望,而且刘备当时已年近五十,而孔明却是二十多岁的无名小卒,刘备竟然会特地三次造访孔明,以崇敬的态度请求孔明做他的军师,及至在孔明应允之后,又马上将国家大事都委任于他。这实在是最彻底的谦虚态度以及深切的信赖。

刘备不仅对孔明一人如此,对其他部下也是这样。

比如,当赵云从敌人重围中冒着生命危险救出太子阿斗之后,刘备不是像常人那样欣喜若狂,而是生气地将阿斗扔到地下,感叹地说:"几乎因为你折损了一员大将。"这种举动,又怎能不使部下感动而誓死效忠呢?

与刘备相比,曹操在这方面则不但不仁义,反而大逆不道了。曹操在逃避董卓的追捕时,曾经到一个朋友家去避难,他把朋友为他杀猪接风的话误解为把他捆缚交出去,于是他一气之下将朋友一家一起杀死了。

可见,曹操虽然能力过人,但是却不具有刘备那样的德行,这也正是他把刘备视为头号对手的原因所在。由此观之,我们确实应该向刘备学习以德感人的德行,以此弥补能力上的不足,身为领导者尤其应该如此。

刘备临终前,曾经留给后主刘禅一封遗书来训诫他,其中有"惟贤惟德,能服于人"两句话。"贤"是指贤明,"德"是指仁德,意思是如果在位者缺少贤德,便无法驾驭臣下。

进德修业是卓越人士的长修课

【原文】

子曰:"吾十有五而志于学,三十而立,四十而不惑,五十而知天命,六十而耳顺,七十而从心所欲,不逾矩。"

人的一生虽然很短暂,但生命的成长和精神境界提升的历程却是一个漫长的过程。许多人都在追逐一些华而不实的东西,却忽视了作为人一生中一切事务的根基的进德修业功课,以致到头来才发觉自己的一生其实都处于浑浑噩噩的状态中,并未取得任何实质性的成就。

自我的完善,不仅是为人处世的前提条件,更是自身充实生命的需要,因此,需要时时处处勤奋努力。即使这样,能达到孔子所说的那种境界也是有困难的。如果因此而懈怠,却更是一种自弃,没有人能够在自己的生命之外,找到真正能安身立命的所在。

越是杰出的贤者,越是在成功之后依然勤学不辍,甚至终其一生都在为不断提升自己的知识和能力而不懈努力。

宋代的两位名相——司马光、王安石就是这样的典范。

司马光7岁的时候,开始跟老师学习《左氏春秋》。这是一部记载春秋时期历史的编年体史书,言简意赅,微言大义,理解起来有一定的难度。为此,他手不释卷,刻苦研读,达到了废寝忘食的地步。这使得他的家人对他心疼不已,却又不忍责备他。

司马光用一节圆滚滚的木头来做枕头,取名叫作"警枕"。夜里睡觉,偶一翻身,圆木便会滚动,他就会从梦中惊醒,于是披衣起床,挑灯夜读。7年之后,他开始懂得圣人之道,到了15岁,他"于书无所不通",难懂的《左氏春秋》不再晦涩难懂。此时,他已打下了良好的文学功底,写出的文章"文辞醇深,有西汉风"。他没有辜负他父亲的殷切希望,开始崭露头角并逐渐远近闻名。

王安石也是从小就好学不倦,据说,连吃饭、睡觉的时候,手中的书也不肯放下。他的学习兴趣很广泛,不管是儒家的经书、古代的史书,还是哲学著作、诗歌、小说,甚至医书,他都认真阅读。他不光学习书本知识,就连种田的学问、妇女缝衣绣花的功夫,他都留心注意。

22岁时,王安石考中了进士,被派到扬州做淮南判官。在官署里,他除了办公以外,就是埋头学习,甚至连睡觉的时间都牺牲了。有时,他读书一直到天亮,实在支持不住了,才睡上一两个小时。而后便匆匆起床,穿上衣服,就到府里去办公,常常连脸都顾不上洗。因此,人们总见他蓬头垢面,一副衣冠不整的模样。

当时,担任扬州知府的是韩琦,他见这个科第出身的属官如此不修边幅,放浪形骸,就怀疑他夜间不务正业。为此,韩琦多次好心地劝告王安石说:"你年纪轻轻,前途不可限量，要自爱才是。千万不能自暴自弃，误入歧途啊！"王安石听了，只是连声感谢知府的教诲，一句分辩的话也没有说。日后韩琦得知王安石之所以衣冠不整、形容憔悴，是因为通宵达旦苦读的缘故，心中大为惊奇，从此，便对王安石另眼相看了。

王安石

宋仁宗庆历七年，王安石改任鄞县知县。一到职，他就给自己定了一个规矩：拿出固定的时间集中处理公务，其余时间全部用在读书和写作上面。他非常勤奋，为了多读一些书，忘记了休息，连吃饭的工夫也常常被挤占了。每当他得到一本新书，就昼夜不分，专心致志地去诵读，简直到了入迷的程度。

王安石几十年如一日博览群书，钻研了大量经史典籍和政治、经济、军事、文学、艺术等方面的著作，同时还研究了佛学和道学。孜孜不倦地学习读书，使王安石的眼界越来越宽广，学识越来越渊博，这使他最终成为我国历史上杰出的政治家和文学家。

司马光、王安石能够成为杰出的政治家、文学家不是靠手段，更不是靠运气，靠的是坚持不懈的修业进德，不断地提升自己。因此，他们才会在芸芸众生中脱颖而出。

心怀他人的回报——惠及自己

【原文】

颜渊、季路侍。子曰："盍各言尔志？"子路曰："愿车马衣（轻）裘，与朋友共，敝之而无憾。"颜渊曰："愿无伐善，无施劳。"子路曰："愿闻子之志。"子曰："老者安之，朋友信之，少者怀之。"

在现实生活中，每个人每天都面临着"天堂"或"地狱"的生活。当我们懂得付出、帮助、爱、分享时，我们就生活在天堂；若只为自己，自私自利，损人利己，就等于生活在地狱里。地狱和天堂就在自己的心里。帮助别人的时候，同时也就是在帮助自己。

有一个人想看看地狱和天堂的差别。他先来到地狱，地狱的人正在吃饭，但奇怪的是，一个个面黄肌瘦，饿得嗷嗷直叫。原来他们使用的筷子有一米多长，虽然争先恐后夹着食物往各自嘴里送，但因筷子比手长，谁也吃不着。

"地狱真悲惨啊！"这个人想。

然后，他又来到天堂。天堂的人也在吃饭，一个个红光满面，充满欢声笑语。原来，天堂的人使用的也是一米多长的筷子，不同之处在于——他们在互相喂对方！

"天堂和地狱拥有同样的食物、相同的食具、相同的环境，但结果却大不相同！"

天堂与地狱的天壤之别，仅在于做人的"一念"之差，因心态不同，就造成了极不相同的结果。

1977 年的《向导》杂志报道了一则故事：

有一个人遭遇暴风雪，迷失了方向。由于他的穿着装备无法抵御暴风雪，以致手脚开始僵硬。他知道自己时间不多了。

结果他遇到了一个和他遭遇相同的人，这个人几乎冻死了，倒在路边。他立刻脱下湿手套，跪在那人身边，按摩他的手脚，那人渐渐地有了反应。最后两人合力找到了避难处。这位救别人的人其实也救了自己。他原本手脚僵硬麻木，就是因为替对方按摩而缓了过来。

西晋时，廷尉顾荣应邀赴宴。席间上来一道烤肉，侍者在布菜时，直咽口水，那样子像馋得不行。顾荣心中不忍，就把自己的那一份让给了侍者。同桌的人笑他有点呆气，他却认为，整天看着烤肉吃不到，是很难受的，因而对自己的做法毫无悔意。

此后过了许多年，西晋发生了"八王之乱"。宗室汝南王司马亮、楚王司马玮、赵王司马伦、齐王司马冏、河间王司马颙、成都王司马颖、长沙王司马乂、东海王司马越等八王为争权夺利而相互厮杀，搞得国家一片混乱，民不聊生。这时远在边陲的匈奴首领刘渊发现了上天赐予的大好时机，派兵东下，灭掉了西晋。

这场灾难发生在永嘉年间（307—312 年），后来，"永嘉"一词就成了一个伤心的象征。永嘉年间的确令人心伤。异族的入侵，引起汉民族极大的恐慌，他们纷纷抛家舍业，扶老携幼地加入向南方逃亡的难民队伍。相比之下，长江以南的东南地区成了一片乐土。滔滔江水隔开了燃烧于江北广大土地上的战火，北方难民开始纷纷奔南而去。

顾荣本是江南吴人，自然毫不犹豫地率领全家加入这支逃亡的难民队伍中。世道混乱，兵匪横行，逃亡的路上自是险象环生。但顾荣每每身处危急之时，总有人来舍命相救。渡过长江之后，顾荣找到救命恩人表示感谢。问起来历，原来这人就是当年那个接受烤肉的侍者。这令顾荣感慨不已。

梵界讲究善恶轮回，因果报应。其实在现实生活中，这种所谓的"因果报应"只不过是心存感激的受惠者对施惠者的一种报偿而已。对他人施与善行，往往能收到别人更加丰厚的回报。明智的父母都懂得让孩子奉献自己的爱心，帮助别人。其实帮助别人，就是帮助自己，而我们为别人付出的时候，其实本身已体验到了生命的快乐和富足。

爱默生曾说："此生最美妙的报偿就是，凡真心帮助他人的人，没有不帮助自己的。"这句话的确很有道理。

不可推卸责任

【原文】

子曰："事君，敬其事而后其食。"

《论语》中有很多这样的论断，宋朝宰相赵普曾说自己是靠半部《论语》帮太祖打天下，又是靠半部《论语》帮太宗治天下，足见《论语》中博大的思想对于古人的点拨作用。如今，在物质生活水平较高的21世纪，我们还用不用从它的"只言片语"中汲取智慧呢？答案是不言而喻的。

肯尼迪的那句话激起美国民众的爱国热潮，每个人都在想积极地为国家和社会贡献自己的才智。或许这就是对责任的解释，当你为荣誉而战的时候，你必须准备好要为它负责任。正如美国总统林肯所说："我们每个人都必须要有这样的自信：别人能负的责任我们也一定能负；别人不能负的责任我们照样能承担得起。"

有一家生产日化用品的公司，由于厂房地势较低，每年都要进行抗洪抢险。一天，老板要出差，出差之前，他叮嘱几位负责人要时刻注意天气。

一天晚上，天气预报说有雨，老板担心厂房被淹。于是就给几位负责人打电话。当时，厂房所在地已经下雨了，可能由于天气关系，老板一连打了几个电话，都打不通，最后打到了财务经理的家里，让他立即到公司查看一下。

"嗯，我马上处理，请放心！"接完电话，财务经理并没有到公司去，他心里想：这事是安全部的事情，不该我这个财务经理去处理，何况我的家离公司还有好长一段路，去一趟也费事。于是，他给安全部经理打了一个电话，提醒他去公司看一下。

安全部经理接到电话时有些不愉快，心里想："我安全部的事情，凭什么听你的。"他也没有去公司，当时他正在看电视，连电话也没有打一个，他心想："反正有安全科长在，不用担心。"

安全科长没有接到电话，但他知道下雨了，并且清楚下雨意味着什么，但他心里想有好几个保安在厂里，用不着他操心。当时，他正在和朋友下棋，甚至把手机也关了。

那几个保安的确在厂里，但是，用于防洪抽水的几台抽水机没有柴油了，他们打电话给安全科长，科长的电话关机，他们也就没有再打，也没有采取其他措施，早早地睡觉去了。值班的那一位睡在值班室里，睡得最沉，他以为雨不会下很大。

到凌晨两点左右，雨突然大起来，值班保安被雷声吵醒时，水已经漫到床边！他立即给消防队打电话。

消防队虽然来得很及时，但由于通知的时间太晚，五个车间还是被淹了四个，数十吨成品、半成品和原材料泡在水中，工厂的直接经济损失高达2000万元！

事后，追究责任时，每一个人都说自己没有责任。

财务经理说："这不是我的责任，而且我是通知了安全部经理的。"

安全部经理说："这是安全科长的责任。"

安全科长说："保安不该睡觉。"

保安说："本来可以不发生这样的险情，但抽水机没有柴油了，是行政部的责任，他们没有及时买回柴油来。"

行政部经理说："这个月费用预算超支了,我没办法。应该追究财务部的责任,他们把预算定得太死。"

财务部经理又说："控制开支是我们的职责,我们何罪之有?"

老板听了,火冒三丈："你们每个人都没有责任,那就是老天爷的责任了!我并不是要你们赔偿损失,我要的是你们的态度,要的是你们对这件事的反思,要的是不再发生同样的灾难,可你们却只会推卸责任!"

这样的事例令人痛心、发人深省。如果公司每个员工都能够主动地承担责任,不逃避和推卸责任,公司就不会有这么大的损失。在责任面前,每个人都有义务承担,这样企业才能实现永续发展。

我国台湾著名国学大师耕云先生说："活在责任和义务里。"承担责任,努力工作,对一个优秀的员工而言,感受更多的不是压力,而是一种快乐和幸福,只有这样老板才会待他当作让人真正放心的员工。

罗曼·罗兰曾说过："在这个世界上,最渺小的人和最伟大的人同样有责任。"试着去承担一份责任,并且为这份责任付出自己的努力吧。你会发现心情会随之明媚,智慧会随之增长,你的周围会聚集更多志同道合的同事,让你在不知不觉中成为一个优秀团队的核心。

责任说到底是人生最根本的义务和使命,是我们实现个人价值和人生理想的前提。效仿中国伟人践行责任的精神,把使命感和责任心融入日常的工作和生活中,你的事业和人生必将因此而变得更加辉煌和壮丽。

将隐患消灭于萌芽状态

【原文】

曾子曰："慎终追远,民德归厚矣。"

曾有位企业家说，他并不喜欢企业危机来临时才有力挽狂澜的人出现，因为这种人的出现意味着组织管理的不完善，为什么企业非要等到出现大的差错时才会有力挽狂澜的人站出来呢？因此，解决问题最好的方法就是让它尽量少出现差错。就像人生病一样，小病可以不断，但是不要出现大病缠身，否则再优秀的企业也会因此而节节败退。企业是一个有机的整体，日久天长难免会出现各种"毛病"。企业内部的每个人就像是人体的五脏六腑，一定要勤于检查自己的工作得失，唯有如此才能将隐患消灭在萌芽状态，这一点也如同我们时常做体检一样，不要等到病入膏肓了才去救治，这时一切都为时晚矣。

有这样一则故事：

魏文王问扁鹊说："你们家兄弟三人，都精于医术，到底哪一位医术最高明呢？"扁鹊答："长兄最高明，中兄次之，我最差。"

文王再问："那么为什么你最出名呢？"扁鹊答："长兄治病，是治病于病情发作之前。由于一般人不知道他事先能铲除病因，所以他的名气无法传出去；中兄治病，是治病于病情初起时。一般人以为他只能治轻微的小病，所以他的名气只及本乡里。而我是治病于病情严重之时。一般人都看到我在经脉上穿针管放血、在皮肤上敷药等大手术，所以以为我的医术高明，名气因此响遍全国。"

还有一个小故事。

有位客人到某人家里做客，看见主人家的灶上烟囱是直的，旁边又有很多木材。客人告诉主人说，烟囱要改曲，木材须移走，否则将来可能会有火灾，主人听了没有做任何表示。不久主人家里果然失火，四周的邻居赶紧跑来救火，最后火被扑灭了，于是主人烹羊宰牛，宴请四邻，以酬谢他们救火的功劳，但并没有请当初建议他将木材移走、烟囱改曲的人。有人对主人说："如果当初听了那位先生的话，今天也不用准备筵席，而且没有火灾的损失，现在论功行赏，原先给你建议的人没有被感恩，而救火的人却是座上客，真是很奇怪的事呢！"主人顿时醒悟，赶紧去邀请当初给予建议的那个客人来喝酒。

在我们的企业中，也许不缺少解决问题的人，但是往往缺少的是能发现问题的人。

企业中的每一个成员，都是企业运转的一个小环节，他们的工作质量会影响到整个企业的运转。固守自己的本分和岗位，就是做出了最大的贡献。

"质量就是生命,产品就是人品",这是初来蒙牛集团的子丹所看到的众多标语中的一条。刚来蒙牛集团时发生的一件事使子丹对这条标语的含义有了更进一步的认识。刚进厂,一切都是那么新奇。令人费解的是,一天,子丹在厂内看到一些人把许多牛奶摔包倒掉。一箱又一箱白白的牛奶就那样倒掉了,看着真可惜。来到车间已有一段时间了,一天,班长让子丹去帮忙摔包。到了摔包处,子丹问摔包的原因,一位负责质检的人员告诉子丹这批鲜奶有问题。子丹喝了一口没感觉出来,质检员说:"你不是专业人士,当然尝不出来。"子丹说:"消费者大都不是专业人士,再说了,又不是牛奶坏了,摔包多浪费?""可我们要对消费者负责。"另一位参与摔包的员工对子丹说。

子丹把这件事对他的同学、朋友讲后,以前他们当中不喝蒙牛牛奶的人也开始购买了。

小到个体,大到企业,如果能够本着"勿以善小而不为,勿以恶小而为之"的原则,对小事负责任,那么其产品一定最值得信赖。

企业中责任无处不在,无论大事小事,员工都要全身心地投入,满怀责任感去完成它。在企业中,凡事都应按照流程去做,宁愿多花成本、降低做事效率也要保证公司的利益和安全。事实上,严格按流程去做,往往都能达到预期目标,走捷径、投机取巧有时会弄巧成拙。工作都按照流程去做的话,有些问题就会在具体操作中被发觉,同时隐患也就被消灭在萌芽的状态。从源头上严格把关,把问题曝光于显微镜下,这样我们就清楚问题的藏身之处,以便更好地扼杀它们。无论是对于员工个人来说,还是对于企业整体来说,责任心是成功的基本保证。

舍弃"小我"才能成就"大我"

【原文】

子曰:"君子周而不比,小人比而不周。"

身在职场,我们经常会有这样的迷惑,个人的利益和公司的利益究竟是否一致? 也

许从表面上来看，你会觉得这两者之间是矛盾的，但是，我们如果稍做深入思考，就会发现这两者是同舟共济的一家人。如果公司有着良好的发展，我们也跟着受益；反之，我们的利益也会受损。

虽然从整体上来看这两者之间是和谐而一致的，但是在一些局部地方它们又会有暂时的矛盾。怎么去协调？许多人选择了责任——舍弃"小我"成就"大我"。这是每一位员工应有的态度。

某年的 6 月 30 日上午 9 时，连续两天的暴雨使西江河猛涨，河水以迅雷不及掩耳之势向河岸上的金遂 10 井咆哮而来。

就在这危急关头，一方面是井站中的资料、井站的维护，一方面是员工自己的"家庭"，谁重，谁轻，谁先，谁后？金遂 10 井的员工没有为自己细想，而是舍"小家"救井站，开始了一场惊心动魄的抗洪抢险。

井站赵站长更是临危不惧，镇定指挥。他迅速带领员工投入到洪水保卫战中，并及时向队领导汇报情况。在得到队领导同意后，赵站长一声令下，及时启动了安全应急预案，站员果断而快速地把井关闭，紧接着，全站员工冒着暴风雨，不顾自身安危，将班报表、井身结构图以及文件柜中的各种资料及时转移到了安全处。

井站安全保住了，井站资料保住了，然而湍急的洪水很快涨了上来，员工们已经来不及搬自己的"小家"了。

他们站在高处，身边是井站的各种资料，却看着洪水涌进了寝室，看见衣服被洪水卷走，看到炊具飘浮水面，看到心爱的摩托车漫在水中……他们只能对自己的"小家"望洋兴叹，但他们却对自己的选择和行动无怨无悔。因为他们知道：在与洪魔抗争面前，在集体利益与个人利益的取舍面前，井站比"小家"重要！

在这个故事里，责任不仅仅是一种理念，一种口号，更是一种行动，一种无私奉献；舍己体现了人们的高尚人格，谱写了一曲爱岗敬业的乐章。

老子在《道德经》中也曾说过"无私为大私"的话，如果一个人真的能无私地为公司、为别人考虑，那么他收获的将比付出的更多，这就是"无私为大私"的真正含义。让心灵充满责任，用责任对待工作。只有当一个人从心底改变了自己对承担责任的理解，认识到舍弃自己的利益不仅是对企业的一种负责,也是对国家的一种负责,并在这种负责和无私的奉献中感受到自身的价值和自己所获得的尊重和认同时,你才能从承担责任和奉献中获得满足。

永远不要说"我做得已经够好了"

【原文】

冉求曰:"非不说子之道,力不足也。"子曰:"力不足者,中道而废。今女画。"

当我们不想挑战困难的时候,许多人会习惯性地说出冉求对孔子说的话:"我们不是不努力,是我们的能力达不到你的要求。"其实,每一个困难都是纸老虎,表面上很吓人,但如果你真的决心把它攻克,那么所有的难题也就不堪一击了。同时随着难题的解决,我们将体验到一种前所未有的成就感。

工作时间长了自然会滋生一些懒惰的习惯,并且还学会了为自己的不思进取寻找各种借口。因此,我们的成绩与才华也在这些冠冕堂皇的借口下安睡。很多事情不是我们做不到,而是自己不愿意去做。有位伟大的人物说过:"我们感到困难并不是因为缺乏信心,相反,正是因为缺乏信心我们才感到困难。"因此,自我设限是一种自己对自己的否定与阻碍。

敬业是一种高尚的品德,它使我们对自己所从事的职业怀着一份热爱、珍惜和敬重的心情,不惜为之付出努力和奉献;同时,敬业是成功的源泉,是一种职业素质、职业精神的表现,是一种做事做人的境界。

有人曾经做过这样一个实验:往一个玻璃杯里放进一只跳蚤,发现跳蚤立即轻易地跳了出来。再重复几遍,结果还是一样。原来跳蚤跳的高度一般可达它身体的 400 倍。

接下来实验者再次把这只跳蚤放进杯子里,不过这次是立即同时在杯上加一个玻璃盖,"嘣"的一声,跳蚤重重地撞在玻璃盖上。跳蚤十分困惑,但是它不会停下来,因为跳蚤的生活方式就是"跳"。一次次被撞,跳蚤开始变得聪明起来了,它开始根据盖子的高度来调整自己跳的高度，再一阵子以后，发现这只跳蚤再也没有撞击到这个盖子，而是在盖子下面自由地跳动。

后来，实验者把这个盖子轻轻拿掉了，它还是在原来的这个高度继续跳。三天以后，他发现这只跳蚤还在那里跳。一周以后发现，这只可怜的跳蚤还在这个玻璃杯里不停地跳着，其实它已经无法跳出这个玻璃杯了。

工作中，有许多人也在过着这样的"跳蚤生涯"，他们年轻时意气风发，屡屡去尝试成功，但是往往事与愿违，屡屡失败。几次失败以后，他们便开始抱怨这个世界的不公平，或者怀疑自己的能力。他们不是千方百计去追求成功，而是一再地降低成功的标准，即使原有的一切限制已不存在，就像阻挡跳蚤的"玻璃盖"虽然被取掉，但他们早已经被撞怕了，或者已习惯了，不再跳上新的高度了。人们往往因为害怕失败，就自我设限，甘愿忍受失败者的生活。

难道跳蚤真的不能跳出这个杯子吗？不是。只是它的心里面已经默认了这个杯子的高度是自己无法逾越的。一个人追求的高度决定了他人生的高度，如果他为自己设限，那么他将永远无法超越这个高度。只有在工作中持之以恒地努力，才可以实现自己事业的一次次超越。

有一位在一家公司担任人力资源总监的刘先生讲述了这样一件事情：

2002 年 10 月，我们公司的营销部经理带领一支队伍参加某国际产品展示会。

在开展之前，有很多事情要做，包括展位设计和布置、产品组装、资料整理和分装等，需要加班加点地工作。可营销部经理带去的那一帮安装工人中的大多数人，却和平日在公司时的表现一样，不肯多干一分钟，一到下班时间，就溜回宾馆，或者去逛大街。经理要求他们干活，有人竟然说："没加班工资，凭什么干呢?"更有甚者，有人还说："你也是打工仔，不过职位比我们高一点而已，何必那么卖命呢?"

在开展的前一天晚上，公司老板亲自来到展场，检查展场的准备情况。

到达展场，已经是凌晨一点，让老板感动的是，营销部经理和一个安装工人正挥汗如雨地趴在地上，细心地擦着装修时粘在地板上的涂料。而让老板吃惊的是，其他人一个也见不到。

见到老板，营销部经理站起来对老总说："我失职了，我没有能够让所有人都来参加工作。"老板拍拍他的肩膀，没有责怪他，而指着那个工人问："他是在你的要求下才留下来工作的吗？"

经理把情况说了一遍：这个工人是主动留下来工作的，在他留下来时，其他工人还一个劲儿地嘲笑他是傻瓜："你卖什么命啊，老板不在这里，你累死老板也不会看到啊！还不如回宾馆美美地睡上一觉！"

老板听了，没有做出任何表示，只是招呼他的秘书和其他几名随行人员加入工作中去。

参展结束，一回到公司，老板就开除了那天晚上没有参加劳动的所有工人和工作人员，同时，将与营销部经理一同打扫卫生的那名普通工人提拔为安装分厂的厂长。

那一批被开除的人很不服气，找老板理论："我们不就是多睡了几个小时的觉吗，凭什么处罚这么重？而他不过是多干了几个小时的活，凭什么当厂长？"

老板对他们说："用前途去换取几个小时的懒觉，是你们的主动行为，没有人逼迫你们那么做，怪不得谁。而且，我可以通过这件事情推断，你们在平时的工作中偷了很多懒。他虽然只是多干了几个小时的活，但据我们考察，他一直都是一个敬业的人，他在平日里默默地奉献了许多，比你们多干了许多活，提拔他，是对他过去默默工作的回报！"

从这个故事中可以看出，工作中多一分敬业，就多一些回报。对于那个主动留下来的工人，虽然他只是个普通员工，但是他表现出的强烈的敬业精神，却是他远胜于别人的能力的表现。

余秋雨先生曾说："人生的追求，情感的冲撞，进取的热情，可以隐匿却不可以贫乏，可以浑然却不可以清淡。"人的追求在哪儿，他的人生也就在哪儿，一旦在心里为自己预设一个追求的高度，你的人生就会局限在一个小圈子里。

有的人拥有了一些成绩就害怕挑战、故步自封，他们习惯于满足已有的成绩，惧怕变化。在他们的心中永远都是保守思想占据统治地位，其实这也是一种不自信的表现。因为他们害怕失败，而不是去享受由挑战困难所带来的成就感。敢于向更高难度的工作挑战，这本身就是一种勇气与信心。人们只有在不断的挑战当中才能获得更好的发展。

中华传世藏书

论语诠解

《论语》智慧应用

一二三

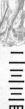

在工作中,不要让自己心智老去,这样,你的心灵才不会荒芜。

纵观古往今来的伟人,譬如汉代刘彻、唐代李世民、清代玄烨等,他们在人生中奉行的正是这样的哲学。一个人只有对自己的要求非常高,他才会永远不满足现有的状态,因此,这样的人才会以更加敬业的精神来挖掘自己的潜能,从而创造出前所未有的奇迹来。

过度在意你的"薪情",只会影响到你的"心情"

【原文】

子曰:"君子谋道不谋食;耕也,馁在其中矣;学也,禄在其中矣。君子忧道不忧贫。"

时常听到有人说:"公司破产那是领导的事,与我没关系,大不了换个公司。"这是一个没有责任感的员工的说法,在他们的心里完全找不到敬业的字眼。如果我们把工作的本质仅仅限定在薪水上,那么我们就会失去对工作的热忱,并且对工作也不再有敬业的态度。

公司好比一艘行驶在商海的船,作为船上的水手,我们不能让自己做一个旁观者,而是要树立"公司发展我发展"的意识。要看到公司面临的严峻挑战和发展机遇,用敬业心和行动推动企业向前发展。

国内有一家知名企业对内部员工进行企业核心价值观培训,授课老师讲了这样一则故事:

新娘过门当天,发现新郎家有老鼠,嘿嘿笑道:"'你们'家居然有老鼠!"第二天早上,新郎被一阵追打声吵醒,听见新娘在叫:"死老鼠,打死你,打死你,居然敢偷'我们'家的米吃!"

讲到这儿,老师自然也就点出了要旨:每位员工进入公司后,都应有"过门"心态,树立主人翁精神!

江苏悦达纺织集团从国外进口了一批尖端设备,外国专家到场指导安装。一天,员工小范发现罗拉间距有问题，就向德国专家提出质疑。

起先德国专家并不买这个中国小工人的账。可小范靠查《英汉小辞典》现学现用，和德国专家据理力争，最后说服了德国专家，调整了罗拉间距。结果证明小范的建议是正确的。如果没有对企业高度忠诚的主人翁意识，一个普通员工又怎么会做出这样的举动来。

一个把公司的兴亡当成自己责任的员工会像小范那样，无论做什么样的事情，都会把它们和公司的兴亡和发展紧密地联系在一起。

企业的命运和每一名员工是分不开的。每个人都需要认清自己的位置，充分发挥主人翁精神，树立"企兴我荣，企衰我耻"的责任感。让敬业的理念深入人心。

孔子一生矢志不渝，诲人不倦，醉心于教育。孔子是敬业的，所以他能在三尺讲台上挥洒自如，将自己的命运与三尺讲台紧紧联系在一起。但在现在的企业里，经常能听到这样的消极声音：

"公司又不是我的，将来怎样与我何干？"

"在哪里都一样！"

"上班对我来说就是当一天和尚撞一天钟。"

"老板不重视我，同事也看不起我。"

"这不是我造成的，是小张没把材料准备好。"

"工作差不多就行了，没必要一点一点地细抠。"

"要做就做大事，小事根本不值得做。"

"反正为老板打工，给多少薪水就干多少活。"

"我对这个工作没兴趣，干的都是毫无意义的事。"

"这个任务太难了，我干不了，还是找别人吧。"

"这不在我的职责范围内，我管不着。"

"老板让我干什么我就干什么。"

"大家都是这么做的，我也这么做。"

现实中，眼高手低的员工为数不少，这些人老盯着高职高薪，对小事不屑一顾。他们

中华传世藏书

论语诠解

《论语》智慧应用

二三五

总是天天梦想着干大事，尤其新参加工作的人经常对枯燥单调的工作不屑一顾，认为自己是某某专业的高才生，自己干这些具体的工作是大材小用，委屈了自己，埋怨这样干下去毫无前途。结果真正给他重要事情干的时候，往往因为缺乏经验和能力而什么都干不了。有这样心态的人连小事都干不好，又怎么能干大事呢？所以，千万不要对这种人委以重任，如果委以重任，十有八九完不成任务。那么，哪个老板愿意聘用这样的员工呢？

《圣经·箴言》里有一句话的大意是："你看见辛苦敬业的人了吗？他必将站在君王面前。"只有敬业，才能证明自己的人生价值，从而获得你想要的——丰厚的薪水、更高的职位、更完美的人生。

人生中，不要感慨自己的付出与获得的报酬不成比例，不要把责任推卸，认真负责地处理好自己应该做的每一件事情，并时刻提醒自己："君子忧道不忧贫。"这样，你才能拥有一个快乐和无悔的人生。

做人要尽善，做事要尽美

【原文】

子谓《韶》，尽美矣，又尽善也。谓《武》，尽美矣，未尽善也。

尽善尽美这四个字对音乐如此，对我们做人与做事是否也有一定的观照作用呢？尽善尽美体现在工作中就是敬业。敬重并重视自己的工作，并为此付出全身心的努力，将工作当成自己的事。其具体表现为忠于职守，尽职尽责，认真负责，一丝不苟，善始善终。

美国总统艾森豪威尔讲过这样一个故事：

我们想要跟一位老农买一头牛，因此过去拜访这位农民，并且问他这头牛的血统，不过他听不懂这是什么意思；我们接着问他这头牛的奶制品产量，他说他完全不知道；最后，我们问他知不知道这头牛每天能够生产多少牛奶，这位农民还是摇了摇头说："我不知道，不过它是个诚实的老奶牛，它有多少牛奶就会给你多少。"

艾森豪威尔被老农的最后一句话深深地打动了。奶牛的这种奉献非常单纯，那就是毫不保留,有多少奶就献出多少奶。听到这样的话,你会不会像被针刺了一下,愣一愣,想一想呢? 因为有些人,他们因麻木怠惰而平庸,而另一些人则是那样的生机勃勃,热情而快乐。

毫不保留,有多少力出多少力,正是全心全意的表现。这要求我们不能满足于一般的工作表现,要做就做到最好,如此,我们才有可能达到尽善尽美的境界,才可能成为公司中不可或缺的人物。

在某大型机构一座雄伟的建筑物上,有句格言:"在此,一切都追求尽善尽美。"

"追求尽善尽美"值得作为我们每个人的格言,如果每个人都能用这句格言来要求自己,那么无论做什么事情,相信都会做得更好。同时,这也是职业对我们每个人的诉求,你不敬业,职业也不会回敬你。

不论你的工作报酬是高是低,你都应该保持这种良好的工作作风。每个人都应该把自己看成是一名杰出的艺术家,而不是一个平庸的工匠,应该带着热情和信心去工作,在工作中享受由专注、创造所带来的深深的喜悦。

虽然人类永远不能做到完美无缺,但是在我们不断增强自己的力量、不断提升自己能力的时候,我们对自己要求的标准会越来越高,我们也会因此离完美越来越近。这是人类不断追求的精神使然。做人要尽善,这个"善"字不能简单地理解为善良,做人当然应该向善,这一点在儒家文化中是毫无疑问的。但是这里的"善"有更深的含义,那就是"人",怎样才能算是一个"人"呢? 子思在《中庸》中提到"仁者,人也",也就是说能够做到"善"的就是完人,也就是仁人,这一点当然很难,在孔子的眼里能做到这点的也不过就是尧、舜、禹、文王、颜回等几个人而已。我们做人却要有一心向善的意念,所以在把事情做到尽美之前先要学会让自己尽善。

24 岁的海军军官卡特应召去见海曼·李特弗将军。在谈话中,将军让他挑选任何他愿意谈的题目。当卡特说完之后,将军就总问他一些问题,结果每每将他问得直冒冷汗。结束谈话时,将军问他在海军学校学习成绩怎样。卡特立即自豪地说:"将军,在 820 人的一个班中,我名列第 59 名。"将军皱了皱眉头,问:"你竭尽全力了吗?""没有,"他坦率地说,"我并不总是竭尽全力的。""为什么不竭尽全力呢?"将军大声质问,瞪了他许久。

此话如当头棒喝,给卡特以终生的影响。此后,他事事竭尽全力,力求尽善尽美,后来成了美国总统。

做人需要竭尽全力,做事当然也应竭尽所能,只有这样才能接近尽善尽美。其实,做事也就是在做人。

江苏悦达集团董事局主席胡友林,创业时身无分文。他卖掉了自己唯一的一只钟山表和一件军大衣,凑起55元钱,去山西做煤炭生意。经过20多年的奋斗,如今悦达集团已达到150多亿元的资产总额,成为年营业收入超300亿元,利税12亿元以上的大型企业集团。有人问胡友林成功的秘密,他说,成功的关键就是竭尽全力把一切做得尽善尽美。即使做个贩煤的,也必须在这一行里做到最好。

只有全心全意、尽职尽责才能获得尽善尽美的效果,而这些正是敬业精神的基础。一个人如果没有职责和理想,生命就会变得没有意义,而没有意义的人生,是一种被浪费了的人生。所以,只有竭尽全力把工作做到最好,你的人生才会变得更有意义。

我们对自己的工作是否也是这样高标准、严要求呢?没有哪个人的成功是可以一蹴而就的,也没有哪个人付出了劳动却没有收获!我们每个人都要相信上苍在这个问题上无比公正,谁对自己的工作倾注的心血多,谁将看到命运女神对他的微笑。我们自己也可以这样轻声地问一句:难道身边人的成功是因为他的运气好?抑或是他的天赋好?这样的理由当然不能说服自己,他比我们付出了更多的汗水、泪水,甚至是血水!所以他成功了。

当我们更多次地叩问自己,就会发现对工作抱着尽善尽美的标准其实是为了我们自己的生存。一个人能做到让自己尽善,让工作尽美,可以称得上是一个非常了不起的人,就接近了儒家的"仁",这样我们也就成"人"了。

享受专注于工作的快乐

【原文】

子在齐闻《韶》，三月不知肉味，曰："不图为乐之至于斯也。"

如何才能在工作中保持快乐的心情？如果你问已经成功的人们，他们会告诉你："秘诀很简单，就是忘我地工作。人们能够在专注中忘却烦恼与哀愁，并且能够享受到工作的乐趣。"

当一个人集中精力专注于眼前的工作时，就会减轻其工作压力，做事就不会觉得令其生厌。对工作的专注，还能激发一个人更热爱公司，更加热爱自己的工作，并从工作中体会到更多的乐趣。

刘琳是个漂亮的女孩，而且勤奋、忠诚、热情、努力，有着远大的梦想。但是，她工作八年了，工资越挣越少，换了很多公司，都是干不了多久就被解雇了。上班的时候，她一边工作一边抱怨工作条件不好，客户信誉不好，行业不景气，老板不认真，自己多么倒霉……好友拜托的事不敢忘记，晚上去赴宴不知穿什么衣服……她被自己折磨得又累又烦，什么都不能专心做好。她越来越不快乐了，每天都陷在忧郁、惊恐、不安的情绪中。

想一想，我们身边这样的人很多，他们并不是那种人品不好的人，但工作就是没有成效，因为他们的心不能踏踏实实地专注于自己的生活与工作之中，好高骛远，心思飘忽、烦躁、不安，搞得自己又乱又忙。

如果你在上班的时候，脑子还在挂念今天有什么球赛，或者回味着昨天夜晚的狂欢，甚至考虑着怎样完成另外一份工作，那你就连最基本的专注都做不到，也就没有什么爱岗敬业可言，也更不可能有"专与精"了，你只会在混乱和无助中了结自己的职业生涯。

一个人，梦想实现自己的人生价值，却把精力分散到许多事情上，这样的人是不会成功的。要知道，没有任何一个获得成功的人不是把他所有的精力集中于一个特定的事情上的。说实话，很多公司的老板都十分反感不专注的员工。他们这种浅尝辄止的不良习惯,只能使他们永远待在职场的最底层,毫无出色可言。可是,偏偏有许多员工,今天东学一点,明天西碰一下,他们看起来整日忙碌,但最终白忙了一生,什么事也没有做成。最可怕的是,他们不仅自己体验不到工作的乐趣,把工作当成负担,还影响团队情绪与效率。

聪明的人都知道,一个人必须全身心倾注于一件事上,才能达到目标;聪明的人也知道,专注工作能锻造自己不屈不挠的精神、百折不回的意志及持续不断的恒心。达到目标之后,能站在更高的平台上,运用更成熟的心态去获得更大的成功。这样才能在职场的生存竞争中取得胜利。

世上成千上万的失败者,并不是因为他们没有才干,而是应该归咎于他们不肯集中精力专注地去做最应该做的工作。他们过于分散自己的精力,而且从未顿悟。其实,如果把那些七零八碎的欲望杂念消除,用自己所有的精力集中去培植一个花朵,那么它将来一定会结出十分美丽丰硕的果实。

现代社会竞争日益激烈,一个员工要想成为工作中的优秀者,必须做到在工作中享受快乐,专注地面对自己的工作。这样才会使自己的生活与工作达到最佳的结合,才会忘却烦恼,走向成功。

乐业是工作的至高境界

【原文】

子曰:"知之者不如好之者,好之者不如乐之者。"

敬业还是乐业,我们如何选择。因为乐业与否同选择职业有关。选择了自己感兴趣的职业、行业,乐业对于他来说根本构不成负担,而是轻松快乐的事。我们要讨论的重点则是在选择了不是自己感兴趣的职业时应该采取什么样的态度。

能否进入到个人感兴趣的职业,这是个人选择问题,也是能力与机遇问题。进入到了你不感兴趣的行业时,乐业做起来困难,这情有可原。如何做到敬业,而且尽量培养自

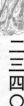

己的乐业精神才是我们要讨论的重点。

　　无论是学习还是进德修业,都存在三种不同的境界:一是知道。这一境界偏重于理性,对象外在于己,你是你,我是我,往往不能把握自如。二是喜好。这一境界触及情感,发生兴趣。就像一位熟识的友人,又如他乡遇故知,油然而生亲切之感,但依然是外在于我,相交虽融融,物我两相知。三是乐在其中。这种境界用一个最恰如其分的词语来形容就是陶醉。陶醉于其中,以它为赏心乐事,就像亲密爱人一样,达到物我两忘、合二而一的境界。这是一种人生最理想的生存状态,有了这种状态,身心都会感到很快慰,很自由。如果以这种状态投入工作,那么工作就是乐趣的源泉,工作效率也会大为提高。

　　一个人是否有作为不在于他做什么,而在于他是否兢兢业业、尽职尽责地把所做的事做好。当敬业意识深植于我们脑海里,那么做起事来就会积极主动,并从中体会到快乐,从而获得更多的经验和取得更大的成就。

　　世上最幸福的人莫过于把自己的爱好当工作的人了,因为这样的人,工作对他来说不是苦役,而是欢乐的源泉。在他心目中几乎没有“工作”这个概念,因为工作意味着要完成一些硬性规定的任务,可对他而言,时刻都在享受着创造的自由和快感,享受着审美的喜悦和激情,毫无刻板、约束和勉强之感,岂有“工作”的意识呢? 如果说有的话,那也会被更神圣的概念所代换:事业和使命! 把爱好融入工作的人之幸福还在于,如果他能取得成果的话,他可以享受成果;如果他不能取得成功的话,他可以享受过程。这个过程本身已是对他最大的安慰,取得成果只是他另外的收获。如果你想对自己的终身幸福负责任,那么就要把自己的爱好和特长当作终生职业,那么将来的事业几乎就可以无忧了,因为人们在自己最喜爱、最擅长的领域里最容易取得成功,并且在你取得成功之前,你还可以享受充满乐趣的奋斗历程!

　　“好知者不如乐之者”,这是一种高度,也是前人对我们的要求。

　　没有人能够一辈子被人养着,不劳动却能锦衣玉食;而且,即使能够这样,那么这种寄生虫式的生活也不会让他一生得到多少快乐和满足,成就感更无从谈起。只有真正能够体验到自己工作的乐趣,才能一生充满快乐和充实感,才能真正体验到生活的意义所在。

当我们在做自己喜欢的事情时,很少感到疲倦,很多人都有这种感觉。比如在一个假日里你到湖边去钓鱼,整整在湖边坐了 10 个小时,可你一点都不觉得累,为什么？因为钓鱼是你的兴趣所在,从钓鱼中你享受到了快乐。产生疲倦的主要原因是对生活厌倦,是对某项工作的厌烦。这种心理上的疲倦感往往比肉体上的体力消耗更让人难以支撑。心理学家曾经做过这样一个实验。他把 18 名学生分成两个小组,每组 9 人,让一组的学生从事他们感兴趣的工作,另一组的学生从事他们不感兴趣的工作,没有多长时间,从事自己所不感兴趣的工作的那组学生就开始出现不安的表现,再一会就抱怨头痛、背痛,而另一组的学生正干得起劲呢！这个实验告诉人们：人们疲倦往往不是工作本身造成的,而是因为工作的乏味、焦虑和挫折所引起的,它消磨了人对工作的活力与干劲。

事实上,工作中的很多时候,我们都能寻找到乐趣,正如林肯所说的："只要心里想快乐,绝大部分人都能如愿以偿。"但现实中的许多人不是到工作中去寻找乐趣,而是去等待乐趣,等待未来发生能给他带来快乐的事情。他们以为找到好工作以后,在下一个自己感兴趣的工作中,就会快乐起来。这种人往往是痛苦多于快乐。他们不理解快乐是一种心理习惯,一种心理态度。这种态度是可以加以培养发展起来的。假如你是一个电话接线员或是一个小公司的会计,你因每天都做着相同的工作,处理客户的来电、统计报表……单调无味到了极点。假如你想让自己的工作变得有趣一点,你就可以把自己每天的工作量都记录下来,鞭策自己一天要比一天进步,第二天的工作要胜于前一天。一段时间后,你也许会发现你的工作不再单调、枯燥,而是很有趣。因为你的心理上有了竞争,每天都怀有新的希望。难怪心理学家加贝尔博士说："快乐纯粹是内在的,它不是由于客体,而是由于观念、思想和态度而产生的。不论环境如何,个人的活动能够发展和指导这些观念思想和态度。"

我们应该树立这样的信念：快乐工作。我们更应该践行这种信念：快乐工作。我们也应该有信心达到这种至高境界。

阿里巴巴的老总马云讨厌什么人

【原文】

子以四教：文，行，忠，信。

阿里巴巴老总马云近年来因为在互联网领域的卓越贡献，登上了《财富》杂志的封面，他本人也成为中国草根阶层创造财富的典型代表。他曾经明确表示过自己最讨厌什么样的人，他说："我最不喜欢不忠不义之徒！"这样的话从他的口中说出来掷地有声。我们有理由相信这是所有老板们的心声，也是我们自己的心声，大概没有人会喜欢不忠不义之徒。与马云观点相似的还有著名的企业家严介和，他曾经参加一次电视采访，这位曾经是穷教师出身的老总在被主持人要求说出他提拔下属的标准时，毫不犹豫地选择了代表忠诚的"关羽"。

袁绍

三国时期，袁绍手下的重臣审配，在袁绍死后，辅佐袁尚。袁尚在城外被曹操击败，当时袁尚只想着逃命，放弃了邺城，可是审配一直不放弃，因为他知道邺城是袁家的首府，也是河北的门户与命门，一旦放弃，袁家就彻底失败了。所以他只带领城中的残兵守城，曹操大军多次攻城都被他击退，后来他的侄子审荣贪图富贵，出卖了他，打开了城门。当时曹操极度欣赏审配，说要给他很多赏赐，然后重用他。可是他就是不降，后来曹操要杀他的时候，他还说："我的主公（袁绍）的坟墓在北方，我一定要向着北方死去！"曹操同意了。后来还有好多诗歌写他，其中有一首是：

河北多名士，谁如审正南。

命因昏主丧，心与古人参。

忠直言无隐,廉能志不贪。

临亡犹北面,降者尽羞惭。

忠诚的故事数不胜数,因为忠诚而留名青史的人更是不计其数。无论是牧羊的苏武还是"身在曹营心在汉"的关羽,都是对忠诚的最佳演绎者。如果没有这一份对忠诚精神的固守,或许我们都听不到他们的名字。在我们身边,不乏志存高远的人,但同时也有一些人常常立志,但从不立长志。在工作中,他们知难逃脱,推卸责任,视忠诚为儿戏,他们玩忽职守,恣意放纵自己,不会把忠诚当成人生的义务。持这样工作态度的人,没有始终不渝的奋斗目标,更没有为工作奉献的可贵精神。

有这样一则寓言:

小狗聪聪到处找工作,忙碌了好多天,却毫无所获。他垂头丧气地向狗妈妈诉苦说:"我真是个一无是处的废物,没有一家公司肯要我。"狗妈妈奇怪地问:"那么,蜜蜂、蜘蛛、百灵鸟和猫呢?"聪聪说:"蜜蜂当了空姐,蜘蛛在搞网络,百灵鸟是音乐学院毕业的,所以当了歌星,猫是警官学校毕业的,所以当了警察。和他们不一样,我没有接受高等教育。"狗妈妈继续问道:"那么马、绵羊、奶牛和母鸡呢?"

聪聪说:"马能拉车,绵羊的毛是纺织服装的原材料,奶牛可以产奶,母鸡会下蛋。和他们不一样,我是什么能力也没有。"

狗妈妈想了想说:"你的确不是一匹拉着战车飞奔的马,也不是一只会下蛋的鸡,可你不是废物,你是一只忠诚的狗。虽然你没有受过高等教育,本领也不大,可是,一颗诚挚的心就足以弥补你所有的缺陷。记住我的话,儿子,无论经历多少磨难,都要珍惜你这份忠诚。"小狗聪聪听了狗妈妈的话,使劲地点点头。

最后,小狗聪聪不仅找到了工作,而且当上了行政部经理。鹦鹉不服气,去找老板狮子理论,说:"聪聪既没有学历,也不懂外语,凭什么给他那么高的职位呢?"

狮子回答说:"很简单,因为他很忠诚。"

这虽然仅仅是一个小小的寓言,但是它却是人们生活的缩影。

忠诚之人之所以能够取得成功,在很大程度上取决于他们不畏艰难,志存高远的生活态度。忠诚的人永远把"生,有益于当时,死,闻达于后世"作为评判自己的标准。当然，为了公司的整体利益，他们一样能够做到尽职尽责。这样的员工心中有大局观，他们不会为了一己之利而弃公司利益于不顾。比尔·盖茨曾发出过这样的感叹："这个社会不缺乏有能力、有智慧的人，缺的是既有能力又忠诚的人。相比而言，员工的忠诚对于一个企业来说更重要，因为智慧和能力并不代表一个人的品质，对企业来说，忠诚比智慧更有价值。"

墙头草长不成参天大树

【原文】

康子问政于孔子曰："如杀无道，以就有道，何如？"孔子对曰："子为政，焉用杀？子欲善而民善矣。君子之德风，小人之德草，草上之风，必偃。"

墙头草为什么长不成一棵参天大树？一个人的成功固然有很多因素，比如才华、机遇、人际关系等，但是我们也必须看到品德的重要。墙头草的形象是对小人的写照，他们不会考虑到公司，而永远只关注到自身的利益。所以当外部充满诱惑时，他们很难坚持自己的原则，就像墙头草一样随风而倒，而他的风向就是利益。

莫新是一家企业的业务部副经理，刚刚上任不久。他年轻能干，毕业短短两年能够有这样的成就也算是表现不俗了。然而半年之后，他却悄悄离开了公司，没有人知道他为什么离开。

莫新在离开公司之后，找到了他原来公司关系不错的同事曹远。在酒吧里，莫新喝得烂醉，他对曹远说："知道我为什么离开吗？我非常喜欢这份工作，但是我犯了一个错误，我为了获得一点儿小利，失去了作为公司员工最重要的东西。虽然总经理没有追究我的责任，也没有公开我的事情，算是对我的宽容，但我真的很后悔，你千万别犯我这样的低级错误，不值得啊！"

曾远尽管听不太明白，但是他知道这一定和钱有关。原来，莫新在担任业务部副经理时，曾经收过一笔款子，业务部经理说可以不下账了："没事儿，大家都这么干，你还年

轻,以后多学着点儿。"莫新虽然觉得这么做不妥,但是他也没拒绝,半推半就地拿下了5000美元。当然,业务部经理拿到的更多。没多久,业务部经理就辞职了。后来,总经理发现了这件事,莫新再也不能在公司待下去了。

曹远看着莫新落寞的神情,知道莫新一定很后悔,但是有些东西失去了是很难弥补的。莫新失去的是对公司的忠诚,莫新还能奢望公司再相信他吗?

一个员工对公司不忠,甚至出卖公司的利益,是最大的罪责。没有任何老板愿意为一个私欲过盛的员工垫付成本。忠诚是责任的底线,你对别人忠诚,别人才会对你忠诚。

当今社会,到处都充满诱惑,而诱惑对一个职场中人来说,是一个陷阱,也是一种考验。作为公司的一员,要守住公司的秘密,不要做出卖公司、出卖老板的事。如果为了一己之利不惜牺牲公司的利益,其结果是在出卖公司的同时,也出卖了自己。《史记》中记载了这样一个关于季布的故事:

季布原来是项羽的部将,骁勇善战,经常令汉高祖刘邦伤透脑筋。汉高祖灭项羽之后,以重金悬赏季布的首级,并且颁布命令:凡是窝藏季布的人,一律诛杀全族。

季布乔装打扮,以奴隶的身份藏匿在侠客朱家的家中,朱家知道实情,对他特别礼遇。有一天朱家拜访汝阴侯滕公说:"季布到底犯了什么滔天大罪,陛下这么急着抓到他?"

"季布仕宦于项羽时,常造成陛下的困扰,陛下对他非常憎恨,所以无论如何都要捉到他。""您对季布的看法如何呢?"汝阴侯说:"是贤人。"

朱家说:"为了主君鞠躬尽瘁,是臣下的义务,季布效忠项羽也是忠于自己的任务。就因为季布曾经是忠于项羽的部属就非杀不可吗?天下平定,汉高祖身为一国之君难道为了一己的私怨而要拼命追杀过去的敌将吗?这样不是显示自己的度量狭小吗?"

滕公觉得有理,所以上书汉高祖,汉高祖于是赦免了季布,并且重用他。

如果你忠诚你的老板,他自然也会真诚地回报你。忠诚,不仅会让一个人获得更多的成功机会,更重要的是它使一个人获得了弥足珍贵的美德。在任何时候,美德都是永远不会贬值的。

作为企业的员工,不管你是否优秀,如果你渴望成功,渴望被委以重任,渴望获得梦寐以求的发展空间,你就应当抛开自己的"外骛之心",投入自己的忠诚。当你把身心彻底融入公司,尽职尽责,处处为公司着想,理解老板的苦衷时,你就会成为一个值得信赖和被委以重任的人。因为,忠诚的受益者是你自己。

真正的危险是意识不到危险

【原文】

曾子曰:"吾日三省吾身:为人谋而不忠乎? 与朋友交而不信乎? 传不习乎?"

当华为在 2000 年伊始,在"网络股"泡沫破灭的寒流还未侵袭中国,国内通信业增长速度仍在 20% 以上的时候,当华为在 2000 年年销售额达 220 亿元、利润以 29 亿元人民币位居全国电子业百强首位的时候,其总裁任正非却大谈危机:"华为的危机以及萎缩、破产一定会到来。"他在一次公司内部讲话中颇有感触地说:"十年来我天天思考的都是失败,对成功视而不见,没有什么荣誉感、自豪感而只有危机感,也许因为这样华为才存活了 10 年。我们大家要一起来想怎样才能活下去,才能存活得久一些。失败这一天一定会到来,大家要准备迎接,这是我从不动摇的看法,这是历史规律。"这篇题为《华为的冬天》的文章后来在业界广为流传,备受推崇。

当然,"华为的冬天"实际上并非只是华为公司的冬天。正如在《华为的冬天》最后,任正非指点江山地说:"沉舟侧畔千帆过,病树前头万木春。网络股的暴跌,必将对两三年后的建设预期产生影响,那时制造业就惯性地进入了收缩。眼前的繁荣是前几年网络大涨的惯性结果。记住一句话'物极必反',这一场网络设备供应的冬天,也会像它热得人们不理解那样,冷得出奇。没有预见,没有预防,就会冻死。那时,谁有棉衣,谁就能活下来。"

"华为的冬天"带给我们这样一个重要的启示——最危险的情况是你意识不到危险。在企业经营的过程中,危机总会不知不觉地到来,因此,企业就要预先做好准备。怎样做准备呢? 那就是时刻树立危机观念,对企业的不足之处加以改进,从而使企业健康、快速地发展。如果一个企业丧失了危机观念，就好像一个人闭着眼睛开车一样，早晚会出事。

事实上，任何一家企业，无论成功与否，在发展的道路上都可能遇到危机。

清华大学公共管理学院危机管理课题组、零点调查和惠普（中国）有限公司曾经共同对企业危机管理现状进行调查，结果显示：内地45.2%的企业处于一般危机状态，40.4%的企业处于中度危机状态，14.4%的企业处于高度危机状态，这就意味着有一半以上的企业处于"十面埋伏"之中。

企业就好像是一艘在风雨、礁石、海浪中穿行的船，只要不停止航行，危险就一直存在。明朝作家刘元卿，在一篇题为《猱》的短文中记述了这样一个故事：猱的体形很小，长着锋利的爪子。老虎头痒，猱就爬上去搔痒，搔得老虎飘飘欲仙。猱不住地搔，并在老虎的头上挖了个洞，老虎因感觉舒服而未觉察。猱于是把老虎的脑髓当作美味吃个精光。

英国的人力培训专家B，吉尔伯特曾提出一个管理学上的著名法则，即"工作危机中最确凿的信号，是没有人跟你说该怎样做"，人们将之称为吉尔伯特法则。这句话引申到企业经营上，就是最平静的时刻往往是最危险的时刻。市场环境瞬息万变，危机无处不在、无时不有，危机从不同侧面袭击企业的机体，每一个企业都时刻面临着生存和发展的危机。可能是市场环境的突然恶化，可能是领导者的一个错误决策，可能是部门之间的互相牵制，可能是企业内部的一次内讧，一个企业就面临着生死存亡的考验。作为企业的主人，每一名员工都要时刻保持高度的警觉，对危机做到先知先觉，这样公司这艘船才能穿过暗礁密布的大海，顺利驶向成功的彼岸。

没有怀才不遇，只有怀才晚遇

【原文】

子曰："不患无位，患所以立；不患莫己知，求为可知也。"

一个真正有才华的人是不会担心怀才不遇的，一个人如果没有机遇，那么只能说这个人的能力还不够。这一点无论在孔子的言论上还是在行为中都体现得十分明显。

孔子早在15岁的时候就树立了"志学"的理想,立志要在学业上有所成就。由于刻苦学习,孔子逐渐成了一个博学多能的人。他单纯地想到有机会就该出一出头,同时他也觉得自己已经有一些本领了。有一次,鲁国的贵族季氏宴请名流,当时才17岁,正在服丧的孔子便穿着孝服跑去了。季氏的家臣阳虎向他喝道:"我们请的是有地位的人,并不招待叫花子。你走吧!"孔子便只好退了下去。

经过长期坚持不懈的努力学习,孔子的学识越来越渊博了,同时,他的才艺也越来越全面了。在他住宅的附近有一条街叫达巷,达巷里有人就这样说过:"孔子这么渊博,他会的技艺我们简直叫不上名堂来。"孔子听见了,便谦虚地说:"我会什么呀?我会驾车罢了。"在孔子所处的那个年代,有六种本领是一个全才的人必须具备的,这就是:礼节,音乐,射箭,驾车,识字,计算。在这六种本领里头,驾车被认为是最低下的,所以谦虚的孔子只承认了这一桩。孔子后来曾经告诉他的门徒说:"我往日没有得到从政的机会,可是我因此有了学会各种本领的工夫。"

孔子的言论和行为都向我们揭示了这样一个道理:没有怀才不遇,只有怀才晚遇。一个人只有练好内功,才能建立外功。所以说一个人在工作中不要怕没有职位,而应该怕的是自己有没有胜任这个职位的才能,不要怕没有人知道自己,而要增长足以让人知道我们的本事。能力是一个人完成任务和达到目标的必要条件。

完成任何一项活动都需要人的多种能力的结合。一个人具有某些突出的能力并能将各种能力结合起来,出色地完成有关的任务,我们就说他有某方面的才能。才能就是各种能力独特的结合。我们要努力训练自己的综合能力,使自己在社会上、在工作中都成为一个坐能坐得稳、行能行得快、成能成得大的人物,到那时,我们还有什么忧愁呢?

一个女孩自视甚高,以为自己无所不能。然而毕业后却屡次碰壁,一直找不到理想的工作。她觉得自己怀才不遇,对社会非常失望。她认为,是因为没有伯乐来赏识她这匹"千里马"。痛苦、绝望之下,她来到大海边,打算就此结束自己的生命。在她正要自杀的时候,正好有一个老妇人从这里走过,救了她。老妇人就问她为什么要走绝路,她说自己不能得到别人和社会的承认,没有人欣赏并且重用她。

老妇人从脚下的沙滩上捡起一粒石子,让女孩看了看,然后就随便地扔在地上,对女孩说:"请你把我刚才扔在地上的那粒石子捡起来。""这根本不可能!"女孩说。老妇人没有说话,接着又从自己口袋里掏出一颗晶莹剔透的珍珠,也扔在了地上,然后对女孩说:"你能不能把这颗珍珠捡起来呢?""这当然可以。""那你就应该明白是为什么了吧?你应该知道,现在你自己还不是一颗珍珠,所以你还不能苛求别人立即承认你,如果要别人承认,那你就要由石子变成一颗珍珠才行。"

怀才不遇是很多年轻人经常会遇到的问题,很多人甚至会因此而变得愤世嫉俗、自暴自弃。这个时候你不妨静下心来,努力提高自身的素质,让自己变成一颗珍珠,这样,你自然就会为自己赢得机遇和更大的发展空间。

谢天谢地,我还有工作可以做

【原文】

子贡曰:"有美玉于斯,韫椟而藏诸? 求善贾而沽诸?"子曰:"沽之哉! 沽之哉! 我待贾者也!"

上班族经常称"每天都要上班是我最大的痛苦"。真是如此吗? 抱怨自己的工作似乎已成为大家最津津乐道的话题了,难道自己的工作真的让你如此讨厌吗? 换个角度考虑,万一有一天没有工作了(但是依然有工资),这样的人生是否就是自己想要的? 这样的人生会拥有幸福与快乐吗?

其实不然,当你终于有那么一天的时候,你一定会大声呼喊:"请让我工作吧!"工作是人生中最重要的组成部分,工作为你提供了生活的保障,工作为你展示了广阔的发展空间,工作为你提供了施展才华的平台,工作为你提供了实现人生价值的途径,你对工作为你所带来的一切,都应心存感激,并力图通过努力工作以回报社会来表达自己的感激之情。但现代人最缺少的精神之一就是感恩,一个已经被人们遗忘很久的精神。

国内一家知名公司的公关部需要招聘一位员工,经过甄选,前来应聘的人最后只剩下了五个。公司告诉这五个人,聘用谁得由经理层会议讨论后才能决定,结果会在三天内发到他们的邮箱里。

三天后，其中一位叫王莹的应聘者的电子邮箱里收到一封信，信是公司人事部发来的，内容是："经过公司研究决定，很抱歉，你落聘了。我们虽然很欣赏你的学识、气质，但名额有限，这实是割爱之举。公司以后若有招聘名额，必会优先通知你。你所提交的材料在被复印后，不日将邮寄返还于你。另外，为感谢你对本公司的信任，还随信寄去本公司产品的优惠券一份。祝你好运！"

看完电子邮件，她知道自己落聘了，有点难过，但又为该公司的诚意所感动，便顺手花了一分钟时间回复了一封简短的感谢信。

但在两天后，她却接到了那家公司的电话，说经过经理层会议讨论，她已被正式录用为该公司员工。

她很不解，后来才明白邮件其实是公司最后的一道考题。她能胜出，只不过因为多花了一分钟时间去感谢。

任何一个人的成长和成熟都离不开周围环境的影响。因此，只要你永远怀着一颗感恩的心，你就是一个谦虚的人、一个能够与别人和睦相处的人、一个品德高尚的人、一个人格健全的人。你在尊重别人的同时也肯定会赢得别人的尊重。所以，王莹被录用了。

对工作心存感激，才能努力工作。每天能带着一颗感恩的心去工作，相信工作时的心情自然是愉快而积极的。知道自己工作的意义和责任，并永远保持一种主动的工作态度，为自己的行为负责，是那些成就大业之人和凡事得过且过之人的最根本区别。

对工作存有感激之情，可以改变一个人的一生。当我们清楚地意识到无任何权利要求别人时，就会对周围的点滴关怀或任何工作机遇都怀抱强烈的感恩之情。因为要竭力回报这个美好的世界，我们会竭力做好手中的工作，努力与周围的人快乐相处。结果，我们不仅工作得更加愉快，所获的帮助也更多，工作也更出色。

以"知恩图报"的态度面对工作

【原文】

子曰:"饱食终日,无所用心,难矣哉!"

工作中,当被问到是否"饱食终日,无所用心"时,没有人会做出肯定的回答。但是,有的企业中相当部分员工的现实状况就是"饱食终日,无所用心"。他们每天按时上下班,看起来并非"无聊",然而等领导检查工作时才发现,他们没有创新!工作就是日复一日、无止境的消磨,除非到了发薪日才会有稍许的激动。可是,有没有人真的问过自己:"我领这份薪水是否心安理得?"

当一个人在获得的时候,应该想到这个是否应该得,这就是孔子说的"君子见利思义"。

"君子施恩不图报,知恩不报是小人","受人滴水之恩,他日当涌泉相报"。这些都是儒家文化的基本理念。一个懂得知恩、感恩的人,就会时刻想着为恩人做点力所能及的事情;一个忘恩负义的人,不仅不思感恩、报恩,当个人利益与恩人的利益发生矛盾和冲突时,会不惜损害恩人的利益而保全一己之私。不敢说公司就是自己的"恩人",但是它能给我们提供展示才华的舞台和提升自己的能力的机会,提供我们的"衣食",这些难道还不是我们"知恩图报"的理由吗?

普通办事员小华在谈到她破例被派往国外公司考察时说:"我和他虽然同样都是研究生毕业,但我们的待遇并不相同,他职位高一级,薪金高出很多。庆幸的是,我没有因为待遇不如人就心生不满,仍是认真做事。当许多人抱着多做多错、少做少错、不做不错的心态时,我尽心尽力做好我手中的每一项工作。我甚至会积极主动地找事做,了解主管有什么需要协助的地方,事先帮主管做好准备。因为我在上班报到的前夕,父亲就告诫我三句话:'遇到一位好老板,要忠心为他工作;假设第一份工作就有很好的薪水,那你的运气很好,要感恩惜福;万一薪水不理想,就要懂得跟在老板身边学功夫。'

"我将这三句话深深地记在心里,自己始终秉持这个原则做事。即使起初位居他人之下,我也没有计较。但一个人的努力,别人是会看在眼里的。在后来挑选出国考察学习人员时,我是唯一一个资历浅、级别低的办事员。这在公司里是极为少见的。"

小华的父亲是睿智的,所有的员工都应将这位父亲的话牢牢记在心底,始终秉持这个原则做事。即使起初位居他人之下,也不要计较。在工作中不管做任何事,首先要知道感恩,然后抱着学习的态度,将每一次任务都视为一个新的开始、一段新的体验、一扇通往成功的机会之门。相信你也会像小华一样得到老板的重用。

生活中,有的人常常为一个陌路人的点滴帮助而感激不尽,却无视朝夕相处的老板的种种恩惠。这种心态总是让他们把公司、同事对自己的付出视为理所当然,还时常牢骚满腹、抱怨不止,也就更谈不上恪尽职守了。

感恩不是一种形式,不是别人对我们的要求,而是灵魂的诉求,一种发自内心的自觉自愿的情感。感恩不一定只要感谢大恩大德,感恩可以是一种生活态度,一种善于发现美并欣赏美的道德情操。当你以一种感恩图报的心情去工作时,你会工作得更愉快,你会工作得更出色。工作中,我们要学会用感恩的心回报老板的赏识,用感恩之情尽职尽责地做好每一天的工作。

怨天尤人是弱者的表演

【原文】

子曰:"不怨天,不尤人。"

怨天尤人是弱者的表现,一个遇事爱抱怨的人只会给别人提条件,为自己找借口,而不是积极想办法去解决问题。抱怨是滋生问题的根源。一个爱抱怨的人永远也看不到自身的缺点,不懂得反求诸己,当然,这样的人永远只能在问题中打转,在困境中挣扎。因为,正如一位智者所言:"困境往往是自己造成的,问题的根源往往是我们自己。"

从前有一个村子,在村子西边的树林里住着猫头鹰,于是人们总是想方设法要赶走猫头鹰。猫头鹰感到十分苦恼,它从这个窝挪到那个窝,可挪到哪个地方都不受欢迎,总听到人们责怪和斥骂的声音。

猫头鹰竭尽全力向东方飞了三天三夜才停在途中的林子里休息。一只斑鸠看见猫头鹰那副又沮丧又疲惫的样子,很是奇怪。斑鸠问猫头鹰:"你累成这个样子,你要去干什么呢?"猫头鹰说:"我想搬到很远很远的东方去住。"斑鸠说:"为什么呢?"猫头鹰说:"西边的人太难相处了,他们都讨厌我,说我的声音难听,我在西边实在住不下去了,非搬家不可!这次我下决心搬到遥远的东边去,离西边越远越好!"斑鸠说:"搬家就解决问题了吗?依我看,不管你搬到哪里去,都是一样的结果。"猫头鹰皱起眉头问:"那为什么呢?我离开他们还不成吗?"斑鸠说:"如果你不能改变你那难听的声音,你即使搬到最远的东边,也同样不会受东边人的欢迎。"

寓言带给我们这样的启示:与其抱怨外界的环境,不如冷静下来看看是否问题出在自己身上。"不怨天,不尤人",只有这样我们才能走出困境。

邓亚萍这个名字在我国可谓家喻户晓,自她1986年拿到第一个全国乒乓球锦标赛的冠军开始,到1997年5月的第44届世界乒乓球锦标赛上,在短短的11年间,她在各种全国性和世界性乒乓球大赛中拿到100多个冠军,这对邓亚萍来说,可谓坎坎坷坷,历尽磨难。小时候,邓亚萍在河南郑州市体委任乒乓球教练的父亲认为女儿是一块搞体育的好料,于是,父亲便精心地培养自己的女儿。5年过去了,邓亚萍在父亲的教导下,乒乓球技术已达到上等水平。父亲将她送到河南省乒乓球队去深造。然而,去后不久,却因为个子矮,手臂短,被认为没有发展前途而被退了回来。但是在父亲的鼓励下,倔强的邓亚萍并未因此而怨天尤人,反而练得更加刻苦。

1986年是邓亚萍人生重大转折的一年。那一年,年仅13岁的她,临时顶替河南省代表队一名生病的运动员参加全国乒乓球锦标赛。这个名不见经传的矮个子姑娘爆出了此届乒乓球赛的最大冷门:接连击败了当时很有名气的国手,一举登上了冠军宝座。赛后,这位曾被判为"无发展前途"的小姑娘,成了当时国家乒乓球队副教练、女队主教练张燮林手下的一名女弟子。从此,邓亚萍经过各种大赛的历练,最终登上了国际乒坛女霸主的宝座。

邓亚萍有一段描述自己心理感受的话,她说:"我并不相信命。每个人的命运都掌握在自己手里。有人说我命好,为世界乒坛创造出了一个'常胜将军'的奇迹。我觉得,我可能天生就是打乒乓球的命,但上帝不会将冠军的桂冠戴在一个未真诚付出汗水、泪水、心血和智慧的运动员身上,我自己满身的伤病就是证明。"

从邓亚萍的成功经历我们可以看到,无论在生活中还是在职场中,我们都会有遭受打击和不公平待遇的时候,而一味地抱怨并不能让你成功,只有坚忍不拔地走自己的路,用自己的智慧和热情来突破困境,像孔子所说的那样,"不怨天,不尤人",才能够为自己赢得机遇,始终以一个强者的姿态,去征服生活和工作中的一个个困境。

先升值,后升职

【原文】

子夏曰:"日知其所亡,月无忘其所能,可谓好学也已矣。"

有不少管理学家认为 21 世纪是学习力竞争的时代。真正的文盲,不是不识字、没有文化的人,而是没有学习能力、没有教养的人。人们的智力相差无几,我们怎样才能在竞争中立于不败之地呢? 答案只有一个,那就是要不断地学习。企业要不断学习,建立学习型组织,提高应变能力。企业的员工更要学习,学习各种专业技术以及协调人际关系的能力。

升职,是每一个身在职场中的人所梦寐以求的。当然,有谁不想获得成功呢? 但是我们不应该仅仅看重升职会带给自己更多的薪水,更应当看中增加薪水背后自己应当承担更多的责任。承担更多的责任,就需要自己具备更多的能力,要能够为公司创造出更多的价值,而学习是提高一个人价值的最重要的途径,这就要求我们要像子夏所说的那样,"日知一新",不断提升自己的价值。只有先让自己升值,才能获得更大的发展空间,为自己赢得更好的平台施展才华。

李凡初进公司的时候只是一名普通的业务员,然而后来他一步一个脚印,由业务员

中华传世藏书

论语诠解

《论语》智慧应用

二三五五

成长为公司的市场部经理,随后又成为公司的市场总监。那么李凡究竟是如何一步一步成长起来的呢?让我们看看他从一个市场部经理成长为市场总监的过程吧。

在成为公司的市场部经理之后,李凡很快就对自己的工作有了一个准确的定位:在企业的营销过程中,市场部经理的位置十分重要,一个优秀的市场部经理,在很大程度上能够协助市场总监完成营销战略任务。李凡认为一个优秀的市场部经理必须具备以下四种基本素质:

第一,具有营销策划的能力。因为市场部职能首先是为营销服务的,如果一个公司的营销流程缺乏一个鲜明的营销主题来总领的话,那么这个公司的营销质量就不会得到很大的提高。

第二,具备品牌策划的能力。品牌策划也是一个很宽泛的概念,每个企业都能碰上,市场部经理最基本的是能够把本企业的品牌在本企业所处的具体环境中,迅速做大做强,让品牌快速成长。

第三,具备产品策划的能力。也就是要具备从一个产品的设计、立意等方面配合产品的营销主题。

第四,具有对市场消费态势潜在性的分析能力。如果公司的市场部经理或者市场总监能够对未来发生的消费态势进行一些前瞻性的捕捉,掌握领先一步的策略,那么公司以后的道路就会走得更好。

后来,李凡又认真研究了大多数公司对市场部经理的更高要求,他觉得自己应该在目前的能力基础上进一步学习,以提升自己的工作能力。

首先,他从掌握各项营销政策入手进行学习,因为他过去从事的是广告策划工作,对营销政策知之甚少。之后,他又开始不断强化自己的执行力,因为他发现自己对于公司营销推广的整个过程监控实施的力度很差。另外,李凡认识到自己的市场应变能力很差,缺乏市场销售过程的锤炼和亲身的市场销售体验,这是他在工作中最大的软肋。

有了这些深刻而全面的认识之后,李凡开始着手逐步提升自己的业务素质。他首先对自身这些弱点进行弥补,先让自己成为一名优秀、称职的市场部经理。后来他又用了三年的时间来亲身体验营销实践。与此同时,李凡又学习了丰富的组织管理知识、全面的法律知识和财会知识,因为这些知识在工作的时候很有用处。当然了,锻炼对团队的掌控能力也是李凡学习的一个重要方面,如果控制不了下属团队,那么一切都是空谈。

通过几年的认真学习和实践锻炼,李凡终于如愿以偿地成了公司的市场总监,他为公司的市场营销工作做出了极大的贡献,在担任了公司市场总监以后,李凡仍然在不断地充实自己。后来,李凡已经成了公司中不断成长的楷模,董事长总是让其他员工向李凡学习。

李凡成长的例子告诉我们,当你选择了一个行业,并且进入一家公司开始你的事业之路时,你就应该知道自己要以什么样的高度开始自己的事业,并且需要哪些知识来开拓自己的发展空间。只有先让自己升值,才能够为自己赢得更大的发展空间。

中华民族是一个有着悠久学习历史的民族,不但民间自古就有耕读传家的传统,即便是贵如皇帝也一样重视学习。早在商朝,开国君主成汤,就曾将"苟日新,日日新,又日新"刻在器皿上作为警戒自己的箴言。明末清初的大学者顾炎武也将他的涉及社会经济、典章制度、风俗民情、经史艺文等众多学术领域的三十二卷代表作题名为《日知录》。这些都告诉我们一个简单的道理,学习在于持之以恒,学习在于日积月累。做学问,修炼道德情操如此,工作和管理企业也是如此。

从企业管理和发展的角度来说,不怕一个企业或一个管理者的水平低,只怕这个企业的成员不学习、不进步、不提高。哪怕一个员工的起点再低,只要能坚持做到"日知一新",并且能做到"月无忘其所能",那么他的工作能力就会直线上升,能够为公司创造的价值也就越来越大,当然他得到的回报也会水涨船高,他能够赢得的发展空间也会越来越大。这也就是《论语·子张》中子夏的这句名言所带给我们的最大启发。

真的需要"战战兢兢、如履薄冰"

【原文】

曾子有疾,召门弟子曰:"启予足!启予手!《诗》云:'战战兢兢,如临深渊,如履薄冰。'而今而后,吾知免夫,小子!"

现实工作中的失败,常常不是因为"十恶不赦"的错误引起的,而恰恰是那些一个个不足挂齿的"小错误"积累而成的。如今已步入精细化时代,工作中任何一个环节出了差错,都会事关大局。牵一发而动全身,每一件细小的事情所产生的后果都会被不断扩大。这就要求我们在工作中也要以一种"战战兢兢,如临深渊,如履薄冰"的态度来对待自己的工作。

曾子

一位著名的企业管理咨询专家在授课时曾提到过这样一个故事:

广州一家电器制造有限责任公司曾发生过这样一起管理"事故":3 号车间有一台机器出了故障,经过技术科的工作人员检查,发现原来是一个配套的螺钉掉了,怎么找也找不到。于是,只好去重新买。可是根据公司内部规定,必须先由技术工作人员填写采购申请,然后由上级审批,之后再经过采购部部长审批,才能由采购员去采购。

可是,问题又出现了。市内好几家五金商店都没有那种螺钉卖,采购员又跑了几家著名的商场,也没有买到。

几天很快就过去了。采购员还在寻找那种螺钉。可是工厂却因为机器不能运转而停产。这还了得?于是,公司的其他管理者不得不介入此事,认真打听事故的前因后果,并且想方设法地寻找解决的方法。

在这种"全民总动员"的情况下,技术科才找出机器生产商的电话号码。于是,采购员就打电话问哪里有那种螺钉卖。对方却告诉他:"你们那个城市就有我们的分公司啊。你去那里看看,肯定有。"

半个小时后,那家分公司就派人上门送货来了。问题解决的时间就那么短。可是寻找螺钉,就用了一个星期,而这一个星期公司已经损失了上百万元。

很快,工厂又恢复了正常的生产运营。在当月的总结大会上,采购科长将这件事情又重新提了出来,他说:"从这次事故中,我们很容易就能看出,公司某些工作人员的责任心不强。从技术科提交采购申请,再经过各级审批,到最后采购员采购,这一切都没有错误,都符合公司要求,可是事情却造成这么重大的损失,问题在哪里?竟然是因为技术科的工作人员没有写上机器生产商的联系方式,而其他各部门竟然也没有人问!"就因为这么一个小小的电话号码,实实在在地阻碍了生产,为公司造成了上百万元的损失!

由此可见,工作之中无小事。一个商标的脱落可以让导弹发射失败,一颗螺钉能够为企业造成上百万元的损失。我们工作中一系列的麻烦频频出现,一连串的失误势必在某一天酿成大祸。排除掉一些偶发的重大事故与损失,就必须消除存在于日常工作中的马虎轻率。这些细小的疏忽表现在:企业中,技术人才对专业技术工作不求进取、马马虎虎、得过且过,对存在的技术问题懒得思考,对遗留的技术隐患不去克服,没有刻苦钻研的学习精神,营销人员总想着公司做大规模的广告,不好好地做经销商的工作,做事不精益求精,只求差不多。这些看似不起眼的小疏忽往往会成为影响企业发展的重大隐患。

《韩诗外传》卷八第二十三章说:"官怠于有成,病加于小愈,祸生于懈惰,孝衰于妻子。察此四者,慎终如始。《易》曰:'小狐汔济,濡其尾。'《诗》曰:'靡不有初,鲜克有终。'"意思是说,做官的懒怠是在有政绩时开始,疾病往往是在稍好转时加重,祸患是在懈惰时发生,对父母孝心减少是在娶妻后出现。这四种转化提醒人们,要小心谨慎,务必要保持最终和开始时一样。《周易·未济卦》说:"小狐狸是在快要渡过河的时候,它才湿了尾巴。"《诗经·大雅·荡》说:"开始时都好,结果很少有好的。"这里所引用的话意在说明,在开始时好是因谨慎,最后出问题是因疏忽了。

因此,无论我们在公司处于什么样的职位,无论公司的发展是"顺势"还是"逆势",都要以一种"战战兢兢,如履薄冰"的态度来对待自己的工作,将身边的每一个危机都消灭在萌芽时。千万不可因为自己一时的疏忽大意为公司的发展埋下隐患,要时常警惕自己慎终如始。

唯有"变"才是永远不变的真理

【原文】

子曰:"齐一变,至于鲁;鲁一变,至于道。"

"穷则变,变则通,通则久",如今世界上唯一不变的就是变化,一个人要想在社会中立足,就应当不断革新自己的思想、观念和行为,要让自己跟得上周围瞬息万变的环境,要抛开安于现状的错误观念。

古人云,生于忧患,死于安乐,一味沉湎于过去的成绩,躺在过去的功劳簿上而不思进取,只能让自己停滞不前。在动物界中,缺少天敌的动物往往体质虚弱,不堪一击;而拥有天敌的动物则往往体格强壮,生命力强。危机感不仅是企业和组织常青的基石,同时也是一个人产生进取心的源泉,是一个人成长发展的重要动力。一个人失去了危机感就会变得安于现状、裹足不前,那么等待他的就只有被淘汰的命运。

有这样一个寓言故事:

从前,恐龙和蜥蜴共同生活在古老的地球上。

一天,蜥蜴对恐龙说:"我发现天上有颗星星越来越大,很有可能要撞到我们。"恐龙却不以为然,对蜥蜴说:"该来的终究会来,难道你认为凭咱们的力量可以把这颗星星推开吗?"

一天,那颗越来越大的行星终于撞到地球上,引起了强烈的地震和火山喷发,恐龙们四处奔逃,但很快在灾难中死去。而那些蜥蜴,则钻进了自己早已挖掘好的洞穴里,躲过了灾难。

蜥蜴的聪明之处在于知道自己虽然没有力量阻止灾难的发生,但却有力量去挖洞来给自己准备一个避难所。

这虽然只是一个寓言故事,但却给每一个职场人士都带来了很好的警示和启迪,故事中的灾难在我们身边也会发生。随着时代的变化和企业的发展,对于员工的要求越来越高。职场中，很多人都听说过这样的话，"今天工作不努力，明天努力找工作"，"脑袋决定钱袋，不换脑袋就换人"。如果不提前为自己的未来做好各种准备，不努力学习新知识，那么，正如故事中的恐龙一样，被淘汰的命运很快就会降临到你的身上——如果你不主动淘汰自己，最后结果就只能是被别人所淘汰。

企业购置的机器设备都会按一定年限折旧，这是谁都明白的道理。同样，人们赖以生存的知识、技能，也会随着岁月的流逝而不断地"折旧"。价值是一个变数，今天，你可能是一个价值很高的人，但如果你缺乏危机意识，故步自封，满足现状，明天，你的价值就会贬值，面临生存危机。

林东是某集团公司的一名员工，他刚到公司的时候非常努力，很快就在工作中取得了突出的成绩。由于他聪明能干，年轻好学，很快就成了老板的"红人"。老板非常赏识他，林东进入公司不到两年，就被提拔为销售部总经理，工资一下子翻了两倍，还有了自己的专用汽车。

刚做上总经理那阵子，林东还是像以前那样努力勤勉，每一件事情都做得尽善尽美，并且经常抽出业余时间学习，参加培训，弥补自己知识和经验方面的不足。

时间长了，经常有朋友对他说："你犯什么傻啊？你现在已经是经理了，还那么拼命干吗？要学会及时行乐才对啊，再说老板并不会检查你做的每一件事情，你做得再好，他也不知道啊。"

在多次听到别人说他"犯傻"的话后，林东变得"聪明"了，他学会了投机取巧，学会了察言观色和想方设法迎合老板，不把心思放在工作上，也放弃了很多的学习计划。如果他认为某件事情老板要过问，他就会将它做得很好；如果他认为某件事情老板不会过问，他就不会做好它，甚至根本就不做。在公司中，也很少见到他加班加点工作的身影了。

终于，在公司的一次中高层领导会议中，老板发现林东隐瞒了工作中的很多问题。在年底的业务能力考核上，林东有几项考评成绩也大不如前，失望之余，老板把林东解聘了。一个本来很有前途的年轻人因为丧失了危机感，安于现状，而丧失了一个事业发展的大好机会。

市场中没有永远畅销的产品,同样,职场中也没有永远的"红人"。职场中有很多像林东这样的"红人"失宠,这里面有很多因素,但最主要的是"红人"失去了原来的激情和危机感,变得满足现状了,而不是老板喜新厌旧。这些人在成为"红人"之前,工资不高,起点也比较低,而且时刻还面临着被淘汰的危险,因此,他们努力工作,用业绩来证明自己的能力,用业绩来取得他们想要的回报。终于,他们成功了,薪水、地位都大大提高,生活品质也得到了很大改善。这个时候,他们滋生了骄傲的情绪,优越感上去了,危机感下来了,工作干劲丢掉了,于是业绩也随之下来了。事实证明,这种态度最终害的人还是自己。

有人说,未来社会只有两种人:一种是忙得要死的人,另一种是找不到工作的人。据统计,25 岁以下的从业人员,职业更新周期是人均一年零四个月。比如,当 10 个人只有 1 个人拥有某种职业资格认证证书时,他的优势是明显的,而当 10 个人中有 9 个人拥有这样同一种证书时,那么他原有的优势便不复存在。现代职场流行一种新的"三八主义",即八个小时休息,八个小时工作,八个小时学习,这正是时下社会人才竞争激烈的写照。面对未来日趋严酷的竞争,你做好准备了吗?

以空杯心态不断超越

【原文】

子谓子贡曰:"女与回也,孰愈?"对曰:"赐也,何敢望回? 回也,闻一以知十;赐也,闻一知二。"子曰:"弗如也;吾与女,弗如也。"

子曰:"三人行,必有我师焉。择其善者而从之,其不善者而改之。"

命运是极其公正的,它不会因为人的不同而有所偏颇。日中就得西斜,月圆就要亏缺,物盛必衰,这是天地的道理。人体验到了天地的道理,高就会自卑,盈就会自谦,等就会自抑。

所以孔子又说:"君子做人不向大,有功不自傲。""君子不以他所能做到的而瞧不起别人,不以自己不能做到的而自愧于人。"虚己对人是长进仁德的基础,自谦是受人尊敬的阶梯。念念不忘"谦虚"两字,自然是高风可仰、心光可掬。

有一次,孔子带着学生到鲁桓公的祠庙里参观的时候,看到了一个可用来装水的器皿,倾斜地放在祠庙里,那时候把这种倾斜的器皿叫欹器。

孔子便向守庙的人问道:"请告诉我,这是什么器皿呢?"守庙的人告诉他:"这是欹器,是放在座位右边,用来警戒自己的,如同'座右铭',是一种用来伴坐的器皿。"孔子说:"我听说这种用来装水的伴坐的器皿,在没有装水或装水少时就会歪倒;水装得适中,不多不少的时候就会是端正的;水装得过多或装满了,它也会翻倒。"

说着,孔子回过头来对他的学生们说:"你们往里面倒水试试看吧!"学生们听后,舀来了水,一个个慢慢地向这个可用来装水的器皿里灌水。果然,当水装得适中的时候,这个器皿就端端正正地立在那里。不一会儿,水灌满了,它就翻倒了,里面的水流了出来。再过了一会儿,器皿里的水流尽了,就又像原来一样歪斜在那里。这时候,孔子便长长地叹了一口气说道:"唉!世上哪里会有太满而不倾覆翻倒的事物啊!"水满自溢,人自满会跌倒,这是自然规律。

具有空杯心态者往往是站在低处,思考高位。俗话说,人往高处走,水往低处流。这话固然不错,但人们通常会被上位的风光所迷惑,从而急功近利,浮躁肤浅。这时,你就需要一种谦卑的心态,在低处和平凡的岗位中磨砺和提升自己。

王林大学毕业,进了一家机械厂工作,被分配到基层部门担任管理职务。因为他不懂生产,不熟悉工艺流程,所学的专业与实际操作衔接不上,在管理上明显感到力不从心。另外几个一同分配来的大学生,同样不能胜任工作,但他们却不从自身找原因,而是一味发牢骚:抱怨工厂待遇太低,升迁太慢,认为在这里工作是大材小用。他们甚至以"跳槽"相威胁,让厂长给他们安排更好的位置。

就在伙伴们相继高升之际,王林却向厂长提出了反向的要求:让他下车间,当工人。厂长惊讶极了,转而对他的选择表示了赞赏:"好,小伙子有志气!"消息传出,全厂哗然,连那几个大学生对此也表示不能理解。

王林却不理会那些议论,安安心心做了一名工人。他一心扑到了工作上,努力钻研各项技术,熟悉每个工种。两年后,他升任车间主任,因为他懂技术,没人敢敷衍他,所以王林所在车间的产品质量是最好的。这时,当年跟他一起进厂的大学生都在各科室担任中层干部。

几年后,厂里决定试行承包制。他承包了二车间。因为产品质量过硬,营销自然得力,很快就打开了市场销路,在全行业中成为赫赫有名的新军。

后来,他通过融资,买下了这家工厂。现在他已是有名的民营企业家,公司的股票正准备上市。在总结成功经验时,王林说:"海纳百川,才成汪洋之势。年轻人要学会从低位进入,充分积累经验,将来才能有成功的本钱。"

由此可见,真正有才能者身处低位仍然能够不气馁,不心浮气躁,他们能够韬光养晦,积极进取。

空杯心态就是一种在低位思考高位的理智心态。王林没有被一时的利益所诱惑,能够冷静归零,积极磨砺自我,因此才能够取得成功。

一所名牌大学毕业考试的最后一天,毕业生们都雄心勃勃地展望未来,他们的脸上充满了自信,这是他们参加毕业典礼和工作之前的最后一次测验了。

一些人在谈论他们现在已经找到的工作,另一些人则谈论他们将会得到的工作。带着经过4年的大学学习所获得的自信,他们感觉自己已经准备好了,并且能够征服整个世界。

他们都认为,这只是一场很简单的测验,很快就会结束,因为教授说过,他们可以带他们想带的任何书或笔记,要求只有一个,就是他们不能在测验的时候交头接耳。

他们信心十足地冲进教室。教授把试卷分发下去。当学生们注意到只有5道评论类型的问题时,脸上现出了自信的笑容。

3个小时过去了,教授开始收试卷。学生们看起来不再自信了,他们的脸上是一种恐惧的表情。教室里一片寂静,教授手里拿着试卷,面对着所有参加考试的毕业生。他俯视着眼前那一张张焦急的面孔,然后问道:"完成5道题目的有多少人?"没有一只手举起来。

"完成4道题的有多少?"仍然没有人举手。"3道题?2道题?"很多学生都把头埋得深深的,他们用静默回答了教授的提问。"那1道题呢? 当然有人会完成1道题的。"但是整个教室仍然很沉默,在这种沉默无声的气氛中,飘浮着一种深深的沮丧和挫折感。

教授放下试卷,"这正是我期望得到的结果。"他说,"我只想给你们留下一个深刻的印象,即使你们已经完成了4年的工程学习,关于这项科目仍然有很多的东西你们还不知道。这些你们不能回答的问题是与每天的普通生活实践相联系的。"然后他微笑着补充道:"你们都会通过这个课程,但是记住——即使你们现在已是大学毕业生了,但你们的学习才刚刚开始。"

这是一次难忘的毕业考试。虽然,在时间的流逝中,教授的名字已经渐渐被人们淡忘,但所有参加那次考试的毕业生,都牢牢记住了教授那意味深长的话。

只要活着,就没有终点,人生的每一阶段的结束,就意味着下一阶段的开始。在人的一生中,总有无数的东西要我们去学习。有很多的大学生以为自己是天之骄子,以为进了大学接受了高等教育,拥有了专业知识,理所应当就会拥有一个锦绣前程,就可以一劳永逸,以为出了校门就可以不用再学习了,过于骄傲自大成了他们成长和进步的一个重大阻碍。

国内一位著名的集团老总曾经说过这样意味深长的话:"往往一个企业的失败,是因为它曾经的成功,过去成功的理由是今天失败的原因。任何事物发展的客观规律都是波浪式前进、螺旋式上升、周期性变化。中国有一句古话叫风水轮流转,经济学讲资产重组。生活就是不断地重新再来。不归零就不能进入新的资产重组,就不会持续发展。"

这席话对于我们个人成长也很有借鉴意义。在此之前,你可能有过很高的地位,可能拥有很多的财富,具有渊博的知识,但是当你想要达到更大成功的时候,你一定要有一个空杯的心态。只有心态归零你才能快速成长,才能学到更多的成功方法。

空杯心态要求一个人要像大海一样把自己放在最低点,来吸纳百川。海尔集团首席执行官张瑞敏说:"我们主张产品零库存,同样主张成功零库存。只有把成功忘掉,才能面对新的挑战。"海尔的年销售额达数百亿元,但张瑞敏从未有一丝飘飘然的感觉,相反,他却时时处处向员工灌输危机意识,要求大家面对成功始终保持一种如履薄冰的谨慎。

成功仅代表过去,如果一个人沉迷于以往成功的回忆,那他就再也不会进步。对于有远大志向的追求者来说,成功永远在下一次。保持"归零"心态,才能不断发展、创造新的辉煌。人们问球王贝利哪一个进球是最精彩、最漂亮的,他的回答是:"下一个!"冰心说:"冠冕,是暂时的光辉,是永久的束缚。"

一个人只有摆脱了历史的束缚,才能不断地向前迈进。

不要做踢猫链条中的一环

【原文】

子曰:"由也,女闻六言六蔽矣乎?"对曰:"未也。""居!吾语女。好仁不好学,其蔽也愚;好知不好学,其蔽也荡;好信不好学,其蔽也贼;好直不好学,其蔽也绞;好勇不好学,其蔽也乱;好刚不好学,其蔽也狂。"

脾气急躁的人会偾事,个性疏懒散漫的人会误事,严格说来误事还比偾事好一点,偾事是说一下子就把事弄砸了。所以个性直的人,自己就要反省到另一面,如果不在另一面修养上下功夫,就很容易偾事。

好直与好勇都是个人情绪。一个人不能太直,不能太急躁,这样有损于个人修养,尤其是在别人眼里会认为你没有修养。如果这些负面情绪在一个团队、群体中扩散,它还有传染性,从这一传染源出发,一路下去,影响一个链条。张强就无意中当了一回传染源。

张强是一位经理,一天早晨他起床有些晚,便急急忙忙地开了车往公司急奔。为了赶时间,他连闯了几个红灯,终于在一个路口被警察拦了下来,警察给他开了罚单。到了办公室之后,他看到桌上放着几封昨天下班前便已交代秘书寄出的信件,他把秘书叫了进来,劈头就是一阵痛骂。

秘书则拿着未寄出的信件,走到总机小姐的面前,又是一阵狠批。总机小姐被骂得也很委屈,便借题对公司内职位最低的清洁工进行了一番指责。清洁工只得憋着一肚子闷气。下班回到家,清洁工见到读小学的儿子趴在地上看电视,衣服、书包、零食丢得满地都是，当下把儿子好好地修理了一顿。儿子愤愤地回到自己的卧房，见到家里那只大懒猫正盘踞在房门口，就狠狠地一脚把猫给踢得远远的。正巧这时张强从猫身边走过，谨慎的猫为防止再被人踢，迅速抓了一下张强就溜了，可怜的张强被猫抓破了腿。

人并不是孤立地存在着，如果无缘无故被人丢了一个包袱过来，当然要想办法甩掉它。这就是"踢猫效应"，是人们在受到挫折后的典型消极心理反应之一。踢猫效应告诉我们：发脾气就等于在人类进步的阶梯上倒退了一步。

有人受到挫折以后容易产生攻击行为，包括直接攻击对方；也有人攻击自己，这是一种自虐行为；还有人攻击不相关的人。这种攻击性行为常常会影响工作气氛和合作质量。低落的情绪是一个连锁反应，生气犹如毒药一样可以传染到四面八方。处于情绪低潮当中的人们，容易迁怒周遭所有的人、事、物，这是自然而然的，正因为难以克服，所以孔子才会称赞颜回："不迁怒，不贰过！"

科学家通过研究发现，原来心情舒畅、开朗的人，若同一个整天愁眉苦脸、抑郁难解的人相处，不久也会变得情绪沮丧起来。一个人的敏感性和同情心越强，越容易感染上坏情绪，这种传染过程是在不知不觉中完成的。如果一个情绪并不低落的学生和另一个情绪低落的学生同住一间宿舍，这个学生的情绪往往也会低落起来。在家庭中，某人若情绪低落，他们的配偶最容易出现情绪问题。科学家们证明，只需要 20 分钟，一个人就可以受到他人低落情绪的传染。

在工作中有这么一种人，总想让别人能与自己的喜怒哀乐"同步"。当他们心情愉快时，希望周围的人也跟着自己高兴；当他们心情不好时，别人也不能流露出一点欢乐。否则，轻者耿耿于怀，重者便寻衅以"制服"对方。这种情绪上以自我为中心的做法是极其不好的，因为它会严重破坏和谐的工作氛围。

有的人自己心情不好时，也不允许单位里其他同事说笑或进行正常的娱乐活动。他会不时地干涉别人、扰乱别人，破坏周围欢乐的气氛。时间久了，他会因不受欢迎而成为孤家寡人，陷入孤立的状态之中。

管理不好自己的情绪，是个人修养问题。其实，人无法避免同他人交往，尤其是合作氛围相对稳定的办公室，一个人的情绪犹如往一杯水中加入一滴酒，水也就将变得不再单纯。那么合作气氛犹如那杯水,那杯掺了一滴酒的水就是被污染了的工作环境。每个人喝起来都不是那么爽口,心情也遭到污染,工作状态就可想而知了。

生气不如争气

【原文】

子曰:"不患人之不己知,患其不能也。"

与其抱怨,不如把抱怨的时间和力气用在提高自己能力上,相信总有一天你会赢得你想要的机会和平台。

小李很不满意自己的工作,他愤愤地对朋友说:"我的上司一点也不把我放在眼里,改天我要对他拍桌子,然后辞职不干。"

朋友问他:"你对你们公司完全弄清楚了吗? 对他们对国际贸易的窍门完全搞通了吗?"

小李摇了摇头,不解地望着朋友。

朋友建议道:"我建议你把商业文书和公司情况完全弄明白,甚至怎么修理影印机的小故障都学会,然后再辞职不干。"

朋友解释道:"等什么东西都学通了之后,再走,不是既出了气,也有许多收获吗?"

小李听从朋友的建议,从此便默记偷学,甚至下班之后,还留在办公室研究如何写好商业文书。

一年之后,那位朋友偶然遇到小李,问道:"你现在大概多半都会了,准备拍桌子不干了吧?"

"可是我发现近半年来,老板对我刮目相看,最近更是不断给我加薪,并对我委以重任,我已经成为公司的顶梁柱了!"

"这是我早就料到的!"他的朋友笑着说,"当初你的老板不重视你,是因为你的能力不足,却还不努力学习;而后来你痛下苦功,能力渐增,当然会令他对你刮目相看。"

可见,生气不如争气,抱怨不如行动,只有行动才能够改变你的命运。

林立是广东一家知名家电企业的业务经理,他刚进公司的时候,上司非常赏识他。为了不辜负上司的器重与信任,他主动申请去开拓公司在西北地区的市场,义无反顾地离开了总部,独自去了那块陌生的土地。

刚到西部,林立竭尽所能地克服生活上的种种不适,虽然问题依旧接踵而至,但他仍然卖力地开展工作。他不但要以经理的身份代表公司去洽谈业务,还要以搬运工的身份亲自去码头取货、送货。面对这些,林立没有一句怨言,只是默默地承受,把这一切的磨难当成理所当然。然而,最初到西部那几年中,他辛勤的劳作并没有换来丰硕的成果。两年多来,他虽然每天都在竭尽全力地工作,却没有获得在总部时一半的成绩,他成了同事中业绩最差、进步最小的人!上司对他在西北部市场的表现颇有微词,对他在工作上的支持也没有了以往的热情。但林立没有时间抱怨,仍一如既往地卖力工作。

辛勤劳作,并没有换来上司的嘉奖,尤其这种嘉奖对林立来说,已经成为他坚持下去的动力,这使他在相当长的一段时间里心境悲凉,觉得前途灰暗,看不到成功的方向。然而,他最后还是选择坚持下去而不是埋怨上司的不理解,并尽最大的努力与上司沟通着。他一直把这份艰辛当作一种契机,一首成功的前奏曲。终于,半年之后,在他的努力下,西北的市场有了令人瞩目的重大转机。

林立的事例告诉我们,每一次任务都蕴涵着机会,与其抱怨,不如实干。一名优秀的员工应当像林立一样,无论做什么样的工作,都要时刻以自觉的行动来代替抱怨。对于他而言,公司的组织结构如何,谁该为此问题负责,谁应该具体完成这一任务都不是最重要的,在他心目中唯一的想法就是如何解决问题。

这样的故事,对于我们今天的职场同样有很好的借鉴作用。无论你所在的公司规模多么小、业务多么简单,但是,它能够存在并且能够给你薪水,就说明它一定有过人之处,这或许是一项高科技产品,或者是一种先进的管理经验,或者是一种催人上进的企业文化,而这些,都是你人生发展必不可少的。所以,每天面对自己的工作,我们应该做的,就是全面地认识自己的公司,每天去观察它的成长和自己的成熟,从公司和公司的同事那里学习知识和技巧,充分利用公司的现有资源,努力做好自己手头的工作,用行动代替抱怨。

第十三章 孔子与《论语》趣谈

为什么孔子自称是"殷人"?

孔子临死前,曾做了一个梦,梦见自己坐奠于两柱之间。醒来后,他便对守候在身旁的弟子子贡说:"予始殷人也。"七天后,孔子便去世了。孔子为什么这样说呢? 原来,按照夏商周三代的丧葬礼俗,人死以后,出殡前,夏代是将灵柩停放在东阶,周代是将灵柩

梦奠两楹

停放在西阶,惟商代是停放在两柱之间。孔子临死前梦见自己坐奠于两柱之间,正表明了他是殷人的身份。孔子是鲁国人,为何又是殷人呢?

原来,孔子的祖先是宋国人,而宋国是殷遗民的封国。公元前 11 世纪中叶,商朝灭亡,新建立的周朝按照当时"灭国,不灭其祀"的惯例,拿出商朝王畿地区的一部分封给了商纣王的儿子禄父(武庚),让他奉守商祀,不灭商朝王族的香火。不久,武庚禄父利用周王室的内部矛盾发动叛乱,被镇压后,周朝改封商纣王的庶兄微子启,让他在商朝旧都商

丘一带立国,称"宋"。

微子启之后,经历了四传,到了湣公时期。宋湣公有两个儿子,长子叫弗父何,次子叫鲋祀。这位弗父何便是孔子的始祖。弗父何是长子,可以继位为君,却让给了弟弟鲋祀,自为公卿,世代相传。传了五世,到了孔父嘉时,不幸发生了一件大祸。发生大祸的原因,在于孔父嘉有一位美丽的妻子!

孔父嘉贤而有德,在宋穆公时任大司马,穆公十分信任他,临终时又将其子殇公托付给了他。孔父嘉娶了一位貌美的妻子,有一次,被太宰华父督在路上偶遇,华父督惊叹"美而艳",便起了夺为己有的邪念。当时,殇公即位不久,连连对外战争,民众不堪忍受。华父督乘机散布流言,把战争的责任完全推到了孔父嘉的头上,挑动起民众的不满,然后率兵攻杀了孔父嘉,霸占了其妻。随后又杀了宋殇公。时在公元前710年。

接着孔父嘉突遭横祸而发生的,是其子孙"避祸奔鲁"一事。这是孔氏家族史上的另一件大事。由于"避祸奔鲁",孔子先祖才从宋国人转变成了鲁国人。

"避祸"是避华父督之祸。华父督杀了孔父嘉,又霸占了其妻,孔父嘉的子孙惧祸及身,于是弃宋奔鲁。但到底是何人奔鲁,由于记载疏略,便有了不同的说法。最早的说法是孔父嘉的曾孙防叔"避祸奔鲁"。因为有人怀疑防叔距离华父督之祸已过三代,此祸不会再对防叔构成什么威胁,认为防叔不必"避祸奔鲁",所

因膰去鲁

以又提出了后一种说法:孔父嘉的儿子木金父"避祸奔鲁"。这两种说法都有一些言之成理的地方,而且由于缺乏直接的历史证据,现在也很难判断何者为是。不过,防叔"避祸奔鲁"的说法毕竟早出,为早期的一些古文献如《世本》《孔子家语》《潜夫论》所记,在两说不可并存的情况下,应当取防叔"避祸奔鲁"这一说法。

防叔弃宋奔鲁,从此,孔子先祖"灭于宋",迁居于鲁国,世为鲁国人。后来,孔子认鲁国为"父母之邦",每当他要离开鲁国时,总是"迟迟吾行也",表示对"父母之邦"的一种难以离别的感情。

鲁国大贵族孟僖子为什么说孔子是"圣人之后"?

孔子学礼、知礼,二十多岁时在鲁国就很有名了。大贵族孟僖子集其一生经验,深知"礼,人之干也。无礼,无以立";临死之际,后悔自己没有学好礼,乃嘱咐他的两个儿子孟懿子和南宫敬叔说:孔子是圣人之后,他的先祖弗父何有让国之德,正考父有恭敬之风。圣人之后,虽不在位,必有贤达之人。孔丘就是这样的贤达之人,我死之后,你们一定要拜孔丘为师学礼。

孔子年轻时被孟僖子指认为圣人之后,晚年则获得了圣人的称号,看来,孔子的确与圣人有缘。

孟僖子为什么说孔子是圣人之后?他的根据是孔子的先祖中弗父何和正考父有明德,是圣人。

弗父何是孔子的十世祖,也是孔子先祖中第一个从宋国公室中分立出来、由公子转变为卿大夫的人。弗父何是宋湣公的长子,按照当时的继承传统,长子应该继宋湣公之后而"有宋"的。可是,宋湣公死后,没有把君位传给儿子,而是传给了弟弟炀公。弗父何沉默不争,可是,弟弟鲋祀不干了,他杀掉了叔父炀公,欲立哥哥弗父何,弗父何让而不受,鲋祀便自立为君了,称厉公。

在这次事件中,弗父何有两次不凡的表现:一次是不与叔父争位,一次是让位给弟弟。在古代,让位即让国,这是一直受人称颂的至德,被认为是圣人之事。让国虽不多见,却也不乏典型事例。比如泰伯,他是周人先王古公亶父的长子,次子曰仲雍,三子曰季历。季历生了个儿子昌,即后来的周文王,自幼禀赋异常,很讨古公亶父的喜欢,认为他能光大周人的事业,于是想传位给他。泰伯为了成全父亲的心意,约二弟仲雍一起出走,到了南方吴越之地,断发文身,不再回来。孔子对此称赞不已,说:"泰伯,其可谓至德也已矣。三以天下让,民无得而称焉。"

正考父是孔子的七世祖。他以谦恭、俭朴和熟悉古文献而著称于世。正考父曾连续辅佐宋国三君——戴公、武公、宣公，都是位在上卿，权高势重，地位显赫，然而，他不但不骄傲自满，反而愈加谦恭俭朴。《左传》昭公七年记正考父在一只鼎上自制铭文曰："一命而偻，二命而伛，三命而俯。循墙而走，亦莫余敢侮。饘于是，鬻于是，以糊余口。"这意思是说：我接受过三位国君的任命，我的地位一次比一次巩固，威望一次比一次提高，我却一次比一次谦恭：第一次任命后，我在人面前总是低着头；第二次任命后，我在人面前总是鞠着躬；第三次任命后，我在人面前总是弯着腰，连走路也是小心翼翼地靠着墙边快走，然而谁也不敢侮辱我。我用这只鼎煮粥，也用这只鼎食粥，以此充饥糊口而已。这只鼎是孔氏的传家之宝，鼎上的铭文是正考父留给其后世子孙看的。

商汤

此外，正考父还是一位熟悉礼乐、爱好历史，具有很高文化水平和艺术才能的人。据说，《诗经》中的《商颂》部分就是由他校订整理的。今存《商颂》五篇，是宋国祭祀祖先的乐歌，内容是对祖先功业的赞颂。如《玄鸟》篇中有"天命玄鸟，降而生商"的诗句，《殷武》篇中有"昔有成汤，自彼氐羌，莫敢不来享，莫敢不来王，曰商是常"的诗句，歌颂了祖先承天有命、威武建国的历史功业。

弗父何和正考父有圣明之德，在当时人看来，祖宗积德，子孙其昌，所以孟僖子认定孔子是圣人之后，将来必成大气候。

孔子的父亲叔梁纥是大力士吗？

孔子的父亲叔梁纥，是鲁国陬邑（今曲阜市息陬乡东南一带）人，拥有士的身份，被称为陬邑大夫。据《左传》记载，叔梁纥力大无比，以勇武果敢著称。他曾经立过两次战功，

"以勇力闻于诸侯",靠着忠诚和勇敢赢得人们的称赞,很有名气。

叔梁纥第一次立功,是在鲁襄公十年(前563年),晋国率领诸侯联军围攻偪阳(今山东省枣庄市南面),叔梁纥作为一名武士,随同鲁军参加作战。在攻城时,偪阳人为诱敌入城,故意把城门打开,放一部分攻城的军队进去,再突然放下悬门,将攻城的军队拦腰截断,关门聚歼。就在悬门将要落下的刹那间,叔梁纥飞步上前,双手托起悬门,使攻进城内的鲁军及时撤了出来,避免了伤亡,为鲁军立下了战功。叔梁纥双手托起城门,无疑是名副其实的大力士。

叔梁纥第二次立功,是在鲁襄公十七年(前556年),齐国入侵鲁国臧孙氏的防邑(在今山东泗水县南28里),将鲁大夫臧纥及其弟臧畴、臧贾和叔梁纥围困在防邑中。鲁军前去解救,抵达防邑附近的旅松。待天黑之后,叔梁纥和臧畴、臧贾率三百武士,突围而出,护送臧纥到了旅松,然后又杀回防邑继续守卫。齐军无奈,罢兵而去。这一年叔梁纥已63岁,还如此英勇,很让人佩服。

赦父子讼

很可能由于遗传的原因,孔子也是身高1.91米,筋骨强健,力大过人。《吕氏春秋·慎大》篇记载:"孔子之劲,举国门之关。"关,指门闩。国门之关,指城门上用一巨大横木做成的门闩。孔子的力气虽然不及其父,但"举国门之关"的力气也非常人可比。《淮南子·主术训》篇还记载孔子有多项出众的本领:"孔子之通,智过于苌宏,勇服于孟贲,足蹑郊菟,力招城关,能亦多矣。"苌宏是周大夫,以博学多才著称,而孔子的睿智超过了苌宏。孟贲是有名的勇士,传说他"水行不避蛟龙,陆行不避兕虎",力大至"生拔牛角",而孔子之勇犹过之。"足蹑郊菟",菟即兔,是说孔子双足疾跑能够追上郊外的野兔。"力招城关",即上面提到的"举国门之关"。可见,孔子并不是一身书生气的"夫子",而是一位智、仁、勇兼备,文质彬彬的英杰。

有人说孔子是私生子,这到底是怎么回事?

不少人说孔子是私生子,其根据是《史记·孔子世家》记载叔梁纥和颜徵在"野合而生孔子"。这里的"野合"二字究竟是什么意思呢?事涉圣人,人们多有兴趣探究,很想弄个明白。古往今来,共形成了三种意见。

第一种意见认为,"野合",顾名思义,就是指野外幽会。叔梁纥和颜徵在未经婚配,在野外幽会而生孔子,孔子是私生子。

第二种意见认为,叔梁纥和颜徵在是合法婚姻。根据《孔子家语·本姓解》记载,叔梁纥原有一妻一妾,妻生九女,妾生一子。此子叫孟皮,生有残疾,是个跛子,不能承祧做继承人。年已六十多岁的叔梁纥不甘心,再向颜氏求婚。颜氏有三个女儿,最小的叫徵在。颜父征求三个女儿的意见,说:陬邑大夫叔梁纥,虽然父、祖为士,其先却是圣王的后裔。其人身高十尺,武力绝伦,甚合我意。虽说他年长性严,不足为虑,你们谁愿意嫁给他?大女儿、二女儿沉默不语,三女儿徵在说:这事儿听从父亲的安排,还问什么呢?颜父听了后,知此女可嫁,于是同意了这门亲事。

颜徵在虽然"从父命为婚",但她与叔梁纥的婚姻却不合礼仪,因为两人年龄相差悬殊,叔梁纥年近70,颜徵在不到20。古人认为,男子年过64,女子年过49,不宜结婚,结婚则为"野合"。所以,《史记·孔子世家》记叔梁纥和颜徵在"野合",是"春秋笔法",隐含了对他们婚姻不合礼仪的批评。

第三种意见是对第一种意见的补充,认为"野合"的确是在野外交合,但这是合乎当时民间习俗的。春秋时期,男女婚姻形式不像后来那样单一,民间习俗允许男女在某一特定时期自由结合,如《周礼·地官·媒氏》说:"仲春之月,令会男女;于是时也,奔者不禁。"这里的"奔",是指男女双方,无论已婚或未婚,都允许在仲春之月外出会合。而且,各地还有一些大致固定的男女相会的场所,如燕国的"祖"、齐国的"社稷"、郑国的"溱洧"、卫国的"淇上"、宋国的"桑林"、楚国的"云梦"等等,都是有名的男女相会的地方。

桑林野合图

据此,叔梁纥和颜徵在的"野合",是合乎民间习俗的行为,不值得大惊小怪。

以上三种意见孰是孰非,似乎很难断定。综合起来看,一个比较合理的推测是,叔梁纥和颜徵在既然年龄相差悬殊,一个年近70,一个不到20,则两人不大可能是因为自由恋爱而去野外幽会;他们应有正式的婚姻,叔梁纥年老而求子心切,在已有一妻一妾的情况下,再娶颜徵在,无非是希望再生一子,因此,叔梁纥很有可能过于看重娶妾生子的目的,而忽略婚礼的形式,把婚事办得草率一些,某些环节不合礼仪,"质胜文则野",所以被称为"野合"。

孔子的名字到底有什么来历?

关于孔子的出生,后世有许多神话传说,明清时期所绘的各种版本的《圣迹图》中,就收录了"麒麟玉书""二龙五老""钧天降圣"等几则神话传说。孔子故里曲阜及其周围地区,也流传着不少有关孔子出生的传说故事。司马迁在做《孔子世家》时,只是记载了叔梁纥与颜徵在"祷于尼丘得孔子"。

尼丘，山名，后来因为避孔子名讳而改称尼山。位于今曲阜市东南约25公里处，海拔340米，五峰并峙，中间一峰略低，称尼丘山。叔梁纥所在的陬邑，离尼山不远。传说叔梁纥夫妇婚后求子心切，按当地习俗，经常到附近的尼山祈祷，祈求尼山之神能够赐给他们一个儿子。颜徵在怀孕以后，仍然继续祈祷。鲁襄公二十二年（前551年），在一次祈祷结束后，叔梁纥扶颜徵在到尼山东侧山脚下一个山洞里休息，在这个山洞里，颜徵在突然临盆生下了孔子。为了纪念孔子的出生，后人把这个山洞称作"夫子洞"或"坤灵洞"。

夫子洞，原名坤灵洞，位于尼山脚下智源溪北岸，为一天然石洞。据元代杨奂《东游记》记载，坤灵洞洞名是刘晔刻的，曾经有人手持火把深入夫子洞中，走到约三四丈深的时候，忽然发现有一石室，中间有天然形成的石床石枕。元代至正三十年（1370年），曾在洞中置孔子石像，在洞前立"尼山孔子像记碑"，今皆不

二龙五老

存。后来，夫子洞渐为智源溪流沙所淹没，1979年清除了淤沙，才见其全貌。现在的夫子洞，深、阔仅两米多，洞前立"夫子洞"石碑。

司马迁《孔子世家》在记载叔梁纥夫妇"祷于尼丘得孔子"之后，继续写道：孔子"生而首上圩顶，故因名曰丘云"。这是说，孔子名丘的来历，与尼山有关。《白虎通·姓名》篇说得很明白："孔子首类鲁国尼丘山，故名为丘。"所谓"首上圩顶"，是指孔子头顶的形状而言。什么是"圩顶"？唐代司马贞《史记索隐》解释说："圩顶，言顶上窊也。"窊，通洼，凹低的意思，"圩顶"即指头顶凹陷。由于"圩顶"取象于尼丘山，所以又被称作"尼首"。值得注意的是，历史上不止孔子一人拥有这种颇为独特的头部特征，《后汉书·高获传》记高获"为人尼首方面"，唐代李贤注曰："尼首，首象尼丘山，中下四方高也。"看

来，作为一种独特的相貌特征，一个人的头顶中间低、四周高，是的确存在的，——不过，不可能是全部头顶都如此，很可能是头顶上的某个局部如此。

孔子到底是哪一天出生的？

孔子诞辰到底是哪一年、哪一天？虽然古文献有明确记载，但由于记载不一，也由于古今历法不同而导致推算的结果有差异，所以一直存有争议。

孔子的去世年，《左传》《史记·孔子世家》记载一致，是鲁哀公十六年四月十一日，即公元前 479 年夏历二月十一日，这很少有争议。但孔子出生的年、月、日，却有不同的记载：

《公羊传》：鲁襄公二十一年，"冬，十月庚辰朔，日有食之。十有一月，庚子，孔子生"。

《谷梁传》：鲁襄公二十一年，"冬，十月庚辰朔，日有食之。庚子，孔子生"。

《史记·孔子世家》："鲁襄公二十二年而孔子生。"

以上三种记载，关于孔子的出生年，《公羊传》和《谷梁传》一致，都是鲁襄公二十一年，即公元前 552 年；《史记·孔子世家》所记差了一年，是鲁襄公二十二年，即公元前 551 年。这就产生了问题。历史上，这两说并存，各有一定数量的支持者，双方旗鼓相当，以致很难达成共识。值得注意的是，孔氏族人从南宋时就认取《史记·孔子世家》的记载，以鲁襄公二十二年为孔子的出生年。所以，到了民国时期，《史记·孔子世家》所记的鲁襄公二十二年说，得到了广泛的认同，至今沿袭不改。

关于孔子出生的月、日，《史记·孔子世家》没有记载，《公羊传》的记载是十一月、庚子日，《谷梁传》的记载是十月、庚子日。两者所记，日期一致，月份有差异，对于这个月份差异，实际上前人早已解决。从宋代起，不断有学者指出《公羊传》所记十一月有误，认为按当时历法，十月有庚子日，十一月无庚子日，因此，应当采用《谷梁传》的记载。问题是《谷梁传》所记"十月，庚子"，是周正，即周代历法，换算成如今仍然通行的农历，是哪一月、哪一天呢？

唐代应劭著、明代孔彦绳增修的《孔庭纂要》明确指出："鲁襄公二十二年，冬十月，庚子日，先圣生，即今之八月二十七日。"即把孔子诞辰日定为农历八月二十七日。此外，清代崔述《洙泗考信录》指出应定为八月二十一日。《孔庭纂要》的说法,为此后数种阙里文献包括《孔子世家谱》所采用,成为孔氏族人认同的孔子诞辰日,也逐渐为国人所接受。1914 年,孔教总会把农历八月二十七日定为"孔子大成令节"。1934 年 7 月,南京国民政府制定并公布了《先师孔子诞辰纪念办法》,明确规定农历八月二十七日是孔子诞辰纪念日。沿袭至今,农历八月二十七日成了人们普遍接受的孔子生日。

1999 年,江晓原教授重新研究了孔子的出生时间问题。他考察发现,同样记载孔子出生,鲁襄公二十一年有日食记载,鲁襄公二十二年无日食记载。而根据现代天文学知识推算,鲁襄公二十一年,在曲阜的确可以见到一次食分达到 0.77 的大食分日偏食。这说明《公羊传》和《谷梁传》的记载是准确的。江晓原教授据此考定孔子出生于鲁襄公二十一年十月庚子,即公元前 552 年 10 月 9 日,卒于鲁哀公十六年四月己丑,即公元前 479 年 3 月 9 日。这是一项值得重视的最新研究成果。

孔子的父亲叫叔梁纥,他为什么姓孔?

孔子的父亲叫叔梁纥,他叫孔丘,父子二人的名号显然有着结构性的差异。孔子的名号中,有名有姓,名丘姓孔。叔梁纥的名号中,却有名无姓;纥是名,故叔梁纥又称陬人纥;叔梁不是姓,而是字。那么,孔子为什么姓孔?

从文献记载可知,孔子的列祖列宗中,没有以孔为姓的,孔姓是从孔子开始的。孔子的祖先不姓孔,姓什么? 姓子。孔子自称是殷人,其祖先属于殷遗民。在先秦,商、周两代,商是子姓,周是姬姓。但在当时,女子称姓,男子不称姓。所以,孔子的祖先姓子,但他们的名号中都不冠以子姓。

孔子祖先姓子,孔子本人自然也姓子,这确定无疑。孔子怎么又姓孔呢?

原来,准确地说,孔并不是孔子本人的姓,而是他的氏。古人的姓与氏是分开的,男子不称姓,称氏。孔子的孔,最初是氏,后来才变成了姓。孔子的孔,作为氏号,也就是孔氏,又是从哪儿来的呢? 古文献中已有明确答案。《孔子家语·本姓解》指出:孔子先祖本是宋国公室成员,传到孔父嘉时,"五世亲尽,别为公族,故后以孔为氏焉"。《阙里文献考》卷一也说:孔子先祖从弗父何到孔父嘉,"五世亲尽,当别为公族,乃以字为孔氏"。这是说,孔子先祖弗父何让国后,其子孙仍然属于宋国公室成员,传了五世,到了孔父嘉的时候,按照宗法制的规定,五世亲尽,不能再继续列入公室,而是应该别立一族。别立一族,必须有个族的名号,于是就取孔父嘉的字作为族的名号。孔氏的孔,是从孔父嘉那儿来的,孔是孔父嘉的字。

孔氏虽然从孔父嘉开始别立一族,但那时男子的名号,称氏,称名,称字,似乎并无一定之规,所以,孔父嘉以后,孔子的先祖如木金父、祈父、防叔、伯夏、叔梁纥,都不称氏,其名号中都无孔字。孔氏一系,名号中称氏的,是从孔子开始,其后固定下来,如孔子的儿子叫孔鲤,孙子叫孔伋,曾孙叫孔白,玄孙叫孔求,等等。后来,氏变成了姓,孔也就由氏变成了姓。

由于孔子是圣人,也由于孔氏是从孔子开始固定下来,所以战国中后期孔子的直系子孙皆奉孔子为始祖。据《孔丛子·独治》篇记载,孔氏后人为祭祀先祖,立有两座祖庙,一是弗父何之庙,一是孔子之庙。孔子九世孙孔鲋说:他们"哭孔氏之别姓于弗父之庙,哭孔氏于夫子之庙"。孔鲋所说的"孔氏之别姓",是指孔氏别立一族以来的其他分支,这些分支并不以孔为氏,所以称"别姓";所有孔氏和孔氏之别姓,都奉弗父何为始祖。孔鲋所说的"孔氏",则是指孔子的直系后裔,都以孔为氏,都奉孔子为始祖。

孔子和他的孙子子思真的都没长胡子吗?

成年男人长胡子,换言之,长胡子是男子成熟的标志。而且,胡子具有重要的美容作用,所以男人很重视修饰自己的胡子。一位留着大胡子的男人,如果被称为美髯公,往往给人以飘逸、潇洒、俊秀的印象,心里不免有几分得意。

正因为胡须具有重要的美容作用,几乎所有的孔子画像都给孔子画出了长长的胡子,——当然不是美髯公的形象,而是稳重、威严、睿智的圣人形象。

然而,历史的真相是,孔子不长胡子! 并且,孔子的孙子子思也不长胡子。据《孔丛子·居卫》篇记载,子思到了齐国,齐国国君见子思没有胡子,便指着身旁一位"美须眉"的嬖臣,戏弄子思说:如果相貌可以互换的话,我不惜将此须眉让给先生。子思正色回答说:一个人是否贤明,在德不在貌,"且吾先君生无须眉,而天下王侯不以此损其敬"。意思是说，孔子虽然"生无须眉"，但天下王侯并不因此而降低对孔子的崇敬。孔子祖孙二人都不长胡子，大概是遗传的原因吧。

《孔丛子》是记述孔子及其八世子孙言行的书，共21篇，过去一向被视为伪书。然而，现代学者研究认为，《孔丛子》并非伪书，其成书经数代人之手，不免有讹误；书中所记大多有所本，其中记述子思言行的六篇，很可能杂取《子思子》一书，应有可信的资料。据此，可以认为，子思游齐，因为不长胡子而受到齐国国君的戏弄这样的细节，恐怕很难臆造出来；子思回击齐国国君，连带说出孔子也不长胡子，更是细节中的细节，尤难臆造。所以说，《孔丛子》关于孔子、子思不长胡子的记载应该是可信的。明代学者陈继儒、清代学者杭世骏等都曾据此指出，孔子本无胡须，而所见孔子像多胡须，是错误的。

孔氏有无家学传统？

孔子死后，他的后世子孙是否继承了先人之业，形成了一个家学传统？答案是肯定的。

《史记·孔子世家》记孔子死后，他所居住过的房屋，立即被改造成了家庙，内藏孔子的衣冠、琴、车、书等，成为最早的孔子纪念堂。直到二百多年后，司马迁到曲阜还参观了这座因宅为庙的孔子纪念堂——司马迁称其为"仲尼庙堂"，看到了陈列其中的车、服、礼器，以及学生们按时到这里来演习礼仪。"仲尼庙堂"自然成为孔氏家学发生、兴起的场所。

孔氏家学由孔子发其端，子思踵事增华，大约到孔穿、孔谦、孔鲋时蔚然形成。

在孔氏家学的形成与传承中，大致有三个方面值得注意：

（1）家藏文献的保护与传授。孔子整理、使用过的六经，以及子思等人的著述，自然藏于"仲尼庙堂"，细心保护，世代相传。到了秦始皇焚书坑儒时，孔子九世孙孔鲋，将其家传的《论语》《孝经》《尚书》等书秘藏于祖宅壁中，然后逃到嵩山隐居。到汉初鲁恭王拆除孔子故宅时，这批珍贵的文献被发现，成为两汉学术的一件大事。

（2）记述家学源流的著作。比较重要的有：

《孔丛书》，三卷，二十一篇，相传为孔鲋所作。主要记述孔子、子思（孔伋）、子上（孔白)、子高(孔穿)、子顺(孔腾)、子鱼(孔鲋)等孔氏重要人物的言行。

《孔子家语》，原书二十七卷，见《汉书·艺文志》著录，为孔子弟子所撰，早已亡佚。传世本《孔子家语》，是三国时期王肃收集整理的，共十卷，四十四篇。主要记述孔子的言语行事以及孔子的祖先、弟子等各方面的情况。

《孔子三朝记》，相传为孔子三见鲁哀公所作，《汉书·艺文志》有著录，共七篇，今已不传。

(3)孔氏学人及其著作。这是孔氏家学的最重要的一个方面。从孔子开始，孔氏人才辈出，著述宏富。除了孔子以外，孔子的孙子子思是儒家思孟学派的创始人，有著作《子思子》七卷，亡佚，但有一些篇章见于《礼记》以及简帛儒家文献，借以留传于世。孔子七世孙孔穿是战国名士，曾与名家公孙龙辩论"坚白异同"而取胜，著作有《谰言》一卷十二篇。孔子九世孙孔鲋，博学多才，教授弟子，著作有《孔丛子》。孔子十一世孙孔臧，西汉时为博士、太常，著作有《太常集》一卷十篇、《连丛子》两篇。孔子十一世孙孔安国，是西汉著名经学家，《尚书》古文学的开创者，著述有七八种之多。自孔安国以后，孔氏专攻经学而成名的有，孔子十三世孙孔霸、孔骥，十四世孙孔光，十六世孙孔奋、孔奇，十世孙孔嘉，十九世孙孔宙、孔僖，等等。由此可见，从孔子开始，孔氏形成了传世悠长的家学传统。

孔子有特殊的相貌吗？

孔子是圣人，而且是至圣，是圣人中的圣人。在古人眼中，凡是圣人往往有异相，比如，黄帝龙颜，尧眉八彩，舜目重瞳，皋陶鸟喙，禹耳三漏，文王四乳，周公背偻，等等。孔子既然是至圣，更有多种异相。曲阜民间传说，孔子相貌有"七露"，即：眼露白，耳露轮，口露齿，鼻露孔。七窍豁露，不甚美观，所以"七露"又写作"七陋"。《孔丛子·嘉言》篇记周大夫苌弘在与孔子见面后说："吾观孔仲尼有圣人之表。河目而隆颡，黄帝之形貌也；修肱而龟背，长九尺有六寸，成汤之容体也。"据说《世本》更记孔子有"四十九表"，即指孔子的体态、相貌有四十九种特征。看来，至圣的孔子在体态、相貌上也是集圣人之大成。

孔子真有特殊的长相吗?

应该说,孔子在世的时候,人们已经注意到了他的长相。《史记·孔子世家》记载,孔子周游列国,途经郑国时,不慎与弟子走散,独自一人来到了郑国城门下。子贡随后到达,便打听孔子在哪儿。郑人告诉子贡城东门有一个人,脑门像尧,脖子像皋陶,肩膀像子产,然自腰以下不及禹三寸。子贡果然到那儿找到了孔子。那么,孔子到底长得什么样呢? 1990 年,李启谦、王钧林两先生发表《孔子体态、相貌考》一文,根据各种文献记载,对孔子的体态、相貌进行了比较详细的考证。该文得出的结论是,孔子的体态特征有五项:

(1)身材高大。

(2)上身长,下身短。

(3)驼背。

(4)胳膊长。

(5)筋骨强健,力大过人。

孔子的相貌特征也有五项:

(1)头顶局部凹陷。

(2)面貌比较丑陋。

(3)头上七窍豁露。

(4)天庭饱满。

(5)没有胡须。

这些体态、相貌特征,多无异于常人之处,但也有一些为常人所罕见,如头顶局部凹陷、头上七窍豁露、没有胡须三项。如果说孔子有特殊的长相,这三项就算是吧。

最早的孔子像是哪个时代的? 谁画的孔子像最流行?

现在人们能够见到的孔子像,林林总总,不计其数,孔子故里骆承烈教授一人收藏的孔子像,就多达两千余件。各种各样的孔子像,从分布上说,不仅在国内常见,而且遍及世界各地；从年代上说，有汉代的，有当代的，时间跨度达两千多年；从材质上说，有纸绘、布绣、石雕、木雕、泥塑、陶制、金属制，等等；从形象上说，有帝王形象的、先师形象的、平民形象的，也有正面形象的、反面形象的，等等；从活动内容上说，有读书的、讲学的、从政的、周游列国的，等等。可谓层出不穷，应有尽有。

历史上最早出现的孔子像，传说是孔子弟子子贡雕刻的孔子夫妇楷木像。到了汉代，出现了若干新的孔子像。汉景帝时，蜀郡太守文翁创办学校，称"文翁石室"，即供奉孔子像。东汉时，则在孔庙内绘有孔子及七十二弟子像。可惜这些汉代孔子像今已不存，我们今天能够见到的，是汉画像石上的孔子像，尤以孔子见老子图最著名。2007年10月，在山东东平县发现的汉墓壁画中，有一幅是保存完好的"孔子见老子"的彩色壁画，色泽鲜艳，线条清晰，殊为珍贵。这是我们目前所能见到的最早的孔子画像，也是比较而言最接近历史真实的孔子画像。

汉代以后，随着绘画艺术的提高与普及，备受尊崇的孔子成了画家创作的主题人物。

孔子见老子画像砖

南朝梁元帝萧绎画的孔子像及其亲笔题写的赞辞，被时人称为"三绝"。唐代著名画家王维、阎立本、吴道子等都画有孔子像，其中，吴道子所画的孔子行教像，广为流传，影响最大，为人们普遍认可和接受，成为迄今最流行的孔子像。另一幅流传甚广的孔子像，是明代不知何人所做的"孔子燕居像"。

孔子后裔收藏有不少珍贵的孔子像。据孔子四十七代孙孔传所著《东家杂记》记载，衢州孔氏家庙所藏孔子画像,孔子身着燕居服,颜回从行,世称"先圣小影",认为此像"于圣像为最真"。传说"先圣小影"是晋顾恺之所绘。这应是孔子后裔收藏的最珍贵的孔子像。

各种各样的孔子像,都力图反映真实的孔子,但是,由于历史久远,谁也不知孔子究竟长得什么样子,所以无法判断哪个孔子像最接近真实的孔子。尽管如此,人人心目中都有一个孔子形象,人人都按照自己心目中的孔子形象,走近孔子,理解孔子,崇敬孔子。

孔府有什么世代相传的传家宝?

孔子夫妇楷木像,又称孔子及亓官夫人楷木雕像,是孔府世代相传、不轻易示人的传家宝。楷木圣像共有两尊,表面呈褐色。孔子雕像高38厘米,身着大袖长袍,手捧笏板,神态威严。亓官夫人雕像高41厘米,长裙垂地,雍容大方。因为从不轻易示人,不是祭祀的时候不许瞻仰,很少有人见到真的楷木圣像,见到的只是其照片或复制品。

楷木圣像世代供奉于孔府。南宋建炎三年(1129年),金兵大举南下,衍圣公孔端友随宋高宗南渡,将楷木圣像带到了浙江衢州。传说,孔端友一行乘船渡江时遭遇暴风雨,船被掀翻,孔端友紧抱楷木圣像。随波逐流,情形万分危急。这时,孔端友忽然感觉有三位神人托着他,顶风破浪。慢慢游到了长江南岸。登岸后,赶紧焚香祷谢,只见香火缭绕处,出现了"鲁阜山神"四个大字。孔端友恍然大悟,原来是故乡山神在护送圣像。后来,衍圣公在衢州孔氏家庙内修建了鲁阜山神祠,楷木圣像则供奉于孔氏家庙内的思鲁阁。1959年后,楷木圣像藏于曲阜孔府。

孔子夫妇楷木像

世传孔子及亓官夫人楷木雕像,是子贡在孔子去世后守墓六年,为追思孔子而雕刻的。20世纪二三十年代,鉴赏家余绍宋有幸几次见到楷木圣像,据他介绍,楷木圣像木质坚硬如石,雕刻古朴、浑厚,虽然不敢断定必是子贡所刻,但应是汉代以前的作品;指出:

"木质而能流传至今,世间更无其偶,况属圣容,尤堪称重。"因此,孔子及亓官夫人楷木雕像异常珍贵,不仅是孔府的世传之宝,也是难得的国宝。

这时的鲁国国都曲阜,不仅是鲁国的政治、经济、文化的中心,而且还是整个东周除了京师洛邑之外另一个文化重镇,保存有大量的典籍资料,素有礼乐之邦之称。据《左传》记载,鲁襄公二十九年(前544年),孔子7岁时,吴国人季札遍游鲁、齐、郑、卫、晋几个诸侯国,只有在鲁国观赏了当时唯一保存比较完备的周代乐曲,当他依次观赏了二十几种乐舞后,惊叹:"观止矣!若有他乐,吾不敢请已。"四年后,孔子11岁时,晋国大夫韩宣子来到鲁国,在考察了鲁国的典章文物方面的情况后,赞叹:"周礼尽在鲁矣!"不仅如此,鲁国人还普遍好学,学礼学乐,蔚然成风。有一次,周大夫原伯鲁对学不以为然,说:"可以无学,无学不害。"鲁国人听后,表示十分诧异,说:"夫学,殖也。不学将落,原氏其亡乎?"在鲁国人看来,学习如同种植草木,不学,才智日退,就像草木枯萎落叶一样。显然,这样一种发达的礼乐文化环境和浓郁的好学氛围,十分有利于孔子的成长。

颜徵在带着3岁的儿子来到国都曲阜,最初考虑的也许只是谋生,但孔子幼时表现出的聪慧,以及她母子二人的生活磨难,使她觉得必须把儿子培养成一个受人尊敬的有学识、有教养的人,她把自己的全部希望都寄托在了年幼的儿子身上。据《史记·孔子世家》记载:"孔子为儿嬉戏,常陈俎豆,设礼容。""俎豆"是祭祀时用于存放供品的礼器。"礼容"则是祭祀的礼仪动作。这是说,孔子小时候玩游戏,常常把俎豆一类的礼器摆放出来,模仿、练习祭祀的礼仪。我们知道,祭祀是大人的事情,小孩子凑凑热闹,看了几遍后,觉得好玩,便模仿一下,这不足为怪。可是,如果是经常性的模仿,就不同寻常了。儿童心理学告诉我们,在通常情况下,儿童对于成年人的行为很难形成习惯性的模仿,而孔子相反,他玩游戏时常常模仿大人们的祭祀礼仪,这其中一定有母教的因素在起作用。郑环《孔子世家考》说:"颜徵在'豫市礼器,以供嬉戏'。"这是说,母亲颜徵在买礼器给儿子当玩具,供儿子游戏用。可见,孔子儿时的游戏,用礼器作玩具,是母亲的引导。颜徵在不仅意志坚强,而且聪慧有眼光,实在是一位伟大的母亲!

孔子为什么将父母合葬在一起？为什么修坟？

孔子 17 岁时，母亲颜徵在由于生活的压力，终日辛勤劳作，积劳成疾，再加上心情孤寂，无依无靠，三十多岁便过早地离开了人世。

《史记·孔子世家》中有孔子将父母"合葬于防"的记载。孔子父亲叔梁纥在孔子 3 岁时去世，葬于防山，当时孔子年幼，并不知道父亲所葬之处。而且，母亲生前也没有告诉他父亲的墓在什么地方。那时的墓，大多没有封土，没有明确的标记，很难辨认、寻找。孔子虽然年仅 17 岁，一个人独立承担母亲的丧事，但他表现不凡，他做出了一个重要决定，将母亲与父亲合葬在一起。由于暂时不知父亲的墓在什么地方，孔子将母亲的灵柩停放在一个叫"五父之衢"的地方，然后四处打听父亲的墓，而鲁都曲阜城内无人知晓。后来，还是一位好心的陬邑妇女，她熟悉孔家的情况，她从儿子挽父嘴里知道了孔子葬母的难题，于是她将叔梁纥墓的确切位置告诉了孔子，孔子才得以将父母合葬于防。防，指防山，今曲阜市东约 13 公里处。防山北麓有梁公林，即叔梁纥和颜徵在合葬的墓地，孔子的哥哥孟皮死后也葬在这里。

孔子坚持将父母合葬，这反映了他对父母的深厚感情，此外，还应有另一方面的考虑。孔子从小就随母亲来到鲁都曲阜谋生，他和陬邑的孔氏家人联系非常少。按理说，孔子应当是叔梁纥的继承人，但这似乎不被孔氏族人所认可。孔子将父母合葬，既提高了母亲在孔家的地位，又说明了他才是父亲叔梁纥的名正言顺的继承人。

《礼记·檀弓上》记载："孔子既得合葬于防，曰：'吾闻之，古也墓而不坟。今丘也，东西南北之人也，不可以弗识也。'于是封之，崇四尺。"孔子三十二代孙、唐代的孔颖达解释说，孔子认为自己是一个四海为家的人，将父母合葬，封土为坟，是为了知道自己亲人所葬之地而做的一个标记。因为古时候，一般的墓都不起坟堆，"墓而不坟"，有墓，墓与地平；坟与墓有区别，坟在墓上堆土而成，呈隆起状，俗称坟堆。到了春秋晚期，墓有坟丘的埋葬形式已经流行开来，并且还要在坟墓周围植树。按照当时的礼制，坟丘的高度，植树的种类及多少，不同的等级有不同的规定："天子坟高三仞，树以松；诸侯半之，树以柏；大夫八尺，树以药草；士四尺，树以槐。"据说，孔子为父母修的坟高四尺，合乎"士四尺"的要求。

孔子为什么给自己的儿子取名叫"鲤"？

孔子 19 岁时娶宋国人亓官氏为妻。据钱穆先生考证，亓官氏和孔子一样，祖上居住在宋国，后来由宋国迁到鲁国，定居于曲阜。孔子与亓官氏结婚后，第二年就生了一个儿

命名荣贶

子。由于当时孔子的聪明好学、精通礼乐和"圣人之后"的名声，已在鲁国广为人知，以至于孔子生子的消息惊动了鲁昭公，鲁昭公便派人送去一条鲤鱼以示庆贺。年方 20 岁的孔子以国君赐鱼为莫大的荣幸，借此给自己的刚出生的儿子取名曰"鲤"，字伯鱼。

孔子娶妻生子的记载，见于《孔子家语》。清代学者崔适作《洙泗考信录》，认为孔子 20 岁尚未出仕，不可能与国君有往来，他这时候生儿子，不可能惊动鲁昭公，并赐给鲤鱼。而据钱穆先生考证，古代国君和诸侯赐予下属礼物的情况经常出现，可能是正逢鲁国国君以捕鱼为乐，孔子可能以士的身份为国君服务，得到了国君的赏赐，正巧碰到孔鲤降生。所以说孔子不一定在 20 岁之前就已经步入仕途，而应该是在孔鲤出生之后。

孔鲤是孔子的独生子，孔子非常重视对他的教育，但又没有特别的传授，而是让孔鲤和他的弟子们一起学习，不另开"小灶"。孔子有一名弟子叫陈亢，对此表示怀疑，便问孔鲤："夫子对你有没有特别的传授？"孔鲤回答："没有啊。有一次，父亲一个人站在庭院中，我恭敬地从他身边快步走过。他问我：你学诗了吗？我说：没有。他说：不学诗，就不

会说话。我便回去认真学诗。还有一天，父亲又一个人站在庭院中，我仍然恭敬地从他身边快步走过。他问我：学礼了吗？我说：没有。他说：不学礼，就不能立足于社会。我就回去认真学礼。父亲对我的单独教诲就这两次。"陈亢听后高兴地说："我问一得三呀：知道了学诗的道理，知道了学礼的道理，又知道了君子对待自己儿子也要和对待别人的孩子一样一视同仁的态度。"由于孔鲤两次"趋而过庭"，孔子顺便对其进行学诗、学礼的教导，后世便有了"庭训""庭教"或"过庭教"的典故。

孔鲤一生似无大的建树。《史记·孔子世家》记载，孔鲤 50 岁时去世，比孔子早去世 5 年；死后被孔氏后人尊为二世祖。因为是孔子之子，到宋徽宗时，孔鲤被封为"泗水侯"。

孔子与妻子离婚了吗？

孔子与亓官氏结婚后，生有儿子孔鲤。亓官氏作为孔子的妻子，无疑在家中享有很高的地位。可是，有人根据《礼记·檀弓上》篇的一段记载，推测孔子与亓官氏离了婚，而且，传说离婚的理由是，孔子认为亓官氏"口多言"。

《礼记·檀弓上》篇的记载是这样的：孔鲤的母亲（亓官氏）死了一年了，孔鲤还哭，被孔子听到了，问："谁在那里哭啊？"门人回答说："是伯鱼在哭。"孔子知道后不高兴，说："嘻，太过分了！"孔鲤听到父亲的话，立即停止了哭泣，并脱去了身上的丧服。按当时孔子倡导的丧礼，儿子应为母亲守三年之丧，可是，孔鲤在母亲去世一周年时哭泣，却被孔子视为过分。这是为什么呢？

人们在做解释时，注意到了《礼记·檀弓上》篇的另一段记载与此相类似：子上是孔子的曾孙，子思的儿子，他的母亲去世，他没有服丧。子思的弟子很奇怪，问子思："昔者子之先君子丧出母乎？"子思回答说是。弟子又问：那您为什么不让子上为母亲服丧呢？子思回答说：我的"先君子"无所失道，我哪能比呀。是我的妻子，就是子上的母亲；不是我的妻子，就不是子上的母亲。所以子思坚持不让儿子为"出母"服丧。这是因为"出母"虽然在血缘上是儿子的母亲，但其"出"了之后，不再属于自家人，死后不祭于家庙，不葬于家族墓地，所以儿子不能为其服丧。子思的这一规定后来变成了孔氏的规矩："孔氏之不丧出母,自子思始也。"

子思与其弟子一问一答提到的"先君子"是指谁?是指子思的父亲孔鲤,还是指子思的祖父孔子?由此作参照,对上述孔鲤哭母的记载产生了两种不同的解释。

一种解释是,子思讲的"先君子"是指孔鲤。孔鲤的母亲亓官氏去世前,已被孔子休了,不再是孔子的妻子,对孔鲤而言则是"出母"。孔鲤是孔子的继承人,只能为父亲的正妻服丧,而不能为"出母"服丧,所以孔子视孔鲤哭母为过分。这一解释最早是由宋代朱熹提出的。然而,这一解释却忽视了"孔氏之不丧出母,自子思始也"的明确记载,也就是说,子思以前,孔子未必反对为出母服丧,也没有定下不为出母服丧的规矩,他批评孔鲤哭母,当另有原因。

另一种解释是,子思讲的"先君子"是指孔子。孔子的父亲叔梁纥,娶施氏为妻,因为生了九个女儿,不生儿子而被休。所以《孔子家语·后序》说:孔氏三世出妻,自叔梁纥始。叔梁纥休妻后,乃求婚于颜氏,生了孔子。其后,施氏去世,孔子为其办理了丧事。而孔子本人却没有出妻。孔子66岁时,妻子亓官氏去世,一年后孔鲤还在哭母,孔子作为父亲之所以提出批评,是因为按照礼的规定,如果父亲还健在的话,儿子为去世的母亲服丧一年即可;孔鲤过了服丧期之后"犹哭",是失礼的表现。换句话说,孔子批评儿子,是批评其失礼,不是批评其哭出母。

以上两种解释各有理由,综合看来,后一种解释更合情理,而且,《孔子家语》明言孔氏三世出妻,是指叔梁纥、孔鲤、子思,不包括孔子。所以说,孔子没有和妻子亓官氏离婚。

孔府菜是什么时候形成的?有哪些特点?

孔府号称"天下第一家",孔府烧制的菜肴,称孔府菜,是我国少数享有盛誉的官府菜之一,也是鲁菜的重要组成部分。

孔府是"与国咸休""同天并老"的公府第,在历朝历代都具有特殊地位,其主人衍圣公钟鸣鼎食,对吃十分讲究。衍圣公进京晋见皇帝,受御膳招待,能够吃到宫廷菜;与王公贵族频繁交往,彼此宴请,能够吃到各种风味的名菜佳肴;孔府与各地达官贵人联姻,嫁入孔府的大家闺秀带着仆人和厨师，自然也就把各地的名菜烧制技术引进孔府。孔府内设三班厨师，每月各值 10 天；每班厨师有一名厨师头、几名厨师以及若干徒弟，他们精研烹饪技艺，相互间形成竞争，促进了孔府菜的发展、完善。各方面的因素，使得孔府积累了丰富的饮食文化，到清代乾隆时期，便形成了独具特色的孔府菜。

孔府菜历经年代久，文化品位高，它秉承孔子的"食不厌精，脍不厌细"的饮食原则，形成了一整套独特的菜谱和烹饪方法，具有选料广泛、制作精细、造型美观、名称典雅等特点。

选料广泛而高贵。除了常见的鸡鸭鱼肉和时令蔬菜之外，还备有上、中、下三个品类的山珍海味，更有极为罕见的象鼻、猩唇、豹胆等。

制作精细。孔府菜讲究刀工、火候、调味以及烹饪方法。以烹饪方法为例，孔府流传有两首口诀：

其一：煎炒烹炸溜，煨烤（kào 用微火使鱼、肉等菜的汤变浓或耗干）煮炖收。

蒸烧扒焖卤，冰拔霜密琉。

其二：煸爆塌烤瓤，腌醉拌捶烫。

贴麻酱熬炝，汆烩汪羹汤。

由此可见孔府菜烹饪技艺之复杂，复杂之外更要求精细，精益求精。

为什么说孔子"学无常师"？

孔子自幼聪慧好学，15 岁就立下了为学的志向。孔子非常好学，学而不厌，他自己也认为好学是他的一个优点，说：一个有十户人家的小邑，论忠信，必有和我差不多的，论好学，却没有比得上我的。孔子不仅好学，而且乐学。乐学比好学又进了一步，如果说好学还带有几分主观的努力，乐学则完全与生命活动打成了一片，成为生命活动的内在需要，不带有丝毫的勉强。的确如此，孔子好学、乐学，处处留心，不耻下问，他"入太庙，每事问"，又说"三人行，必有我师焉"；自称不是"生而知之"，是学而知之；他重视文献学习，更重视从生活中学习，还曾经到杞国、宋国、东周洛邑专门考察夏商周三代之礼。孔子能够成为他那个时代的礼乐大师，后世景仰的儒家宗师，绝不是偶然的。

孔子好学、乐学,拥有渊博的学识,当时就有人惊诧夫子的学问是从哪儿学来的,孔子的弟子子贡做了回答:夫子何所不学,亦何常师之有? 后人据此总结孔子为学的特点之一是学无常师。唐代韩愈在其名作《师说》中,就提到"圣人无常师。孔子师郯子、苌弘、师襄、老聃"。学无常师,就是没有固定的老师的意思。

　　据《左传》记载,鲁昭公十七年(前525年),郯国国君——郯子来鲁国访问,在宴会上,郯子向鲁昭公介绍了其先祖少昊以鸟命官的故事。孔子听说后,立即拜访郯子,向其请教有关少昊的历史事迹。事后,孔子很有感触地说:我以前听说过"天子失官,学在四夷"的话,现在看来这话是可信的呀。

　　此外,据《史记·孔子世家》记载,孔子还曾问礼于老聃,访乐于苌弘,学琴于师襄。

　　老聃,也称老子,是周朝守藏史,相当于国家图书馆兼档案馆馆长,后来辞职隐居,著书五千言,成为道家创始人。鲁国贵族子弟南宫敬叔拜孔子为师后,向鲁昭公提出申请,欲到东周洛邑访问考察。得到批准后,师徒一行到达洛邑,先后学习考察了东周的礼制、文物、典籍,参观了明堂、太庙、郊社祭祀之所等,接着拜访了老聃。老聃以长者的身份,向年轻的孔子谈了一番语重心长、有道家意味的话,孔子听后,虽然不敢苟同,却感触很深,惊叹其人是龙一样的非凡人物。

　　在洛邑,孔子还拜访了著名乐师苌弘,向他请教学习有关音乐的知识。洛邑一行,使孔子开了眼界,增长了见识。

　　鲁国乐师师襄有着很深的音乐造诣。孔子向师襄学琴,是后世儒家津津乐道的一段佳话。

　　师襄教孔子弹一支曲子,孔子连续学弹了十天,师襄见其已基本掌握,便说:这支曲子你已学会了,再学新曲子吧! 孔子回答:曲子虽然学会了,但演奏技巧还没有娴熟呢! 过了几日,师襄说:你的演奏技巧已经很好了,开始学新曲子吧! 孔子说:我还没充分理解曲子的旨趣神韵呢! 又过了几天,师襄第三次提出学弹新曲,孔子说:我还没有想见其为人呢! 说罢,继续学弹此曲。过了些时日,孔子突然领悟,若有所思,说:我终于想见其为人了:这个曲子的作者肤色黝黑,身材高大,目光深邃,若有四海,他一定是周文王! 师襄听后,十分钦佩,说:这个曲子正是《文王操》啊!

以上只是说明孔子"学无常师"的几个例子。实际上,孔子注重从生活中学习,向周围的人学习,甚至有传说孔子向一个年仅七岁的儿童项橐学习。正因为孔子好学乐学,转益多师,才使他从布衣成长为圣人。

孔子与两小儿辩日,为什么回答不了两小儿的问题?

《列子·汤问》篇中记载了一个有趣的寓言故事:博学多识的孔子参与两个小孩的辩论,两个小孩各持己见,谁也说服不了谁,让孔子做一个评断,而孔子茫然不知孰是孰非。故事是这样的:

孔子到东方游学,路上遇到两个小孩子在争论,就走上前去问道:你们为什么争论呢?

一个小孩说:我觉得太阳刚出来时离人比较近,到了中午,太阳离人就远了。

另一个小孩的看法正好相反,说:我觉得太阳刚出来时离人远,到了中午,太阳离人就近了。

孔子很有兴趣地问道:你们能说说自己的理由吗?

一个小孩说:太阳刚出来的时候,好像车的盖篷那么大;到了中午,它就只有一个盘子那么大了。这不是说明远的时候看起来小、近的时候看起来大吗?

另一个小孩说:太阳刚出来时,使人感到还有些凉凉的;到了中午,就热得像泡汤一样,这不是说明远的时候感觉凉、近的时候感觉热吗?

孔子听了他们的话,一时也判断不出谁对谁错。两个小孩笑着说:谁说你的知识很丰富呢?

从这个故事中,可以看出,两个小孩是在凭着直觉或感觉去讨论大自然的问题。人们往往认为,直觉或感觉是真实的,具有普遍性。一个人远远地观看某个物体,越远看着越小,反之,越近看着越大;同样,一个人距离火源越近感觉越热,反之,距离火源越远感觉热度越低。这就是认识上的直觉和感觉。直觉和感觉在人的视、听、嗅、触等经验范围内常常是适用的,超出了这个经验范围往往就不灵了。很显然,太阳离人远近的问题,是一个现代天文学才能解答的问题，它远远超出了古人的经验范围，不是孔子时代能够解答的。人的认识总是有限的，即使到了今天，人类仍然有着许许多多的未知领域。后世儒家喜欢强调"一物不知，儒者之耻"，这在认识论上是有问题的。当然，从"知耻而后勇"的角度看，这句话起到了激励人们追求知识的作用。不过，也不排斥有人从消极的意义上去理解，不懂装懂，强不知以为知，以掩饰自己的无知。难能可贵的是，孔子面对那两个小孩，老老实实表示自己无知，遵循了他自己一贯倡导的"知之为知之，不知为不知，是知也"的实事求是态度和精神。

孔子拜七岁神童项橐为师，真有其事吗？

孔子师项橐的故事，借助《三字经》中"昔仲尼，师项橐。古圣贤，尚勤学"的描述，广为传颂，家喻户晓，妇孺皆知。项橐究竟是一个什么样的人？孔子师项橐历史上是否真有其事呢？

项橐，又作项托，相传是春秋时鲁国人，与孔子同时代，因为"七岁为圣人师"，被尊为圣公，民间称其"小儿神"。项橐是神童，孔子师项橐的传说故事，早在《战国策·秦策》中就有记载："甘罗曰：大项橐生七岁为孔子师。"此后，《史记》等汉代文献中多有类似记载。山东嘉祥县武氏祠汉画像石《孔子见老子图》中，两位老人中间有一推车的小儿，有专家认为那很可能就是项橐。

后世根据文献记载，将孔子师项橐演绎成有趣的故事，编写成《孔子与项橐相问书》，其中有一部分情节是这样的：

有一天，七岁的项橐和小伙伴们在路上玩筑土为城的游戏，正巧孔子率众弟子经过。他们只顾埋头游戏，没有躲避孔子乘坐的车。孔子弟子下车责备，项橐回答说：从古至今，只有车避城，哪有城躲车？孔子看小小的项橐说得头头是道，心里欢喜，便令弟子绕道而行。

孔子心想，这小孩聪明，我倒要考考他，便问：什么山上没有石头？什么水里没有鱼儿？什么门没有门闩？什么车没有轮子？什么牛不生犊儿？什么马不产驹儿？什么刀没有环？什么火没有烟？什么男人没有妻子？什么女人没有丈夫？什么天短？什么天长？什么树没有枝儿？什么城里没有官儿？什么人有名没有字儿？

项橐想了想，回答说：土山上没有石头，井水里没有鱼儿，空门没有门闩，舆车没有轮子，泥牛不生犊儿，木马不产驹儿，砍刀没有环，萤火没有烟，神仙没有妻子，仙女没有丈夫，冬天白天短，夏天白天长，枯树没有枝儿，空城没有官儿，小孩子有名没有字儿。

孔子听完，暗暗吃惊项橐的聪明。项橐接着反问孔子：鹅鸭为什么能浮在水面上？雁鹤为什么善于鸣叫？松柏为什么冬夏常青？

孔子回答：鹅鸭能浮在水面上，是因为它们的脚是方的；雁鹤善于鸣叫，是因为它们的脖子长；松柏冬夏常青，是因为树心坚实。

项橐笑着说：不对！龟鳖能浮在水面上，难道是因为它们的脚方吗？青蛙善于鸣叫，难道是因为它们的脖子长吗？竹子冬夏常青，难道是因为竹心坚实吗？

孔子知道项橐非常聪明，知识渊博，惊叹：后生可畏也，后生可畏也！又对弟子们说：项橐虽幼，可以为师。这就是孔子师项橐的由来。

孔子师项橐的故事，与两小儿辩日的故事一样，都是与孔子有关的寓言故事，而不是历史上真实发生的事。有人认为项橐实有其人，说《论语·子罕》篇中提到的"达巷党人"应该就是项橐。即使项橐实有其人，也不能相信孔子师项橐实有其事。

孔子、老子两位天才见过面吗？

《礼记》《庄子》《史记》《孔子家语》等许多古代文献，都记载了孔子见老子的事。在迄今发现的汉画像石中，更有多处孔子见老子的题材。2007年10月，在山东东平县一座汉代墓室中发现了一组彩绘壁画，也有一幅描绘了孔子见老子。这些都说明，至少从战国晚期，一直到汉代，孔子见老子的故事广为流传，人们信以为真。

不容否认，孔子与老子这两位中国文化巨擘是见过面的，可是，由于文献记载不一，人们对于孔子见老子的次数以及时间、地点，却存有争议。一种观点认为，孔子与老子只见过一次面，即孔子适周问礼那一次；另一种观点认为，孔子与老子见面不止一次，至少应有三次。

第一次，据《礼记·曾子问》记载，孔子说他曾经随从老聃在巷党这个地方办理丧事，遇到了日食，老聃告诉孔子如何应变。巷党，是鲁国地名。老聃，即老子，不知何故在周王朝丢了官，来到了鲁国，以办理丧事为谋生手段，孔子这时跟随老子学习丧礼。孔子与老子这次见面发生在何时，学者们意见不一。清代学者阎若璩《先圣生卒年月考》，根据老子、孔子二人治丧过程中遇到了日食的记载，考证时在鲁昭公二十四年，孔子34岁。当代学者孙以楷教授《老子通论》考证认为，时在鲁昭公七年，孔子17岁。应该说，孙以楷教授的考证结论更为合理。

第二次，据《史记·孔子世家》记载，孔子与南宫敬叔一起到东周洛邑访问，借此机会，孔子拜访了担任周守藏史的老子，向老子请教有关礼的问题。关于这次见面的时间，学者们多有考证，一种说法认为是鲁昭公十五年（前527年），孔子25岁；另一种说法是鲁昭公二十一年（前521年），孔子31岁。通常以第二种说法为是。

第三次，据《庄子·天运》等篇记载，孔子51岁时，老聃被免去周守藏史的职务，回到故乡宋国沛地相邑，孔子与弟子前往沛地相邑拜见老聃，二人讨论了天道的问题。《庄子》一书多寓言故事，其中所记未必是历史事实，但有学者认真考察了《庄子》书中有关孔子的记载，发现基本上符合孔子的思想学说和生平事迹，大致可信。但是，就孔子、老子二人这次见面来说，《庄子·天运》篇明确记载"孔子行年五十有一而不闻道，乃南之沛见老聃"，却是有问题的。孔子51岁开始从政，出任中都宰，政务繁忙，这一年孔子大概不会出游。另外，孔子自述"五十而知天命"，《庄子·天运》篇却说"孔子行年五十有一而不闻道"，明显与孔子的自述不合。因此，孔子、老子二人这次见面的时间，不会在孔子51岁时，很可能是在孔子周游列国期间的某一年。

除了以上三次见面以外，孙以楷教授认为，孔子、老子还应该有两次交往，即二人见面交往应在五次以上。总之，孔子、老子两位天才见过面，并且见过不止一次，这是确定无疑的。但是，由于文献记载的缺失简略，二人见面的细节，如时间、地点以及讨论的话题等等，还存在许多问题有待考证。

孔子"闻韶，三月不知肉味"，为什么将音乐和肉联系在一起？

孔子访问东周洛邑，向著名乐师苌弘学习音乐的时候，曾经请教过"韶乐"的问题。

孔子说:我喜爱音乐,却似通非通。韶乐和武乐都很高雅,都流行于各诸侯国的宫廷之间,二者的区别在哪里呢?苌弘缓缓地回答说:韶乐,是虞舜太平和谐之乐,曲调优雅宏盛。武乐,是武王伐纣一统天下之乐,音韵壮阔豪放。就音乐形式来看,二者虽然风格不同,却是同样美好的。孔子进一步请教:那么,二者在内容上有什么差别吗?苌弘回答说:从内容上看,韶乐侧重于安泰祥和、礼仪教化;武乐侧重于大乱大治、述功正名,这就是二者内容上的根本区别。孔子听后,若有所思,说:如此看来,武乐尽美而不尽善,韶乐则尽善尽美啊!

后来,孔子到了齐国,欣赏韶乐,《论语·述而》篇记载:"子在齐闻韶,三月不知肉味。"《史记·孔子世家》的记载与此略有差异,说孔子与齐国太师讨论音乐,"闻韶音,学之,三月不知肉味"。今山东济阳县有孔子闻韶台遗址,为元代所建,相传为孔子在齐闻韶处。

韶乐,史称舜乐,相传是舜作的乐。韶,同绍,有继承的意思。舜作韶乐,当在接受尧的禅让不久,用以表达歌颂并继承尧的美德。夏商周三代非常重视韶乐,凡举行国家大典必奏韶乐。那么,韶乐是怎么传入齐国的呢?一种说法是,周朝建立后,姜太公以首功受封于齐,将韶乐传入齐国。另一种说法是,舜的后裔有随国,为齐所灭,齐国随之拥有了韶乐。还一种说法是,舜的后裔陈国公子完从陈国逃奔到齐国时,将韶乐带到了齐国。

孔子在齐国欣赏韶乐,沉迷于其中,如痴如醉,不禁手之舞之,足之蹈之,以至于发出了"三月不知肉味"的赞叹。

孔子为什么将音乐与肉味联系在一起呢?这是因为当时吃肉是一种难得的美味享受。不仅平民吃不到肉,连一般的贵族平日都没有吃肉的口福。《左传》中有一段著名的"曹刿论战",说的是齐国将要侵犯鲁国,在国君准备迎战之际,曹刿请见,乡人评论说:这是肉食者谋划的事,与你何干?曹刿说:"肉食者鄙,未能远谋。"曹刿说的"肉食者",指的是鲁国国君和执政的大贵族。孔子招收弟子,收取的学费称作"束脩",不过是一束干肉而已。一直到战国中期,孟子在谈论仁政的时候,把"鸡豚狗彘之畜,无失其时,七十者可以食肉"作为仁政的一项指标,可见肉食之珍贵而难得。正因为如此,孔子才将闻韶所获得的审美享受与吃肉所获得的美味享受联系起来,以彼喻此,说明欣赏韶乐是多么的美妙!

孔子为什么说"学在四夷"?

鲁昭公十七年(前 525 年)秋,郯国(位于今山东郯城县西南 20 里)国君——郯子来鲁国访问,鲁昭公设盛宴款待。

席间,鲁大夫叔孙昭子向郯子仔细询问了少昊氏以鸟名官的故事。郯子侃侃而谈,说:少昊是我的祖先,我知道这个典故的来历。从前,黄帝以"云"记事,以"云"命名百官;炎帝以"火"记事,以"火"命名百官;共工氏以"水"记事,以"水"命名百官;太昊氏以"龙"记事,以"龙"命名百官。到了我的祖先少昊立为帝的时候,恰遇凤鸟飞来,便以鸟记事,以鸟命名百官:

凤鸟氏,为司正,掌管历法。下设玄鸟氏、伯赵氏、青鸟氏、丹鸟氏,分别掌管春、夏、秋、冬四个季节。

祝鸠氏,为司徒,负责民众教化的工作。

鸤鸠氏,为司马,负责司法工作。

鸼鸠氏,为司空,负责水土治理工作。

爽鸠氏,为司寇,负责社会治安、搜捕盗贼的工作。

鹘鸠氏,为司事,负责五谷的春播夏种、秋收冬藏的农事工作。

老子

郯子谈论少昊以鸟命官的往事,如数家珍,娓娓道来。孔子听说后,立即去拜见郯子,虚心向他请教有关少昊的历史故事。从郯子那儿出来后,孔子告诉人们:我以前听说过"天子失官,学在四夷",看来这话是可信的啊。

乍一看来,孔子说"天子失官,学在四夷",是就事论事,其实不然,这里有一个很重要的历史背景。

原来,西周实行政教合一体制,教育学术掌握在官府手里,所以有"王官学"的说法。进入春秋时期,王权衰微,学术下移。前后表现为两个阶段:

第一个阶段,是周王朝的文化官员开始外流。散入各诸侯国,甚至有的远走高飞,进入边远四夷之地。如老子，原任周守藏史，见周朝衰落，丢下官职而去。再如，《左传》昭公二十六年记载，王子朝和一批贵族子弟携带周王室的典籍投奔到了楚国。《论语·微子》篇记述了一批乐官四散而去，如：大师挚去了齐国，亚饭干去了楚国，三饭缭去了蔡国，四饭缺去了秦国，鼓方叔逃到了黄河之滨，播鼗武逃到了汉水之岸，少师阳和击磬襄二人则逃到了海滨隐居。中央文化官员的外流，直接导致了周王朝学术文化中心地位的衰落，促进了地域性文化的繁荣发展，一些不用"周礼"而用"夷礼"的诸侯国也随之有了比较发达的学术文化，这就是孔子说的"天子失官，学在四夷"。

第二个阶段，是从春秋末期开始，诸侯衰落，政在大夫，甚至出现了"陪臣执国命"的现象，一些诸侯国的文化官员直接流入民间。他们走出官府，不再有官禄可食，为了谋生，不得不利用手中的文化知识，向人提供各种各样的文化服务，比如，担任礼仪顾问、家庭教师，等等，一些有声望的则招徒讲学，这直接导致了民间私学的兴起。

如果说第一阶段是"天子失官，学在四夷"，那么，第二阶段也可以说是"诸侯失官，学在民间"。

孔子赞赏什么样的女性？

刘向《列女传》第六卷记载了一则"阿谷处女"的故事，讲述孔子周游列国期间，在南方楚地与一位年轻女子的交往、对话，"听其言，观其行"，借以考察民风。故事情节是这样的：

孔子一行南游楚地，盛夏季节，来到了一处风景宜人、名叫阿谷的地方，看见一位佩戴美玉年轻女子在河边洗衣服。孔子为了了解风土人情，叫子贡三番五次去河边与洗衣女子对话，看看她的为人如何。

第一次，孔子递给子贡一只杯子，子贡拿着杯子走到洗衣女子面前，自我介绍说："我是北方之人，从北到南，将到楚国去。今逢天热，心里烦躁，请借杯水喝。"洗衣女子回答说："阿谷之水，一清一浊，东流大海。你随便喝呗，何必问我？"说罢，接过杯子，逆流冲洗干净，再顺流舀水灌满，放在沙地上，请子贡自己拿，说："依礼，我不能亲手交给你。"子贡返回告诉了孔子二人见面的情景，孔子由此认为，这位阿谷之女言语举止很得体，是一位有良好教养的女子。

第二次,孔子拿出琴,去掉控弦的轴,让子贡再去请她调一调琴弦。子贡走过去,对阿谷之女说:"刚才听你讲话,如沐春风,正合我意,好像他乡遇知音。我有把琴,少了调弦的轴,请你给调调。"洗衣女子说:"我是一个乡野女子,见识短浅,鄙陋寡闻,不知五音,怎能调琴?"子贡回来将二人的对话告诉了孔子,孔子对子贡说:"如果遇上贤人,她会表示礼敬的。"

第三次,孔子拿出五两葛布,让子贡交给洗衣女子。子贡走过去,对洗衣女子说:"这点东西没什么价值,不敢请你接受,你把它丢在水边吧。"洗衣女子说:"你是行旅之人,少不了忧叹之事。你却拿出资财,忍心丢弃野外。我年纪轻轻,怎能接受你的礼物?你还是快走开吧,免得落个狂夫之名。"子贡返回把二人的对话复述了一遍,孔子听后赞叹说:"这位女子通人情、知礼节啊!《诗》曰:'南有乔木,不可休息;汉有游女,不可求思',说的就是这种情况啊。"

孔子有心中的偶像吗?

一个人心中的偶像,往往寄寓着他的人格理想,即:把自己崇拜的对象,视为人格的楷模,视为可望而不可即的人生典范。孟子崇拜孔子、司马迁景仰孔子,都是如此。那么,孔子心中有无偶像呢?答案是肯定的。孔子心中的偶像,是尧、舜、禹、周文王和周公。

尧是上古五帝之一,传说是帝喾的次子,名尧,号放勋,因封于唐,史称陶唐氏。尧在位时,定历法,治洪水,选贤与能,勤政俭朴,与人民共甘苦。到年老后,将帝位禅让于舜。孔子对尧非常景仰,据《论语·泰伯》记载,孔子对尧的颂扬是:"大哉尧之为君也!巍巍乎!唯天为大,唯尧则之。荡荡乎,民无能名焉。巍巍乎其有成功也,焕乎其有文章。"这是说,尧为圣王,伟大啊!天是那样的崇高啊,只有尧能够效法天;德是那样的广大啊,人民都不知道如何称颂。尧的成功永传不朽,尧的文章光明灿烂。

舜,与尧并称,也是五帝之一。传说姓姚,名重华,因封于虞,以国为氏,称有虞氏。舜出身低微,极尽孝道。即位后,继承尧的事业,建立了百官制度,任用禹、契、弃、皋陶、伯益等，天下大治，升平祥和。年老后。将帝位禅让于禹。孔子赞扬舜为圣王的楷模，认为舜为政的突出特点是选贤任能，无为而治。《论语·泰伯》记孔子说："舜有臣五人而天下治"；《论语·卫灵公》又记孔子说："无为而治者，其舜也与。夫何为哉？恭己正南面而已矣。"意思是说，舜任用了五位德才兼备的大臣，放手让这五位大臣处理政务，他自己只是恭敬端正地坐在朝廷，真正做到了无为而治。

禹，尊称大禹，又称夏禹，姒姓，名文命，是上古最后一位通过禅让而即位的帝王。禹的最大功绩是治理洪水。为了治水，禹三过家门而不入。他采取疏导而不是壅堵的做法，彻底解决了洪水泛滥的问题，让人民安居乐业。《论语·泰伯》记孔子对禹的称赞是："禹，吾无间然矣。菲饮食而致孝乎鬼神，恶衣服而致美乎黻冕，卑宫室而尽力乎沟洫。禹，吾无间然矣。"这是说，禹平日不讲究吃穿，住的也很简陋，但在祭祀时，却把食品办得十分丰盛；在祭祀以及朝见百官需要穿礼服的时候，却是衣冠整洁而华美；一心扑在治水上，全力挖沟渠以疏导洪水。大禹的美德无以复加，我无话可说啊。

周文王，姬姓，名昌，是周朝的实际开创者。他在位时，以德治国，勤政爱民，礼贤下士，大力发展农业生产，以致周人的势力迅速壮大起来，尽管仍然是附属于殷王朝的一个方国，但已能三分天下有其二。在这种情况下，周文王一如既往服从殷王朝。《论语·泰伯》记载，孔子对周文王称赞不已，说："三分天下有其二，以服事殷。周之德，其可谓至德也已矣。"孔子认为，周文王拥有"至德"，即最高的道德。

周公，名旦，是周文王的第四个儿子。周公先是协助周武王灭商，建立了周朝；又在武王死后辅佐周成王，平定东方叛乱，制礼作乐，奠定了有周一代典章制度的基础。孔子推崇周公多才多艺，人格完美。在孔子心中，周公是他最向往、思慕的圣人，以至于常常梦见周公；到了老年，孔子不再梦见周公，大发感慨："甚矣吾衰也！久矣吾不复梦见周公。"

除了以上尧、舜、禹、周文王、周公以外，孔子崇敬的古代圣贤还有泰伯、周武王、管仲等人。后世儒家称孔子"祖述尧舜，宪章文武"，并不是指孔子只崇敬和效法尧、舜、周文王、周武王四人，而是指尧舜和文武两个时代。以及这两个时代最有代表性的圣王。

孔子是创办私学第一人吗？为什么他被奉为"万世师表"？

西周末年和春秋时期，周王朝的统治削弱了，"天子失官，学在四夷"。原来在官府的很多文化人走向民间，文化逐渐下移，成为春秋时期社会文化的一大特色。

这些走向民间的文化人开设私学，聚徒传授文化知识。大约和孔子同一时代，郑国邓析教人"学讼"，传说鲁国少正卯、王骀也开设私学。所以从时间上来说，孔子不是创办私学的第一人。

孔子志在恢复周礼，整理上古文化典籍，创建儒家学说。他开办私学，实行"有教

观周明堂

无类"的办学方针，提出了"学而时习之""温故而知新"以及学思结合等学习方法。史载孔子以"以《诗》《书》《礼》《乐》教，弟子盖三千焉，身通六艺者七十有二人"。孔子从事的教育事业在中国历史上产生了深远的影响。从这个意义上来说，孔子是创办私学的第一人。

作为一位伟大的教育家，孔子受到后世的尊崇。三国魏文帝黄初二年的诏书封孔子后裔时，称孔子为"亿载之师表"，称赞孔子是千秋万代人师的表率。元朝至大元年武宗在加封孔子"大成至圣文宣王"的诏书中称孔子"师表万世"。到清朝时，康熙皇帝于康熙五十二年为孔庙大成殿亲自题匾"万世师表"。

孔子说"自行束脩以上"，是说孔子收学费吗？

《论语·述而》记孔子云："自行束脩以上，吾未尝无诲焉。"脩，干肉，束脩就是十条干肉。朱熹注云："古者相见，必执贽以为礼；束脩，其至薄者……故苟以礼来，则无不有

以教之也。"但是也有另外的看法认为,"束脩"为束发修饰,代指年龄在十五岁以上。此说可谓合乎情理。孔子重视的并非礼物的轻重,并不是要求交学费。只要年龄够了,孔子都愿意教诲。这是孔子的教育理念"有教无类"的反映。各种出身的人都可以跟孔子学习,所以他弟子众多。孔子以前的时代,只有贵族才能受教育。孔子打破了这个局限,是他从事教育的一个成功,在当时具有进步意义。

那么古代的学费是怎样的呢?从夏商周到明清时期,官学占据主导地位。古代官学由国家举办,基本不收学生学费。当然,各个朝代具体情况有所不同。

如隋唐时期,社会经济有了较大发展。官学免收学生的学费,甚至对外国留学生也免收学费。学生在学期间,包括衣服、膳食都由国家提供。只是学生入学的时候要送一些礼物给老师,作为对老师的尊敬。例如,国子学和太学学生每人送绢3匹。

又如明朝时期,国家免收学费,包揽了学生的衣、食、住、行等费用,甚至允许带家属伴读、赐家属廪粮,同时免除在校学生本人的兵役、差役。

孔子教育儿子"不学《诗》,无以言",是说不学《诗》就不能说话吗?

孔子认为,诗的基本性质和功能是抒发人的情感,通过兴起人的喜、怒、哀、乐等自然情感,使之得到进一步的升华,从而培养人的德性。

孔子说:"《诗》可以兴、可以观、可以群、可以怨。"指出学《诗》可以激发人的情志,可以观察民俗风情的盛衰,可以建立相互之间的谅解,可以讽喻或批评时政的得失。诗之所以有这样的功能,是因为在孔子看来,诗本身就是帮助人升华自己的情感、培养自身的德性的。有一次,孔子的学生子夏向孔子请教《诗经》中的"巧笑倩兮,美目盼兮,素以为绚兮"是什么意思,孔子回答说:"绘事后素。"意思是先有白色的底子,然后再在上面绘画。子夏听后受到启发,说:"礼后乎?"即礼乐是不是以人的真实情感为基础呢?孔子对子夏的理解非常欣赏,说:"起予者商也!始可与言《诗》矣。"认为子夏启发了他,有了这样的理解,就能够开始讨论《诗》了。孔子肯定子夏由绘画引申出在自然情感的基础上文之以礼乐的道德修养方式,说明《诗》在孔子那里主要是通过情感兴起而发挥道德教化的作用。

《诗》的功能是兴起人的真实的自然情感,所以孔子说:"《诗》三百,一言以蔽之,曰:'思无邪。'"认为《诗》就是使人的情感升华、道德纯正。而在孔子看来,这一点是人成就文质彬彬的君子人格的前提。孔子说:"兴于《诗》、立于礼、成于乐。"意谓兴起在《诗》,卓立在礼,完成在乐。只有情志真诚,一心向善,才能学好礼、立于礼,才能达致自由和谐的精神境界,所以学《诗》是立于礼、成于乐的基础,是道德修养、完成人格的第一步,这也正是孔子所说的"绘事后素"之意。孔子教育弟子先从《诗》开始,其原因即在于此。

当然,孔子重视《诗》的教育,还与《诗》在社会活动中的重要作用有关。在孔子看来,学诗除了兴、观、群、怨之外,还可以"迩之事父,远之事君;多识于鸟、兽、草、木之名",在生活的方方面面都用的着;如果不学《诗》,则"无以言","犹正墙面而立",不学《诗》就不懂得如何讲话,就寸步难行。

孔子真有"弟子三千"吗?年龄最大和最小的弟子是谁?父子同为孔子弟子的又有谁?

《史记·孔子世家》云:"孔子以诗书礼乐教,弟子盖三千焉……颇受业者甚众。"孔子从年轻的时候即从事教育,"有教无类"。他的学生来自鲁、齐、宋、卫等数个诸侯国。在他几十年的教育生涯中,教过的弟子不计其数,"弟子三千"是个约数。

孔子弟子中最大的是秦商,最小的是公孙龙,一说是叔仲会。

秦商,鲁国人,字不慈,比孔子小四岁。他的父亲是秦堇父,与孔子的父亲叔梁纥都是以勇力闻名。

叔仲会,鲁国人,字子期,比孔子小五十四岁,与孔璇年龄相仿,孔子将他俩当作小孩子看待。他俩在孔子身边负责抄写记事,轮流侍立左右。孟武伯见到孔子就问道:"这两个孩子这么小就来学习,怎么能知道他们长大后的学问情况呢?"孔子说:"能知道。年少的时候养成的就好像是天性,习惯了就好像十分自然。"

公孙龙,卫国人,字子石,比孔子小五十三岁。

孔子学生中,颜由、颜回为父子,曾点、曾参为父子。

颜由,鲁国人,颜回的父亲,字季路,孔子开始在阙里教学的时候,他就跟从孔子学习,比孔子小六岁。

曾子庙

颜回,字子渊,以德行著名,居住在陋巷而不改其志。孔子非常称许他的仁德。

曾点,南武城人,曾参的父亲,字子皙,《论语·先进》记孔子赞赏曾点之志。

曾参,字子舆,以孝著称,传说孔子因他而作《孝经》。齐国曾经聘请他,想让他为卿,他因父母年高无法远游而推辞。曾参的后母对他没有恩德,他却一直供养后母,从来没有懈怠。

孔子为什么不收女弟子?

孔子号称"弟子三千",知名的就有七十二人,但是其中却没有女弟子。这是因为古代有"重男轻女"的陋习,女子不能在外抛头露面,自然也就与学校教育无缘。当然,这也不是说女子就不接受教育了。她们"学则在家",由父兄教授。条件好的家庭请私塾先生来家授课,如果家长又很开通的话,则女子可跟随其兄弟一起听课。故在中国古代,也出现了像李清照、王照园(郝懿行之妻)之类的才女。

我国最早的女子学校是由外国传教士来华创办的。十九世纪四五十年代,大批传教士进入中国,他们为了传教,免费在华办学,不少地方女校纷纷得以建立。如 1844 年,英国东方女子教育协进会的传教士阿尔德塞女士在宁波开设女塾,专收女生,被认为是基督教会在中国开办的第一所女子学校。

中国近代第一所自办女校是维新派妇女团体女学会,于1898年6月1日在上海城南桂墅里创办,名为中国女学会书塾。这所女校开设中文、西文、医学、女红四门功课,还创办近代中国第一张女报——《女学报》,提倡女学,反对缠足。

女性能够上学,是社会进步的标志。女性教育,带来了女性的自由、解放和独立。这对女性来说,意义重大。有的女性接受教育后,走上革命道路,成为不让须眉的巾帼英雄。

孔子弟子中有"贤人七十二",为什么是"七十二",有特殊含义吗?

孔子创办私学,号称弟子三千,贤人七十二。这一说法出自《史记·孔子世家》所记:"孔子以诗书礼乐教,弟子盖三千焉,身通六艺者七十有二人。"所谓弟子三千,只是一个大概的数字。那么,贤人七十二呢,是否也是个概数?

在留传至今的文献中,专门记载孔子弟子的姓名及言行事迹的,有《史记·仲尼弟子列传》和《孔子家语·七十二弟子解》。前者引用孔子的话,说"受业身通者七十有七人",所以记录了77人;后者篇名称"七十二弟子",实则记录了76人。可见两者所记都不是72人。这说明,所谓贤人七十二,只是一个概数。

另外,根据其他文献的记载,还可以补充20人。也就是说,目前可知的有姓有名的孔子弟子共有97人,这其中包括几位存有争议者。

既然贤人七十二,只是概数,不是准确数字,为什么人们喜欢说七十二呢? 这大概有两个原因:

(1)根据各种古文献记载,孔子的优秀弟子实有七十余人,这与七十二非常接近。

(2)七十二是神秘的也是吉利的数字。在古人看来,七十二是天地阴阳之数相乘而成。《易传》把从1到9的奇偶自然数分为阴阳两组,奇数1、3、5、7、9属于阳性数字,也是天数,9是其中最大的数;偶数2、4、6、8属于阴性数字,也是地数,8是其中最大的数。$8 \times 9 = 72$,所以七十二成了象征天地阴阳交泰的神秘数字,也是古文献中最常见的一个数字。如《管子·地数》讲古帝王"封于泰山,禅于梁父,封禅之王七十二家";《史记·滑稽列传》讲姜太公"躬行仁义七十二年,逢文王,得行其说";《说苑·贵德》讲"孔子历七十二君,冀道之一行……卒不遇";《新序·杂事》记"邹忌既为齐相,稷下先生淳于髡之属七十二人皆轻忌"等等。

古人是怎么借孔子和《论语》开玩笑的?

孔子是圣人,《论语》是经典,但是,在古人眼里,孔子与《论语》也可以"戏说"。

传为隋代侯白所做的《启颜录》记了一则笑话:北齐有一个人叫石动筩,为人诙谐风趣。有一次他与国学博士谈到孔子弟子达者七十二人时,他问:"这达者七十二人中,有几人已冠,几人未冠?"博士回答:"经传没有记载,不知道。"石动筩笑着说:"先生读书,怎能不知孔子弟子已冠者三十人,未冠者四十二?"博士问:"有何根据?"石动筩回答:"《论语》上明明写着'冠者五六人,童子六七人',五六三十,六七四十二,不正是七十二嘛。"博士听罢一时语塞,回答不上来。石动筩巧解《论语》,取得了幽默的效果。

清代陈皋谟《笑倒》记了一则歪解《论语》的搞笑故事:孔子在陈蔡绝粮,命令颜回前往回回国借粮。颜回觉得他的名与回回国国号相同,有几分亲近感,应该容易通融一些,借粮大概不成问题。于是兴冲冲地赶到了回回国,不料,不但没有借到粮食,反而遭到了一顿斥责:"你的老师孔子,要攘夷狄,怪俺回回,连你也骂着呀,说'回之为人也贼乎'。"颜回怏怏而归。子贡请往,到了回回国,说:"我平日一个劲儿地奉承你们呀,常常说:'赐也,何敢望回回也!'"回回国人听后大喜,立即答应借粮。子贡回来后,讲给孔子听。孔子皱着眉头说:"粮食倒是借来了,只是文理不通。"原来,这里说的"回之为人也贼乎",见于《中庸》"回之为人也择乎中庸",把"择"改为"贼",就变成了骂人;"赐也,何敢望回回也",见于《论语·公冶长》"赐也,何敢望回。回也,闻一以知十",把句读变一下,就纯属搞笑了。

唐代高择《群居解颐》记了一个李可及戏说儒释道三教的故事:李可及是唐代晚期有名的滑稽演员,有一次,在唐懿宗亲自参加的儒释道三教讲论会结束后,李可及登台表演,称"三教论衡"。有人问:"你声称博通三教,那么,请问释迦如来是什么人?"李可及回答："妇人。"问者惊讶,说:"为什么这样说?"李可及回答:"《金刚经》说'敷坐而坐',如果不是妇人,为什么先让夫坐,再让儿坐?"接着又问:"太上老君是什么人?"回答:"也是妇人。"问者困惑,李可及解释道:"《道德经》说:'吾有大患,为吾有身;及吾无身,吾有何患?'如果不是妇人,会怕有身吗?"此人第三次再问:"文宣王孔子是什么人?"回答:"也是妇人!"问者说:"为什么这样说?"李可及回答:"《论语》说'沽之哉,沽之哉,我待贾者也。'如果不是妇人,为什么要嫁人?"李可及的戏说博得满座喝彩。李可及聪明机智,先是利用谐音,把"敷坐而坐"说成"夫坐儿坐";再有意曲解"有身"为有身孕;然后把"沽之哉,沽之哉,我待贾者也",说成是女子等待出嫁,这样一来,就变成了纯粹的搞笑。

孔子弟子中最有军事才干的是谁?

孔子弟子中最有军事才干的是冉求。

冉求,字子有,孔门高足,鲁国人,与孔子弟子冉仲弓、冉伯牛是同一个宗族。孔子曾评论说:"冉求这个人,可以让他在一个有千户人家的采邑里当邑宰,或有一百辆兵车的卿大夫家当家宰。"

季康子执鲁政后,召跟随孔子在卫的冉求回国。冉求将行,孔子曰:"鲁人召求,非小用之,将大用之也。"冉求回国后,做了季孙氏的家宰。

鲁哀公十一年春天,齐国军队由国书、高无丕率领,准备进攻鲁国。鲁国的两位卿大夫叔孙氏和孟孙氏不愿意出兵。季康子谓其宰冉求曰:"齐国军队准备来犯,怎么办呢?"冉求说:"如果他们两位不同意,您一人率领军队,背城而战吧,您一家的战车也多于齐军,您担心什么呢? 他们两位不想作战是很自然的,因为政权掌握在季氏手里。鲁国有您在,齐国人攻打鲁国而不迎战,那是您的耻辱。"

冉求对季康子动之以情,晓之以理,季康子决心出兵。季氏让冉求跟着他上朝,在党氏之沟等着。叔孙氏喊过冉求问他关于作战的意见。冉求回答说:"君子有着深远的考虑,小人知道什么?"叔孙氏再问他,他回答说:"小人是考虑了才能而说话,估计了力量才出力的。"叔孙氏说:"这是说我成不了大丈夫啊。"退回去以后就检阅部队。冉求用激将法使叔孙氏出兵。季康子派冉求率领左军抵御。冉求变防为攻,顺利攻入敌阵,打败齐军。

战后,季孙氏问冉求说:"您对于战法,是通过学习得来的呢,还是天生就会呢?"冉求回答说:"是学习得来的。"季孙氏问:"跟着孔子,能学得到战法吗?"冉求回答说:"就是跟着孔子学的战法。孔子是一位大圣人,无所不知,文武兼通并用。我恰好听过他讲战法,但却了解得还不够详细。"季孙氏听了以后很高兴。

冉求又说:"我们老师的学说传播到百姓中间,即使请鬼神来评判也是无可挑剔的,如果任用他就会使鲁国名声大振。"季康子把这些话报告给了鲁哀公,接着就派人带着礼物迎请孔子,说:"人们对于冉求是信任的,我们将重用您老人家。"

冉求在鲁国与齐国的这场战争中为季康子出谋划策,并率领鲁军与齐军战斗,十分勇敢。作为孔子的弟子,冉求出色的军事才干坚定了季康子迎孔子回国的决心。

孔子弟子中最有外交才干的是谁?

孔子弟子中最有外交才干的是子贡。

子贡,名端木赐,卫国人,为孔门高足。子贡通情达理,能言善辩,被孔子列在"言语"科。

子贡曾经自信地说:"齐、楚两国在宽广辽阔的原野上交战,在两国之间奔走劝告,陈说各种利害,以解除国家的外患,只有我能做得到。"正是因为子贡有杰出的外交才能,所以能在春秋末年列国纷争的外交舞台上,纵横捭阖,救危解难。

子贡在外交上很出色的一次表现是为救鲁而出使齐、吴、越、晋四国。孔子在卫国,听说齐国田常准备攻打鲁国,感到非常忧虑。子贡请求出使救鲁,孔子答应了。

子贡到了齐国,建议田常放弃进攻鲁国,转而进攻吴国。田常不高兴。子贡说:"忧患在内部时攻打强敌,忧患在外部时攻打弱者。我听说您三次封赏但却三次没有成功,这说明大臣不听从命令。战胜敌人会使国君骄傲,攻破敌国会使大臣专权,而您却没有功劳,那么您与国君的关系会日渐疏远,还会与大臣们发生争执。这样一来,您的地位就会出现危机。"田常说:"好!然而军队已经派往鲁国了,不能变动,怎么办?"子贡说:"可以让军队缓慢行进。我向吴国求情,让它救鲁伐齐,您乘机率兵迎击。"田常答应了。

子贡于是南下劝说吴王夫差道："称王的人不灭亡别国,称霸的人没有强敌。如今齐国想私自攻占兵车千乘的鲁国,与吴王您争强,为此我很为大王感到担忧。救鲁可以显扬名声,以镇抚泗水一带的诸侯,诛伐凶恶的齐国,从而制服晋国,没有比这有更大好处的了。名义上是保存快要灭亡的鲁国,实际上是围困强大的齐国,对此明智的人是不会有什么疑虑的。"吴王说："好!然而吴国曾经围困越国,越王如今怀有报复吴国之心。您等我先拿下越国,然后就按您说的去办。"子贡说:"越国的实力不过与鲁国相当,吴国的强敌是齐国。放弃攻打齐国而讨伐弱小的越国,这不是勇敢的表现。救鲁伐齐,威震晋国,诸侯一定会相继来朝见,从而使霸业兴盛。如果大王确实厌恶越国,那么臣下我请求往见越王,让他出兵跟从攻打齐国。"吴王很高兴,便派子贡前往越国。

越王勾践到郊外迎接,亲自为子贡驾车。子贡告诉越王勾践说:"如今我劝说吴王救鲁伐齐,他想同意,但心里担心越国进攻,下定决心要攻破越国了。"越王听了有些慌张,请子贡告知利害。子贡说:"为了免除越国的灾难,大王您应该发兵帮助吴王攻打齐国,来激励他的决心,而且用贵重的宝物来讨得他的欢心,用谦卑的言辞来表示对他的礼敬尊崇,那他一定会放弃越国讨伐齐国。如果他战而不胜,那是大王您的福分;如果胜了,他一定会率兵进攻晋国。请让我北上拜见晋国国君,请他共同攻打吴国,一定会削弱吴国的势力。

子贡辞行

吴国的精锐部队都消耗在齐国,重兵又被晋国围困住,而大王就可以趁吴国疲惫不堪的时候制服吴国。"越王非常同意子贡的计划,答应子贡派出军队助吴。吴王率领吴、越两国的军队讨伐齐国,打败了齐国。子贡再北去,拜见了晋国国君,让晋国迎击疲敝的吴国。吴、晋两国的军队在黄池相遇。越王趁势袭击吴国本土,吴王回国与越国作战,结果吴国灭亡了。

《史记·仲尼弟子列传》云:"故子贡一出,存鲁,乱齐,破吴,强晋而霸越。子贡一使,使势相破,十年之中,五国各有变。"经考证,《史记》的记载与史实有出入。这是战国时代纵横家借子贡而编造的故事。但是这也从一个侧面说明子贡的确有着非凡的外交才能。

孔子弟子中最有钱的是谁?

子贡擅长经商,"鬻财于曹、鲁之间"。子贡深谙经商的道理,"亿(臆)则屡中"。这就是说,他做买卖,猜测行情,每每猜对。端木赐经商很成功,以至"家累千金"。在七十子之徒中,"赐最为饶益",即最富。

子贡曾经请教他的老师说:"贫穷而能不谄媚,富有而能不骄傲自大,怎么样?"孔子说:"这也算可以了。但是还不如虽贫穷却乐于道,虽富裕而又好礼之人。"子贡是认真按照老师的教导去做事情的。

有一次,子贡赎回了一个流落在别的诸侯国做奴仆的鲁人。本来按照鲁国法律的规定,子贡可以从鲁国府库里领取钱财,但是他却推辞而不领取钱财。孔子听说了这件事说:"这是端木赐的过失啊。圣人做一件事,可以通过它移风易俗,而且可用来教化开导百姓,并非只是适合自身的行为。现在鲁国富人少而穷人多,如果因为赎人从府库领取钱财就是不廉洁,那么用什么来赎人呢? 从今以后,鲁国人不再能从其他诸侯国那里赎回人了。"孔子虽然批评了子贡,但可以看出子贡富不忘义。

又有一次,孔子在周游列国的途中,被困厄在陈蔡国之间,随从的弟子一连七天没吃上粮食。子贡拿出所携带的钱财,偷偷地向乡间的农夫请求买粮,买到了一石米,才化险为夷。

正如《史记·货殖列传》所云:"子贡结驷连骑,束帛之币以聘享诸侯,所至,国君无不分庭与之抗礼。夫使孔子名布扬于天下者,子贡先后之也。此所谓得势而益彰者乎?"子贡拥有大量钱财,再加上他杰出的外交才能,所到之处,诸侯国的国君都给予很高的礼遇。可以这样说,孔子扬名天下,孔子的学说在诸侯国中传播,子贡功不可没。

孔子为什么将女儿嫁给了身陷牢狱的弟子公冶长？将侄女嫁给了南宫适？

公冶长,字子长,齐国人,一说鲁国人,孔子弟子。《论语·公冶长》记载孔子评论公冶长说:"可以把女儿嫁给他,他虽然被关在牢狱里,但这并不是他的罪过呀。"公冶长曾经身陷牢狱,但是孔子认为公冶长是无罪入狱,并不介意,把自己的女儿嫁给了他。孔子嫁女儿显然是经过慎重考虑的。至于做出这个决定的具体原因如何,由于历史上对公冶长的记载并不是太多,所以难以详考。根据《孔子家语·七十二弟子解》记载,公冶长为人能够忍受耻辱。从他无罪入狱蒙受坐牢之耻来看,似乎也能印证这一点。还有一个关于公冶长的故事,虽为传说,也可从中略知他有至孝之德。

公冶长自幼家境贫寒,父亲去世早,家里只有母亲。他天资聪颖,又很勤劳。为了维持生计,母亲常领着他到山上打柴。有一次母亲生了病,不能去打柴了,可是家中又无柴做饭,公冶长为了让母亲吃上饭,就一个人上山砍柴去了。

公冶长到了山上,在空旷的山谷里,突然感到很害怕。毕竟是个小孩子,他吓哭了。山上的小鸟感到很惊奇,都飞过来看个究竟,不一会聚集了一群。其中一只鹦鹉问他:"你为什么在这里哭呢?"公冶长就把事情的经过告诉了它。鹦鹉和其他的鸟听后,深为公冶长对母亲的孝心所感动。鹦鹉对他说:"我们一起帮你拾柴吧。"有这群鸟儿帮忙,公冶长很快就砍好了一捆柴,背柴回家,给生病的母亲做上了饭。

公冶长心地善良,有孝行,这大概是孔子将女儿嫁给公冶长的一个很重要的原因。

孔子将侄女嫁给了他的弟子南宫适。南宫适,字子容,出身鲁国三桓之一的孟孙氏世家。

孔子的哥哥孟皮未及女儿出嫁便已去世,由孔子代嫁。孔子将侄女嫁给南宫适,是因为看中了南宫适的才华品德。

南宫适很有智慧,能够自我约束,世道清平时能够奋发向上,世道昏暗时也不同流合污。孔子这样评价他:"国家政治清明,他总有官做,不被废弃;国家政治黑暗,他也可以免去刑戮。"南宫适善于处世,既会当官,又能保全自身。

更为重要的是,南宫适对仁德有很高的追求。有一次,南宫适向孔子问道:"羿擅长射箭,奡擅长水战,都没有得到好死。禹和稷自己下地种田,却得到了天下。怎样解释这些历史?"孔子没有答复。南宫适退了出来。孔子道:"这个人,好一个君子! 这个人,多么向往仁德!"

因此在孔子看来,将侄女嫁给南宫适,侄女一辈子的幸福是有保障的。

孔子反对樊迟学稼、学圃,说明孔子轻视农业劳动吗?

据《论语》记载,孔子的学生樊迟向孔子请教如何种庄稼,孔子说:"吾不如老农。"樊迟又向孔子请教如何治理园圃,孔子说:"吾不如老圃。"孔子的意思是,我不如种庄稼的老农和种菜的老圃,这些事不要问我。孔子虽然没有明说,其实是反对樊迟学稼、学圃的。所以樊迟出去后孔子对其他弟子说:"小人哉! 樊须也。"骂樊迟是在野的小人。

孔子为什么反对樊迟学稼呢? 难道孔子认为稼穑是低贱的劳动而鄙视吗? 显然不是。孔子非常重视农业生产,何况他也说自己"多能鄙事",所以他不会认为稼穑是低贱的劳动。孔子反对樊迟学稼、学圃,是因为这与樊迟的身份不符。樊迟走后孔子说:"小人哉! 樊须也。上好礼,则民莫敢不敬;上好义,则民莫敢不服;上好信,则民莫敢不用情。夫如是,则四方之民,襁负其子而至矣,焉用稼?"意思是说,樊迟呀,真成了一个在野小人了! 君子在上位,只要能好礼,民众便不敢不敬。只要能好义,民众便不敢不服。能好信,民众便不敢不用他们的真心和实情来对上。政治能做到这地步,四方民众便会背负他们的孩子来请入籍,那时就会耕户日增,耕地日辟,何必自己学稼穑之事呀!

在孔子看来,君子学好了礼义大道,以此治国,就会四方来归,发展生产,君子不用稼穑而稼穑自然能够做好。所以孔子之学,首要的是要人完成自己的人格,成为礼义修身的君子,从而治平天下,实现王道政治,而不是成为一个专守一业的小人。所谓"君子不器",所谓"君子上达,小人下达",说的都是这个道理。孔子反对樊迟学稼、学圃,骂他是"小人",正是因为樊迟游孔子之门,跟随孔子学习,不向孔子请教君子之学,研究修齐治平的大道,反而再三请教稼穑之学,是志向卑微的表现。《孔子家语》记载孔子批评子贡说:"赐,良农能稼不必能穑,良弓能巧不能为顺,君子能修其道,纲而纪之,不必其能容。今不修其道,而求其容。赐,尔志不广矣,思不远矣。"孔子批评子贡不修君子大道而只求见容于世,是志向不广。这与孔子批评樊迟学稼、学圃是一个意思。

可见,孔子反对樊迟学稼、学圃,并没有轻视生产劳动的意思,而是批评樊迟志向不够高远,问所不当问。

孔子为什么说子路已经"登堂"却没有"入室"?

子路是孔子的著名弟子之一。有一天,子路弹瑟,孔子闻其音,含有肃杀之气,颇不祥和,便责怪他说:"仲由你弹瑟,不合雅颂,怎么会出自我的门下?"正如孔子所言,雅颂之音,令人心气平和。子路性情勇武,弹瑟有刚烈杀伐之声,而欠缺平和雅静的韵味。其他弟子听到孔子这样批评子路,都误以为孔子不喜欢子路,就对子路很不恭敬。孔子深知子路是其弟子中最能做到躬行实践的一个人,所以他得知众弟子们误解了他的话后又说:"子路的学问已经大有所成,但是未臻佳境。就像人们从外面进来,登上厅堂,但是还没有进入内室一样。"孔门弟子求学,譬如入门、上阶、登堂、入室,由浅入深,程度不等。孔子的教育方法,步步引进,子路虽已升堂,但尚未能入室,所以论其弹瑟,正是希望子路能把学问做得更加精深、细致。

孔子做过哪些官,最大的官是什么?

孔子51岁时开始从政,这一年,即鲁定公九年(前501年),孔子被任命为中都宰。这是孔子做的第一个官。中都,是鲁国的一个邑,在今山东省汶上县西约40里。中都宰大致相当于今天的县长。孔子上任后,首先改革了养生送死之礼,接着又加强了礼制教化和社会治安管理,仅仅一年光景,就收到了境内大治的成效,周围各地纷纷前来学习。

孔子的政治才干引起了鲁定公的注意,于是召见孔子问:用你治理中都的办法来治理鲁国如何?孔子回答:岂止是鲁国,用来治理天下也是可以的!第二年,即鲁定公十年(前500年),孔子由中都宰升任小司空。司空是负责鲁国土木工程事务的官员,小司空是其副职。中都宰是地方官员,小司空则是中央官员。孔子担任小司空的时间很短,他秉持以礼治国的原则,纠正了一些违礼、非礼的行为。

同年,孔子再次升迁,担任司寇一职。据《韩诗外传》卷八记载,任命书是这样写的:

"宋公之子弗甫何孙，鲁孔丘，命尔为司寇。"司寇，是鲁国最高司法长官，负责社会治安、刑狱、纠察等事务。在孔子之前，司寇这类高官，往往由同姓卿大夫出任，孔子以异姓、平民担任司寇，在当时引起了震动。在司寇任内，孔子参加了齐鲁两国夹谷之会，取得了一次重大的外交胜利；又策划并主持了"堕三都"事件，即拆除三个大邑的城堡防御工事，结果遭到了失败，孔子的从政生涯由此结束。

　　司寇是孔子担任的最高官职。《史记·孔子世家》说孔子担任的是"大司寇"，经学者考证，此与《孟子》所记"孔子为鲁司寇"是一回事。值得注意的是，孔子在司寇任内，一度"行摄相事"，取得了与闻国政的权力。也就是说，这时，孔子名义上的官职仍然是司寇，但被授权代理相事，实际上掌握了鲁国的权力。时在鲁定公十一年（前 499 年）。当时，鲁国的实权已有数代掌握在"三桓"手里，"三桓"以季氏势力最大，长期把持国政，鲁国国君形同虚设。鲁昭公与"三桓"发生矛盾，争斗的结果是鲁昭公被赶出了鲁国，流亡在外。可见"三桓"权势之大。孔子"行摄相事"，必须取得国君和"三桓"的一致同意。鲁定公支持孔子，是希望孔子"强公室，抑私门"，增强国君的权力；"三桓"对孔子

职司委吏

"行摄相事"表示首肯，是因为当时"三桓"的家臣们尾大不掉，经常犯上作乱，有时不仅劫持"三桓"，甚至操纵整个鲁国国政，这令"三桓"头疼不已，他们希望借助孔子的智慧和力量解决家臣犯上作乱的问题。各方面的机缘巧合，使孔子脱颖而出。孔子代理相事期间，采取一系列措施，首先打击家臣，其次削弱"三桓"，由下而上强化国君的权力，但

是,到了削弱"三桓"的层面,引起了"三桓"的警惕和不满,最终导致孔子的出走。

孔子做官时,最高俸禄有多少?

孔子一生谋道不谋食,谋食在谋道之中,正如他所教导弟子的"学也禄在其中矣",修道讲学,学以致用,自然可以解决衣食之忧。孔子从政期间,担任什么官职,就有与此相应的俸禄。俸禄是孔子晚年生活的重要来源。孔子 51 岁后,先后担任过中都宰、小司空、司寇等职,各有多少俸禄,今已不得而知。但是,根据《史记·孔子世家》记载,我们知道,孔子以司寇身份"行摄相事",达到了从政的顶点,他一则获得了从大夫的爵位,一则获得了"奉粟六万"的俸禄。这是孔子做官所获得的最高俸禄。这里的"六万",指的是什么计量单位,有不同的说法。唐代司马贞《史记索隐》解释说:如果是指六万石,显然太多,似不可能;应是指六万斗。张守节《史记正义》进一步解释说:六万斗,指小斗,相当于二千石。按汉代规定"三十斤为一钧,四钧为一石"推算,一石等于 120 斤,二千石相当于 24 万斤。汉代 1 斤约等于现在的 0.516 斤,24 万斤则等于现在的 123840 斤。

孔子一年俸禄相当于今天的 12 万多斤谷物,是一笔极为可观的收入。所以,孔子的生活得到了极大的改善,并且设了家宰一职,为其管理家事,请其弟子原宪担任,给予的俸禄是"粟九百"。原宪觉得俸禄太多,推辞不受,孔子对他说:不必推辞,多余的可以送给邻里乡党嘛。

孔子辞去官职,周游列国期间,所到各国也都给予了优厚的待遇,以卫国给予的待遇为最。据《史记·孔子世家》记载,孔子初到卫国,卫灵公马上接见孔子,问孔子:"居鲁得禄几何?"孔子回答:"奉粟六万。"卫灵公也照此数发给孔子俸禄。因为卫国给予的礼遇和待遇最为优厚,孔子先后数次率弟子出入卫国,居留卫国的时间最长。

孔子周游列国后期,他的弟子们纷纷回国从政,如冉有、樊迟等均在鲁国做了官。在他们的鼓动下,鲁哀公十一年(前 484 年),鲁国当政者季康子以极高的礼遇迎接年已 68 岁的孔子回国,尊为"国老",相当于国事顾问。这时,孔子无疑有俸禄,但有多少俸禄,史无记载。不过,这时孔子仍继续招徒讲学,他的若干学已有成的弟子则从政,各有可观的俸禄收入,子贡则经商致富。总之,孔子晚年衣食无忧,生活有保障。

子游治理武城,孔子为什么说"割鸡焉用宰牛刀"?

子游是孔子弟子,姓言,名偃,字子游,吴国(一说鲁国)人,小孔子45岁。子游在孔门中以文学著称,是孔子的得意弟子之一。

子游跟随孔子学习,其出仕从政也不离孔子太远,而是就近在鲁国做了武城宰,以便随时接受孔子的指导。武城,是鲁国的一个邑,其地在今山东省平邑县南(旧属费县),一说在今山东嘉祥县。

子游做武城宰,按照孔子的教导,推行礼乐教化,把武城治理得物阜民安,秩序井然,引得孔子兴致勃勃地前去考察。据《论语·阳货》篇记载:"子之武城,闻弦歌之声。夫子莞尔而笑曰:'割鸡焉用牛刀?'子游对曰:'昔者偃也闻诸夫子曰:君子学道则爱人,小人学道则易使也。'子曰:'二三子!偃之言是也,前言戏之耳。'"这段对话很有意思,将孔子师徒二人的神态及风趣充分表达了出来。孔子一到武城,就听到了弹琴唱歌的声音,便笑着对子游说:"割鸡焉用牛刀?"言外之意是说,在武城这么一个偏僻的小邑大兴礼乐,相当于用牛刀杀鸡,未免小题大做了吧。这本来是一句开玩笑的话,不料,子游却当了真,回答说:从前我听夫子讲过:君子学道则有仁爱之心,老百姓学道则容易听从指使。心里想,我正是照夫子的话去做的嘛。孔子听后,对子游能够牢记他的教诲,坚持学以致用,感到十分欣慰,笑着对随行的弟子说:子游的话是对的,我刚才说的是戏言呀,不要当真。

武城弦歌

《论语·雍也》篇还记载了孔子对子游治理武城的进一步考察,考察的重点是子游在武城是否发现了人才。子游向孔子介绍说:有一个人叫作澹台灭明,他走路不抄小道,办事不走捷径;如果不是公事,他从来不到我家里来。按《史记·仲尼弟子列传》记载,澹台灭明,姓澹台,名灭明,字子羽,武城人,孔子弟子。澹台灭明应是子游这次举荐之后,才成为孔子弟子的。(孙娜)

孔子的孙子子思是鲁穆公的老师吗?他为什么到卫国做官?

子思,是孔子的孙子,少时曾亲受孔子的教诲。孔子去世后,子思在鲁、宋、卫、齐几国间游历讲学,寻找从政的机会。

鲁穆公(约前408—前377年)时,子思回到了鲁国,当时他已有显赫的名声,所以受到了很高的礼遇。据《圣门十六子书·述圣子思子传》说,鲁穆公急于见到子思,想请子思担任国相。子思认为,从政是为了行道,如果担任国相而不能行道,是国相的耻辱,所以他推辞不受。这条资料是根据《孔丛子》而来的,不见其他记载,所记是否真实还不能确定,但鲁穆公礼贤下士,尊礼子思,经常向子思请教却是事实。《孟子》一书多次提到鲁穆公派人侍候子思,馈赠鼎肉,以及向子思请教问题。《礼记》《韩非子》《说苑》《孔丛子》等也有不少鲁穆公请教子思的记载。1993年出土的郭店竹简有《鲁穆公问子思》篇,记

鲁穆公问子思:怎么才算是忠臣?子思回答:经常指称国君的过失,才是忠臣。子思的回答引起鲁穆公的不快,成孙弋解释说:子思的话说得好啊!忠于国君而牺牲自己的,不乏其人;经常指称国君过失的,鲜见其人。忠于国君而牺牲自己的,是为了获得爵禄;经常指称国君过失的,不但不是为了爵禄,反而是远爵禄。为君臣

论穆公霸

之义而远爵禄,如果不是子思,我们从哪儿听到这样的话呢!鲁穆公听了后很快释然。

既然鲁穆公经常请教子思,子思不卑不亢予以回答,那么子思在鲁穆公时究竟担任

什么角色？《孟子·告子下》记淳于髡说：鲁穆公时，公仪休、子柳、子思为臣，治理鲁国。这三人同朝为臣，公仪休任相，是有明确记载的；子柳、子思担任什么官职，史无记载，只有《盐铁论》说子柳、子思为卿。但是，如果子思仅仅为臣、为卿，他不可能那么倨傲不顺。孟子看出了这一点，他在书中一则记鲁穆公尊子思为师，又记鲁穆公对子思表示，国君对于士应是平等的"友"的关系，子思不以为然，认为国君应礼贤下士，对于士不止"友之"，更应该"事之"。孟子对此大加阐发，认为子思应该对鲁穆公这样说："以位，则子，君也；我，臣也。何敢与君友也！以德，则子事我者也，奚可以与我友？"显然，在孟子看来，子思德高望重，应是鲁穆公之师。班固《汉书·艺文志》明确记载子思为鲁穆公师。

子思为鲁穆公师，应在其晚年。早些时候，子思曾在卫国任职。《孔丛子·抗志》记"子思居卫，鲁穆公卒"，钱穆先生考证，此穆公应是悼公之误。也就是说，子思不是从鲁穆公那儿又来到了卫国，而是在此之前居卫任职。《孟子·离娄下》记载，子思在卫，齐军来犯，有人劝子思躲避一下，子思回答：如果我走开了，谁与卫君守城？子思辅佐卫君，有守土之责，应是任职为臣，但子思在卫担任何种官职，史无记载，不得而知。

子思在卫国的时间比较长，是因为他的母亲在卫国，而且，据《礼记·檀弓》记载，他的母亲死在卫国，葬在卫国。子思的母亲为何来到卫国？一说孔鲤死后，子思的母亲改嫁到了卫国；一说是被孔鲤休了以后回到了卫国；一说子思的母亲不是孔鲤的正妻，孔鲤死后，早早离开了孔家而来到了卫国。总之，母亲在卫，子思随之来到卫国，就近照顾母亲，是子思居卫的重要原因。

孔子为什么要辞职周游列国？

孔子在鲁国从政，以司寇身份代理相事后，干得有声有色，可是，就在这时，他策划的一个重要的事件——"堕三都"不幸而失败，这彻底改变了孔子为政的命运，导致他不得不辞职出走，周游列国。

原来，春秋中后期，鲁国有三种政治势力：一是鲁定公为代表的公室；二是"三桓"为代表的私门，即贵族势力；三是家臣势力。孔子从政时，这三种势力形成的基本格局是：鲁定公受制于"三桓"，"三桓"专鲁国之政；"三桓"又受制于家臣，家臣专"三桓"之政。

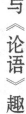

在这种情况下,鲁定公希望削弱"三桓","三桓"急于打击家臣。

孔子正是看出了这一点,精心策划了一个"堕三都"的计划。这是他行摄相事以来采取的一项重大举措。三都,指"三桓"的三个采邑,即:季氏的费邑(在今山东省费县境内)、叔孙氏的郈邑(在今山东省东平县境内)、孟孙氏的成邑(在今山东省宁阳县境内)。邑与都的区别是,小者称邑,大者称都。三都费、郈、成,分别由"三桓"的家臣们所把持,由于他们的长期经营,已成为城高池深的军事堡垒。"堕三都"就是拆除三都的城墙和其他防御设施,使盘踞其中的家臣武装无险可守,容易解决。孔子提出"堕三都"的计划,表面上是打击家臣势力,解除"三桓"之忧,实际上,他是想利用此举"强公室,弱私家",逐步恢复国君的权威。

鲁定公考虑到打击家臣势力,有利于削弱"三桓",加强公室,所以对孔子提出的"堕三都"计划表示支持。"三桓"则正受家臣势力的困扰,阳虎之祸使他们余悸未消,叔孙氏的家臣侯犯又据郈邑叛乱,而已有过一次叛乱记录的季氏的家臣公山不狃仍然盘踞在费邑,所以"三桓"也支持"堕三都"。在鲁定公和"三桓"的共同支持下,孔子提议子路出任季氏宰,负责实施这一计划。

"堕三都"的计划一开始进展顺利。

叔孙氏首先顺利拆毁了郈邑的城堡,基本上没有遇到什么抵抗。接下来,季氏要拆毁费邑的城堡。不料,盘踞在费邑的季氏家臣公山不狃和叔孙辄抢先发难,率费人偷袭鲁都。鲁定公和"三桓"猝不及防,急忙躲进季氏宫中,登上季武子之台凭高抵抗。费人围攻甚急,差点危及鲁定公的性命。幸亏孔子及时下令鲁大夫申句须和乐颀率兵击退费人,解了围。国人纷纷参战,乘胜追击,打败了费人,平定了叛乱。公山不狃和叔孙辄逃奔齐国,费邑的城堡被拆毁。

轮到堕成邑的时候,成邑宰公敛处父向孟孙氏指出:成邑是鲁国北部的门户,堕成邑,齐国人可随时抵达鲁国北门;而且,成邑是孟孙氏的根据地,失去了成邑,孟孙氏也就失去了立足之地。你假装不知,我将坚持不堕。公敛处父一向忠于孟孙氏,他看得很清楚,"无成,是无孟氏也",堕三都的实质是削弱"三桓"势力。孟孙氏经此点拨,如梦初醒,马上不再支持堕成邑,而是任由公敛处父顽强抵抗。鲁定公亲自率兵攻城,也未攻下,只得放弃。"堕三都"的计划最后宣告失败。

"堕三都"的失败,遭受打击的是孔子和鲁定公。"三桓"一旦了解了孔子的真实政治目的,立即对孔子有了戒心,保持着高度的警觉。他们联合起来对付孔子,对付鲁定公,再度把持国政。季氏不允许子路再任其家宰,对孔子也十分冷淡。

转眼到了第二年,也就是鲁定公十三年(前497年),齐国送来了美女80人,文马120匹,诱使鲁国君臣沉湎于声色狗马之中。这一招果然奏效。季桓子接受了齐国的美女、文马,与鲁定公终日游玩其中,不问朝政,怠于国事。子路见此,劝孔子辞职,一走了之。孔子则心存一丝幻想,坚持再等等看。因为马上就要到郊祭的日子了,如果郊祭后,仍能按礼的规定,把祭肉分给大夫,以示对大夫的尊重,孔子还打算留下来。结果让孔子失望,他没有分到祭肉。孔子知道是怎么回事了,他是通达之人,坚持"合则留,不合则去",于是率领弟子们辞官去鲁。临行之际,孔子以一种独特的方式表达了他对鲁国的留恋与热爱:"迟迟吾行也,去父母国之道也。"

匡人为什么拘押孔子?

孔子一行离开卫国后,决定取道南下,到陈国去。在路经匡邑的时候,孔子遭遇了周游列国的第一难。

匡邑,原来属于卫国,后来被郑国侵占,成了郑国的一个邑。孔子师徒经过匡邑时,突然冲出一批手持兵器的匡人,将他们包围了起来,进退不得。对于这突如其来的场面,大家不知原委,面面相觑,深感惊讶。原来,前不久,也就是鲁定公六年(前504年),鲁国季氏家臣阳虎率军侵袭郑国,攻占了匡邑,作恶多端,百姓大受其害,因而匡人对阳虎怀恨在心,不忘报仇雪恨。孔子师徒经过匡邑时,为孔子驾车的弟子颜刻因故地重游而忆起往事,用马鞭指着城墙一处豁口说,自己以前随军攻打匡邑,就是从这里破城而入的。这话恰巧被路边的匡邑人听到了,七年前阳虎攻打匡邑的情景他们还记忆犹新,他们看到坐在车上的孔子很像阳虎,认为阳虎来了,报仇雪恨的机会到了。于是他们立刻把阳虎来匡的消息报告给邑宰匡简子。匡简子马上带领一班人马和百姓赶来,把孔子一行围

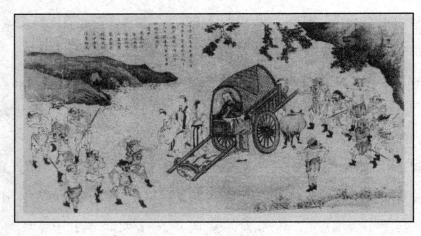

匡人解围

了个水泄不通。纷乱中，孔子的一些弟子被冲散了，孔子和部分弟子被匡简子押解城中，拘禁了起来。

匡人将孔子师徒一连拘禁了五天，还是没有放行的意思，而且派重兵把守门口，连门也不让出。弟子们颇感惶恐，不只担忧自己生死未卜，更怕夫子遭遇不测。孔子见状，便宽慰大家说："周文王死了以后，华夏文化传统不是传到我这儿了吗？上天若让华夏文化传统消失，我就没有机会参与传承华夏文化传统；上天若不让华夏文化传统消失，匡人又能拿我怎样？"孔子的镇定和自信很有感染力，大家安定了。于是孔子让大家弹琴唱歌，和谐优雅的歌声回荡在匡邑的上空。

匡人听到处于困境中的孔子师徒们的歌声，觉得这不是阳虎所能做到的。子贡是卫人，也向匡人解释，孔子乃当今圣人，为传道经过此地，并非阳虎。匡简子了解了实情，于是就对孔子师徒解禁放行了。

"子见南子"是怎么回事？

孔子一行南下受阻，仅仅过了一个多月又返回卫国。孔子离开后，卫灵公有些后悔；这次孔子返回，卫灵公很高兴，亲自到城外迎接。孔子自然感到欣慰，想进一步争取卫灵公的支持，以便在卫国立足并有所作为。

卫灵公的夫人南子，早就听说了孔子，很想见识一下孔子的为人。有一次，她派人告诉孔子,希望一见。南子原是宋国贵族之女,资质聪敏,性情爽朗,为人机灵,相貌艳美。她出嫁前与公子朝被称为宋国双美,两人都不检点,有了私情,受到宋国人的耻笑。南子嫁给卫灵公后,深得卫灵公的宠幸,她利用自己的美貌和聪敏,左右灵公,干预朝政。南子虽然尊为国君夫人,却不忘旧情,经常哄骗卫灵公把宋国公子朝召进宫中;同时,她又与灵公宠臣弥子瑕关系暧昧。南子的这些秽乱宫中的轻浮行为,遭到时人的鄙弃,名声很是不好。所以孔子对南子的邀请感到为难。为了避嫌,起初孔子婉言谢绝了南子的求见。可是南子还是表示愿见孔子。出于礼数,孔子不得已而去拜见了南子。南子精心打扮了一番,坐在薄薄的纱帐之内。孔子进门之后,向纱帐内的南子行叩拜之礼,南子在纱帐内回拜。孔子看不清南子的面貌,只听得南子身上佩戴的玉器发出铿锵悦耳的响声。

孔子的弟子们对此有不同意见,有的认为,寄人篱下,见见南子没有什么不可以的;有的认为,既然做到了以礼相见,无伤大雅;惟独子路很不以为然,认为以夫子之德高望重去拜见一位没有操守的风流女子,实在有失体面,于是流露出不悦的神色。孔子见状便指天发誓说:"我所作所为,若有不合理不由道的,上天厌弃我,上天厌弃我!"

孔子化过妆吗?

孔子第二次到达卫国不久,卫灵公表现出好色不好德的样子。有一次,卫灵公与其夫人南子同车出游,让孔子乘第二辆车跟随其后,招摇过市,孔子感到羞耻,于是再次离开卫国,决定仍到南方的陈国去。

孔子一行路过曹国的都城陶丘(今山东定陶县西南),稍事停留,继续南行,来到宋国都城商丘(今河南商丘市东南)。宋国是殷遗民的封国,也是孔子的先祖之国,还是孔子夫人亓官氏的家乡。孔子年轻时,曾到宋国考察殷礼,三十多年后故地重游,他备感亲切。本来,孔子想在宋国多停留一段时间,可是,宋国对于这位年近六十、声名显赫的"同胞"没有表现出应有的热情,不但没有给予什么礼遇,反而让孔子遭受到了周游列国十四年最为严重的威胁——宋国司马桓魋竟然要杀他!

事情的原委是,孔子在宋国停留期间,听说司马桓魋很受宋景公的宠爱,骄傲奢侈,丧失了其世传的贤大夫的风范。他为了使自己死后不朽,继续享用生前的荣华富贵,命令工匠给他造一座大型石椁。工程巨大，劳民伤财，三年时间都还没有完成，因而引起民众的议论和谴责。孔子对此大不以为然，指责说："桓魋这样奢侈浪费，不知爱惜民力财物，这样的人真不如死后快点烂掉更好些！"

孔子的话传到了司马桓魋的耳里，他感到非常恼怒，怪孔子多嘴多舌，就想寻机惩罚孔子，以泄怨愤。

孔子师徒住处附近有一棵大树，孔子和他的弟子们时常在这棵大树下演习礼仪。一次，司马桓魋竟然派人来把大树伐掉，还想加害孔子，以此向孔子师徒示威寻衅。孔子知道自己的话得罪了桓魋，于是决定离开宋国。弟子们担心发生意外，都劝孔子快点动身，孔子却平静地说："我的道德是上天赋予的，桓魋其奈我何！"表示对桓魋不以为意。尽管如此，弟子们觉得既然久居无益，不如趁早离开，便继续催促孔子尽快上路。为了防备桓魋追击，孔子师徒改变了原定南下陈国的路线，而是出城西行，直下郑国

宋人伐木

都城新郑；而且孔子还化了装，趁着夜色悄悄上路，向郑国进发。当桓魋闻知孔子师徒已经出走，急忙派兵追赶时，孔子一行早已消失在茫茫夜幕之中了。

郑人称孔子为"丧家之狗"，孔子为什么欣然接受？

由于宋国司马桓魋发难，孔子师徒匆匆逃离宋国。在忙乱中孔子与弟子们走散了。经过几天的奔波，孔子一人来到郑国都城新郑。孔子独自站在东门外附近，四处张望，等待弟子们过来与他会合。他身穿便装（孔子与弟子便装逃宋），风尘仆仆，疲惫不堪，看上去很是狼狈。

子贡等人已经先孔子赶到城里，正焦急地四处寻找他们的老师。这时有一个郑国人见子贡等人在四处找人，便对子贡说："东门外有个高个子老头，长相不凡，脑门像古代帝王唐尧，脖颈类似有名的法官皋陶，双肩类似我们郑国大政治家子产，腰以下比禹少了三

寸;脊背微曲,又瘦又累,像一条丧家之犬。"子贡按照郑人所指,很快在东门外找到了孔子。子贡把刚才那位郑国人讲的一番话如实地告诉了孔子。孔子听后开心地笑着说:"说我的外形相貌像圣王贤相,那可不敢当。说我像一条丧家之狗,倒是很像呀,很像呀!"

郑人说孔子像丧家之犬,颇能反映孔子当时的情况。几年来,孔子为了实现"天下有道"的理想抱负,与弟子们背井离乡,四处漂泊,不为时用。一路上颠沛流离不说,还屡遭困境,"再逐于鲁,削迹于卫,伐树于宋,穷于商,困于陈蔡"(《庄子》语),几次都有生命危险。不过,孔子微笑着认可郑人"丧家之狗"的评价,表现出了他的超脱与通达,也说明他并不以自身的困苦为忧。事实上,孔子"忧道不忧贫",对大道难行也有充分的估计,抱定"知其不可为而为之"的态度,所以一己的得失困苦对孔子而言根本不成问题。孔子欣然接受"丧家之狗"的评价,体现的不是孔子的气馁与哀怨,而是他对道之难行的遗憾与自己的坚韧和自信。

孔子为什么赞赏民歌"沧浪之水"?

孔子师徒陈蔡脱困后,来到了楚国边陲的负函,在那里得到了叶公的热情款待。到楚一游,观览名胜,了解蛮夷风情和荆楚文化,是孔子早有的一个心愿。在留居负函的日子里,一天,孔子一行来到汉水以北的一些地方游览,突然听到一个小孩在小河边唱歌:

沧浪之水清兮,可以濯我缨;
沧浪之水浊兮,可以濯我足。

沧浪濯足图

歌词大意是,沧浪的水清啊,可以洗我的帽缨;沧浪的水浊啊,可以洗我的双脚。

孔子听完这首民间童谣,马上意识到其中含有深刻的道理,他向弟子们说:"小子听之,清斯濯缨,浊斯濯足。自取之也。"意思是说,弟子们听着!水清就可以洗帽缨,水浊就只能洗脚了。洗帽缨还是洗脚,完全是由水自身决定的。人何尝不是如此呢?一个人如果努力学习,不断完善自身,使自己成为一个品德优良、才干突出的人,他就会对国家社会做出大贡献,就会得到人们的尊重;如果一个人不思进取,自甘堕落,无德无才,这个人对社会的作用就小,甚至没有作用,这种人就会遭到社会的唾弃。所以,如同沧浪之水是被人用来洗帽缨还是用来洗脚是由水的清浊决定的一样,一个人要成为一个对社会有用的人受人尊敬,还是成为一个对社会无用的人遭人唾弃,也完全是由自己决定的。

"沧浪之水"这首民歌,在春秋战国时期楚国大地上广为传唱。"沧浪"系沧水与浪水相合而成,称为"沧浪水"。屈原曾在沧浪水流入沅水的出口沧港遇渔夫,相与问答,后人在此修了清溆亭、沧溪亭、三闾大夫祠和濯缨桥以资纪念。屈原以后,历代许多著名诗人在此留下诗章。唐宋以来的名家李白、刘禹锡、宋之问、杜甫、齐己、张说、李群玉、吕蒙正、王安石、刘挚、袁宏道等人都曾到汉寿游历,留有题咏。

孔子为什么不听隐士长沮、桀溺的劝告,放弃改造社会的责任?

孔子周游列国,到了楚地负函一带。在那儿,孔子一行被一条大河拦住了去路,不知渡口所在。正巧不远处有两位长者在田间劳作,孔子便派子路前去打听渡口所在。

两名长者一名长沮,一名桀溺,都是楚国的隐士。当子路来到两位长者面前问路时,长沮便问子路那个驾车的人是谁?子路回答:"是孔丘。"长沮又问:"是鲁国的孔丘吗?"子路说是。长沮说:"孔子应该知道渡口在哪儿呀。"

子路知道长者在奚落孔子,但隐忍不发,又到桀溺面前询问。桀溺问子路是谁?子路说:"我是仲由。"桀溺又问:"是鲁国孔丘的徒弟吗?"子路回答是。听到子路的回答,桀溺头也不抬地说:"现在世道纷乱,像洪水猛兽一样,你们同谁一起改变这种现状呢?依我看,你与其跟着孔丘那种逃避坏人的人,还不如跟随我们这些不问世事、逃避社会的人。"

子路回到孔子身边，把长沮、桀溺的话向孔子复述了一遍。孔子听后，惘然若失地说："鸟兽不可与同群！吾非斯人之徒与而谁与？天下有道，丘不与易也。"意思是说，我们是人，是不可以与鸟兽同群的呀！我不和天下人同群，又和谁同群呢？若使天下已经有道，我也不必来和他们改变社会了。在长沮、桀溺看来，天下无道就应该隐去，而在孔子看来，天下无道正是人尽社会责任的时候，怎么能逃避社会而洁身自好呢？这正是孔子为什么不听隐士长沮、桀溺的劝告，放弃改造社会的责任的原因。

孔子"四体不勤，五谷不分"吗？

在负函期间，孔子师徒有一次出去游览，匆忙赶路中，子路落在了其他人的后面。楚地崎岖，岔路很多，子路追了好长时间也没追上孔子。眼看天色已晚，子路张皇四望中，看到一位用手杖挑着锄草工具的老人走来。子路上前鞠躬施礼："老人家，您看到我的老师孔子了吗？"那位老人看了子路一眼，回答说："四体不勤，五谷不分，孰为夫子？"意思是说，四肢不劳动，五谷分不清，那是什么老师？说完，老人把手杖插在地上，开始锄草。

子路听了老人的回答，感到这位老者言谈很不一般，可能是一位很有见识的人，就拱着手，恭恭敬敬地站在旁边。老人见子路很有礼貌，天色也晚了，就留子路在家里过夜。老人杀鸡款待子路，并叫两个儿子出来见他。

第二天，子路赶上孔子一行，把昨天的经历向孔子讲了一遍。孔子听后说："这是个隐士呀。"并让子路再回去看那位老人。子路回到昨晚的住处，老人已经不知去向了。

子路对此事发表议论说："不仕无义。长幼之节，不可废也；君臣之义，如之何其废之？欲洁其身，而乱大伦。君子之仕也，行其义也。道之不行，已知之矣！"意思是说，一个人不出仕，是不应该的。长幼之间的礼节是不能废除的，君臣之义又如何可以废除呢？为了洁身自好，反而使人类大伦乱了。君子之所以要出仕，不过是履行他的社会责任和尽他的义务罢了。我们的政治主张不能实行，我们早就知道了。

子路的意思，显然和孔子所说的"鸟兽不可与同群，吾非斯人之徒与而谁与？天下有道，丘不与易也"是一样的，都体现了儒家心忧天下、积极干政以实现天下归仁的社会责任感；都明确反对洁身自好、逃避现实的隐士精神。老人说孔子"四体不勤，五谷不分"，是从隐士的立场反对孔子干政的精神，而并非说孔子真的不懂生产劳动，分不清五谷。事实上，孔子自幼贫苦，长于乡野，所谓"少也贱，故多能鄙事"，不可能"四体不勤，五谷不分"。

孔子周游列国"干七十余君"而不遇，他真的去过那么多的诸侯国吗？

孔子周游列国，从鲁定公十三年（前 497 年）他 54 岁启程去卫，到鲁哀公十一年（前 484 年）他 68 岁自卫返鲁，共用了十四年的时间。孔子在这十四年间，到了许多国家，和许多国君权臣打过交道，但处处碰壁，没能实现自己"求仕"和实施"仁德政治"的目的。

司马迁说："孔子明王道，干七十余君，莫能用。"所谓"明王道"，即孔子继承三代的仁政思想，而"干七十余君，莫能用"，即求仕而碰壁。至于说孔子"干七十余君"，到过七十多个诸侯国，和七十多个国君打过交道，那显然是夸大。据汉代王充考

周游列国

证，孔子周游列国，到过的国家不超过十个。其实，除了此前曾去过的齐国之外，孔子周游列国期间真正到过的、有文献可查的国家不过卫、陈、曹、宋、郑、蔡等大小六个国家，经过而停留的地方，也不过匡、蒲、邹乡（卫国）和叶（楚国）等三四个地方。这些国家和地方，主要不出今山东、河南两省，即从山东的鲁国出发，西面和北面未过黄河，南面未到长江，不过方圆一二千里的地方而已。

但是，孔子为了实现"天下有道"的政治理想，在两千多年前交通十分不便的情况下，带着数个随从弟子，历经坎坷，栖栖遑遑，花了十四年的时间，访问六国国君，虽处处碰壁，然而仍不放弃自己的理想，其"知其不可而为之"的精神和境界，令人敬仰！

伯，主要是小国诸侯，如曹、原、毛、郑等。

子，主要是蛮夷之君，如楚、吴、越、邾、莒等。

男，主要是华夏小国之君，如许。一说子男是同一等级。

周代诸侯的五等爵制，见于许多文献记载，如《礼记·王制》说："王者之制爵禄，公、侯、伯、子、男凡五等。"《史记·汉兴以来诸侯王年表》也说："周封五等，公、侯、伯、子、男。"但是，从春秋时期的情况来看，五等爵制似乎并没有严格执行，诸侯称爵比较混乱，诸侯对内的尊称以及对外的谦称，往往使人无所适从，单从称呼上无以辨别其真实的爵位。如诸侯称"公"的常常对外称"伯"，称"侯"的常常对外称"伯"、称"子"，称"伯"的则往往自称"伯男"；反之，也有诸侯称"子"的，对外自称"伯""侯"，以壮声势。两国之君会盟，双方互称时往往就高不就下，以示尊重。至于蛮夷之君，甚至有称"王"的，如楚王、吴王、越王、戎王等。这说明，五等爵制虽然存在，但不是很严格，诸侯们不受"正名"的束缚，有灵活掌握的空间。

不过，对于同姓诸侯来说，由于血缘宗法关系的制约，他们之间的爵位班次比较严格一些。据《国语》记载，周代同姓诸侯有一个位次秩序，称为"周班"，是周天子为了分别亲疏、排列爵位而制定的，体现了同姓诸侯之间的亲疏、远近、贵贱、长幼、上下的差别，很受重视。《左传》多次记载诸侯会盟有位次之争，说明当时诸侯对于自己的位次十分在意。在"周班"中，鲁国居首，《国语·鲁语下》称"鲁之班长"，说明在同姓诸侯中，鲁国实居第一。

孔子晚年回国担任"国老"是荣誉职位吗？

鲁哀公十一年（前484年），孔子68岁回到了鲁国，结束了长达十四年的颠沛流离生活。孔子回到鲁国后，鲁哀公和季康子等卿大夫对孔子的生活做了悉心安排，孔子对此表示感激，并提出愿意在教育学生、整理典籍方面为鲁国做些工作。

鲁哀公和季康子默许了孔子教学和整理典籍的打算，说明他们并不想让孔子直接参与政治。不久，鲁国任用了孔子的一批高足，没有直接给孔子官职，而是尊孔子为"国老"。在西周、春秋时期，那些担任过卿大夫而退休的人，会被朝廷尊为国老，类似于我们今天所说的顾问。孔子被尊为国老，可以与闻国事，享有致仕归养大夫的俸禄。

但是，孔子的"国老"地位，只是荣誉职位，对现实政治没有决定性的影响。孔子归鲁不久，季康子便派冉求前去拜访，征求孔子对"用田赋"的意见。"用田赋"是季康子想要

币迎归暑

实行的一种新赋税政策,可以使政府的税收提高一倍。冉求反复询问,孔子才表示不赞成季康子的新赋税政策。在孔子看来,国家税收要遵循"敛从其薄"的原则,"用田赋"要加倍赋税,增加老百姓的负担,不符合圣人治国的精神。冉求把孔子的意见转告了季康子,季康子未加评论,但也没有听从孔子的意见,第二年就将新的赋税政策颁布实行了。而冉求也没有反对季康子的做法,反而跟随季康子积极推行新法。孔子对冉求的帮凶行为十分气愤,对身边的弟子们说:"非吾徒也,小子鸣鼓而攻之,可也。"认为冉求不再是自己的门徒,要弟子们大张旗鼓地攻击他。

在"用田赋"事件中,不但鲁国当政者不能听孔子的意见,就是孔子的弟子冉求也违背他的意愿为季氏卖力,这让孔子感觉到,自己虽为"国老",关心国家政治,但无职无权,对鲁国已经不能起大作用了。

"六艺"与"六经"和孔子有关系吗?

"六艺"有两种说法:一种是指古代社会要求贵族掌握的六种基本才能:礼、乐、射、御、书、数。礼,就是周代的礼仪;乐,指音乐;射,是射箭技术;御,是驾驭马车的技术;书,指书法、文学;数,是算法,包括数学等科学知识。这六种才能,都是贵族阶级日常事务中所必须掌握的才能。所以当时贵族子弟必须先习此六艺,才能成为一个合格的贵族。

另外一种是指古代的六部经典,也叫"六经",包括《诗》《书》《易》《礼》《乐》、《春秋》。《诗》又称《诗经》,是我国最早的一部诗歌总集,主要收集了从西周初年到春秋中叶的各地诗歌;《书》即《尚书》,为上古历史文献的汇编,记载了从传说中的尧、舜、禹时代直到春秋中期的一些重要历史事件;《易》为古代占筮的书,相传伏羲作八卦,周文王演周易,孔子作《易传》,合称《周易》;《礼》即《仪礼》,主要是士大夫交往的礼仪规范;《乐》是举行各种礼仪所用的音乐;《春秋》为鲁国的史书,记述了鲁隐公元年到鲁哀公十四年,共二百四十二年间的历史。

孔子作为儒家创始人,通晓这两种"六艺"。孔子把"六艺"传授给弟子,《史记·孔子世家》载:"孔子以诗书礼乐教,弟子盖三千焉,身通六艺者七十二人。"可见,孔子很重视对弟子们进行六艺的传授。孔子晚年重视对"六经"的整理,并将之作为教材传授给学生,"六经"也因此成为后世儒家尊奉的经典。

孔子自称"述而不作",为什么孟子又说他"作《春秋》"?

孔子自称"述而不作,信而好古"。意思是说,阐述而不创作,以相信的态度喜爱古代文化。这是孔子对他所从事的学术事业的一个概括。

在古人的观念里,只有圣人贤哲才能著书立说,传于后世。因为孔子不以圣人自居,所以对自己整理六经的工作,不称"作"而谓"述"。

但实际上孔子的"述"却不那么简单,因为他在"述"中,加入了自己的理解和创新。

孔子感到周道衰微,列国纷争,礼崩乐坏,欲以史为鉴。他晚年根据鲁国的史料,作《春秋》。《春秋》以鲁国十二国君为顺序,记载了春秋时代二百四十二年的历史。其间对历史人物和事件予以褒贬,含有微言大义,以让人们明白美丑善恶。因此,孟子说"孔子成《春秋》而乱臣贼子惧"。孔子的这种写法,被后人称为"春秋笔法"。

孔子作《春秋》,就其采用鲁国史料而言是"述",就其寄寓自己的政治见解而言是"作"。孟子特别强调这后一点,故云孔子"作《春秋》"。

孔子删诗书,是破坏文献的罪人还是保存文献的伟人?

孔子自卫返鲁已经进入垂暮之年了,他虽被尊为国老,密切关注政治,但主要把精力

放在了教学和整理古代典籍上。

《史记·儒林列传》说:"孔子闵王道废而邪道兴,于是论次诗书,修起礼乐。""论"是讨论去取,"次"是编排篇目。就是说,孔子对诗书做了取舍删减、编排整理的工作。孔子删诗之说,见于《史记·孔子世家》:"古者《诗》三千余篇,及至孔子,去其重,取可施于礼义,上采契、后稷,中述殷、周之盛,至幽、厉之缺,始于衽席。故曰《关雎》之乱以为《风》始,《鹿鸣》为《小雅》始,《文王》为《大雅》始,《清庙》为《颂》始。三百〇五篇孔子皆弦歌之,以求合《韶》《武》《雅》《颂》之音。"《诗经》是中国最早的诗歌总集,大约形成于西周初至春秋中叶。根据司马迁的说法,孔子之前的《诗经》有三千多篇,孔子做了整理。首先是删去重复和不符合礼义的篇目,剩下三百〇五篇,做出断代起讫;其次是编订《风》《大雅》《小雅》《颂》首篇,确定"四始"。

关于孔子删书,《史记·孔子世家》说:"孔子之时,周室微而礼乐废,诗书缺。追迹三代之礼,序《书》传,上纪唐虞之际,下至秦缪(穆),编次其事。"孔子之前,官府并没有编成《书》总集。司马迁说孔子对三代历史政治文献做了汇总,选编成书。《汉书·艺文志》说:"《书》之所起远矣,至孔子纂焉,上断于尧,下讫于秦,凡百篇,而为之序,言作其意。"明言孔子删《书》为百篇,以时间先后排列,并且做了序,以明各篇要旨。

孔子删诗书,并不是对古代文献的破坏,而是对古代文献的保存和传承做出的重要贡献。春秋之时,"礼坏乐崩",战乱频仍,文献散佚是很有可能的。经过孔子的删裁整理,《诗》《书》成为体例一贯、含义清晰、结构完整的典籍,更有利于传承和传播。尤其是孔子把整理的诗书作为教材在弟子中传授,对于古代文化典籍的保存和广泛流传意义更大。诗书能经秦火之后而保存,完全得益于孔子弟子的默诵和传承。

孔子晚年喜欢《周易》,他用《周易》算命吗?

《周易》亦称《易经》,在中国古代本是占卜之书,但其中也蕴含着丰富而深刻的哲理。孔子晚年开始喜欢《周易》,《论语·述而》记孔子的话说:"假我数年,五十以学《易》,可以无大过矣。"孔子的意思是,如果五十岁开始学习《周易》,对《周易》的理解就不会有大错了。《史记》也说:"孔子晚而喜《易》,序《彖》《系》《象》《说卦》《文言》,读

《易》韦编三绝，曰：'假我数年，若是，我于《易》则彬彬矣。'"司马迁明言孔子晚年开始喜欢《周易》，而且还认为孔子作了《系辞》。上世纪以来曾有人怀疑孔子研究《周易》的真实性，但近年来地下出土文献证明，孔子晚年喜《易》是确定无疑的。

无疑，孔子知道《周易》是一本占卜的书，而且也曾用它占卜过，检验它的灵验程度。近年出土帛书《周易·要》篇记载孔子的话说："吾百占而七十当，唯（雖）周梁山之占也，亦必从其多者而已矣。"孔子用《周易》占卜，灵验程度为百分之七十。但是，孔子晚年喜欢《周易》，并不是看到了它作为占卜之书的价值，而是因为孔子发现了其中的哲理。《论语》记载：子曰："南人有言曰：'人而无恒，不可以作巫医。'善夫！""不恒其德，或承之羞。"子曰："不占而已矣！"说明孔子对《周易》的理解，并不在于它的占卜。《要》篇也说："夫子老而好《易》，居则在席，行则在囊，有古之遗言焉，予非安其用，而乐其辞。后世之疑丘者或以《易》乎！子贡问：'夫子亦信其筮乎？'子曰：'我观其德义耳，吾与史巫同途而殊归。'"这一记载再次说明了孔子晚年喜《易》的情况，并且表明，孔子学《易》，不是用以卜筮（安其用），而是注重卦爻辞中古人留下的含有思想和教训意义的言论（古之遗言）。因此孔子晚年喜欢《易》，不是用以算命，而是看重其中的思想内容和哲学意义。

儒的本义是什么？儒家是孔子创立的吗？

关于儒的起源与本义，在学界是一个存有争议、尚无定论的问题。《说文解字》对"儒"的解释是："儒，柔也，术士之称。从人，需声。"在中国古代社会，最晚到殷代有了专门负责办理丧葬事务的神职人员。这些人就是早期的儒，或者称为术士。他们精通当地的丧葬礼仪习惯，时间一长，便形成了一种相对独立的职业。但是，由于这种职业地位低微，收入也少，既没有固定的财产和收入，做事时还要仰人鼻息，所以形成比较柔弱的性格，这就是儒的本意，即柔。孔子"三十而立"，开始从事教学活动，在某种意义上已经成为了儒。但孔子对于传统的儒已有不同的理解，他告诉弟子"女（汝）为君子儒，毋为小人儒"，说明在孔子看来儒有君子、小人不同的层次，并且要求自己和弟子要成为君子儒。

孔子对儒的理解的转变及由此导致的儒的思想内涵的提升，使得孔子之后逐渐形成一个思想流派——儒家。在孔子创立儒家之前，中国历史上不曾有过什么学术流派，就是在孔子办学之初，也只是一个私人创办的教育团体，还够不成学派。但随着孔子思想的演变、成熟，这个教育团体逐渐形成了自己的思想主张和一贯的理论体系，并且有一个相对稳定的组织，有孔子这样思想深邃、人格伟大的老师作领袖，有敬仰孔子、服膺孔子学说的大批弟子为成员。他们在一起讨论救世济民之道和修身成德之学，并通过参与政治和招收门徒的方式广泛地宣传自己的思想学说与政治主张，从而使孔子所建立的这个团体成了具有重要影响的学派。

孔子死后，他的学生积极宣传其思想学说。虽然他们之间对孔子思想的理解不尽相同，出现了"儒分为八"的局面，但他们共同以孔子的立场传承六经，都自觉地遵循孔子的教导，发挥孔子的仁义思想，其基本精神还是一致的。《汉书·艺文志·诸子略》记孔子弟子是"游文于六经之中，留意于仁义之际，祖述尧舜，宪章文武，宗师仲尼"。这样，有源头，有后继之人，儒学正式成为一个流派——儒家。先秦时期，儒家在百家争鸣中成为门徒众多、影响最大的一家，是当时的一大显学；经过秦汉的发展，儒家上升为国家意识形态，成为与政治密切结合的派别；儒家在宋明和现当代又有新的发展，形成新儒家和现代新儒家。

"儒"有特殊的服装吗？孔子为什么说自己"不知儒服"？

《礼记·儒行》记载："鲁哀公问于孔子曰：'夫子之服，其儒服与？'孔子对曰：'丘少居鲁，衣逢掖之衣；长居宋，冠章甫之冠。丘闻之也，君子之学也博，其服也乡，丘不知儒服。'"用今天的话说："鲁哀公问孔子说：'先生的服装，是儒者的服装吧？'孔子回答说：'我少年时期住在鲁国，穿袖子宽大的衣服；长大后住在宋国，戴章甫之冠。我听说，君子的学问要广博，衣服要随俗。我不知道什么是儒服。'"有人据此认为儒家没有自己特殊的服装，孔子也不知道什么是儒服。

但是，如果认真分析，这则故事并不能说明孔子不知有儒服。《礼记·儒行》的背景，是孔子在阔别鲁国多年后返回故乡，与鲁哀公的一篇对话。唐代孔颖达对此解释说："哀公至孔子之家，见孔子衣服之异，疑其儒服，遂问'儒行'，为孔子命席，方说儒行之事也。"目光短浅、只重外表的哀公其实对儒学并无兴趣，反而只关注服饰穿着这些外表末节的方面,而且其发问语含讽刺:"夫子之服,就是人们所说的儒服吗?"孔子才淡然而答,说了上面的话。这其实是批评鲁哀公脱开儒家学术的根本精神不问而只关注儒服这些末流的东西。所以孔颖达说:"言此者,讥哀公意不在儒,欲侮笑其服,故以此言非之。"而并不是说孔子真不知有儒服。

需要注意的是,如果不知华夏衣冠的知识,就很容易把"逢掖之衣""章甫之冠"两相对立,以为是孔子入乡随俗,穿完全不同的衣服。逢掖,意为大袖;章甫,是殷代的一种帽子,故殷人遗民孔子戴"章甫"这种帽子。"逢掖"与"章甫"其实为华夏衣冠一体,"逢掖章甫"正是儒生之服的代名词。孔子死后,弟子安葬孔子时冠以章甫之冠,说明孔子及儒家是有自己的特殊服装的。

孔子晚年悲凉吗?

孔子青壮年时期壮志难酬,而晚年境遇又异常悲凉。

孔子自卫返鲁的前两年,也就是在孔子 66 岁时,孔子的夫人亓官氏病逝。自嫁给孔子之后,由于孔子事业坎坷,家境不佳,亓官氏在生活上饱尝艰辛。尤其是在孔子周游列国的十四年里,除了操持全部家务外,还要照顾孔子兄长(孟皮)的遗孤。对于这样一位贤惠夫人,分别多年之后孔子竟未能见最后一面,无疑令人伤感。

孔子返鲁后两年,也就是孔子 70 岁时,孔子的儿子孔鲤病故,年仅 50 岁。孔鲤是孔子唯一的儿子,孝顺贤达,终身不仕,所以至死仍为贫士。孔子按照一般士人的规格安葬了孔鲤,有棺无椁。白发人送黑发人,情景凄切。常言说:幼年丧父,中年丧妻,老年丧子,为人生三不幸。孔子三岁时父亲去世,属早年丧父;夫人虽不丧于中年,却先他而去;现在又老来丧子,内心的孤苦可想而知。

丧妻亡子的痛苦尚未平息,孔子最为得意的弟子颜回又相继而亡,时年仅 41 岁。在众多优秀的弟子中,孔子称赞颜回最多,认为他最为"好学",并把他列为"道德"科之首。孔子对颜回寄予厚望,把他作为自己道德学问的继承人。因此,颜回的死对以弘道为毕生使命的孔子打击很大,孔子连连哀叹:"哎!老天爷要我的命呀!老天爷要我的命呀!"当旁边的弟子劝孔子说"您太伤心了"时,孔子说:"真的太伤心了吗? 我不为这样的人伤心,还为什么人伤心呢!"可见颜回的死对老年的孔子造成的心灵之恸。

对孔子接连不断的打击到此并未停止。颜回死后不久,孔子听到卫国发生内乱,当时就昏厥过去。醒过来后说:"柴也其来,由也死矣。"预料到在卫国做官的子路要遭遇不幸。果不其然,很快传来了子路在卫国宫廷政变中惨死的消息。当孔子知道子路是被剁成肉酱而死时,伤心至极,命人把未食用的肉酱悉数倒掉,痛苦地说:"我还怎么忍心吃这些东西呢!"子路是孔子的另一高足,子路的死无疑对孔子是又一打击。

亡妻丧子和得意弟子的相继死去,使年事已高的孔子沉浸在无限的悲凉之中。

孔子临死前唱了一首什么歌?

年老体弱的孔子,在一连串的沉重打击下终于病倒了。

一天晚上,孔子昏昏沉沉地躺在病榻之上,恍惚见到自己坐在堂前两根大柱子之间受人祭奠。早晨醒来,孔子感到自己将不久于人世了。他强撑病体,两手倒拖着拐杖挪步到门前,哼着这样一首歌:"泰山其颓乎!梁木其坏乎!哲人其萎乎!"歌词大意是:"巍巍泰山,快要崩坍!粗大梁栋,即将折断!贤明哲人,如草萎蔫!"

孔子歌罢,扶杖回到卧室,对窗而坐。这时子贡正好前来看望孔子,听到老师唱的歌,心想:"泰山若是坍了,我们还仰望什么?梁木若是断了,我们还倚靠什么?哲人若是萎蔫了,还要我们向谁请教?看来这是夫子自道,恐怕他老人家知道自己不行了。"于是疾步趋近,来到孔子跟前。

孔子看到子贡,说:"赐,尔来何迟也?"问子贡为什么来这么晚。然后缓慢地说出了夜中做梦的事:"夏代人的灵柩停在厅堂的东阶之上,那是在主位上;殷人的灵柩停在东西两柱之间,那是处于宾主之间的位置;周代人的灵柩停放在西阶之上,那是将死者视为宾客。我本是殷人,昨夜梦到自己坐奠于两柱之间。没有明王兴起,而今天下人谁又能尊崇我呢?梦境如此,我恐怕要死了。希望你们按照殷礼把我的灵柩停于两柱之间吧!"

子贡听后,想安慰老师几句,但孔子默然,闭目不语了。而孔子上面所唱的那首歌,也成了孔子的最后心声。

"孔子歌"是孔子写的吗？

在汉魏文献中存在着大量的"孔子歌"，即署名孔子创作的歌辞，如《去鲁歌》《楚聘歌》《临河歌》等。它们多属配乐或受曲调制约的歌辞，在总体上属于歌谣的文学形态。

"孔子歌"真的是孔子创作的吗？的确，《论语》不止一次记载了孔子与"歌"的关系。譬如《论语·述而》曰："子与人歌而善，必使反之，而后和之。"同章又曰："子于是日哭，则不歌。"然而这里说的只是孔子唱歌，而非孔子曾经创作过配乐和受曲调制约的歌辞。《论语·子罕》又载孔子曰："吾自卫反鲁，然后乐正，《雅》《颂》各得其所。"似乎是在说孔子创作音乐，其实是指孔子以编订后的《诗经》诗句为辞演唱。《史记·孔子世家》所说："三百〇五篇，孔子皆弦歌之，以求合于《韶》《武》《雅》《颂》之音。"即明确说明了这种情况。

事实上，这些"孔子歌"多明显出自伪托。如《去鲁歌》《龟山操》两首，都是以《论语·微子》篇"孔子去鲁"为背景。而许多学者早已指出，今本《论语·微子》等篇并非《论语》原有，而是出自秦汉间士人补纂。因此所谓"齐人归女乐"之说及《去鲁歌》《龟山操》的出现，必然属于中古社会以来的伪托结果。此外，如《楚聘歌》最早见于《孔丛子》所载"楚王聘孔"之事。而《孔丛子》历来真伪难辨，其成书时间及其作者，都有待进一步考辨，这也说明"孔子歌"广为伪托的情况。

尽管"孔子歌"出自伪托，却反映了伪托者对儒家圣人、圣迹的无限敬仰与缅怀，也反映了伪托者自伤政道之陵迟、自叹贤君之难遇的心境，具有丰富的思想性。

孔子去世后，鲁哀公亲致悼词，悼词中是怎么称呼孔子的？

公元前 479 年，孔子与世长辞。鲁哀公闻知孔子去世的噩耗，亲自前去吊丧，并致悼词。悼词说："旻天不吊，不憗遗一老，俾屏余一人以在位，茕茕余在疚。呜呼哀哉！尼父，毋自律。"意思是说，上天真是太不仁善，竟不肯暂留这位国老，让他保障我长久留在君位；现在剩下我一个人，孤单伶仃，忧忧戚戚。哎呀尼父，我是多么悲哀！您永诀人世，我失去了一位学习的楷模。"父"同"甫"，是古人对男子的美称，"尼父"是有别于封号的尊称。

鲁哀公的悼词，充满了对孔子的敬重与依恋，这显然与他在政治上没有重用孔子的事实不符。所以子贡听了鲁哀公致悼词很不满意，对他说："主公恐怕不能善终于鲁国吧！老师曾经说过这么两句话：'礼仪丧失了，那便要昏暗；名分丧失了，那便要犯过错。'失去意志就是昏暗，失去身份就是过错。夫子生时，国君不能任其人而用其道；而今死了，却来致悼词，这已经是非礼了；诔辞中又自称'一人'，这又与名分不符。因为鲁是诸侯之邦，怎么能用表示天子之称的'一人'之辞呢！现在主公已经有两个过失了。"

子贡对鲁哀公的斥责，显然是为孔子鸣不平，是对这种迟来的"死后殊荣"的一种遗憾和哀怨。但是，鲁哀公的悼词毕竟代表了政府的一种姿态，是对孔子及其思想行事的认可，这种姿态对于孔子思想的传播具有积极意义。

弟子们为孔子守丧三年，为何子贡独独庐墓六年？

孔子死后，众弟子云集其墓前守丧三年，然后相继离去，唯有子贡守墓六年。

关于子贡为什么给老师守墓六年，说法不一。一种说法是子贡为了尽弟子的孝道。第二种说法是，子贡是个商人，以贩卖骡马为生，家中富有，不用为生计担忧，有条件守墓六年。第三种说法是，子贡对孔子内心有愧。孔子病危时，众弟子都在孔子身边端汤送水，嘘寒问暖，唯有子贡外出经商，不在身边。孔子思念子贡，不停地唠叨子贡的名字。等子贡赶到时，孔子已经是上气不接下气了，连连说："赐也，来何迟也！来何迟也！"埋怨子贡为什么来得这么迟。因此，子贡觉得对不起老师，决定以守墓六年的实际行动报答老师的教诲之恩。

子贡在孔子墓旁结庐而居，守墓六年。后人为纪念此事，在孔子墓西建屋三间，立碑一座，题为"子贡庐墓处"。

孔子信命吗？他为什么说"五十而知天命"？

孔子之前，中国存在着一个历史悠久的思想传统，即认为天、上帝或天命等是世界的最高主宰，它不仅决定着个人的生死寿夭、穷通祸福，而且决定着国家的兴亡盛衰。这种天命观念，可以说是夏、商、周三代思想中的核心观念。

以继承三代文化为己任的孔子，自觉地接受了这个传统，相信有命（天命、命运）的存在。比如，当有人以向"奥"（屋内西南角的神）、"灶"（灶君司命）二神祈福做比喻，说明是巴结国君还是巴结受国君宠幸的有势力的大臣这个问题时，孔子回答说，如果得罪了上天，无论巴结谁都没有用，即使对天祈祷也是如此。又如，当其弟子伯牛生病时，孔子去探望，从窗户里握着他的手说："亡之，命矣夫！斯人也有斯疾也！斯人也有斯疾也！"把伯牛的疾病归之于命。这都说明，孔子是相信天命的。

孔子承认天命的存在，并且认为天命发挥着主宰的作用。孔子把实现王道政治作为自己的毕生使命，他坚定地相信自己的行动符合天意，因而会得到天命的照临和支持。当众人对他的特立独行不能理解时，孔子并不以为意，说："知我者其天乎！"相信天是理解他的；当公伯寮企图阻止孔子推行其道时，孔子自信地说："道之将行也与，命也；道之将废也与，命也。公伯寮其如命何？"认为道之行废由天命决定，不是人力所能改变的，所以不必计较公伯寮的所作所为。既然天是神秘的主宰者和世界的最终根源，所以孔子要人"畏天命"。

承认有主宰之天的存在，体现了孔子对三代天命观的继承的一面。与此同时，孔子又对传统天命观做了转变，这主要体现在孔子将具有外在必然性的天命收归于人的内在德性，以此作为人的道德行为和人生意义的根据。孔子认为，天是世界万物的主宰和根据，天在创生人时也赋予人以德性，他说："天生德于予。"相信自己的德性来自于天。在孔子看来，认识人的这种内在德性，是人的根本意义所在，所谓"不知命，无以为君子"。就是说如果不知道天命，就不能成为一个真正的人。正是在这个意义上，孔子说自己"五十知天命"，即在五十岁时知道了自己内在德性，知道了自己的行为根据和人生意义所在。这种德性义的天命与主宰义的天命区别在于，主宰义的天命对人而言是一种盲目的必然性，人的生死祸福，全由外在的天命主宰，人无能为力，只能接受；而德性义的天命对人而言则是一种自由。人对天命的承担，或说对自己内在德性的承担，全靠自己的自由抉择，所谓"吾欲仁，斯仁至矣"。

但是,这不是说主宰义的天命和德性义的天命是完全冲突的。事实上二者有内在的一致性。只有肯定主宰义的天命,肯定人的穷通祸福皆非人力所能为,从而安于天命,这样外在的得失才不能干扰人心,人才能回归到人的内在德性上来,自觉地按道德本性做事,从而获致人的真正自由。孔子在"五十知天命"之后做到"耳顺""从心所欲",正是这种自由境界的体现。

孔子认为君子、小人的标准是什么?

孔子之学,宣扬的是一种"为己之学",要人通过德性修养,成就自己仁智双彰的君子人格。这种君子人格的成就,必须从个人的利害得失和一己的情感好恶中超拔出来,而完全按照德义做事才能实现。换句话说,如果一个人拘执于个人的利害得失和一己的情感好恶,就不能成就君子人格,而只能作小人。在这个意义上,君子与小人是完全对立的两种人格。而在孔子看来,区分这两种人格的标准,就是看是按照德义行事还是按照个人利害情欲行事,或说是依"义"(道德)还是依"利"(个人利害)而行,所谓"君子喻于义,小人喻于利"。

君子行事惟依于"义",所以孔子说:"君子之于天下也,无适也,无莫也,义之于比。"君子对于天下事,没有一定专注的,没有一定反对的,只求合于义。君子不但每件事要按照"义"去做,而且每时都要按照"义"去做,孔子说:"君子无终食之间违仁,造次必于是,颠沛必于是。"仁是最高的德目,内容涵括了义。君子没有一顿饭的时间违离仁,仓促急遽之时仍是仁,颠沛困顿之际仍是仁,说明君子时时依"仁义"道德标准行事。

君子行为全依据"义",而不计较个人在物质上的利益得失。孔子说:"君子食无求饱,居无求安,敏于事而慎于言,就有道而正焉,可谓好学也已。"君子关注的只在德性修养和学习,对于个人衣食住行等生活上的要求甚少,甚至在生活极端穷困之时,也不背离德义。《论语》记载孔子"在陈绝粮,从者病,莫能兴。子路愠见曰:'君子亦有穷乎?'子曰:'君子固穷,小人穷斯滥矣。'"孔子师徒陈蔡绝粮陷入生活危机时,子路问孔子君子是否也有穷困的时候,孔子说:"君子也有穷困之时,但小人穷困就会放滥横行了。"这其实是说,君子在穷困之时也不会放滥横行,违背义理。

与君子不计利害只依义理不同,小人做事只看利害不依义理。孔子说:"君子有三畏:畏天命,畏大人,畏圣人之言。小人不知天命而不畏也,狎大人,侮圣人之言。"君子敬畏上天赋予的德性和圣人的教诲,但小人却不知道有天命,任意而行,对大人和圣人之言无所忌讳。又说:"君子怀德,小人怀土;君子怀刑,小人怀惠。"君子常念及德性和刑法,小人则常念及乡土和恩惠。

总之,君子与小人之别,在于君子只知道天命、德义,小人只知道一己得失,所谓"君子上达;小人下达"。正是因为君子上达于天命,小人则堕落到个人的小我中不能自拔,所以君子与小人有了完全不同的人生境界。孔子说:"君子不忧不惧。"又说:"君子坦荡荡,小人长戚戚。"又说:"君子泰而不骄;小人骄而不泰。"君子惟义是从,所以光明磊落,无忧无惧;小人计较个人得失,整日担心害怕。君子无忧无惧,故其精神气象舒泰安逸,与天地为一,此其所以君子为大;而小人只重个人得失,摇摆于忧戚与骄矜之间,人生局促,此其所以小人为小。

孔子为什么称赞管仲?

管仲(? ~前645年),名夷吾,字仲,又称管敬仲。春秋时杰出的政治家、军事家,以其卓越的谋略辅佐齐桓公成为春秋时第一个霸主。管仲在给齐桓公作相之前曾辅佐公子纠。公子纠与齐桓公争夺君位失败被杀后,管仲不死公子纠而转事齐桓公,这使得管仲成为一个颇有争议的人物。

孔子与其弟子也多次论及管仲。一次子路问孔子:"桓公杀公子纠,召忽死之,管仲不死。曰:'未仁乎!'"意思是说,齐桓公杀公子纠,召忽(与管仲同辅公子纠)为公子纠死了,管仲不死,如此,算不上是仁吧。孔子回答说:"桓公九合诸侯,不以兵车,管仲之力也。如其仁! 如其仁!"齐桓公九次会合诸侯,并不凭仗兵车武力,都是管仲之功。这就是他的仁了,这就是他的仁了。

孔子不轻许人以仁,但对有违"君君臣臣"礼义的管仲,孔子却连连称他为仁,这是很不寻常的。很明显,孔子高度称赞管仲,是看到了他以正道成就桓公霸业所做出的巨大贡献。在孔子看来,管仲在不死公子纠上的"失节",与他在"天下有道"方面的功业相比微不足道。对此,孔子在回答子贡之问时做了更清楚的说明。子贡曰:"管仲非仁者与?桓公杀公子纠,不能死,又相之。"子曰:"管仲相桓公,霸诸侯,一匡天下,民到于今受其赐。微管仲,吾其被发左衽矣!岂若匹夫匹妇之为谅也,自经于沟渎,而莫之知也!"子贡的问题与子路相同,同是问管仲不死公子纠应该是不仁吧?孔子则再次强调了管仲在匡正天下所做的贡献,并指出,如果没有管仲,我们都成了被发左衽的野蛮人了。管仲的功业成就,攸关中华文化的保护传承和民族的百代利益,这不是平常人遵守小信所能比的。

基于管仲的巨大功业成就,孔子高度评价管仲,称赞他为仁。但是,这并不意味着孔子认为管仲本人的德性达到了仁的程度。事实上,孔子对管仲的修养颇有微词。《论语》记载,子曰:"管仲之器小哉。"或曰:"管仲俭乎?"曰:"管氏有三归,官事不摄,焉得俭?""然则管仲知礼乎?"曰:"邦君树塞门,管氏亦树塞门。邦君为两君之好,有反坫,管氏亦有反坫。管氏而知礼,孰不知礼?"大意是,孔子说:"管仲的气量真小呀!"有人说:"管仲生活很节俭吗?"孔子说:"管仲有三处家,各处各项职事,都设有专人,不兼摄,哪里算节俭?"那人说:"那么管仲知礼吗?"孔子说:"国君在大门外有屏,管仲大门外也有屏。国君宴会,堂上有安放酒杯的土几,管仲也有。若说管仲知礼,还有谁不知礼呀?"孔子批评管仲生活奢靡和僭越礼法,说明孔子对管仲的缺陷是有认识的。孔子在知其不足的前提下高度赞扬管仲的贡献,体现了孔子从大处着眼臧否人物的立场。

孔子说"唯女子与小人为难养也","小人"是指小孩吗?

孔子说:"唯女子与小人为难养也。近之则不孙(逊),远之则怨。"这里的"女子""小人"二词所指为何,向来有不同的理解。

唐代以前的注解,直接把"女子"理解为一般的女人,把"小人"理解为与君子相对的、德行较差的人。皇侃疏解孔子这句话说:"君子之人,人愈近愈敬;而女子小人,近之则其诚狎而为不逊从也。君子之交如水,亦相忘江湖;而女子小人,若远之则生怨恨,言人不接己也。"意思是说,君子和别人交往,别人越亲近自己,自己对别人就越恭敬,而女子和小人,你若亲近他们,他们则会轻慢放肆;君子之交淡若水,相距天涯而情意长存,而女子和小人,你若疏远他们,他们就会生起怨恨,说你不和他们交往。

宋代朱熹注解孔子这句时,对句中的"女子""小人"做了新的理解。朱熹说:"此小人,亦谓仆隶下人也。君子之于臣妾,庄以莅之,慈以畜之,则无二者之患矣。"朱熹认为,这里的"小人"指奴仆下人,"女子"是指小妾。君子对于家中的仆妾,要以庄重严肃和仁爱慈悲的态度待之,这样就不会有"近之则不孙(逊),远之则怨"之忧。

无论是把"小人"理解为一般意义上的小人还是奴仆下人,都是指德行较差、不懂礼义的人。孔子批评"小人"为难养,这与孔子强调道德修养的一贯思想是一致的。近年来国学热潮兴起,一些人士在传播《论语》思想时,把"小人"理解为"小孩子",这是望文生义的错误理解,于训诂、义理皆无根据,是不能成立的。

孔子有继承人吗?

鲁哀公十六年(公元前479年)二月十一日孔子病逝,这给弟子们带来巨大悲痛。他们在为老师服丧三年后,仍觉不能尽崇敬之意与怀念之情。于是他们就想找一个能够接替老师孔子地位的人,于是大家把目光投向了有若。

有若,字子有,又字子若。鲁国人。比孔子小三十六岁。有若的声音、相貌和孔子非常相像,连一举一动、一笑一颦都很有乃师的风范。有若的身躯和孔子一样高大伟岸,气质和老师一样气宇轩昂。就连孔子的头顶骨中间低、四边高这种奇特的体质,有若都颇有几分相似。

所以当孔子去世以后,子夏、子张、子游等弟子们思念老师,无时无刻不回忆起老师生前对弟子们的谆谆教导,而老师却永远地离开了,于是众弟子们就把这份哀思和怀念之情转移到与老师酷似的有若身上,他们想把有若当作老师一样来尊崇侍奉。子夏向曾子征求意见,曾子觉得很不妥。在他看来,夫子就如同曾经用江汉之水洗濯过,曾在夏日的太阳里曝晒过,洁白的无以复加,无人堪与伦比。在曾子的眼里,老师是无上崇高、圣洁的,而有若是赶不上老师的。所以有若是绝不可被视为夫子来对待的。

不仅是曾子,其他弟子也对有若发难。他们问有若两个问题。第一个问题,是说有一天孔子出门,让他的学生带上雨具,走上一段路,天果然下起了大雨。弟子们就问孔夫子:您怎么知道会下雨的呢?夫子说:《诗经》里说"月亮靠近毕宿星边,大雨滂沱积水

多"，昨天晚上月亮不是靠近了毕宿星吗？第二个问题，是说孔子在世的时候，商瞿年长，没有儿子，所以他的母亲要为他娶妾。孔子就对商瞿的母亲说，你不要担心，商瞿40岁后应该会有五个儿子的，后来果然又给孔子说中了。弟子们就问有若：夫子是怎么知道天下不下雨，又怎么知道商瞿40岁以后一定会有儿子？有若黯然无以应，弟子们立刻就变了脸色，让有若从老师的位子上离开。在他们眼里孔子是无所不知的，而有若赶不上老师。

由于孔门弟子中没有一个像孔子那样很有威望的领导，再加上思想和见解的分歧，儒家被分为很多流派传承开来。

孔子去世后，弟子们散游诸侯做什么？

孔子去世后，孔门弟子为老师服丧三年后，大多离开了曲阜。《史记·儒林列传》云："自孔子卒后，七十子之徒散游诸侯，大者为师傅卿相，小者友教士大夫，或隐而不见。"孔门弟子分散到各诸侯国，有的拜为卿相，显达于世；有的结交士大夫，聚徒讲学；有的退归乡里，隐居不仕。

子贡和子夏都显达于诸侯。子贡在为孔子服丧六年后，出任过鲁、卫两国的辅相，以其杰出的外交才能和雄厚的经济实力，活跃在春秋末年的历史舞台。子贡晚年居齐，直至去世。

子夏离开曲阜后，到了魏国西河一带传播儒学。子夏做了魏文侯的老师，受到了很高的礼遇。子夏虽然成为诸侯之师，但他的主要精力还是放在学术和教育事业上面。子夏门人弟子众多，形成著名的西河学派。

孔门的其他弟子大部分都是聚徒讲学，发扬光大儒学思想。如曾子，留居鲁国，继承和发展老师的学说，收了不少弟子。相传他就是儒家子思、孟子一派的创始人。

子张是孔子晚年的得意门生。他为人性情疏阔、才大志远、心直口快。孔子去世后，子张在陈国继续从事教育事业，传道授业，自成一家。

子游是孔子后期学生中的佼佼者。孔子去世后，子游聚徒讲学，其学在战国时期成为颇有影响的学派。

澹台灭明则游历楚国各地，最后到豫章，选择在百花洲结草为堂，开办学校，从学弟子三百多人。澹台灭明德行高尚，学识渊博，仍以孔子为宗师，崇奉孔子学说。

还有的弟子隐居山林、退归乡里，不问世事。原宪为人安贫乐道，超脱于流俗。孔子逝世后，原宪隐居于穷巷而不出仕。

孔子的孙子子思做过孟子的老师吗？

孟子是儒家的第二号人物，被称为仅次于"至圣"孔子的"亚圣"。由于战国中期儒家有一个以子思、孟子命名的思孟学派，而子思、孟子的时代又相距不远，所以汉代以来多传孟子是子思的弟子，如刘向《列女传》说："孟子旦夕勤学不息，师事子思，遂成天下之名儒。"班固《汉书》、赵岐《孟子题辞》、应劭《风俗通》也都认为孟子是子思弟子。

然而，自明代以来，不断有学者对此提出质疑，主要的理由是子思、孟子的时代不衔接，二人不可能有直接的师承关系。如钱穆《先秦诸子系年考辨》考子思、孟子的生卒年是：

子思，前 483 年～前 402 年

孟子，前 390 年～前 305 年

据此，子思去世时（前 402 年），孟子还没有出生，自然不可能拜子思为师。其他学者的考证结论，虽与此有差异，但有一点却是相同的，即子思卒年与孟子生年相隔几年，二人不可能同时代。因此，不少学者指出，还是司马迁《史记·孟子荀卿列传》的记载准确可信，孟子"受业于子思之门人"，是子思的弟子的弟子。

孟子本人似乎也说明了他不是子思的弟子。孟子曾经明白指出："予未得为孔子徒也，予私淑诸人也。"孟子自恨生也晚，虽然未及孔门，成为孔子弟子，但却是孔子的"私淑弟子"。如果孟子是子思的弟子，他一定会以直接受教于子思为荣，在说出自己是孔子的"私淑弟子"之后，接着说出与子思的师生关系，然而，孟子没说；不仅没说，孟子在其书中凡提到子思，往往是直呼子思其名，也看不出有什么尊师的迹象。这也从侧面说明了孟子并非子思的弟子。

墨家、道家、法家为什么批评孔子？

春秋末期，百家兴起，各学派在争鸣中互相辩难，孔子与儒家首当其冲，受到了各家的批评。

与儒家并称为显学的墨家，对孔子及儒家的批评最为严厉。墨子对孔子的批评主要包括如下几个方面：1.墨子站在"兼爱"的立场上批评孔子"爱有差等"思想，认为社会的动乱正是由爱有分别造成的；2.墨子批评孔子的礼乐文化，尤其反对儒家所坚持的厚葬、三年之丧的制度，认为这浪费了民众的财富和精力，从而提出"节用""非乐"的主张；3.孔子不谈"怪力乱神"，墨家认为孔子不相信天帝鬼神，批评孔子是"以天为不明，以鬼为不神"，结果导致"天鬼不悦"；4.孔子相信天命，墨家批评孔子主张宿命论，会造成民众怠惰顺命，不思进取。

对孔子及儒家批评较为严厉的另一家是道家。孔子以"仁"为人生和社会的根本，强调道德修养和道德教化，道家主张"无为"，认为"圣人处无为之事，行不言之教"，从而批评儒家的积极有为及其所提倡的仁义、孝悌、忠信等道德原则导致了人虚伪、狡诈；针对孔子及儒家对"礼"的重视，道家则认为礼是人心堕落的产物，所谓"失义而后有礼"。在道家看来，孔子提倡礼，是造成社会混乱的根源，因为"夫礼者，忠信之薄而乱之首"。

法家也对孔子及儒家进行了尖锐批评。在人性论上，与孔子及儒家主张性善论不同，法家认为人性是恶的，人是绝对自私的。在法家看来，人与人的关系是利害关系，因此法家批评儒家注重伦理道德的立场，认为儒家主张父慈子孝、君惠臣忠、兄友弟恭、朋友有信等道德规范是虚伪的。由此立场推演到政治主张上，法家批评儒家的德治立场，主张法制。法家认为儒家的道德教化只能是空洞的说教，只有依靠法治，轻罪重刑，才能使民慑于法的威严，不敢作奸犯科。

各家对孔子及儒家的批评，反映了当时各家之间的多样性主张。儒家学说在与其他各家批评与反批评中，得到不断的发展与充实，奠定了儒学成为中华民族传统文化主体的基础。

司马迁为什么在《史记》中把"布衣"孔子列入"世家"？

司马迁撰写《史记》的体裁分为五种："本纪""世家""列传""书""表"。其中的"世家"是记载诸侯贵族的历史。因为诸侯开国承家，子孙世袭，从西周的分封诸侯开始，发展到春秋、战国，各诸侯国先后称霸称雄，盛极一时，用"世家"体裁记述这一情况，是非常妥当的。

孔子的出身不算高贵，但司马迁把孔子列入"世家"，是一种例外。个中的原因可以从司马迁在《孔子世家》文末的赞词中窥见一二。司马迁给孔子写的赞词充分表达了他对孔子发自内心的无限敬仰之情："《诗》有之：'高山仰止，景行行止。'虽不能至，然心向往之……天下君王至于贤人众矣，当时则荣，没则已焉。孔子布衣，传十余世，学者宗之，自天子王侯，中国言六艺者折中于夫子，可谓至圣矣。"

孔子虽非王侯，但是他的影响却比一般的君王、贵族要深远，他的文化地位是其他人取代不了的，他的思想和精神流芳千古，永远供世人敬仰和学习。孔子传承三代文化，既是王官之学的继承者，又是诸子平民之学的创立者，是承前启后的人物。正是这一特殊历史地位，决定了他在先秦诸子中的重要作用。正是孔子对司马迁影响巨大，可以说其政治思想受孔子影响，人格理想以孔子为标准，身世感怀借孔子而抒发。他对孔子充满了"高山仰止，景行行止"的景仰之情，认为他是一代宗师，人中至圣，绝不逊于任何一位列入"世家"的诸侯王者。

汉代的统治者对孔子十分尊重和崇拜。从汉高祖刘邦第一次祭祀孔子，到汉武帝"罢黜百家、独尊儒术"，司马迁生活在尊崇儒学的时代，孔子是儒学的创始人，将之列入"世家"，也反映了当时思想领域的现实情况。

孔子去世后，鲁国国君为孔子建立了庙宇，从春秋末年到汉初祭祀不绝。汉高祖刘邦祭孔子以"太牢"，百官公卿更是礼敬，从此香火不绝，所以孔子之庙也就成了世代不迁之庙，倒也符合"世家"的标准，这也是一方面的原因。

孔子为什么称"素王"？

"素王"一词最早出现在《庄子·天道篇》："以此处上，帝王天子之德也；以此处下，玄圣素王之道也。"原意是指有圣王之德与才、无圣王之爵与位的人。

孔子被称为"素王",始自汉文帝时期的《淮南子》一书。到了汉武帝时,董仲舒提倡"独尊儒术",极力推崇孔子,认为他是"为汉制法"的"素王",即孔子在世时,已经预知了汉朝的兴起,且预为汉代制定法度。董仲舒以后,东汉思想家王充在他的《论衡》里也讲孔子的素王之业在于作《春秋》。汉代的今文学家认为孔子之德可立为王,所修《春秋》是代王者立法,寓王法于其中,但无实际王位,故称"素王"。两汉之际,谶纬神学大盛。谶纬神学上承素王之说,不仅尊孔子为素王,而且还模仿朝廷建制,以孔子为素王,以颜渊为司徒,以子路为司空,以左丘明为素臣。这样一来,谶纬神学完全确立了孔子的素王形象,而且是一个具有种种神通的素王形象。谶纬神学衰落之后,人们剔除了附在孔子身上的神化色彩,但仍接受了孔子的素王形象。

从历史上看,孔子通过删定六经来匡扶正义、扬善抑恶,如"孔子作《春秋》,而乱臣贼子惧"。在春秋时代,孔子的所作所为在后世儒家看来,是代"王"立言,孔子被称为"素王",原因与此有关。齐景公很欣赏孔子的政治思想,当他问政于孔子时,孔子回答"君君、臣臣、父父、子子",他不由深为叹服。这也就是孔子为政,提倡"正名"的本意所在。由此可见,孔子的"素王"实际上是思想文化领域的无冕之王。

纬书为什么说孔子是"黑帝之子"?

两汉之际,谶纬之学盛行,谶纬神学神化孔子,认为孔子具有种种感生、异表、符命、先知等神圣特征,受渲染的程度比几位圣帝贤王还高。

在谶纬神学看来,孔子并非凡人肉胎,而是黑帝之子。纬书《演孔图》里讲了一段关于孔子出生的故事:孔子之母颜徵在一日到大泽边游玩,玩得疲倦了,就在泽边歇息。朦胧之中,梦遇黑帝。黑帝对她说,你将来会在空桑之中生下一个孩子。后来颜徵在真的生孔子于空桑之中。

按照阴阳五行学说,商代是水德,为黑帝之子,而孔子是商汤的后裔,所以仍为黑帝之子。身为黑帝之子,受命来到人间,理应为天子统治天下。况且孔子所处的时代,周朝已经衰败,本该有新受命的天子来继任,但是孔子为什么没做成帝王呢?因为按照孔子是黑帝之子，在五德次序中是水德，而周是木德。木只能生火，不能生水。周亡之后，当由火德代兴，孔子虽有水德，无奈不合五德终始之说，他只能为火德代劳，替未来的汉朝制定许多法典——"六经"。汉儒宣传孔子为"黑帝之子"的神话，是为汉朝统治者证明自己统治的合法性编造的一个理由。

历史上第一位祭祀孔子的皇帝是谁？

历史上第一位祭祀孔子的帝王是汉高祖刘邦。刘邦起初不太重视儒学，很瞧不起儒生。刘邦在高阳见儒生郦食其时，坐在床边由两个婢女侍候洗脚，对郦食其很不尊重。

刘邦靠武力夺得天下，谋臣陆贾劝说刘邦虽然能够"马上得天下"，但是不能"马上安天下"；并且分析了前朝秦始皇"焚书坑儒"，严刑峻法而失天下的教训。刘邦听后认为言之有理，故命陆贾写《新语》十二篇。儒生叔孙通向刘邦建议采用儒家的礼仪规范臣下的行为。刘邦对他们的建议，一一采纳，实行了休养生息的政策，社会马上安定下来，经济得到了恢复，刘邦这才感觉出当皇帝的尊严来。这些引起了刘邦对儒学的兴趣。

汉初刘邦分封很多功臣为异姓诸侯王，但是政局很不稳定，诸侯王竞相叛乱。在刘邦即位的第十二年，他在平定楚国叛乱后返回的途中，经过淮南的时候，感觉这里的百姓由于战乱而死伤甚多，萧条景象使他百感交集。他觉得太平稳定不仅有益于百姓，而且有利于自己的统治。再往北走路过自己的老家沛县，父老乡亲对这位从家乡闯出来的皇帝盛情拥戴，已是暮年的刘邦更是感到亲切和感激。他回想起一生戎马倥偬，从卑微的亭长到君临天下，心中无比感慨，随即吟唱了千古名句《大风歌》"安得猛士兮守四方"，唱出了此时的心情。平定叛乱归来，一路上的山河破碎、哀鸿遍野使得刘邦深感能够懂得体恤百姓的治国人才的重要。

刘邦于是来到曲阜，用太牢（猪、牛、羊三牲）祭奠孔子，并且还封孔子的九世孙孔腾为"奉祀君"，专职奉祀孔子。刘邦成为中国历史上第一位祭祀孔子的皇帝。

孔子获得过哪些封号？最高封号是在哪个朝代？

周敬王四十一年（前479年）孔子逝世，鲁哀公亲制诔文悼念孔子，诔文中称孔子为

"尼父"。"父"同"甫",是古人对男子的美称,"尼父"是有别于封号的尊称。

孔子有封号始于汉,元始元年(公元元年),汉平帝刘衍首开追谥孔子的记录,追封孔子为公爵,称"褒成宣尼公"。东汉和帝永元四年(公元92年),改封孔子为"褒成侯"。

北魏孝文帝于太和十六年(492年)改谥"宣尼"为"文圣尼公",告谥孔庙。北周静帝于大象二年(580年)恢复公爵之封,号"邹国公"。隋朝重佛轻儒,但隋文帝开皇元年(公元581年)还尊称孔子为"先师尼父"或"宣尼",不过取消了其他封号。

东汉明帝时,始以周公为先圣,孔子为先师。北魏正始至隋大业期间,皆以孔子为先圣,配颜回为先师。唐初改周公为先圣,孔子配之。唐太宗于贞观二年(628年)尊孔子为"先圣",贞观十一年(637年)又改称"宣父"。乾封元年(666年),唐高宗诏赠孔子"太师"封号。唐中宗嗣圣元年,追封孔子为"隆道公"。天授元年(690年),武则天执政时也封孔子为"隆道公",并尊称"隆道太师"。开元二十七年(739年),唐玄宗升孔子为王爵,谥号"文宣",称"文宣王"。后周太祖广顺二年(952年),追封孔子为"至圣文宣师"。

宋真宗于大中祥符元年(1008年)欲追谥孔子为帝,臣下进谏劝止,说孔子为周公配臣,周代天子才称王号,孔子不应加帝号,真宗只得作罢。根据纬书《演孔图》云:"孔子母梦感黑帝而生,故曰玄圣",真宗下诏加谥孔子为"玄圣文宣王"。祥符五年(1012年)又改称"至圣文宣王"。

元武宗根据孟子曾以"集大成"称赞孔子,于大德十一年(1307年)对孔子原谥号"至圣文宣王"加封为"大成至圣文宣王"。这是古代帝王对孔子的封谥中最高级别的称号。

嘉靖九年(1530年),明世宗去除原封号及"大成至圣"的谥号,更正孔庙祀典,定孔子谥号为"至圣先师"。

清顺治二年(1645年),更改国子监孔子神位为"大成至圣文宣先师孔子",十四年(1657年)又复称"至圣先师"。

历代王朝都为孔子的封谥选择了最高赞誉的名号,显示出对孔子无限的尊崇。

最早的孔子庙立于何时?

孔子去世后,孔子的三间故居被立为庙宇,内藏孔子生前所用的衣、冠、车、琴、书等物以为纪念，对其岁时奉祀，这是最早的孔庙。汉代虽有修整，仍以宅为庙。隋唐时期，孔庙不断扩建，已经渐具规模。宋代更大修孔庙，使成三路四进的布局，有殿庭廊庑316间。可惜不久惨遭兵燹，庙宇与书籍俱为灰烬。金代明昌年间金章帝认识到欲求立足中原，必须崇儒尊孔，乃按照宋代格局，拨钱复建，扩大厅堂门庑四百余间，后因蒙古军的进犯而焚毁过半。元代曾六次修葺孔庙。明代历经洪武、永乐、成化、弘治各朝数次扩建重修，才奠定了孔庙的规模。不幸，孔庙于清雍正二年（1724年）遭受雷击，烧毁大成殿等133间。雍正帝引过自责，亲往孔庙祭奠，派官动工兴建，同时提高孔庙规格，依仿帝王宫殿之制，直至雍正八年（1729年）全部完成。以后又多次修缮，成为现在的孔庙。

除了位于山东曲阜阙里、根据孔子故居改建的孔庙以外，其他地方特别是京城也建有孔庙。汉武帝之后，历代帝王在京城和全国各地都不时修建孔庙，相沿不绝，传承两千年之久。京城孔庙的建立始于西汉。汉武帝接受董仲舒的建议，在长安建太学，置五经博士，独尊儒学。后经汉昭帝、元帝的进一步发展，汉平帝元始元年正式在太学立庙祭祀孔子，开创了京城设立孔庙的先河。后经历朝帝王的不断丰富，京城国子监和太学内皆建有孔庙，全国各地州、府、县学的所在地也立有孔庙。

孔庙大成殿配享孔子的"四配""十二哲"是哪些人？

大成殿是孔庙内祭祀孔子的正殿，"大成"一词源自《孟子·万章下》："孔子之谓集大成也。"大成殿正中供奉孔子塑像；两侧为"四配"，东西相向，东位西向的是复圣颜回和述圣孔伋，西位东向的是宗圣曾参和亚圣孟轲。"四配"原有龛室，砌砖座，立神像，均低于孔子。"四配"之外是"十二哲"，西位东向的是：冉耕、宰予、冉求、言偃、颛孙师、朱熹；东位西向的是：闵损、冉雍、端木赐、仲由、卜商、有若。

复圣颜回，字子渊，春秋时鲁国人，小孔子三十岁。天资聪明，敏而好学，又能安贫乐道，是孔子最得意的弟子。唐代封颜回为"亚圣"、兖国公。元代孟子被封为"亚圣"，颜回改封"复圣"。

宗圣曾参，字子舆，春秋时鲁国南武城人，小孔子四十六岁。在孔子弟子中，以能领悟孔子的一贯之道、宣称"仁以为己任"而著称。宋代封曾子为郕国公，元代加赠"宗圣"

四配塑像

称号。

　　述圣孔伋，字子思，孔鲤之子，孔子之孙，曾亲受孔子的教诲。传说子思作《中庸》，是儒家思孟学派的代表人物。宋代封子思为沂国公，元代加赠"述圣"称号。

　　亚圣孟子，名轲，字子舆，战国时邹国人。有《孟子》七篇传世。孟子是孔子之后儒家最主要的代表人物，后人把他与孔子的思想合称"孔孟之道"。宋代封孟子为邹国公，元代加赠"亚圣"称号。

　　"十二哲"，初名"十哲"，始于唐开元八年（720年），唐玄宗命以孔门四科弟子（德行：颜渊、闵子骞、冉伯牛、仲弓；言语：宰我、子贡；政事：冉有、季路；文学：子游、子夏，共十人）附祭，均为坐像。颜渊升为配享后，宋端平二年（1235年）升孔伋补"十哲"之缺。宋咸淳三年（1267年）孔极升为配享，升颛孙师为"十哲"之一。清康熙五十一年（1712年）升朱熹居于"十哲"之后，乾隆三年（1738年）升有若居颛孙师之后、朱熹之前，遂成"十二哲"之名。

国立孔庙为什么称文庙？

　　文庙，作为孔庙的另一名称，起源于唐。唐玄宗开元二十七年（739年）封孔子为文宣王,因此,称孔庙为文宣王庙。明永乐年间,因武庙多建于文庙旁,民间就把与武圣人并列的文圣人孔子的庙,称为文庙。

全国各地文庙的实际功能,就是古代的学校。科举制度以来,各地的文庙是县有县学,州有州学,府有府学,国有太学,都叫学宫。按级别规定,各级学宫分别举行院试、乡试、会试和殿试。学宫的性质属于官学,以科举入仕做官作为主要目标。学宫的修建须经过报请批准,严格按规制建设。最高级别的学宫——太学,自元、明、清以来是北京孔庙。这是三朝皇帝祭祀孔子的地方,也是封建时代培养国家官员的国立学校——国子监的所在地。

世界上都有哪些国家设孔庙?

孔庙肇始于中国,7世纪以来,由于受孔子思想和中国政治、文化制度的影响,中国周边国家越南、朝鲜、日本等国家和地区也兴建了许多礼制孔子庙。18世纪以来,随着孔子思想的对外传播和华人的外移,在欧洲、美洲和亚洲的其他国家也出现了孔子庙。全盛时期,世界上共有孔子庙三千余座。

越南是孔子思想输入最早、影响最深的国家之一。越南兴建孔子庙的最早记载是李朝神武二年(1070年)的孔子庙。陈光泰十四年(1397年)命令各府设学,将孔庙推向地方。黎顺天元年(1428年)命诸路县设立学校文庙,祠孔子以太牢,孔庙从此遍及越南各地。

朝鲜也是孔子思想输入时间最早、影响最深的国家之一,而且是中国以外孔庙建立最早、分布最广、数量最多的国家。大约在公元前3世纪,孔子思想传入朝鲜半岛,很快便受到推崇。三国时期的高句丽、百济、新罗相继仿照中国设立太学。新罗统一后,更加推崇儒学。高丽时,仿照中国制度设立国子监,并建孔庙于国子监内。公元1268年命诸州立学,将孔庙推向地方。李朝太祖李成桂迁都汉城,第二年即建立成均馆(即国子监),并命地方建立乡校,州、府、郡、县均仿京城之制建立孔庙,从此孔庙遍及朝鲜全境。

公元3世纪,孔子思想传入日本。大宝元年(701年)始祀孔子。德川家康结束战乱后的江户时代是日本孔子庙大发展时期。先后建起几十座孔子庙,逐渐遍布全国。

新加坡、印度尼西亚、马来西亚等亚洲国家在华人聚集的地方也建有孔庙。

孔子思想自13世纪传入西方，对西方思想界产生了一定的影响。在18世纪的欧洲"中国热"中，英国人在伦敦建立了西方第一座孔庙。19世纪华人在德国科隆修建了孔庙。1965年美国萨克拉门托也建造了孔庙。如今孔子庙可谓遍布世界，影响深远。

一年几次祭孔？祭孔有哪些程序？

历史上，历朝历代的祭孔活动，名目繁多，规格不一。以曲阜孔庙为例，从参与祭祀的人员划分，有家祭、官祭两类；从祭祀种类划分，有丁祭、行香、祭告、时享、袷祭、遣官致祭、遣官祭告、释奠、释菜、荐新等。这些祭祀活动分布于一年十二月之中，每个月都有，总共有五十余次。

释奠是孔庙祭祀中规格最高的一种。清朝皇帝亲临曲阜，以释奠礼祭孔，也行三跪九叩之礼。释奠，安排在每季仲月丁日举行，即一年之中春、夏、秋、冬四季的第二个月上丁日（阴历二月、五月、八月、十一月上旬头一个逢丁的日子），名曰"四大丁祭"，其中尤以阴历的二、八两月的头一个丁日（以秋祭八月上丁为主）在孔庙举行"丁祭祀礼"，最为隆重。这一天的祭孔仪式，连在私塾念书和在学堂里学习的学生也要放假一至三天，以示敬重。

祭孔仪程相当复杂，每一次丁祭，一般都以衍圣公为正献官，于祭祀之前二十天至前一日，前后都有准备工作，十分繁琐。

祭祀共有九道程序，有条不紊，非常严格。

（一）瘗毛血。鸣赞唱"瘗毛血"，执事生到各坛前跪下一叩头，起身将毛血碟捧于头上，出右门，将毛血埋于燎所，各坛将祭祀礼器的盖罩全部打开。

（二）迎神。赞相唱"迎神"，乐官接唱，麾生举麾，唱"乐奏宣平之章"，击柷作乐，有乐无舞。

（三）初献。鸣赞唱"奠帛，行初献礼"，伶官原文传唱，麾生举麾，唱"乐奏昭平之章"，击柷作乐，有舞。

（四）亚献。鸣赞唱"行亚献礼"，伶官传唱"举亚献，乐奏秩平之章"，麾生举麾，击柷作乐,有舞。

(五)终献。鸣赞唱"行终献礼",伶官传唱"举终献,乐奏叙平之章",以下祭仪与亚献同。

(六)撤馔。鸣赞唱"行撤馔礼",伶官传唱"撤馔",麾生举麾,唱"乐奏懿平之章",击柷作乐,无舞。各坛陈设生将祭祀礼器加盖加罩,稍稍移动。

(七)饮福受胙。鸣赞唱"饮福受胙",引赞唱"升坛",引正献官等入殿饮福酒、受胙肉。

(八)送神。鸣赞唱"送神",伶官传唱,麾生举麾,唱"乐奏德平之章",击柷作乐,无舞。

(九)望燎。鸣赞唱"望燎"(秋冬为"望瘗"),伶官传唱,麾生举麾,唱"乐奏德平之章",击柷作乐,无舞。鸣赞唱"焚祝帛",接着焚烧香帛,礼成。

祭祀程序完成后,衍圣公在孔府金丝堂宴请客人。客人走后,再与族人饮酒。宴飨时,有乐歌,歌奏《诗经》中的《鹿鸣》《鱼丽》《南有嘉鱼》《节南山》《楚茨》等。

孔子九世孙孔鲋为什么参加陈胜、吴广农民起义?

孔鲋,字甲,又字子鱼,孔子九世孙。少年时代的孔鲋曾随父亲孔谦离开故地,居住在魏国都城大梁(今河南开封市)。孔鲋承袭家学,博通儒术,讲学授徒,与魏国名士陈馀、张耳等人结为好友。孔鲋曾被召为鲁国文通君,不久又拜少傅。

秦始皇统一中国后,为政治国崇尚法家,后来秦始皇下令除《秦纪》及医药、卜筮、种树之书外,凡六国史书、民间收藏的《诗》《书》及其他诸子、百家之书全部焚毁。如果有隐匿不交或谈论《诗》《书》及其他儒学之书者,皆严加治罪。

焚书令一下,孔鲋被迫停止了传授儒学之业。当他看到先人含辛茹苦整理出来的文化典籍将要付之一炬时,心急如焚。于是他把一部分儒家经典,如《尚书》《论语》《礼记》《春秋》《孝经》等藏于孔子故宅墙壁中。孔鲋将祖传的典籍藏好后,冒着生命危险,西行到了嵩山,在此隐居下来。从此一面施行韬晦之术,等待机会;一面传业授徒,继续讲学,以此推行自己的儒学主张。

秦始皇死后，秦二世统治更加黑暗。公元前209年，陈胜在大泽乡揭竿而起，反对暴秦的统治，不久建立张楚政权。一向不满秦始皇残暴统治，且年已57岁的孔鲋自然高兴万分，早就准备投身到陈胜反秦队伍中。无奈他没有机会，这时陈胜的一位谋臣陈馀与孔鲋曾有故交，早就知道孔鲋才华出众，在陈胜面前极力举荐孔鲋，说孔鲋是圣贤之后，博才通识，品行端正，虽处乱世但仍能坚守祖业而不随波逐流。陈胜听后对孔鲋十分感兴趣，认为号令天下应当借助孔鲋的名望，于是派人去魏国请孔鲋。孔鲋毅然率领鲁国诸儒持孔氏之礼往归陈胜。从此孔鲋被陈胜聘为身边的谋臣兼老师，并当上了一名博士官。任职期间，孔鲋建议陈胜兴霸王之业，受到陈胜嘉许。但要陈胜建立"仁义之国"，效仿齐桓公那样兴灭国，继绝世，封六国之君的后裔为王等建议，却引起了陈胜的反感。在军事战略上，孔鲋力劝陈胜不要因为秦乱而轻敌，陈胜也置之不理。后来由于陈胜集团的分裂和秦军的剿灭，陈胜建立的农民政权失败了。孔鲋尽管只做了两个多月的博士，却一直没有动摇，直至和陈胜一起英勇牺牲。

孔鲋的一生致力于保存儒家典籍，推行儒家学说，实践了儒家提出的"杀身成仁""舍生取义"的高尚精神。

孔子后裔为什么分南宗、北宗？

"衍圣公"这一爵位一般是严格按照宗法制度承袭的。父亲死后传位给嫡长子，依次代代递袭。但在历史上也曾出现过特殊情况，那就是孔氏后裔的南北宗问题。

北宋末年，金兵南下灭宋，康王赵构南渡，建立南宋政权。建炎二年（1128年），宋高宗诏第四十八代衍圣公孔端友前往扬州参加祭孔陪祀。孔端友及部分孔裔随驾南渡，背负子贡手刻孔子和亓官夫人楷木像，到浙江衢州兴建家庙，定居于此。孔端友死后没有儿子，其弟孔端操的四子孔玠成为继承人，袭封衍圣公。其后世子孙孔搢、孔文远、孔万春、孔洙都享有南宋的"衍圣公"封号。

金兵入主中原，建立伪齐刘豫政权，刘豫为拉拢汉族士大夫，在阜昌二年（1131年）将孔端友之弟孔端操的二儿子孔璠封为"衍圣公"，主持曲阜孔庙祭祀。及至刘豫败灭，金熙宗于公元1139年时仍封孔璠为衍圣公，是为北宗。三传至孔元措，随金政权迁于汴京,有族兄孔元用权且袭封衍圣公,留曲阜主祀事。南宋理宗宝庆元年(1225年)收复山东,次年改授孔元用之子孔之全为衍圣公,及至蒙古攻占曲阜,仍以孔之全为衍圣公。此时,蒙古、金、南宋各有一位衍圣公。

元朝灭宋统一中国,宪宗元年(1251年)封北宗第五十二孙孔浈为衍圣公。由于孔浈是孔元措的侄子的妾所生,曾随母亲被正妻赶走改嫁,长大后才被孔元措领回作继承人,因此,孔浈被孔氏族人攻击,说他不是孔子的后代,上书揭发,次年被免去"衍圣公"的封号。从此北宗未立衍圣公,爵位虚悬。

后来元世祖忽必烈于至元十九年(1282年)访查孔族,拟确立衍圣公,诏当时任南宗第六代衍圣公的孔洙来京议封。孔洙称在衢州本支祖茔已有五代,难以离弃,而曲阜子孙守墓有功,愿让爵于北宗。忽必烈赞叹不已,盛誉孔洙为真圣人的后裔,于是封孔洙为国子监祭酒、承务郎,免去衍圣公封号,但未立封北宗。直到元成宗元贞元年(1295年)才封孔之全之子孔治为衍圣公,以致北宗衍圣公中断了四十三年。

孔洙以后的孔氏南宗自此走向民间,或为学官,或当山长,建校办学,弘道乡里,活跃于东南诸省,为儒学南渐、理学北传贡献自己的聪明才智。明朝正统元年(1436年),英宗皇帝下旨"访求衍圣公孔端友后",孔洙六世孙孔彦绳遂于正德元年(1506年)重新被封为"世袭翰林院五经博士",以奉家庙祭祀。

内孔、外孔是怎么回事?

对孔氏家族稍有了解的人都知道,孔家有内、外孔之分,如果一个人说他姓孔,人们往往会问他是内孔还是外孔。这是怎么回事呢?

原来,在孔氏家族历史上,曾出现过一次几乎灭门的大事。南北朝刘宋文帝元嘉十九年(公元442年)诏令蠲免靠近孔墓民户孔景等五户,让他们专门负责孔府陵墓的洒扫,称为庙户,又称洒扫户。其后历代都有钦定庙户,在洒扫之外又加上许多其他差役,如看庙、巡山、祭祀等,户数也因之增加。

到了五代后梁乾化三年(915年),孔景的后裔孔末见孔族嫡裔人丁单薄、门祚日衰,就趁当时社会动荡、农民起义之机,将居住在曲阜阙里的孔子后裔全部杀死,又跑到泗水,将时任泗水主簿的孔子嫡裔四十二代孙孔光嗣杀死,夺取了他的权力,吞没了他的家产,然后冒充嫡裔,取而代之。

由于孔景本来并不姓孔,只是因为被定为庙户才随主家改姓为孔,所以其后裔孔末虽以孔为姓,但和孔家没有血缘关系,不算孔子后裔。

这次事变几乎使曲阜孔子后裔灭绝,唯有孔光嗣九个月大的幼子孔仁玉,幸亏先由其母张氏抱藏于张扬村外祖家,才得以幸免于难,为孔族嫡裔留下了后代。

后唐明宗长兴元年(930年),有人向官府报告了孔末假冒嫡裔、窃夺爵位的事。明宗查明事实后下诏诛杀孔末,恢复孔仁玉的地位,授孔仁玉曲阜县主簿,主孔子祀事。两年后,授孔仁玉袭丘(今山东宁阳县)令,封文宣公。孔仁玉资貌雄伟,精通六艺,犹善《春秋》,为人严谨,临事果断,因为在孔子后裔延续上成为关键人物,被后世孔子后裔尊为中兴祖。

但另有一种传闻见于孔德懋所著《孔府内宅轶事》:孔家遇难时,孔仁玉在乳母张妈妈家,孔末追至张妈妈家。张妈妈有个儿子和孔仁玉年龄相仿,她便效仿赵氏孤儿的故事,学程婴把自己的儿子献出去被孔末杀死,孔仁玉躲过一劫。

孔末后代在曲阜等地也有繁衍,如今亦有万人以上,俗称"外孔",而孔子正宗后裔称为内孔。历来孔氏对内孔、外孔都有明确而严格的区分。当然,随着岁月的变迁,历史上的恩怨早已烟消云散,内、外孔也能够和睦相处。

历史上第一位受封的孔子后裔是谁? 其后都有哪些封爵?

在历史上,第一位受封的孔子后裔是孔腾。

孔腾是孔子的九世孙,他被汉高祖封为"奉祀君"。孔腾实际上在当时并不是长支,虽然长兄孔鲋在秦乱中丧命,但还有孔鲋之子和次兄孔树,为何汉高祖偏偏封孔腾为"奉祀君"呢?

孔鲋去世后,其子流落他乡,刘邦到鲁国以太牢祭祀孔子时,只有孔腾伴驾。孔腾陪汉高祖瞻仰夫子墓时手拄枯枝,刘邦甚觉奇怪,问其原因。孔腾回答,当初自己在孔墓举行祭祀的时候,大风呼啸,他随手从地上捡起一根被风刮落的楷树枝,拄着回了家,此后便当做了自己的拐杖。今天给天子引路，也挂着这根楷木杖，意思是祖宗林中的枝上，挂着它是为了不忘祖德。刘邦听后称赞孔腾不忘先祖之德，是至孝子孙，所以对孔腾十分敬重，另眼看待。刘邦封孔腾为"奉祀君"，专管祭祀孔子的事务，孔腾也就成为历史上第一位受封主持祀孔事宜的孔子后裔。

孔子的嫡裔封爵随历代帝王对孔子地位的不断抬高而晋升。自孔腾被封为"奉祀君"后，其后三代改为博士，在朝任官。汉元帝永光元年（前43年）赐爵孔子十三世孙孔霸为"关内侯"，食封八百户，号"褒成君"，并赐黄金二百斤，宅一区。后两代袭封"关内侯"。汉平帝元始元年（公元1年）封孔子第十六世孙孔均为褒成侯，其子孔志袭之。汉章帝元和二年（85年）至阙里祭祀孔子时，孔子第十八世孙孔损助祭，永元四年（92年）和帝封其为"褒亭侯"，食邑千户。汉安帝延光三年（124年）封孔子第十九世孙孔曜为"奉圣亭侯"，食邑千户。汉灵帝建宁二年（169年）诏孔子第二十世孙孔完袭"褒亭侯"。

魏文帝黄初二年（221年）封孔子第二十一世孙孔羡为"宗圣侯"，赐食邑百户。西晋武帝泰始三年（267年）封第二十二代孙孔震为"奉圣亭侯"，赐食邑二百户。其后四代袭封之。北魏孝文帝延兴三年（473年）封孔子第二十七世孙孔乘为"崇圣大夫"，食邑五百户，并给十户以供洒扫。北魏孝文帝太和十九年（495年）改封孔子第二十八世孙孔灵珍为"崇圣侯"，赐食邑百户。其后三代袭封之。

隋炀帝大业四年（608年）封孔子第三十三世孙孔嗣悊为绍圣侯，赐食邑百户。唐高祖武德九年（626年）封孔子第三十三世孙孔德伦为"褒圣侯"，赐食邑百户。唐玄宗开元二十七年（739年）封第三十五世孙孔璲之为"文宣公"，爵位由侯而公，地位提高，后代皆袭封此爵。

宋仁宗至和二年（1055年）封孔子第四十六世孙孔宗愿为"衍圣公"。除了宋哲宗元祐元年（1086年）改"衍圣公"为"奉圣公"（后又恢复）之外，"衍圣公"的封号在金、元、明、清各代一直沿用。"衍圣公"这个封号共传三十二代，经历了八百余年。

1935年，南京国民政府废除衍圣公称号，改称"大成至圣先师奉祀官"，给予特任官待遇。

孔府有哪些机构和属官?

孔府,也称衍圣公府,是按照传统的前堂后寝制度设计的。"前堂"是官署,"后寝"是私人府第。这一布局充分体现了孔府的"私权力"与"公权力"合一的性质与特点。

(1)孔府官署,设于孔府中路的前半部分,主要分两类:

一类是衍圣公办公机构,有大堂(正厅)、二堂(后厅)、三堂(退厅)。

一类是衍圣公属官的办公机构,有知印厅、掌书厅、典籍厅、司乐厅、管勾厅、百户厅、伴官厅、启事厅、赍奏厅等。

(2)孔府属官,历代设置不一,明清两代多有增设,到清中期已有八十余位,主要有:

知印官、掌书官、典籍官、司乐官、管勾官、百户官、伴官、赍奏官、书写官、圣庙执事官、述圣世袭翰林院五经博士、世袭太常寺博士、南宗世袭翰林院五经博士、国子监学正、尼山书院学录、洙泗书院学录、四氏学教授、四氏学学录、孔庭族长、十三氏世袭翰林院五经博士。

第一位"衍圣公"是谁? 衍圣公究竟是个什么角色?

"衍圣公"这一封号始于北宋仁宗至和二年(1055年),当时太常博士祖无择进谏说,历朝孔子嫡裔承袭的爵号都是与孔子作为"圣人"的意思有关,或曰褒圣、或曰崇圣、或曰奉圣、或曰恭圣、或曰宗圣,这是名正言顺的。但是自从唐代开元年间追谥孔子为文宣王,孔子的嫡裔封号就变成了文宣公,孔子嫡裔承袭的爵位名号是从孔子追认的谥号而来,这是不符合礼法的。所以应当恢复到原来命名封号的原则。宋仁宗采纳了他的建议,改封至圣文宣王四十六代孙孔宗愿为"衍圣公",是为第一代衍圣公。"衍圣"意为把圣人的光辉发扬光大,繁衍圣裔的意思。

"衍圣公"这一封号曾在宋元祐元年(1086年)一度改为奉圣公,但不久于崇宁三年(1104年)又复改为"衍圣公"。此后这一封号,整整承袭了三十二代四十余人,历时八百余年。

衍圣公的爵位虽高,但起初品秩很低。在宋代官阶是"承奉郎",秩仅从八品上。金

明孔子六十二代衍圣公孔闻韶像

代官阶先为"文林郎",秩正八品。金章宗明昌二年(1191年)进阶"中议大夫",秩从五品上,特令视四品。元初,先为"奉训大夫",秩五品;后为"中议大夫",秩四品。元泰定四年(1327年)官秩升为三品,赠"嘉议大夫"。元顺帝至正八年(1348年)晋阶为"中奉大夫",秩从二品。明太祖洪武元年(1368年)授"资善大夫",秩正二品。洪武十七年(1384年)改授"光禄大夫",秩正一品,居文官之首。清代的官秩因袭旧制,只不过封赏又有增加。

可见,衍圣公的品秩及地位是不断变动,逐渐提高的。

衍圣公的主要职责是负责祭祀孔子,管理林庙,以后陆续增加了管理孔氏族人、管理先贤先儒后裔、推荐任命官员等。随着孔子地位的日益提高,祭祀孔子的活动越来越频繁,规模越来越大,最多时一年要祭祀五十多次,这些都由衍圣公主持负责。在做好祭祀孔子的同时,还要管理好孔庙孔林;主持修订家乘族谱、制定家法族规、惩罚违犯家族法规及轻犯国典的族人等;管理颜回、曾参、孟轲、闵损、冉耕、冉雍、端木赐、仲由、言偃、卜商、颛孙师、有若、周公等先圣先贤的后裔;保举曲阜知县和孔府内典籍官、管勾官、百户官、司乐官、掌书官、伴官等十九位衍圣公属官。此外,衍圣公有时还奉皇帝之命过问地方事务,如"稽察山东全省学务"等。

可以看出,衍圣公是中国历代封建王朝尊孔崇儒的产物,是历史上非常特殊的一种角色。

朱元璋即位之初为什么急忙召见衍圣公?

公元1368年,朱元璋建立了明朝,年号洪武。朱元璋深知得到作为社会上层文化代表的儒士的支持非常重要,因此在这一年的二月于南京国子监以太牢之礼祭祀孔子,又给予孔子的后裔衍圣公以礼遇。同年三月,孔克坚接到了朱元璋希望他进京谒见的旨意。

孔克坚的衍圣公爵位由元顺帝袭封。因此面对朱元璋的旨意,孔克坚十分犹豫:一方面,他曾在元朝做官,元朝在北方还有一定力量;另一方面,朱元璋起义称帝,能否稳固统治还不一定。于是孔克坚想了一个折中的办法,他以有病为由,派其子孔希学进京谒见。朱元璋对孔克坚的这种态度相当不满,立即亲笔敕谕孔克坚,既表明尊重孔子,愿意礼遇衍圣公,又强调了他的皇帝地位,希望孔克坚不要无病而称病。孔克坚接到敕谕后,明白其中利害,赶紧进京朝拜朱元璋。

洪武元年十一月,朱元璋在谨身殿内召见了孔克坚。在孔府二门内有块"对话碑",如实生动地记下了朱元璋和衍圣公孔克坚的对话,用语平俗,颇能传神。

朱元璋问:"老秀才,近前来,你多少年纪也?"孔克坚回答:"臣五十三岁也。"朱元璋说:"我看你是有福快活的人,不委付你勾当。你常常写书与你的孩儿,我看资质也温厚,是成家的人。你祖宗留下三纲五常,垂宪万世的好法度,你家里不读书是不守你祖宗法度,如何中?你老也常写书教训着,休怠惰了。于我朝里,你家里再出一个好人啊不好?"

这场谈话既生动有趣,也很有意思,表明了朱元璋重视儒学和礼遇孔子后裔的态度。孔克坚更是非常感激,受宠若惊。于是在孔府二门内按原话刻石立碑,昭告子孙。朱元璋召见衍圣公孔克坚,是想让儒学为新建立的明朝服务的重要举措。

孔府为什么被称为"天下第一家"?

曲阜孔府,又称"衍圣公府",是孔子嫡系子孙居住的府第,是我国仅次于北京故宫的贵族府第,号称"天下第一家"。

孔子逝世后,其子孙因宅立庙,附庙而居。后来由于历代王朝推崇孔子,泽及子孙,随着嫡裔的封爵日益隆增,住宅也逐渐扩大。但在北宋仁宗将孔子第四十六代孙孔宗愿封为衍圣公时,也不过只有住宅房舍数十间,是为最早的衍圣公府。

自宋以后,金、元时期孔府皆有扩建。明洪武十年(1377年)第五十六代衍圣公孔希学奏请将孔庙、孔府分立获准,创建独立的衍圣公府。明弘治十六年(1503年)再合署衙于住宅,建于同一中轴线上,形成目前规模。清代光绪年间由于内宅失火而大修。民国时期孔府遭受战火损坏,又于1936年孔德成结婚时全面大修,粉刷一新,始成为今日所见前堂后寝、衙宅合一的孔府。

孔府大门,为三间五檩悬山式建筑,匾书"圣府"二字,为明朝严嵩所书。门两边有对联一幅"与国咸休安富尊荣公府第,同天并老文章道德圣人家",其中"富"字上面少一点,寓"富贵无头","章"字一竖通到上面立字,寓"文章通天",此联概括出千百年来"圣人家"的气派。

孔府原占地约180亩,有厅、堂、楼、轩等560余间,院落九进,布局分东、西、中三路:东路为家祠所在地,有报本堂、慕恩堂、奎楼、一贯堂等;西路为旧时衍圣公读书、学诗学礼、燕居吟咏和会客之所,有红萼轩、忠恕堂、安怀堂,南北花厅为招待一般来宾的客室;中路是孔府的主体部分,前为官衙,设三堂六厅,往后是住宅,最后是孔府花园。孔府是我国封建社会中典型的官衙与内宅合一的贵族庄园。

孔府收藏大批历史文物,最著名的是"商周十器",亦称"十供",形制古雅,纹饰精美,原为清代宫廷所藏青铜礼器,于清乾隆三十六年赏赐孔府。孔府还收藏金石、陶瓷、竹木、牙雕、玉雕、珍珠、玛瑙、珊瑚以及元、明、清各代各式衣冠剑履、袍笏器皿,另有历代名人字画,其中元代七梁冠为国内仅有。

孔府保存有明嘉靖十三年(1534年)至1948年的档案,内容丰富,从不同角度反映了我国古代政治、经济、思想、文化的一个侧面,具有重要历史价值。孔府档案是世界上持续年代最久,涉及范围最广,保存最完整的私家档案。

孔府恢宏的气势、雄伟的建筑、深厚的文化底蕴、崇高的社会地位使其获得了"天下第一家"的美誉。

《论语》最初的书名叫《孔子》吗?

人们稍稍留心就会发现,百家诸子之书往往以作者的名字命名,如《墨子》《孟子》《庄子》《荀子》《韩非子》《子思子》《文子》《列子》等等;有的则是同类著作的汇编,取其主要作者的名字命名,如《管子》;还有的一书两名,如《老子》,又称《道德经》,前者取其作者名字命名,后者根据内容命名。那么,孔子的《论语》是怎么命名的呢?

《论语》不是孔子的著作,但是《论语》记载了孔子的言语行事,因此,《论语》成书后相当长一段时间被视为孔子之书。关于《论语》的命名,有各种各样的说法,归纳起来主要有两说,一是认为成书之初,由编纂者——孔子弟子或再传弟子定名为《论语》,也就是说,《论语》是一开始就有的书名;二是认为成书后并无《论语》名称,到了汉代才确定了《论语》的名称。还有的学者认为,《论语》书名虽然见于《礼记·坊记》,但在汉代,或单称《论》,或单称《语》,或别称《传》《记》,或详称《论语说》,书名并不确定,直到西汉末年《论语》书名才固定下来。

现代学者赵纪彬先生提出了一种新的说法,认为《论语》之书在先秦本名《孔子》,到汉代才新创了《论语》这个书名。

赵纪彬先生指出:清代乾嘉学者已注意到《论语》之书,在先秦时称《孔子》,类似于孟子之书称《孟子》。他受此启发,做了进一步的论证。他认为,由于《论语》是汉代新创的书名,人们还不太习惯,仍沿用旧名,称之为《孔子》。如:

司马迁《史记·宋世家赞》有"《孔子》称:微子去之,箕子为子奴,比干谏而死"。这一条见于《论语·微子》篇,是记事之语,并非孔子本人的话。

刘向《说苑·建本》有"《孔子》曰:君子务本,本立而道生"。这一条见于《论语·学

而》篇，是孔子弟子有子的话。

王充《论衡·语增》有"《孔子》曰：纣之不善，不若是之甚也；是以君子恶居下流，天下之恶皆归焉"。这一条见于《论语·子张》篇，是孔子弟子子贡的话。

应劭《风俗通义·过誉》有"《孔子》称：可以寄百里之命，托六尺之孤，临大节而不可夺"。这一条见于《论语·泰伯》篇，是孔子弟子曾子的话。

类似的情况，赵纪彬先生举出了 19 条例证，说明汉代学者将《论语》中所记别人的话，以及记事之语，都引作"孔子曰"，这个"孔子"显然不是人名而是书名。司马迁、刘向、王充、应劭以及班固、郑玄、何休、蔡邕等人，都是博学之士，熟知孔子与《论语》，他们不可能误引他人的话当作孔子的话，只有把他们引用的"孔子曰"或"孔子称"，看作是"《孔子》曰"或"《孔子》称"，亦即把他们引用的"孔子"看作是书名而不是人名，问题才容易解决。

其后，韩仲民先生也注意到了这种情况，指出，先秦诸子之书征引《论语》时，都称"孔子曰"；汉代人引用《论语》中子夏、子贡、有若、曾子等人的话，也称之为"孔子曰"，这里的所谓的"孔子"，应该是书名。

翟灏、赵纪彬、韩仲民这一派的观点，认为《论语》书名初称《孔子》，后来才改称《论语》，似乎不为人们所熟知，没有成为定论。但是，他们提出的看法无疑值得重视，是关于《论语》书名有变化的一种比较有说服力的说法。

《论语》在汉代为什么被称为"传"不称为"经"？

汉初，立《诗》《书》《礼》《易》《春秋》五部儒家经书于学官，称为"五经"。《论语》在此时尚未取得与上述"五经"并驾齐驱的地位。根据零散材料来看，西汉人往往把《论语》等同于《孟子》《墨子》等，作为诸子的一种，同时也把它看作辅翼经书的"传"和"记"。比如司马迁在《史记》中引用《论语》的句子，书名不写《论语》，而写作"《传》曰"；班固《汉书》中写法也如此，有的还写作"《论语说》曰"。所以当时学者还未把《论语》当作"经"看待。

为什么《论语》没有被列入经的范围呢？"六经"是历史上早就形成的，在人们的思

想中已经有了很深厚的"经典"意识了。"六经"在孔子那个时代就已经成为经典,孔子晚年的工作就是编定、整理六经,孔子不仅自已精通"六经",而且还把"六经"传授给弟子。孔子去世后,"六经"经过几代儒家学者的传承和研究,已经成为传世的经典了。

另外,汉初实行"黄老之学",儒学并未得到极高的地位,作为记录孔子言行的《论语》也还没有得到应有的重视。汉武帝采纳了公孙弘的建议,设立了五经博士,《易》《书》《诗》《礼》《春秋》每经置一博士,故称五经博士。五经博士传授、研究的"五经"中并没有《论语》,因为《论语》篇幅不大,内容又可以佐证、解释"五经",所以《论语》一直都被当作解经的传来看待。

但是随着历史的发展,汉代统治者对《论语》逐渐重视起来,《论语》的地位逐步得到了提高。

孔子故宅壁中藏书是怎么发现的?

曲阜孔庙东路诗礼堂北有一段灰色垣墙,墙前立着一块刻有"鲁壁"两大字的石碑。这两个字是和一段重要的学术史联系着的。

秦始皇焚书坑儒之际,孔子九世孙孔鲋将一部分儒家典籍如《尚书》《礼记》《论语》《孝经》等书藏于孔子故宅的墙壁之中,然后持礼器投身于反秦的陈胜起义军中。后被拜为博士,因起义失败后遇难,死于嵩山,所以直到死时也没有把这些书籍拿出来。

几十年后,汉景帝之子刘馀被封为鲁恭王,来到曲阜。鲁恭王刘馀喜好建造宫室苑囿,想在孔子故宅处兴建宫室,但在拆除墙壁时,发现了壁中藏书,由此,这些藏书才重见天日。传说在藏书乍现时,天上响起金石丝竹之声,有六律五音之美。鲁恭王顿时肃然起敬,不敢再拆房子,并且将这些书都交还孔子的第十一世孙孔安国。

经过孔安国的整理和研究,发现这批出土的书籍包括《仪礼》《尚书》《春秋》《论语》《孝经》等文献,它们都是用蝌蚪文字(汉以前的大篆或籀文)写成的竹简,与当时汉代通行的隶书书写方法不同。孔安国加以整理,发现其中的《尚书》比通行本多出十六篇,由于这是用先秦古文书写的,所以被称为古文《尚书》,当时用汉代隶书书写的就被称为今文《尚书》。汉武帝时,孔安国将这部书献给了朝廷。

《论语》最早传播到哪个国家?

孔子是人类历史上最伟大的思想家之一,他的思想不仅影响了两千多年的中国历史,而且还成为人类文明的共同财富。

胡志明市的孔子雕像

《论语》是记录孔子言行的著作,作为儒家经典得到了广泛的传播,对世界产生了深远影响。《论语》成书之后很快流传到海外许多国家与地区。由于地理毗邻、交通便利,《论语》等儒家经典和孔子思想首先传播到东亚和南亚次大陆地区的国家。

西汉时期《论语》传入了朝鲜半岛。公元前后,高句丽、百济、新罗并起。高句丽推行儒学教育,传授《论语》;百济也积极吸收儒家文化,聘请南朝梁的博士前去讲授《论语》。新罗和高丽时期虽然统治者都信奉佛教,但政治和伦理思想都是儒家的,设太学,开科取

土,印制和进口儒书,这里就包括对《论语》的推崇,出现了大儒崔冲,被誉为"海东孔子"。李氏王朝非常敬重儒教,对朱熹的《四书章句集注》更是奉为圭臬。

公元 285 年,《论语》传到日本。公元 513 年,日本设立"五经"。公元 7 世纪,日本大化改新后,多次向唐朝派遣遣唐使学习儒家文化。奈良平安时期,日本选择官吏考试题目。很多与《论语》有关。镰仓至江户时代,朱子理学大盛,《论语》中忠、义、孝、勇、廉、耻等观念影响深远。明治维新以后,日本儒学开始向实用性转换。

儒家文化传入越南比较早。汉光武帝时儒生任延被派往越南做太守,在任期间,兴办教育,讲授儒学,把《论语》等儒家经典传入越南。《论语》之学在越南达到全盛的时期是李、陈、后黎、阮几朝,各朝开科举,修国子监,设国学院,儒家思想成为官学,长盛不衰。

"五四"时期人们为什么要"打倒孔家店"?

五四新文化运动时期,人们为反对封建思想而提出了"打倒孔家店"的口号。

20 世纪 20 年代,北洋军阀政府积极倡导孔教,尊孔复古。1912 年 9 月袁世凯发布《崇孔伦常文》,1913 年 6 月、11 月两下《尊孔祀孔令》,并亲到孔庙祭祀。各地军阀遥相呼应,支持袁世凯的尊孔活动。康有为、陈焕章等人还建立了"孔教会"等尊孔团体,积极为恢复封建旧制做舆论上的准备。

那个时期,以儒学为代表的落后的封建思想严重阻碍了中国的发展。于是在五四新文化运动时期,进步的知识分子称以儒学为代表的落后的封建思想为"孔家店",提出要"打倒孔家店",由此开展了一系列的思想文化批判运动。

章太炎、陈独秀、吴虞等知识分子多次撰文,批驳尊孔思潮。1915 年 9 月陈独秀在《新青年》创刊号上发表了《敬告青年》,号召青年向腐朽的封建意识战斗。1916 年 2 月,易白沙撰文《孔子评议》,第一次指名道姓批评孔子,打响了"打倒孔家店"的第一枪。接着,陈独秀、李大钊抨击"三纲五常",反对封建礼教和旧道德,指出孔子为历代帝王专制的护身符;鲁迅发出了揭露封建家族制度和礼教的弊害的呐喊,在《狂人日记》中借狂人之口表明了对吃人般的封建礼教的觉醒。1921 年 6 月 16 日胡适在给《吴虞文录》写序言里介绍吴虞是打孔家店的英雄,"打倒孔家店"这一口号被正式提出,成为五四新文化运动的一面旗帜。

"打倒孔家店"对以儒学为代表的落后的封建思想进行了摧毁性的破坏和打击,极大地鼓舞了人民群众反封建的革命热情,猛烈抨击了打着孔子招牌而想复辟封建旧制的反动军阀和文人。

太平天国为什么反孔？它反孔又造成了什么后果？

洪秀全在经历四次科举考试落第后,对人生前途的思考发生了很大的转变。他潜心阅读得到的一本宣传基督教的书《劝世良言》,开始信奉上帝,最后创立了拜上帝会。因此洪秀全不再信奉儒家学说,认为孔子之书会引起妖魔鬼怪作乱。他在接受洗礼的时候,除去了家中的孔子牌位。又在村塾开学的那天,将孔子牌位丢在地上,一脚踩烂,以向学生表明他不再信奉孔子。后来,洪秀全率领太平军定都天京后,继续实行反孔的文化政策,删除和查禁儒家书籍,砸碎孔子牌位,焚毁孔庙。

洪秀全反对孔子和儒家学说,为的是让农民坚守对拜上帝会的信仰,吸引农民参加太平天国运动。但太平天国在文化上的反对孔子和儒学的政策,脱离了当时中国社会的实际,无法长久维系人心,成为太平天国失败的重要原因之一。

历史上为什么有所谓"真孔子"和"假孔子"的说法？

孔子是中国历史上极特殊而又极其重要的人物。自汉代以来的中国封建社会,都信奉孔子创立的儒家学说。但是由于历史的原因,在我国封建社会里,也出现过"真孔子"和"假孔子"的现象。

"真孔子"就是春秋末年那位创立儒家学说的真实的孔子。《论语》《左传》《史记》等书记载了他的言行思想。他年轻的时候吃过不少苦,博学多才,向往周礼,聚徒讲学。他在鲁国曾经做过官,后来又周游列国。他晚年回到鲁国,继续聚徒讲学,整理删定六经。孔子是一位伟大的思想家,他创立的儒家学说对后世影响深远。

"假孔子"就是被历代封建王朝尊奉的孔子。儒者们不断地诠释孔子的思想,封建帝王也给予孔子各种封号。在这个历史过程中,孔子的思想体系被改造,孔子的形象被逐渐神化。例如西汉时期，汉武帝"罢黜百家，独尊儒术"，但此时的儒家学说已经是董仲舒在吸收了法家、名家和阴阳五行家等诸家的思想后而加以改造了的儒家学说。因此，汉武帝所尊的已经不简单是孔子建构的儒家学说了。从这个意义上说，汉武帝所尊的孔子也就成了"假孔子"。类似的现象，在以后的历代封建王朝还多次重演。

五四新文化运动时期反对的孔子，实际上是以孔子为托名的落后的封建思想，并不是春秋末年创立儒家学说的真实的孔子。

正确区分历史上的"真孔子"和"假孔子"，对研究孔子和儒家学说非常重要。

康有为为什么要建立孔教？

康有为要建立孔教，尊孔子为教主，主张儒学宗教化，并且积极从事孔教活动，这是他的学术和社会活动生涯的一个重要组成部分。康有为是在特定的历史背景下提出要建立孔教，目的是为了儒学的新生和解决当时社会面临的严峻问题。

康有为生活的时代，中国积贫积弱，民族危机严重。为了能够顺利推行维新变法，康有为认为托古改制容易被人们接受，所以他想从儒学中寻找变法的根据。同时，儒学受到"西学"的挑战，不能适应近代中国社会的转型。儒学需要进行变革以适应新的社会变化。

在这样的社会背景下，康有为提出要建立孔教，尊孔子为教主。他重新阐释儒家经典，为儒学宗教化寻找理论依据。康有为希望通过实行儒学宗教化，使儒学获得新生，用儒学来团结民众，应对基督教等的挑战，并争取维新变法的成功。戊戌变法失败后，康有为仍然没有放弃儒学宗教化的努力，组织一些人成立了孔教会，康有为成了清末民初孔教运动的精神领袖。

由于当时历史条件的限制和儒学自身的特点，康有为关于儒学宗教化的努力没有取得成功。

宋代宰相赵普是否说过"半部《论语》治天下"？

"半部《论语》治天下"是一句流传甚久的话，相传出于北宋宰相赵普之口。据南宋罗大经《鹤林玉露》记载，宋代赵普再次做宰相时，人们都说他只读过《论语》，宋太宗问他是否真有其事，赵普实情相告，说："我平生所知道的，确实不出《论语》的范围。过去我半部《论语》帮太祖平定了天下，现在用半部《论语》辅佐陛下把天下治理好。"后人由此引出"半部《论语》治天下"的说法。《辞源》引用南宋罗大经《鹤林玉露》解释"半部《论语》"，称"典出于此"。《辞海》"赵普"条也说："他少时为吏，读书不多，相传有半部《论语》治天下的说法。"

赵普是否真的说过"半部《论语》治天下"的话呢？近来有学者提出不同意见。有学者指出，赵普早年为吏时确曾"寡学术"，但经数十年学习，到晚年经常阅读儒家经书史书，某些学问甚至超过硕学老儒，赵普不可能是"半部《论语》治天下"的发明人。这些学者认为，"半部《论语》治天下"这句话不过是围绕有宋一代政治派别及儒学发展中新学与道学的斗争、由程朱学派信徒故意编造的一句谎言。

确实，如果认为赵普说"半部《论语》治天下"，就意味着他只读过《论语》，根本不曾看过其他书，这是不可理解的。但是，如说把"半部《论语》治天下"之说解读为赵普重视《论语》，以《论语》为自己从政的指导思想，这就完全可以接受了。事实也正是如此。据《宋史·赵普传》记载，赵普晚年手不释卷，他一回到家就关起门，打开箱子拿出书，一读就是一整天。第二天去办公，一切都处理得非常顺利。他死了以后，家人打开箱子一看，就只是《论语》二十篇。这则记载说明，赵普主要靠从《论语》中汲取智慧，作为自己为政处事的指导。因此，"半部《论语》治天下"固然不一定为赵普所说，但这句在南宋已经广为流传的话也并非空穴来风，全是后人的比附，而是有史实根据的。

其实，"内圣外王"是儒家的根本精神，《论语》作为儒家的核心经典，从修身成德入手，为实现齐家、治国、平天下指出了一条根本而又切实可行的道路。靠"半部《论语》治天下"，并非不可能。

国人不可不知的《论语》经典有哪几句？全球公认的两条伦理中，哪一条是出于《论语》？

《论语》记载了孔子的言行思想，为儒家十三经之一。《论语》内容丰富，思想深刻，对后世影响深远。

2007 年 10 月的曲阜祭孔大典上曾将《论语》中的五句话宣布为"国人不可不知的《论语》经典"。

"有朋自远方来,不亦乐乎"出自《论语·学而》,这是孔子在谈交友待人之道。这句话的意思是,有志同道合的朋友从远方来,不也很快乐吗?孔子认为,能结交远方来的志同道合的朋友,是人生十分快乐的一件事情。

"四海之内,皆兄弟也"出自《论语·颜渊》,这是孔子的学生子夏说的一句话。这句话的意思是,天下之大,到处都有好兄弟。在子夏看来,只要大家都遵循儒家的道德原则,都可以像兄弟一样友好相处。

"己所不欲,勿施于人"出自《论语·颜渊》,这是孔子诠释仁的含义时说的一句话。这句话的意思是,自己所不喜欢的事物,就不强加于别人。这句话可以作为人们相处的原则之一,强调要尊重别人,替别人考虑。1993 年召开的"世界宗教议会"通过并发表了《走向全球伦理宣言》。该《宣言》从世界各大宗教传统和文明传统所能提供的有价值的道德规范和伦理原则中选择出两条作为全球伦理或普世伦理:一是尊重别人,待人如己;一是"己所不欲,勿施于人"。

"德不孤,必有邻"出自《论语·里仁》,这是孔子说的一句话。意思是,有道德的人不会孤单,一定会有很好的邻居。一个人如果道德高尚,肯定会得到周围人的赞同和支持。这对于如何为人很有启发意义。

"礼之用,和为贵"出自《论语·学而》,这是孔子的学生有子谈到礼的时候说的一句话。意思是,礼的运用,以和谐为贵。人们以礼相处,非常重要的就是要做到和谐。

《论语》中的这五句经典被推荐在 2008 年北京奥运会上使用,用以表达中国人民对前来参加北京奥运会的世界各国朋友的热情欢迎。

日本"资本主义之父"涩泽荣一提出"《论语》加算盘"的含义是什么?

有"日本资本主义之父"之称的涩泽荣一先生,根据自己数十年的经历和体验写成《〈论语〉加算盘》一书。该书通过对《论语》与"算盘"的关系的解析,生动说明了道德仁义在当代商业运营中的重要意义。

在涩泽荣一看来，以仁义和道德修养为核心内容的《论语》，是伦理和道德的代表，而"算盘"则形容"精打细算""斤斤计较"，是"利"的象征。涩泽荣一指出，传统观念中把"义"与"利"绝对对立起来的倾向，对国家和社会的发展产生了极大的害处。事实上，"义"与"利"并不绝对对立，而是有内在的统一性。他认为，不追求物质的进步和利益，人民、国家和社会都不会富庶，这无疑是种灾难；而致富的根源就是要依据"仁义道德"和"正确的道理"，这样才能确保其富持续下去。这种立场在孔子那里是很明确的。孔子并无鄙视富贵的观点，只是劝诫人们不要见利忘义，不要取不义之财，也就是《论语·泰伯》所说的"邦有道，贫且贱焉，耻也；邦无道，富且贵焉，耻也"。人们对孔子"义利观"最严重的误解，是把"利"与"义"完全对立起来，结果是"把被统治阶级的农工商阶层置于道德的规范之外，同时农工商阶级也觉得自己没有去受道义约束的必要"，"使得从事生产事业的实业家们的精神，几乎都变成了利己主义。在他们的心目中，既没有仁义，也没有道德，甚至想尽可能钻法律的空子去达到赚钱的目的"。因此涩泽荣一强调，"缩小《论语》与算盘间的距离，是今天最紧要的任务"。他的工作就是要通过《论语》来提高商人的道德，使商人明晓"取之有道"的道理；同时又要让其他人知道"求利"其实并不违背"至圣先师"的古训，尽可以放手追求"阳光下的利益"，而不必以为于道德有亏。他说："算盘要靠《论语》来拨动；同时《论语》也要靠算盘才能从事真正的致富活动。因此，可以说《论语》与算盘的关系是远在天边，近在咫尺。"

为此，他提出了"士魂商才"的概念。也就是说，一个人既要有"士"的操守、道德和理想，又要有"商"的才干与务实精神。"如果偏于士魂而没有商才，经济上也就会招致自灭。因此，有士魂，还须有商才。"但"只有《论语》才是培养士魂的根基"，因为"所谓商才，本来也是要以道德为根基的。离开道德的商才，即不道德、欺瞒、浮华、轻佻的商才，所谓小聪明，绝不是真正的商才"。这种士人与商才相结合的理念，也就是道德修养与经营之道相结合的理念，正是涩泽荣一提出"《论语》加算盘"的真正含义。

中国历史上最早的儒商是谁？

在历史上，有许多以儒家的基本理念为指导从事商业活动而获得成功的人，也就是我们今天所说的"儒商"。孔子的著名弟子子贡，可以算是其中的代表。

问礼老聃

古代经商者常形容自己从事的是"陶朱事业，端木生涯"。这"端木生涯"说的就是子贡。子贡姓端木，名赐，为"孔门十哲"之一，也是其中最擅长经商之道的一位。《论语·先进》篇记孔子说"回也其庶乎，屡空。赐不受命，而货殖焉，亿则屡中"。意思是说，颜回的道德学问都不错，却穷得常是钱袋空空的；而子贡不安本分，去经商，预测市场行情常常很准确。还有一次，子贡对孔子提问："有美玉于斯，韫椟而藏诸？求善贾而沽诸？"有一块珍贵的玉石，是放在柜子里藏起来呢，还是找一个好的价钱卖掉呢？孔子回答："沽之哉！沽之哉！我待贾者也。"连说："卖掉！卖掉！我等识货的人呢。"子贡以玉的藏与卖试探老师是否出仕，说明子贡脑子里经常捉摸经商之道。子贡因善于经商，成为孔门弟子中的首富，经常往来于曹、鲁等国之间，据《史记·货殖列传》记载："子贡结驷连骑，束帛之币以聘享诸侯，所至，国君无不分庭与之抗礼。"受到各诸侯国统治者的重视与礼遇，可见子贡影响之大。

子贡是擅长经商之道，但他不是一般的商人，而是儒家学说的积极践行者、捍卫者和传播者。在孔门弟子中，《论语》记载子贡的言行次数最多，而且其中许多是具有儒家代表性的名言，如"夫子温良恭俭让以得之"，"贫而无谄，富而无骄"，"我不欲人之加诸我也，吾亦无欲加诸人"，等等。孔子的不少名言，也是在回答子贡提问或与他讨论学问时讲的，其中涉及了仁爱、诚信、忠恕、中庸等儒家核心价值观等方面。正是因为子贡对儒家思想好学深思，所以多次受到孔子的肯定与表扬。

子贡是孔子的弟子，是儒家学派中最早经商而获得成功的人，可以说是最早最有代表性的儒商。

附录:经书所载孔子言行

子曰:"易,其至矣乎!"[易·系辞上]

【释义】孔子说:"《易经》,说出了最高明的道理!"

"鸣鹤在阴,其子和之。我有好爵,吾与尔靡之。"子曰:"君子居其室,出其言善,则千里之外应之,况其迩者乎? 居其室,出其言不善,则千里之外违之,况其迩者乎? 言出乎身,加乎民,行发乎迩,见乎远。言行,君子之枢机,枢机之发,荣辱之主也。言行,君子之所以动天地也,可不慎乎?"[易·系辞上]

【释义】"鹤在树荫下啼叫,其子能和声响应,我有好的爵位,将与你一同治理。"孔子说:"君子住在家里,说出有道理的言论,则千里之外的人也会响应,何况是他身边的人呢? 如果说出的言论没有道理,那么千里之外的人也会违背他,何况是他身边的人呢? 言语是从自己口中发出,而百姓都能听到,行为是从近处着手,而远处也会看到。言行是君子处世的关键枢纽,一发动,就关系到获得光荣还是受辱。言行正是君子感动天地的关键,能不谨慎吗?"

"同人,先号咷而后笑。"子曰:"君子之道,或出或处,或默或语,二人同心,其利断金;同心之言,其臭如兰。"[易·系辞上]

【释义】"志同道合的人,先是痛哭,后又大笑。"孔子说:"君子之道,是该出世就出世,该隐退就隐退,该沉默就沉默,该说话就说话。二人同心,其锋利可以切断金属。心意一致说出的话,气味犹如兰花那样幽香。"

"藉用白茅,无咎。"子曰:"苟错诸地而可矣。藉之用茅,何咎之有? 慎之至也。夫茅之为物薄。而用可重也。慎斯术也以往,其无所失矣。"[易·系辞上]

【释义】"用白茅垫在祭祀品下面,没有灾难。"孔子说:"祭祀品放在地上就可以了,底下还要垫上白茅,会有什么灾难呢?真是谨慎到极点了呀。茅草是纤薄之物,但用处很大。如果能如此谨慎行事,必能无所错失了。"

"劳谦,君子有终,吉。"子曰:"劳而不伐,有功而不德,厚之至也,语以其功下人者也。德言盛,礼言恭,谦也者,致恭以存其位者也。"[易·系辞上]

【释义】"有功劳而又谦虚的君子,最终有吉利的结果。"孔子说:"有功劳而不夸耀,有功绩而不自以为德,真是忠厚到极点了。这是说那些有功劳但仍谦虚待人的人呀。德行讲求盛明,礼仪讲求恭敬,谦虚正是表现恭敬以保存自己的职位。"

"亢龙有悔。"子曰:"贵而无位,高而无民,贤人在下位而无辅,是以动而有悔也。"[易·系辞上又文言]

【释义】"龙升得太高,反而有所后悔。"孔子说:"尊贵而没有实位,高高在上却失去民心,贤德之人在下位而不来辅佐,因此一有所行动便生悔恨了。"

"不出户庭,无咎。"子曰:"乱之所生也,则言语以为阶。君不密,则失臣;臣不密,则失身;几事不密,则害成;是以君子慎密而不出也。"[易·系辞上]

【释义】"不出门庭,是没有灾难的。"孔子说:"扰乱的产生,是言语以为阶梯。国君不保密,就会失去臣子。臣子不保密,则失去性命。机密的事情不保密,就会造成灾害。所以君子是谨慎守密而不随便说话。"

子曰:"作《易》者,其知盗乎?《易》曰:'负且乘,致寇至。'负也者,小人之事也;乘也者,君子之器也。小人而乘君子之器,盗思夺之矣!上慢下暴,盗思伐之矣!慢藏诲盗,冶容诲淫。《易》曰:'负且乘,致寇至。'盗之招也。"[易·系辞上]

【释义】孔子说:"作《易经》的人,大概知道强盗的心理吧?《易经》说:'背负着东西坐在车上,势必会招致盗寇。'背着东西,本是小人的工作,车子是君子代步的工具。小人坐在君子的工具上,强盗就想抢夺它了。在上位的人傲慢,在下位的人暴敛,强盗就会想侵犯他。不藏好财富,就会招来盗寇的偷盗,女人过于妖冶,就会招来坏人的淫辱。《易经》说:'背着东西坐在车上,就会招来强盗。'正是说明招致寇盗的原因呀。"

子曰:"知变化之道者,其知神之所为乎!"[易·系辞上]

【释义】孔子说："了解变化道理的人，大概也知道神的所作所为吧！"

《易》有圣人之道四焉：以言者尚其辞，以动者尚其变，以制器者尚其象，以卜筮者尚其占。是以君子将有为也，将有行也，问焉而以言，其受命也如响，无有远近幽深，遂知来物。非天下之至精，其孰能与于此。参伍以变，错综其数，通其变，遂成天下之文；极其数，遂定天下之象。非天下之至变，其孰能与于此。《易》，无思也，无为也，寂然不动，感而遂通天下之故。非天下之至神，其孰能与于此。夫《易》，圣人之所以极深而研几也。唯深也，故能通天下之志；唯几也，故能成天下之务；唯神也，故不疾而速，不行而至。子曰"《易》有圣人之道四焉"者，此之谓也。［易·系辞上］

【释义】《易经》展示了圣人的四种道：言语方面会崇尚它的言辞，行动方面会崇尚它的变化，制造器具方面会崇尚它的图像，筮卦方面会崇尚它的占卜。所以君子将有作为，有所行动的时候，探问它，会得到准确的应答，如同回音，无论远近幽深，都可以得知将来事物的变化。不是天下最精深者，谁能如此呢？用三和五来演变，错综其数字的推演，通达其中的变化，终于成就天下的形态。推究数字的变化，就能肇定天下的物象。不是天下最神奇变化者，谁能如此呢？《易经》本身是没有思虑的，

《易经》书影

是没有作为的，寂静不动的，受到感应就能通达天下的事故。不是天下最神奇美妙者，谁能如此呢？《易经》是圣人探求、研究神机莫测的一门大学问。正因为它的幽深，所以能通达天下人的心志，正因为它的神机莫测，故能成就天下的一切事务，正因为它的神妙，所以它不匆忙却反应快速，不行走而能到达。孔子说"《易经》展示了圣人的四种道"，指的就是这些。

子曰:"夫《易》何为者也? 夫《易》开物成务,冒天下之道,如斯而已者也。是故圣人以通天下之志,以定天下之业,以断天下之疑。"[易·系辞上]

【释义】孔子说:"《易经》是作什么的呀?《易经》可以开创万物,成就功业,包括天下一切的道理,如此而已。所以圣人用它来通达天下人的心志,肇定天下的事业,决断天下一切的疑问。"

《易》曰:"自天祐之,吉,无不利。"子曰:"祐者,助也。天之所助者,顺也;人之所助者,信也。履信思乎顺,又以尚贤也。是以自天祐之,吉,无不利也。"[易·系辞上]

【释义】《易经》说:"从上天获得祐助,吉祥而无不利。"孔子说:"祐是帮助的意思,上天所帮助的是能顺大道的人。人们所帮助的是诚信的人。履守诚信并且顺从大道,又能崇尚贤能的人,所以获得上天的祐助,吉祥而无不利。"

子曰:"书不尽言,言不尽意,然则圣人之意,其不可见乎?"子曰:"圣人立象以尽意,设卦以尽情伪,系辞焉以尽其言,变而通之以尽利,鼓之舞之以尽神。"[易·系辞上]

【释义】孔子说:"文字不能完全表达言语,言语不能完全表达心意,那么圣人的心意就不能被了解了吗?"孔子说:"圣人树立象数的规范来表达心意,设置卦象以竭尽万事万物的情态,附上爻辞以表达未能表达的言语,通过卦爻的变化来表现可取的利益,鼓励之,激扬之,以尽量表现神奇奥妙的作用。"

《易》曰:"憧憧往来,朋从尔思。"子曰:"天下何思何虑? 天下同归而殊途,一致而百虑,天下何思何虑?"[易·系辞下]

【释义】《易经》说:"摇曳不定地来来去去,朋友会跟从你的想法。"孔子说:"天下万物有什么样的想法呢? 天下万物都是一样的结局但却是不一样的道路,有同样的目标但却有千百种考虑,普天之下有什么样的想法呢?"

《易》曰:"困于石,据于蒺藜,入于其宫,不见其妻,凶。"子曰:"非所困而困焉,名必辱。非所据而据焉,身必危。既辱且危,死期将至,妻其可得见耶?"[易·系辞下]

【释义】《易经》说:"困在石头中,倚在蒺藜上,回到家中,看不到妻子,不会有好的结果。"孔子说:"不该受困的地方却受困了,声誉一定会被玷污。不该倚靠的地方却倚靠

论语诠解

经书所载孔子言行

了，自身一定会不安全。既被玷污还不安全，死期就要来到了，怎么可能看到他的妻子呢？"

《易》曰："公用射隼，于高墉之上，获之，无不利。"子曰："隼者禽也，弓矢者器也，射之者人也。君子藏器于身，待时而动，何不利之有？动而不括，是以出而有获。语成器而动者也。"［易·系辞下］

【释义】《易经》说："王公去射在高高的城墙上的鹰，擒获它就无所不利。"孔子说："鹰是飞禽，弓箭是武器，放出箭的是人。君子身上带着武器，等候时机便行动，这怎么会没有益处呢？行动时运用自如，一行动就有收获，这是强调练好了才行动。"

子曰："小人不耻不仁，不畏不义，不见利不劝，不威不惩；小惩而大诫，此小人之福也。"《易》曰："屦校灭趾，无咎。"此之谓也。［易·系辞下］

【释义】孔子说："小人不知羞愧就不会行仁，无所畏惧就不会行义，没有看到好处不会听从，不受到威胁就不会戒止；惩罚的程度浅便防备，程度深便警惕，这是小人的顺利之处。"《易经》说："进行比较停止踪迹，没有过失。"说的就是这个意思。

子曰："危者，安其位者也；亡者，保其存者也；乱者，有其治者也。是故，君子安而不忘危，存而不忘亡，治而不忘乱；是以身安而国家可保也。"《易》曰："其亡其亡，系于苞桑。"［易·系辞下］

【释义】孔子说："不安全的，是那些安居其位的人；灭亡的，是那些保住生存的人；叛乱的，是那些有功绩的人。因此，君子在平稳的时候不能忘记危险，在存在的时候不能忘记灭亡，在安定的时候不能忘记动乱，只有这样，才能使自身稳定，国家才能够存留。"《易经》说："想到灭亡了，要灭亡了，这样才能系在桑树上。"

子曰："德薄而位尊，知小而谋大，力小而任重，鲜不及矣。《易》曰：'鼎折足，覆公悚，其形渥，凶。'言不胜其任也。"［易·系辞下］

【释义】孔子说："品德不够深厚却地位尊贵，缺乏智慧却谋求大事，力量不够却担当重任，很少不拖累自己。《易经》说：'鼎足折断，王公的美食洒了出来，自己也被弄脏了，有凶险。'所说的就是不能胜任的意思。"

子曰："知几其神乎？君子上交不谄，下交不渎，其知几乎！几者，动之微，吉凶之先见者也。君子见几而作，不俟终日。《易》曰：'介于石，不终日，贞吉。'介如石焉，宁用终日？断可识矣。君子知微知彰，知柔知刚，万夫之望。"［易·系辞下］

【释义】孔子说："知道事情隐微的先机应该说很神妙了吧？君子与在上位的人交往不谄媚，与在下位的人交往不傲慢，大概就算知道事情的先机了吧！所谓先机，是变动发生之前的征兆，也就是吉祥或凶险出现之前的先兆。君子能够看到先机而采取行动，不会整天等着。《易经》说：'比石头还耿介，不用一整天，就能够吉祥。'既然比石头还耿介，怎么会等待一整天呢？一定有他独到的见解。君子知道隐微的先机又能察明，知道柔顺又懂得刚健，因此才能成为万众仰望的人物。"

子曰："颜氏之子，其殆庶几乎？有不善未尝不知；知之，未尝复行也。《易》曰：'不远复，无祇悔，元吉。'"［易·系辞下］

【释义】孔子说："颜回大概接近君子的要求了吧？有错误很快就能察觉，察觉后便不再去做。《易经》说：'走得不远就返回，没有什么悔恨，最是吉祥。'"

子曰："君子安其身而后动，易其心而后语，定其交而后求。君子修此三者，故全也。危以动，则民不与也；惧以语，则民不应也；无交而求，则民不与也。莫之与，则伤之者至矣。《易》曰：'莫益之，或击之，立心勿恒，凶。'"［易·系辞下］

【释义】孔子说："君子先稳定自身之后再作为，心情平静了再讲话，建立了交情再求人。君子能够遵循这三种方法，就不会受到损伤。在不安全的时候作为，民众就不会参与；心情害怕而去讲话，民众就不会响应；没有交情而求人，民众就不会帮助。没有人帮助他，损害的人便来到了。《易经》说：'没有帮助他，却有人打击他，下定的决心不能持久，不会有好结果。'"

子曰："乾坤，其《易》之门邪？"［易·系辞下］

【释义】孔子说："乾卦和坤卦，是进入《易经》的门吗？"

"潜龙勿用。"何谓也？子曰："龙，德而隐者也。不易乎世，不成乎名。遁世无闷，不见是而无闷；乐则行之，忧则违之；确乎其不可拔，潜龙也。"［易·文言］

【释义】"潜龙勿用。"这是什么意思？孔子说："龙，有高尚的品德但又隐藏。不为世俗所动摇，不在世上留下名字。远离人世就没有了烦闷，这是因为什么都看不见了，所以就没有了烦闷。高兴了就去做，忧愁了就离开。这的确是坚韧不拔，是真正的潜龙呀。"

"见龙在田，利见大人。"何谓也？子曰："龙，德而正中者也。庸言之信，庸行之谨，闲邪存其诚，善世而不伐，德博而化。《易》曰：'见龙在田，利见大人。'君德也。"〔易·文言〕

【释义】"巨龙出现在田野，利于出现大人。"这是什么意思？孔子说："龙，品德优秀而且立身中正。大人说到做到，日常活动谨慎有节，防止出现邪恶的言行并保持诚挚，行为良好而不自夸，道德广博而能感化天下。《易》说：'巨龙出现在田野，利于出现大人。'这是君主的德行。"

"君子终日乾乾，夕惕若，厉无咎。"何谓也？子曰："君子进德修业，忠信，所以进德也。修辞立其诚，所以居业也。知至至之，可与几也。知终终之，可与存义也。是故，居上位而不骄，在下位而不忧。故乾乾，因其时而惕，虽危无咎矣。"〔易·文言〕

【释义】"君子每天自强不息，晚上也一样小心谨慎，以避免错误。"这是什么意思？孔子说："君子进德修业，因为忠贞守信，所以能增进品德，因为言辞真诚，所以能开创基业。知道该做的事就去努力做，这叫做先见之明。知道不该做的事就不做，可以保存道义。所以，居上位者不骄傲，居下位者不烦恼。所以居于上位者要随时反省自己，才能避免灾祸！"

"或跃在渊，无咎。"何谓也？子曰："上下无常，非为邪也。进退无恒，非离群也。君子进德修业，欲及时也，故无咎。"〔易·文言〕

【释义】"龙做好准备再飞跃，就不会有太大的危险。"这是什么意思？孔子说："人生起伏无常，不是妖邪的原因。处于顺境或是逆境的情况都会有，不是说你和别人不一样。君子应该修炼德业，及时去做，这样就没什么大问题了。"

"飞龙在天，利见大人。"何谓也？子曰："同声相应，同气相求。水流湿，火就燥；云从龙，风从虎。圣人作，而万物覩，本乎天者亲上，本乎地者亲下，则各从其类也。"〔易·文

【释义】"龙在天上飞,与大人见面是有利的。"这是什么意思? 孔子说:"同类声音互相感应,同样的气息互相求合。水向湿处流,火向干处烧;云彩随着龙吟而出,山风随着老虎的咆哮而生。圣人发奋,而万物显明。依存于天的亲近于上,依存于地的亲近于下,各以类聚从而发挥作用。"

《那》,祀成汤也。微子至于戴公,其间礼乐废坏,有正①考甫者,得《商颂》十二篇于周之大师,以《那》为首。[毛诗那序]①郑笺云:正考甫,孔子七世祖。

【释义】《那》,专门用来祭祀成汤。微子到戴公期间,礼崩乐坏,正考父从周朝的大师那里得到殷商亡佚的十二篇颂诗,以《那》为首。

始冠,缁布之冠也。大古冠布,齐则缁之。其绥也,孔子曰:"吾未之闻也,冠而敝之可也。"[仪礼·士冠礼]

【释义】第一次加冠用缁布冠。太古时戴白布冠,祭祀斋戒则染成黑色。关于这种冠缨下的绥饰,孔子说:"我没有听说过这种冠有绥饰。"

公仪仲子之丧,檀弓免焉,仲子舍其孙而立其子,檀弓曰:"何居? 我未之前闻也。"趋而就子服伯子于门右,曰:"仲子舍其孙而立其子,何也?"伯子曰:"仲子亦犹行古之道也。昔者文王舍伯邑考而立武王,微子舍其孙脾而而立衍也。夫仲子亦犹行古之道也。"子游问诸孔子,孔子曰:"否,立孙。"[礼记·檀弓上]

【释义】公仪仲子去世了,檀弓用免礼来吊丧,公仪仲子舍弃了嫡孙而立庶子。檀弓说:"为什么呢? 我从未听过这样的礼仪。"于是请教大门右侧的子服伯子,说:"公仪仲子舍弃了嫡孙而立庶子,为什么呢?"伯子说:"仲子行的是古代的礼法:从前文王舍弃了长子伯邑考而立武王,微子也不立嫡孙而立其弟弟衍。仲子行的是古代的礼法。"后来子游问孔子,孔子说:"不对,应该立嫡孙。"

子上之母死而不丧,门人问诸子思曰:"昔者子之先①君子丧出母乎?"曰:"然。""子之不使白也丧之,何也?"子思曰:"昔者吾先君子无所失道,道隆则从而隆,道污则从而污,仅则安能? 为伋也妻者,是为白也母,不为伋也妻者,是不为白也母。"[礼记·檀弓

【释义】子上的母亲去世了,子上没有服丧。门人问子思说:"从前老师的祖先为母亲服丧吗?"子思说:"是的。""老师不让子上为母亲服丧,为什么呢?"子思说:"以前我的祖先没有失礼的地方,该隆重的地方就隆重,不隆重的地方就不隆重,我怎么能不如此呢?是我的妻子,就是白的母亲,不是我的妻子,就不是白的母亲。"

孔子曰:"拜而后稽颡,颓乎其顺也,稽颡而后拜,顾乎其至也。三年之丧,吾从其至者。"[礼记·檀弓上]

【释义】孔子说:"先拜而后稽颡,合乎礼,先稽颡而后拜,合乎情。对于三年之丧,我认为应该合乎情。"

孔子既得合葬于防,曰:"吾闻之,古也墓而不坟。今丘也,东西南北之人也,不可以弗识也。"于是封之,崇四尺。孔子先反,门人后,雨甚,至,孔子问焉,曰:"尔来何迟也?"曰:"防墓崩。"孔子不应,三,孔子泫然流涕曰:"吾闻之:古不修墓。"[礼记·檀弓上]

【释义】孔子把父母亲的灵柩合葬在一起,说:"我听说,古代只有墓没有坟。如今我四海为家,不能不做个标记。"于是堆了土堆,高四尺。孔子先回去了,弟子们还在那儿。下大雨了,弟子们回去了,孔子问:"你们为什么回来晚了?"弟子说:"担心土堆坍塌了。"孔子沉默了一会儿,弟子们再三说,孔子流泪说:"我听说:古代是不堆土的。"

孔子哭子路于中庭,有人吊者,而夫子拜之,既哭,进使者而问故。使者曰:"醢之矣。"遂命覆醢。[礼记·檀弓上]

【释义】孔子在院子里哭子路,使者来凭吊,孔子就拜谢。哭完后,问报丧的使者情况。使者说:"被人剁成肉酱了。"孔子于是把肉酱倒掉了。

孔子少孤,不知其墓,殡于五父之衢,人之见之者皆以为葬也,其慎也,盖殡也。问于郰曼父之母,然后得合葬于防。[礼记·檀弓上]

【释义】孔子年幼时父亲就去世了,所以不知道父亲的墓是深葬还是浅葬,看到的人都以为已经安葬了。母亲死后,为使父母合葬,谨慎起见,母亲的灵柩暂殡。后来问郰地的老人,得知是浅葬,才把父母合葬在防。

鲁人有朝祥而莫歌者,子路笑之。夫子曰:"由,尔责于人,终无已夫?三年之丧,亦已久矣夫?"子路出,夫子曰:"又多乎哉?逾月则其善也。"[礼记·檀弓上]

【释义】鲁国有人早晨举行丧祭,下午就唱歌,子路嘲笑他们。孔子说:"由,你责备别人,总是没完吗?三年的丧期,的确挺长的。"子路离开后,孔子说:"三年真的很长吗?再过一个月唱歌就好了。"

南宫绍之妻之姑之丧,夫子诲之髽曰:"尔毋从从尔,尔毋扈扈尔。盖榛以为笄,长尺而总八寸。"[礼记·檀弓上]

【释义】南宫绍妻子的姑姑去世了,孔子告诉她髽的系法:"不要系得太高,不要系得太大。用榛做簪子,长一尺,头发垂下八寸。"

孟献子禫,县而不乐,比御而不入。夫子曰:"献子加于人一等矣。"[礼记·檀弓上]

【释义】孟献子禫祭后,乐器悬挂但不演奏,妻妾陪同但不入寝。孔子说:"孟献子确实超人一等。"

孔子既祥,五日弹琴而不成声,十日而成笙歌。[礼记·檀弓上]

【释义】孔子祥祭后,五天内弹琴不成曲调,十天后吹笙才成曲调。

子路有姊之丧,可以除之矣,而弗除也。孔子曰:"何弗除也?"子路曰:"吾寡兄弟而弗忍也。"孔子曰:"先王制礼,行道之人皆弗忍也。"子路闻之,遂除之。[礼记·檀弓上]

【释义】子路为姊妹服丧,期满可以脱掉丧服了,但他不脱。孔子说:"为什么不脱呢?"子路说:"我没有兄弟,所以不忍心。"孔子说:"先王制定礼仪,崇尚仁义的人都不忍心。"子路听后,就脱掉丧服。

伯鱼之母死,期而犹哭。夫子闻之,曰:"谁与哭者?"门人曰:"鲤也。"夫子曰:"嘻,其甚也!"伯鱼闻之,遂除之。[礼记·檀弓上]

【释义】伯鱼的母亲去世了,服丧一年后而痛哭。孔子听到哭声,说:"谁在哭?"门人说:"鲤在哭。"孔子说:"哎,已经过礼了。"伯鱼听说后,就不再哭了。

伯高之丧,孔氏之使者未至,冉子摄束帛乘马而将之。孔子曰:"异哉,徒使我不诚于伯高。"[礼记·檀弓上]

中华传世藏书

论语诠解

经书所载孔子言行

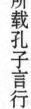

二四八五

【释义】伯高家有丧事,孔子的使者还没到,冉子就带着帛和马去吊丧了。孔子说:"这不一样,只会表示我对伯高没有诚意。"

伯高死于卫,赴于孔子。孔子曰:"吾恶乎哭诸?兄弟,吾哭诸庙,父之友,吾哭诸庙门之外,师,吾哭诸寝,朋友,吾哭诸寝门之外,所知,吾哭诸野。于野则已疏,于寝则已重。夫由赐也见我,吾哭诸赐氏。"遂命子贡为之主,曰:"为尔哭也,来者拜之。知伯高而来者,勿拜也。"〔礼记·檀弓上〕

【释义】伯高死在卫国,发讣告给孔子。孔子说:"怎么哭呢?兄弟,我就在宗庙哭。父亲的朋友,我就在庙门外哭。老师,我就在正房哭。朋友,我就在正房门外哭。一般认识的人,我就在郊外哭。在郊外哭显得太疏远,在正房哭显得太隆重。通过子贡介绍我们见面的,那就到子贡的正房哭吧。"于是任命子贡为丧主,说:"因为你而哭,你就拜谢。因为伯高而来的,你就不用拜谢了。"

子夏丧其子而丧其明,曾子吊之,曰:"吾闻之也,朋友丧明则哭之。"曾子哭,子夏亦哭,曰:"天乎!予之无罪也!"曾子怒,曰:"商,女何无罪也?吾与女事夫子于洙泗之间,退而老于西河之上,使西河之民,疑女于夫子,尔罪一也。丧尔亲,使民未有闻焉,尔罪二也。丧尔子,丧尔明,尔罪三也。而曰'女何无罪与'?"子夏投其杖而拜,曰:"吾过矣!吾过矣!吾离群而索居,亦已久矣。"〔礼记·檀弓上〕

【释义】子夏死了儿子,又失明了,曾子来凭吊,说:"我听说,朋友失明了应该哭的。"曾子哭了,子夏也哭了,说:"天啊!我没有罪呀!"曾子生气了,说:"商,你怎么没有罪?我和你在洙泗之间服侍老师,你退回西河安度晚年,使西河的人以为你跟老师一样,这是你的第一个罪过。你的父母去世了,百姓没有听说,这是你的第二个罪过。你的儿子去世了,你又失明了,这是你的第三个罪过。你怎么能说你没有罪过呢?"子夏丢下手杖跪倒,说:"我错了!我错了!我离群索居,已经很久了。"

孔子之卫,遇旧馆人之丧,入而哭之哀。出,使子贡说骖而赗之。子贡曰:"于门人之丧,未有所说骖,说骖于旧馆,无乃已重乎?"夫子曰:"予乡者入而哭之,遇于一哀,而出涕,予恶夫涕之无从也。小子行之。"〔礼记·檀弓上〕

【释义】孔子去卫国，遇到以前的馆人去世了，于是进去致哀哭泣。出来后，让子贡把拉车的马解下一匹，送给馆人的家人。子贡说："对于门人的丧事，从来没听说送马的，送马给馆人，是不是太隆重了？"孔子说："我刚才进去致哀，遇到这种悲哀的事，也流泪哭泣了。我讨厌流泪而没有表示的行为。你还是去办吧。"

孔子在卫，有送葬者，而夫子观之，曰："善哉为丧乎！足以为法矣！小子识之。"子贡曰："夫子何善尔也？"曰："其往也如慕，其反也如疑。"子贡曰："岂若速反而虞乎？"子曰："小子识之，我未之能行也。"［礼记·檀弓上］

【释义】孔子在卫国，有人送葬，孔子观看着，说："送葬的人做得很好！你们可以效仿。你们记住啦。"子贡说："您为什么如此称赞？"孔子说："送葬时思念切切，返回时迟疑不前。"子贡说："那还不如赶紧回来举办仪式呢？"孔子说："你说得对，我倒疏忽这一点了。"

颜渊之丧，馈祥肉，孔子出受之，入弹琴而后食之。［礼记·檀弓上］

【释义】颜渊办丧事，送来了祭肉，孔子出去收下了，进来后弹完琴才吃祭肉。

孔子与门人立，拱而尚右，二三子亦皆尚右。孔子曰："二三子之嗜学也，我则有姊之丧故也。"二三子皆尚左。［礼记·檀弓上］

【释义】孔子和门人站立着，拱手致敬时右手在外，几个门人也跟着右手在外。孔子说："你们的好学精神很好，我是因为有姊妹去世，所以才尚右。"于是几个门人都尚左了。

孔子蚤作，负手曳杖，消①摇于门，歌曰："泰山其颓乎！梁木其坏乎！哲人其萎乎！"既歌而入，当户而坐。子贡闻之，曰："泰山其颓，则吾将安仰？梁木其坏、哲人其萎，则吾将安放？夫子殆将病也。"遂趋而入。夫子曰："赐，尔来何迟也？夏后氏殡于东阶之上，则犹在阼也，殷人殡于两楹之间，则与殡主夹之也，周人殡于西阶之上，则犹宾之也。而丘也殷人也，予畴昔之夜，梦坐奠于两楹之间。夫明王不兴，而天下其孰能宗予？予殆将死也。"盖寝疾七日而没。［礼记·檀弓上］①消摇，释文云：又作逍遥。考文云：古本作逍遥。

【释义】孔子早起，背着手拖着拐杖，逍遥地在门外唱道："泰山要塌了。栋梁要坏了。

哲人要枯萎了。"唱完后进入屋子,对着门口坐着。子贡听后,说:"泰山塌了,我们敬仰什么呢?栋梁坏了,哲人枯萎了,我们怎么办?恐怕你生病了。"孔子说:"赐,你来的怎么这么迟?夏后氏时,死者殡于东阶之上,表示死者在主位。殷朝时,死者殡于两楹之间,介于主人和客人之间。周朝时,死者殡于西阶之上,处在客人的位置。现在没有明君出现,天下谁会让我坐在尊位呢?我快要死了。"七天后孔子果然病逝了。

孔子之丧,门人疑所服。子贡曰:"昔者夫子之丧颜渊,若丧子而无服,丧子路亦然。请丧夫子,若丧父而无服。"孔子之丧,公西赤为志焉,饰棺墙,置翣,设披,周也,设崇,殷也,绸练设旐,夏也。〔礼记·檀弓上〕

【释义】孔子去世了,门人商量用什么丧服。子贡说:"从前老师对于颜渊的丧事,好像是儿子的丧事但没有用丧服,对子路也是如此。对于老师,也应该像父亲的丧事但不必穿丧服。"孔子的丧事,公西赤为灵车做标志,设帷帐,放置翣,设置锦带,这是周朝的礼法,设置旌旗,这是殷朝的礼法,旗杆上有白色的带子,这是夏朝的礼法。

子夏问于孔子曰:"居父母之仇,如之何?"夫子曰:"寝苫枕干,不仕,弗与共天下也。遇诸市朝,不反兵而斗。"曰:"请问居昆弟之仇如之何?"曰:"仕弗与共国,衔君命而使,虽遇之不斗。"曰:"请问居从父昆弟之仇如之何?"曰:"不为魁,主人能,则执兵而陪其后。"〔礼记·檀弓上〕

【释义】子夏问孔子说:"对于父母之仇,应该怎么办?"孔子说:"晚上睡草垫,带着防身之器,不做官,与仇人不共戴天。在路上遇到,立刻与他交战。"子夏问:"对于兄弟之仇怎么办?"孔子说:"不与仇人在一国共事,如果奉命出使他国,即使遇上了也不与之争斗。"子夏问:"对于叔辈、堂兄辈之仇怎么办?"孔子说:"不带头去做,如果亲人去报仇,就应该带上兵器去协助。"

孔子之丧,二三子皆绖而出,群居则绖,出则否。〔礼记·檀弓上〕

【释义】孔子死后,弟子们都穿着丧服去送葬,大家在一块时还穿着丧服,出去时就脱了。

子路曰:"吾闻诸夫子:丧礼,与其哀不足而礼有余也,不若礼不足而哀有余也;祭礼,

与其敬不足而礼有余也，不若礼不足而敬有余也。"[礼记·檀弓上]

【释义】子路说："我听老师说：丧礼，与其悲哀不足而礼节周到，不如礼节不足而悲痛有加；祭礼，与其尊敬不足而礼节有余，不如礼节不足而尊敬有余。"

子夏既除丧而见，予之琴，和之而不和，弹之而不成声，作而曰："哀未忘也。先王制礼，而弗敢过也。"子张既除丧而见，予之琴，和之而和，弹之而成声，作而曰："先王制礼，不敢不至焉。"[礼记·檀弓上]

【释义】子夏脱掉丧服去见孔子，孔子给他琴，他调琴而不和谐，弹琴而不成曲调，说："丧亲之哀还没消去。先王制定的礼法不能有失。"子张脱掉丧服去见孔子，孔子给他琴，他调琴而和谐，弹琴而成曲调，说："先王制定的礼法不能不到最高境界。"

弁人有其母死而孺子泣者，孔子曰："哀则哀矣，而难为继也。夫礼，为可传也，为可继也，故哭踊有节。"[礼记·檀弓上]

【释义】弁人的母亲去世了，他像孩子似的痛哭。孔子说："确实应该悲哀，但很难持续下去。礼法是要能传播的，能持续下去的，所以哭踊要有尺度。"

孔子曰："之死而致死之，不仁而不可为也；之死而致生之，不知而不可为也。是故竹不成用，瓦不成味，木不成斲，琴瑟张而不平，竽笙备而不和，有钟磬而无簨虡，其曰明器，神明之也。"[礼记·檀弓上]

【释义】孔子说："送死者安葬而把他看成是死人，这是不仁的，不可行的。送死者安葬而把他看成是活人，这是不明智的，也是不可行的。所以竹子不能用藤编的，陶器不能有光泽，木器要不加修饰，琴瑟张开而没调音律，竽笙备齐而音律未调，有钟磬但没有悬挂的架子，称为明器，是把死者看成是神明。"

有子问于曾子曰："问丧于夫子乎？"曰："闻之矣：丧欲速贫，死欲速朽。"有子曰："是非君子之言也。"曾子曰："参也闻诸夫子也。"有子又曰："是非君子之言也。"曾子曰："参也与子游闻之。"有子曰："然。然则夫子有为言之也？"曾子以斯言告于子游。子游曰："甚哉！有子之言似夫子也。昔者夫子居于宋，见桓司马自为石椁，三年而不成，夫子曰：若是其靡也，死不如速朽之愈也。死之欲速朽，为桓司马言之也。南宫敬叔反，必载宝而

中华传世藏书

论语诠解

经书所载孔子言行

二四八九

朝,夫子曰:若是其货也,丧不如速贫之愈也。丧之欲速贫,为敬叔言之也。"曾子以子游之言告于有子,有子曰:"然。吾固曰非夫子之言也。"曾子曰:"子何以知之?"有子曰:"夫子制于中都,四寸之棺,五寸之椁,以斯知不欲速朽也。昔者夫子失鲁司寇,将之荆,盖先之以子夏,又申之以冉有,以斯知不欲速贫也。"[礼记·檀弓上]

【释义】有子问曾子说:"你听老师说过关于丢失官位的事吗?"曾子说:"听说过:丢失了就迅速贫困,死后要迅速腐朽。"有子说:"这不是君子说的话。"曾子说:"我听老师说过这话。"有子又说:"这不是君子说的话。"曾子说:"我和子游一起听老师说的。"有子说:"对。那是不是针对某些情况说的?"曾子把这些话告诉了子游。子游说:"不错!有子的话有点像老师的话。从前老师在宋国,看见桓司马为自己做石椁,三年没有完成,老师说:太奢侈了,死后还是迅速腐朽吧。死后迅速腐朽,是针对桓司马说的。南宫敬叔失位后又复得,带着礼物去见国君,老师说:用这么多礼物去复位,失位后还不如迅速贫困。失位后迅速贫困,是针对南宫敬叔说的。"曾子把子游的话告诉了有子。有子说:"对。我就说过这不是老师的本意。"曾子说:"你怎么知道的?"有子说:"老师任中都宰时制定制度,棺为四寸,椁为五寸,可知人死后不想迅速腐朽。从前老师失去鲁国司寇的职位,想到楚国去,先派子夏去,又派冉有去打听,可见老师失位后还不想迅速贫困。"

夫子曰:"始死,羔裘玄冠者,易之而已。"羔裘玄冠,夫子不以吊。[礼记·檀弓上]

【释义】孔子说:"人刚死,穿羔裘戴黑冠,是要改变的。"面对羔裘黑冠,孔子不吊唁。

子游问丧具,夫子曰:"称家之有亡。"子游曰:"有无恶乎齐?"夫子曰:"有,毋过礼。苟亡矣,敛首足形,还葬,县棺而封,人岂有非之者哉?"[礼记·檀弓上]

【释义】子游问丧礼的器具。孔子说:"要与家里有无相符。"子游说:"家庭财力不一样,怎么统一呢?"孔子说:"财力强的,不要超过礼制的标准。如果家里贫穷,用衣服裹住身体就可以安葬,用绳子悬着放入墓里。人们还能非议吗?"

孟献子之丧,司徒旅归四布,夫子曰:"可也。"[礼记·檀弓上]

【释义】孟献子办完丧事后,其门人把剩余的钱财还给捐赠者了,孔子说:"做得对。"

子夏问诸夫子曰:"居君之母与妻之丧,居处言语饮食衎尔。"[礼记·檀弓上]

【释义】子夏问孔子说:"居国君之母或妻子之丧,居住习惯、言语、饮食都和平时一样。"

宾客至,无所馆。夫子曰:"生于我乎馆,死于我乎殡。"[礼记·檀弓上]

【释义】宾客来了,没有地方住。孔子说:"宾客来了,活着就在我家住,死了,我就给他殡葬。"

孔子之丧,有自燕来观者,舍于子夏氏。子夏曰:"圣人之葬人,与人之葬圣人也?子何观焉?昔者夫子言之曰:吾见封之若堂者矣,见若坊者矣,见若覆夏屋者矣,见若斧者矣,从若斧者焉。马鬣封之谓也。今一日而三斩板,而已封,尚行夫子之志乎哉。"[礼记·檀弓上]

【释义】孔子办丧事,有人从燕国来观看,住在子夏家。子夏说:"这是圣人安葬别人,还是别人安葬圣人?你为什么来观看?以前老师说过:我见过像堂一样的封土,见过像坊一样的封土,见过夏朝的屋顶,见过斧形的封土,我赞从斧形的封土。也就是所说的马鬣封。现在一天筑三板土,已经封顶了。我是在实现老师的愿望。"

鲁哀公诔孔丘曰:"天不遗耆老,莫相予位焉。呜呼哀哉,尼父!"[礼记·檀弓上]

【释义】鲁哀公哀悼孔子说:"上天不留给我这个老人,不辅佐我。悲痛呀,尼父!"

孔子恶野哭者。【礼记·檀弓上】

【释义】孔子讨厌在野外哭丧。

殷既封而吊,周反哭而吊,孔子曰:"殷已悫,吾从周。"[礼记·檀弓下]

【释义】殷朝人在下葬后哀悼,周朝人在返回后再哀悼。孔子说:"殷朝人太质朴,我顺从周朝人。"

殷练而祔,周卒哭而祔,孔子善殷。[礼记·檀弓下]

【释义】殷朝人练祭后再祔祭,周朝人哭后就祔祭,孔子赞成殷朝人的做法。

孔子谓"为明器者,知丧道矣,备物而不可用也"。哀哉,死者而用生者之器也!不殆于用殉乎哉?[礼记·檀弓下]

【释义】孔子认为"明器,表示明白死去的道理,是活人为死者准备的东西,但死者不能用"。可悲呀,死者用活人的东西,不是接近于用活人殉葬了吗?

孔子谓"为刍灵者善",谓"为俑者不仁",殆①于用人乎哉。[礼记·檀弓下]①监、毛本"殆"上有"不"字,石经同,岳同,嘉靖本、同卫氏集说同。

【释义】孔子认为"用草扎成的马车好",认为"用木头做的俑者不好",因为跟人很像。

(子游)曰:"闻诸夫子:主人未改服,则不经。"[礼记·檀弓下]

【释义】子游说:"我听老师说:如果主人不换衣服,吊丧的人不用加麻制的孝服。"

子张曰:"司徒敬子之丧,夫子相,男子西乡,妇人东乡。"[礼记·檀弓下]

【释义】子张说:"司徒敬子的丧事,老师担任礼相,男人向西站着,女人向东站着。"

穆伯之丧,敬姜昼哭,文伯之丧,昼夜哭。孔子曰:"知礼矣。"[礼记·檀弓下]

【释义】穆伯死后,他的妻子敬姜只在白天哭。后来她的儿子文伯死了,她白天夜里都哭。孔子说:"懂礼节。"

子张问曰:"《书》云:高宗三年不言,言乃讙。有诸?"仲尼曰:"胡为其不然也? 古者天子崩,王世子听于冢宰三年。"[礼记·檀弓下]

【释义】子张问:"《尚书》说:高宗居丧三年不理政事,一理政事大家很高兴。有这回事吗?"孔子说:"怎么能不这样呢? 古代天子驾崩,太子居丧期间由冢宰听政三年。"

子路曰:"伤哉贫也! 生无以为养,死无以为礼也。"孔子曰:"啜菽饮水,尽其欢,斯之谓孝。敛手足形,还葬而无椁,称其财,斯之谓礼。"[礼记·檀弓下]

【释义】子路说:"贫穷真让人伤心。生时不能供养,死时不能尽礼节。"孔子说:"即使喝粥饮水,让父母欢心,这就是孝。去世时还能遮住手足,埋葬时没有棺椁,只要尽自己的财力,就是礼。"

仲遂卒于垂,壬午犹绎,《万》人去《籥》。仲尼曰:"非礼也。卿卒不绎。"[礼记·檀弓下]

【释义】仲死于垂地,壬午举行绎祭,用《万》舞,取消了《籥》。孔子说:"不符合礼节。卿大夫去世不能举行绎祭。"

战于郎,公叔禺人(中略)与其邻重^①汪踦往,皆死焉。鲁人欲勿殇重汪踦,问于仲尼。仲尼曰:"能执干戈以卫社稷,虽欲勿殇也,不亦可乎?"[礼记·檀弓下]①郑注云:"重"皆当为"童"。

【释义】鲁国与齐国在郎交战,公叔禺人和邻居少年汪踦一起上战场,结果战死。鲁国人安葬汪踦时想不用未成年人的礼节,就向孔子请教。孔子说:"汪踦能拿起武器保卫国家,现在不用未成年人的礼节安葬他,不是很好吗?"

工尹商阳与陈弃疾追吴师,及之,陈弃疾谓工尹商阳曰:"王事也,子手弓而可。"手弓。"子射诸。"射之,毙一人,张弓。又及,谓之,又毙二人。每毙一人,掩其目,止其御曰:"朝不坐,燕不与,杀三人,亦足以反命矣。"孔子曰:"杀人之中,又有礼焉。"[礼记·檀弓下]

【释义】工尹商阳与弃疾一起追击吴国军队,追上后,弃疾对工尹商阳说:"王命在身,你可以拿出弓箭了。"工尹商阳拿出弓箭。弃疾说:"你向他们射击吧。"工尹商阳射出箭后,杀死一人,把弓箭收起来了。又追上后,让他射,又杀死两人。每射死一人,工尹商阳都捂住自己的眼睛,并且阻止他的御手说:"早晨上朝时没资格坐,燕礼时没资格上堂,现在射杀三人,可以回去复命了。"孔子说:"杀敌适度,很合乎礼节。"

夫子之母名徵在。[礼记·檀弓下]

【释义】孔子的母亲名叫"徵在"。

孔子过泰山侧,有妇人哭于墓者而哀,夫子式而听之,使子路问之曰:"子之哭也,壹似重有忧者。"而曰:"然!昔者吾舅死于虎,吾夫又死焉,今吾子又死焉。"夫子曰:"何为不去也?"曰:"无苛政。"夫子曰:"小子识之。苛政猛于虎也。"[礼记·檀弓下]

【释义】孔子经过泰山旁边,有妇人在坟墓处哀哭,孔子停下车仔细听,让子路过去问:"你哭得这么伤心,好像有很大的忧愁。"妇人说:"对。从前我公公被老虎咬死了,我丈夫也被老虎咬死了,现在我儿子也被咬死了。"孔子说:"为什么不离开这里呢?"妇人说:"这里没有苛政。"孔子说:"你们记住了,苛政比老虎还凶狠。"

延陵季子适齐,于其反也,其长子死,葬于嬴博之间。孔子曰:"延陵季子,吴之习于礼者也。"往而观其葬焉。其坎深不至于泉,其敛以时服,既葬而封,广轮掩坎,其高可隐也。既封,左袒,右还其封,且号者三,曰:"骨肉归复于土,命也。若魂气则无不之也,无不之也。"而遂行。孔子曰:"延陵季子之于礼也,其合矣乎!"[礼记·檀弓下]

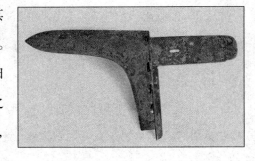

戈

【释义】延陵季子到齐国,返回时,长子死了,埋葬在赢博之间。孔子说:"延陵季子是吴国精通礼数的人。"于是前往观看葬礼。坟墓深度不到泉水,盛敛时穿的都是平常的衣服,埋葬后封土,仅能掩盖墓穴,高度也伸手可及。封土后,袒露左臂,向左绕行哭了三次,说:"骨肉回归大地,这是天命。魂魄则无处不在,无处不在。"于是离开了。孔子说:"延陵季子的礼数很恰当。"

仲尼之畜狗死,使子贡埋之,曰:"吾闻之也:敝帷不弃,为埋马也;敝盖不弃,为埋狗也。丘也贫,无盖,于其封①也,亦予之席,毋使其首陷焉。"[礼记·檀弓下]①郑注云:"封"当为"窆"。

【释义】孔子的狗死了,让子贡埋葬了,说:"我听说:破的帷布不扔,可以用来埋马;破的车盖不扔,可以用来埋狗。我很穷,没有车盖,埋狗,就用席子吧,不要让它直接进土里。"

阳门之介夫死,司城子罕入而哭之哀。晋人之觇宋者反报于晋侯曰:"阳门之介夫死,而子罕哭之哀,而民说,殆不可伐也。"孔子闻之曰:"善哉觇国乎!《诗》云:凡民有丧,扶服救之。虽微晋而已,天下其孰能当之?"[礼记·檀弓下]

【释义】阳门的守卫死了,司城子军前去吊唁并痛哭。晋国派往宋国的探子向晋侯报告:"阳门的守卫死了,而子罕哭得很伤心,人们很满意,最好不要攻打它。"孔子听说后说:"好一个探子!《诗经》中说:凡人民有灾祸,总是去救助。这样的力量比晋国还强大,天下谁敢去讨伐呢?"

孔子之故人曰原壤,其母死,夫子助之沐椁。原壤登木曰:"久矣!予之不托于音也。"歌曰:"貍首之班然,执女手之卷然。"夫子为弗闻也者而过之,从者曰:"子未可以已乎?"夫子曰:"丘闻之:亲者毋失其为亲也,故者毋失其为故也。"[礼记·檀弓下]

【释义】孔子的老朋友叫原壤,他的母亲死了,孔子帮他料理丧事。原壤拍着棺材说:"我很久没演奏音乐了。"唱道:"棺木华丽,条纹细腻。"孔子只当作没听见。随从说:"你不跟他断交吗?"孔子说:"我听说不能因为一点过失而失去亲人,所以也不能因为一点过失而跟朋友断交。"

孔子曰:"卫人之祔也离之,鲁人之祔也合之。善夫!"[礼记·檀弓下]

【释义】孔子说:"卫国的葬礼是夫妇的棺材不在一起,鲁国的葬礼是夫妇的棺材在一起,还是鲁国的风俗好。"

曾子问曰:"君薨而世子生,如之何?"孔子曰:"卿大夫士从摄主,北面于西阶南。大祝裨冕,执束帛,升自西阶,尽等,不升堂,命毋哭,祝声三。告曰:'某之子生,敢告。'升,奠币于殡东几上,哭降。众主人、卿、大夫、士、房中皆哭,不踊,尽一哀,反位,遂朝奠。小宰升,举币。三日,众主人、卿、大夫、士如初位,北面。大宰、大宗、大祝皆裨冕,少师奉子以衰,祝先,子从,宰宗人从,入门,哭者止。子升自西阶,殡前北面,祝立于殡东南隅。祝声三,曰:'某之子某,从执事敢见。'子拜稽颡哭,祝、宰、宗人、众主人、卿、大夫、士哭踊,三者三,降东。反位,皆袒,子踊,房中亦踊,三者三。袭衰、杖、奠,出。大宰命祝史,以名遍告于五祀山川。"曾子问曰:"如已葬而世子生,则如之何?"孔子曰:"大宰、大宗从大祝而告于祢。三月,乃名于祢,以名遍告及社稷、宗庙、山川。"[礼记·曾子问]

【释义】曾子问:"国君去世了还没安葬,而太子出生了,该怎么办?"孔子说:"卿大夫都跟着丧主,在西阶南向北站着,大祝穿着礼服,捧着绢帛,从西阶上去,登上台阶,不进入大堂,让大家不要哭,大喊三声,向灵柩报告:'某夫人生子,向您报告。'走进大堂,把祭品放在灵柩东面的几案上,哭着下来。这时众主人、卿、大夫、士、房中妇女都哭起来,但不踩脚。尽哀一次后,返回位置,举行朝奠。小宰上堂,举起几案上的祭品。三天后,众主人、卿、大夫、士站在原位,面向北。大宰、大宗、大祝都穿着礼服,少师捧着太子和丧服,大祝在前面带路,太子跟在后面,宰宗跟从,进入大门,哭的人都停止哭泣。太子从西

面上来，站在灵柩的前面，面向北。祝站在灵柩的东南。祝大喊三声后，报告说：'某氏的儿子某，带领执事来拜见您。'太子跪拜并哭，祝、宰、宗人、众主人、卿、大夫、士都哭，跳踊三次，从东面下来。返回位置，袒露左臂，太子踊，房中的人也踊，一连三次。再行衰、杖、奠礼，然后离开。大宰命令祝史，把太子的名字遍告天下。"曾子问："如果国君已安葬而太子出生，该怎么办？"孔子说："大宰、大宗跟着大祝向死者禀告。三个月后，在宗庙举行命名仪式，然后把太子的名字遍告天下。"

孔子曰："诸侯适天子，必告于祖，奠于祢，冕而出视朝，命祝、史告于社稷、宗庙、山川，乃命国家五官而后行，道而出。告者五日而遍，过是非礼也。凡告用牲币，反亦如之。诸侯相见，必告于祢，朝服而出视朝。命祝、史告于五庙、所过山川，亦命国家五官，道而出。反必亲告于祖祢。乃命祝、史告至于前所告者，而后听朝而入。"[礼记·曾子问]

【释义】孔子说："诸侯朝见天子，一定要祭告父庙，再祭告祖庙，穿着冕服临朝理事，命大祝、太史祭告社稷、宗庙、山川，又命国家的五个大夫随后跟行，在城外祭祀而出。祭告必须在五日内完成，超过就是失礼。祭告都要用牲畜和锦帛，返回时也一样。诸侯相见，必须要祭告父庙，临朝理事必须穿朝服。又命太祝、太史祭告五庙和所过山川，又命国家的五个大夫随后跟行，在城外祭祀而出。返回时，一定要亲自祭告父庙和祖庙。又命大祝、太史祭告之前所祭告的山川，然后临朝听政。"

曾子问曰："并有丧，如之何？何先何后？"孔子曰："葬，先轻而后重，其奠也，先重而后轻，礼也。自启及葬不奠，行葬不哀次，反葬奠，而后辞于殡①，遂修葬事。但其虞也，先重而后轻，礼也。"[礼记·曾子问]①郑注云："殡"当作"宾"。

【释义】曾子问："如果亲人同时死亡，该怎么办？谁先谁后呢？"孔子说："安葬，要先轻者后重者，祭奠，要先重者后轻者，这样才符合礼法。轻者从启到葬都不祭奠，出葬时也不致哀受吊，返回时在重者前设奠，向宾客介绍重者的出葬日期，再安排送葬事宜。但是虞祭要先重者后轻者，这才符合礼法。"

孔子曰："宗子虽七十，无无主妇。非宗子，虽无主妇可也。"[礼记·曾子问]

【释义】孔子说："宗子即使到了七十岁，在祭祀时也不能没有主妇。不是宗子，没有主妇也是可以的。"

曾子问曰："将冠子，冠者至，揖让而入，闻齐衰、大功之丧，如之何？"孔子曰："内丧则废，外丧则冠而不醴，彻馔而埽，即位而哭。如冠者未至，则废。如将冠子而未及期日，而有齐衰、大功、小功之丧，则因丧服而冠。""除丧不改冠乎？"孔子曰："天子赐诸侯大夫冕弁服于大庙，归设奠，服赐服。于斯乎有冠醮，无冠醴。父没而冠，则已冠，埽地而祭于祢，已祭而见伯父叔父，而后飨冠者。"［礼记·曾子问］

【释义】曾子问："将举行加冠礼，客人们都到了，已经接待入内了。这时得到齐衰、大功的死讯，该怎么办？"孔子说："如果是家族的丧礼，就停止冠礼，如果不是，仍然举行冠礼但不招待客人了，冠礼之后，立刻撤去陈设并打扫房屋，站在位置上哭泣。如果客人没有到达就接到丧讯，就停止冠礼。如果要举行冠礼而吉日还未到，这时有齐衰、大功、小功的死讯，可以穿着丧服行冠礼。"曾子问："丧期过后还能行冠礼吗？"孔子说："天子在大庙赐给诸侯大夫中未行冠礼的人冕服弁服，他回去后就举行简单的仪式，穿着天子赐给的衣服。只举行简单的仪式，不举行隆重的仪式。如果父亲去世时加冠的，因为已经加冠了，也打扫地面基行祭祀了，也已经见过叔伯长辈了，那就招待宾客就行了。"

曾子问曰："祭，如之何则不行旅酬之事矣？"孔子曰："闻之小祥者，主人练祭而不旅，奠酬于宾，宾弗举，礼也。昔者鲁昭公练而举酬行旅，非礼也。孝公大祥，奠酬弗举，亦非礼也。"［礼记·曾子问］

【释义】曾子问："祭祀在什么情况下不向长者敬酒？"孔子说："我听说小祥时，主人可以练祭而不用敬酒，主人向宾客致酒，宾客不举杯，这是礼节。从前鲁昭公练祭后向长者敬酒，这是不符合礼节的。孝公在大祥之后仍不向长者敬酒，也是不符合礼节的。"

曾子问曰："大功之丧，可以与于馈奠之事乎？"孔子曰："岂大功耳，自斩衰以下皆可，礼也。"曾子曰："不以轻服而重相为乎？"孔子曰："非此之谓也。天子诸侯之丧，斩衰者奠，大夫齐衰者奠，士则朋友奠，不足则取于大功以下者，不足则反之。"［礼记·曾子问］

【释义】曾子问："有大功之丧的人，可以参加别人的祭奠吗？"孔子说："岂止是大功，从斩衰以下都可以参加，这是礼节。"曾子问："这不是看轻自己的丧服而看重别人的祭奠吗?"孔子说:"不是这样的。天子诸侯的丧礼,由斩衰的人祭奠,大夫的丧礼由齐衰的人祭奠,士由朋友祭奠,人数不够,由大功以下的人充当,还不够则由人们轮流执行。"

曾子问曰:"小功可以与于祭乎?"孔子曰:"何必小功耳? 自斩衰以下与祭,礼也。"曾子曰:"不以轻丧而重祭乎?"孔子曰:"天子诸侯之丧祭也,不斩衰者不与祭,大夫齐衰者与祭,士祭不足,则取于兄弟大功以下者。"[礼记·曾子问]

【释义】曾子问:"有小功之丧的人,可以参加别人的祭奠吗?"孔子说:"何必是小功呢? 从斩衰以下都可以参加,这是礼节。"曾子问:"这不是看轻自己的丧服而看重别人的祭奠吗?"孔子说:"天子诸侯的丧礼,不是斩衰的人不能参加,大夫的丧礼由齐衰的人祭奠,士的丧祭如果人数不够,由大功以下的人充当。"

曾子问曰:"相识,有丧服可以与于祭乎?"孔子曰:"缌不祭,又何助于人?"[礼记·曾子问]

【释义】曾子问:"朋友间,有丧服的一方可以参加另一方的祭祀吗?"孔子说:"有缌服的人连自己家的祭祀都不能参加,何况去帮助别人举行祭祀呢?"

曾子问曰:"废丧服,可以与于馈奠之事乎?"孔子曰:"说衰与奠,非礼也。以摈相可也。"[礼记·曾子问]

【释义】曾子问:"除去丧服,能参加别人家的祭奠活动吗?"孔子说:"刚脱去丧服就参加别人家的祭奠活动,不符合礼法。如果担任摈相是可以的。"

曾子问曰:"昏礼既纳币,有吉日,女之父母死,则如之何?"孔子曰:"婿使人吊。如婿之父母死,则女之家亦使人吊。父丧称父,母丧称母,父母不在,则称伯父世母。婿已葬,婿之伯父致命女氏曰:'某之子有父母之丧,不得嗣为兄弟,使某致命。'女氏许诺而弗敢嫁,礼也。婿免丧,女之父母使人请,婿弗取而后嫁之,礼也。女之父母死,婿亦如之。"[礼记·曾子问]

【释义】曾子问:"婚礼纳币之后,有吉日,女方父母去世了,该怎么办?"孔子说:"男方派人去吊唁。如果男方的父母去世了,那么女方也应该派人来吊唁。父丧用父命吊唁,母丧用母命吊唁,父母不在家,则用伯父或伯母的名义吊唁。男方安葬父母后,男方的伯父派人给女方送成命：'某之子有父母的丧事，不能成婚，派人来送还婚约。'女方许诺但不改嫁，这是礼节。男方丧期已满，女方父母可派人请男方娶亲，男方以丧期刚过不想立刻娶亲，也是符合礼节的。女方的父母去世了，男方也可以这么做。"

曾子问曰："亲迎，女在涂，而婿之父母死，如之何？"孔子曰："女改服，布深衣，缟总，以趋丧。女在涂，而女之父母死，则女反。""如婿亲迎，女未至，而有齐衰、大功之丧，则如之何？"孔子曰："男不入，改服于外次，女人，改服于内次，然后即位而哭。"曾子问曰："除丧则不复昏礼乎？"孔子曰："祭，过时不祭，礼也。又何反于初？"［礼记·曾子问］

【释义】曾子问："男方去迎亲，女方在路上，这时男方父母去世了，该怎么办？"孔子说："女方要换衣服，穿深色的布衣，用白布裹头，以奔丧。女方在路上，如果女方的父母去世了，那女方就应该返回。"曾子问："如果男方亲自迎接，女方还没到家，这时有齐衰、大功之丧，该怎么办？"孔子说："男方不进去，在门外改穿深色衣服，女方进去，在门内改穿深色衣服，然后就位哭泣致哀。"曾子问："除丧之后不再举行婚礼吗？"孔子说："祭祀，过了时候就不祭祀了，这是礼节。何必要返回举行婚礼呢？"

孔子曰："嫁女之家，三夜不息烛，思相离也。取妇之家，三日不举乐，思嗣亲也。三月而庙见，称来妇也。择日而祭于祢，成妇之义也。"［礼记·曾子问］

【释义】孔子说："嫁女之家，要三夜不灭蜡烛，以表达对女儿的思念。娶妇之家，三天不奏乐曲，表达对父母代谢的隐忧。三个月后在祖庙，称来妇。择日在父庙祭祀，才成为男方的新妇。"

曾子问曰："女未庙见而死，则如之何？"孔子曰："不迁于祖，不祔于皇姑，婿不杖，不菲，不次，归葬于女氏之党，示未成妇也。"［礼记·曾子问］

【释义】曾子问："女方还没来得及在祖庙举行祭祀就去世了，该怎么办？"孔子说："灵柩不放在男方的祖庙，不在男方祖庙举行丧祭，丈夫服丧不用杖，不穿草鞋，不在别屋居住，把灵柩运回女方家埋葬，以表示还没正式成为新妇。"

曾子问曰："取女有吉日，而女死，如之何？"孔子曰："婿齐衰而吊，既葬而除之，夫死亦如之。"［礼记·曾子问］

【释义】曾子问:"女方在有迎娶日期的情况下去世了,该怎么办?"孔子说:"男方要服齐衰并哀悼,安葬后就可除去丧服,男方死去也是如此。"

曾子问曰:"丧有二孤,庙有二主,礼与?"孔子曰:"天无二日,土无二王,尝禘郊社,尊无二上。未知其为礼也。昔者齐桓公亟举兵,作伪主以行,及反,藏诸祖庙,庙有二主,自桓公始也。丧之二孤,则昔者卫灵公适鲁,遭季桓子之丧,卫君请吊。哀公辞,不得命。公为主,客人吊,康子立于门右,北面。公揖让,升自东阶,西乡,客升自西阶吊,公拜,兴哭,康子拜稽颡于位,有司弗辩也。今之二孤,自季康子之过也。"[礼记·曾子问]

【释义】曾子问:"丧礼有两位丧主,宗庙有两个神主,合乎礼法吗?"孔子说:"天上没有两个太阳,地上没有两个君王,尝、禘、郊、社都是祭神的,但尊者只有一位。所以那种做法是不合乎礼法的。从前齐桓公急着起兵打仗,伪造了一个神主出兵,返回时,把这个神主也放在宗庙里了。宗庙有两个神主,从齐桓公开始的。丧礼有两位丧主,则是从前卫灵公到鲁国,碰上季桓子的丧事,于是前去吊唁。哀公曾予以辞谢,但没有成功。哀公为丧主,客人吊唁时,康子站在门的右侧,面向北。哀公向卫君作揖,从东面升堂,面向西,客人从西面升堂吊唁。哀公拜谢,大家哭泣致哀,康子在自己的位置上向客人跪拜致谢,司仪也没有纠正。现在出现两位丧主,是从季康子的错误开始的。"

曾子问曰:"古者师行,必以迁庙主行乎?"孔子曰:"天子巡守,以迁庙主行,载于齐车,言必有尊也。今也取七庙之主以行,则失之矣。当七庙五庙无虚主,虚主者,唯天子崩,诸侯薨,与去其国,与祫祭于祖,为无主耳。吾闻诸老聃曰:天子崩,国君薨,则祝取群庙之主而藏诸祖庙,礼也。卒哭成事,而后主各反其庙,君去其国,大宰取群庙之主以从,礼也。祫祭于祖,则祝迎四庙之主,主出庙入庙,必跸。老聃云。"[礼记·曾子问]

【释义】曾子问:"古代天子率师出行,一定带着新选的庙主吗?"孔子说:"天子巡视时,带着新选的庙主,放在车里,表示自己的言行遵从长者的意思。现在是取七个庙的庙主,这是失礼的事情。七庙或五庙不能有空位,出现空位,只有在天子驾崩,诸侯去世或离开故国,或在宗庙祭祀祖先时,才能出现空位。我曾经听老子说:天子驾崩,国君去世,就把各庙的庙主都集中到祖庙,这是礼节。丧事过后,把各庙的庙主都一一送回。君主离开国家,大宰带着各庙的庙主随行,这是礼节。在祖庙祭祀祖先时,司祝迎娶四个庙的庙主,庙主出庙入庙,都要打扫道路。这是老子说的。"

曾子问曰:"古者师行无迁主,则何主?"孔子曰:"主命。"问曰:"何谓也?"孔子曰:"天子诸侯将出,必以币帛皮圭告于祖祢,遂奉以出,载于齐车以行。每舍,奠焉而后就舍。反必告,设奠,卒,敛币玉,藏诸两阶之间,乃出。盖贵命也。"[礼记·曾子问]

【释义】曾子问:"古时人们出师,如果没有迁主,用哪一个神主呢?"孔子说:"那就用主命。"曾子问:"这是什么意思?"孔子说:"天子或诸侯出师,一定要用币帛皮圭到宗庙告祭,然后才能出师,并把物件放在车上。驻扎时,要先祭奠然后就舍。返回时要祭告,设奠。祭告结束,把币玉放在两阶之间,然后离开。这是尊重先祖的意思。"六二八曾子问曰:"丧慈母如母,礼与?"孔子曰:"非礼也。古者男子,外有傅,内有慈母。君命所使教子也,何服之有? 昔者鲁昭公少丧其母,有慈母良,及其死也,公弗忍也,欲丧之。有司以闻曰:'古之礼,慈母无服。今也君为之服,是逆古之礼而乱国法也。若终行之,则有司将书之,以遗后世,无乃不可乎。'公曰:'古者天子练冠以燕居。'公弗忍也,遂练冠以丧慈母。丧慈母,自鲁昭公始也。"[礼记·曾子问]

【释义】曾子问:"为慈母服丧与生母一样,符合礼法吗?"孔子说:"不符合。古代男子,在外有师傅,在内有慈母。慈母是按君主的命令教养子女的,哪用得上丧服呢? 从前鲁昭公年少时就失去母亲,他的慈母很贤良,等到去世时,昭公不忍心,想为她服丧。司仪听说后说:'古代的礼节,对慈母不必服丧。现在您要服丧,是违背古代的礼节又搞乱国家的法律。如果最终要实行,最好让官员记下来,让后世知道,还不如不做呢。'昭公说:'古代天子有在家练冠的。'昭公不忍心,于是练冠为慈母服丧。为慈母服丧,是从鲁昭公开始的。"

曾子问曰:"诸侯旅见天子,入门,不得终礼,废者几?"孔子曰:"四。"请问之,曰:"大庙火,日食,后之丧,雨沾服失容,则废。如诸侯皆在而日食,则从天子救日,各以其方色与其兵。大庙火,则从天子救火,不以方色与兵。"[礼记·曾子问]

【释义】曾子问:"诸侯拜见天子,进入后,没有完成大礼,有几种情况?"孔子说:"有四种情况。"曾子接着问,孔子说:"大庙失火,日食,王后去世,下雨打湿衣服仪容有损。如果诸侯都在场而出现日食,就跟随天子救日,诸侯在自己的位置拿着兵器。大庙失火,就跟随天子救火,拿着器具不分位置。"

曾子问曰:"诸侯相见,揖让入门,不得终礼,废者几?"孔子曰:"六。"请问之,曰:"天子崩,大庙火,日食,后、夫人之丧,雨沾服失容,则废。"〔礼记·曾子问〕

【释义】曾子问:"诸侯相见,已经揖让进门,没有完成大礼,有几种情况?"孔子说:"有六种情况。"曾子接着问,孔子说:"天子驾崩,大庙失火,日食,王后或诸侯夫人去世,下雨打湿衣服仪容有损,就停止大礼。"

曾子问曰:"天子尝、禘、郊、社、五祀之祭,簠簋既陈,天子崩,后之丧,如之何?"孔子曰:"废。"曾子问曰:"当祭而日食,大庙火,其祭也如之何?"孔子曰:"接祭而已矣。如牲至未杀,则废。"〔礼记·曾子问〕

【释义】曾子问:"天子正在举行尝、禘、郊、社、五祀的仪式,祭品祭器都摆好了,天子突然驾崩,或者王后去世了,该怎么办?"孔子说:"立刻取消。"曾子问:"如果祭祀时发生日食,或者大庙失火,祭祀该怎么办?"孔子说:"赶紧举办完,如果祭祀的牲畜还没宰杀,就停止祭祀。"

天子崩,未殡,五祀之祭不行,既殡而祭。其祭也,尸入,三饭不侑,酳不酢而已矣。自启至于反哭,五祀之祭不行,已葬而祭,祝毕献而已。曾子问曰:"诸侯之祭社稷,俎豆既陈,闻天子崩,后之丧,君薨,夫人之丧,如之何?"孔子曰:"废。自薨比至于殡,自启至于反哭,奉帅天子。"〔礼记·曾子问〕

【释义】天子驾崩,还没殡葬,那么五祀之祭就不举行了,殡葬之后可以举行。这种祭祀,放入尸体,只敬食三次,只用酒漱口,不再回敬祭主。从启殡到返哭,五祀之祭不再举行。安葬后再举行祭祀,只到祝献就完毕了。曾子问:"诸侯祭祀社稷,祭品已经陈列,接到天子驾崩的消息,王后去世的消息,国君去世的消息,夫人去世的消息,该怎么办?"孔子说:"停止祭祀。从去世到殡葬,从启殡到返哭,遵循天子的五祀之祭。"

曾子问曰:"大夫之祭,鼎俎既陈,笾豆既设,不得成礼,废者几?"孔子曰:"九。"请问之,曰:"天子崩,后之丧,君薨,夫人之丧,君之大庙火,日食,三年之丧,齐衰,大功,皆废。外丧自齐衰以下,行也。其齐衰之祭也,尸入,三饭不侑,酳不酢而已矣。大功,酳而已矣。小功,缌,室中之事而已矣。士之所以异者,缌不祭,所祭,于死者无服,则祭。"[礼记·曾子问]

【释义】曾子问:"大夫正举行祭祀,祭品都陈列好了,祭器也摆好了,这时有几种情况不能完成仪式?"孔子说:"有九种情况。"曾子接着问,孔子说:"天子驾崩,王后去世,国君去世,夫人去世,国君的大庙失火,日食,遇到三年之丧,齐衰,大功,都要停止祭祀。遇到外丧、齐衰的情况,仍可以继续祭祀。齐衰的祭祀,放入尸体,只敬食三次,只用酒漱口,不再回敬祭主。大功的祭祀,只回敬一次就可以了。小功和缌,只在室内举行仪式。士与大夫的不同是,缌也不用祭祀,但死者无丧服,则可以照常祭祀。"

曾子问曰:"三年之丧,吊乎?"孔子曰:"三年之丧,练不群立,不旅行。君子礼以饰情,三年之丧而吊哭,不亦虚乎?"[礼记·曾子问]

【释义】曾子问:"三年之丧期间,可以参加吊唁活动吗?"孔子说:"三年之丧,练祭以后也不能参加群体活动,不能外出。君子用礼来表达内心,三年之丧而外出吊哭,不是显得很虚假吗?"

曾子问曰:"大夫士有私丧,可以除之矣,而有君服焉,其除之也,如之何?"孔子曰:"有君丧,服于身,不敢私服,又何除焉?于是乎有过时而弗除也。君之丧服除,而后殷祭,礼也。"曾子曰①:"父母之丧,弗除可乎?"孔子曰:"先王制礼,过时弗举,礼也。非弗能勿除也,患其过于制也。故君子过时不祭,礼也。"[礼记·曾子问] ①"曰"上脱"问"字。

【释义】曾子问:"大夫、士有私丧,可以除去丧服,但如果还有国君的丧服,可以除去吗?"孔子说:"有君丧在身,不敢服私丧,又怎么敢除去丧服呢?因此,私丧有过期还不除去的。国君的丧服除去后,再举行丧祭,这是礼节。"曾子说:"父母的丧服,能不除去吗?"孔子说:"先王制定礼节,过期就不再补行,这是礼节。丧服不是不能除,而是担心超越了制度。所以君子过期就不祭祀了,这是礼节。"

中华传世藏书

论语诠解

经书所载孔子言行

二五〇三

曾子问曰:"君薨既殡,而臣有父母之丧,则如之何?"孔子曰:"归居于家,有殷事则之君所,朝夕否。"曰:"君既启,而臣有父母之丧,则如之何?"孔子曰:"归哭而反送君。"曰:"君未殡,而臣有父母之丧,则如之何?"孔子曰:"归殡,反于君所,有殷事则归,朝夕否。大夫室老行事,士则子孙行事。大夫内子有殷事,亦之君所,朝夕否。"〔礼记·曾子问〕

【释义】曾子问:"国王去世已经殡葬,而臣子有父母之丧,该怎么办?"孔子说:"臣子穿着国君的丧服回家办丧事,遇上殷事就前去祭奠,早晨晚上就不用了。"曾子说:"国王已经启殡,而臣子有父母之丧,该怎么办?"孔子说:"先回家治丧,然后回来为国君送葬。"曾子说:"国王去世还没有殡葬,而臣子有父母之丧,该怎么办?"孔子说:"先回家治丧,等父母殡葬后再返回为国君治丧,遇上殷事就前去祭奠,早晨晚上就不用了。大夫由室老代替行事,士则由子孙代替行事。大夫的妻子有殷事,也要到国君那里祭奠,早晨晚上就不用了。"

曾子问曰:"君出疆,以三年之戒,以椑从。君薨其入,如之何?"孔子曰:"共殡服,则子麻弁绖,疏衰,菲,杖,入自阙,升自西阶。如小敛,则子免而从柩,入自门,升自阼阶。君、大夫、士一节也。"〔礼记·曾子问〕

【释义】曾子问:"国君离开国家,为防不测,随身带着棺椁。如果国君去世了就安放进去,怎么样?"孔子说:"众人穿着殡服,儿子则麻冠,疏衰,草鞋,拐杖,尸体从打开的缺口进入,从西边升堂。如果是小敛,那儿子就跟随灵柩,从阼阶升堂。君、大夫、士是一样的。"

曾子问曰:"君之丧既引,闻父母之丧,如之何?"孔子曰:"遂。既封①归,不俟子。"〔礼记·曾子问〕①郑注云:"封"当作"窆"。

【释义】曾子问:"国君的丧礼已经开始,这时接到父母之丧,该怎么办?"孔子说:"完成葬礼。等灵柩入葬后就回家治丧,不必等待国君。"

曾子问曰:"父母之丧既引,及涂,闻君薨,如之何?"孔子曰:"遂。既封①,改服而往。"〔礼记·曾子问〕①郑注云:"封"当作"窆"。

【释义】曾子问:"父母的丧礼已经在路上了,这时接到国君的丧讯,该怎么办?"孔子说："完成葬礼。等灵柩入葬后,换上衣服前去治丧。"

曾子问曰:"宗子为士,庶子为大夫,其祭也如之何?"孔子曰:"以上牲祭于宗子之家,祝曰:孝子某,为介子某,荐其常事。若宗子有罪,居于他国,庶子为大夫,其祭也,祝曰:孝子某,使介子某,执其常事。摄主不厌祭,不旅不假①,不绥祭,不配。布奠于宾,宾奠而不举,不归肉,其辞于宾曰:宗兄,宗弟,宗子,在他国,使某辞。"[礼记·曾子问]①郑注云:"假"读为"嘏"。

【释义】曾子问:"如果宗子是士,庶子是大夫,祭祀时该怎么办?"孔子说:"就用大夫家的牲祭在宗子家祭祀,司祝说:孝子某为介子某在此举行常见的祭祀。如果宗子有罪或在外国,庶子为大夫,司祝说:孝子某派介子某在此举行祭祀。但代替宗子的人不能厌恶祭祀,宾主不相互敬酒,不绥祭,不报告祭品。代替的人向宾客敬酒,宾客不回敬,也不分祭肉,代替的人向宾客说:宗兄、宗弟、宗子在外国,他们让我向各位道谢。"

曾子问曰:"宗子去在他国,庶子无爵而居者,可以祭乎?"孔子曰:"祭哉!""请问其祭如之何?"孔子曰:"望墓而为坛,以时祭。若宗子死,告于墓,而后祭于家。宗子死,称名不言孝,身没而已。"[礼记·曾子问]

【释义】曾子问:"宗子在外国,庶子不是大夫,可以祭祀吗?"孔子说:"可以。""怎么祭祀呢?"孔子说:"朝祖先的坟墓堆一个土坛,按时祭祀。如果宗子死了,庶子到墓前报告,然后在家里祭祀。宗子死后,庶子只能称名不能称孝子,直到自己去世。"

曾子问曰:"祭必有尸乎? 若厌祭亦可乎?"孔子曰:"祭成丧者必有尸,尸必以孙,孙幼则使人抱之,无孙则取于同姓可也。祭殇必厌,盖弗成也。祭成丧而无尸,是殇之也。"[礼记·曾子问]

【释义】曾子问:"祭祀一定要有代表死者受祭的人吗? 如果是厌祭也可以吗?"孔子说:"成年人的祭祀一定要有代表死者受祭的人,由孙子担任。如果孙子幼小,可以让人抱着,没有孙子就在同姓中选一人。未成年人的祭祀不能有代表死者受祭的人,因为他尚未成年。成年人的祭祀如果没有有代表死者受祭的人,就把他当作未成年人了。"

孔子曰:"有阴厌,有阳厌。"曾子问曰:"殇不祔①祭,何谓阴厌阳厌?"孔子曰:"宗子

为殇而死,庶子弗为后也,其吉祭特牲,祭殇不举②,无所肵,无玄酒,不告利成,是谓阴厌。凡殇与无后者,祭于宗子之家,当室之白,尊于东房,是谓阳厌。"[礼记·曾子问]①郑注云:"袝"当作"备"。②"举"下脱"肺"字。孔疏云:经云:不举肺。

【释义】孔子说:"祭祀有阴厌、阳厌之分。"曾子问:"未成年而死不能放在祖庙,怎么还有阴厌、阳厌之分呢?"孔子说:"宗子未成年而死,或者庶子没有后代,吉祭用特定的牲畜,因为祭殇,所以不用肺敬尸,也不用心、舌敬尸,不设玄酒,不告利成,这叫阴厌。未成年而死和没有后代的人,在宗子的家庙祭祀,在西南角设祭,在东房设尊,这叫阳厌。"

曾子问曰:"葬引至于堩,日有食之,则有变乎,且不乎?"孔子曰:"昔者吾从老聃助葬于巷党,及堩,日有食之,老聃曰:'丘,止柩就道右,止哭以听变。'既明反,而后行,曰:'礼也。'反葬而丘问之曰:'夫柩不可以反者也,日有食之,不知其已之迟数①,则岂如行哉?'老聃曰:'诸侯朝天子,见日而行,逮日而舍奠。大夫使,见日而行,逮日而舍。夫柩不蚤出,不莫宿,见星而行者,唯罪人与奔父母之丧者乎。日有食之,安知其不见星也?且君子行礼,不以人之亲痁患。'吾闻诸老聃云。"[礼记·曾子问]①郑注云:"数"读为"速"。

【释义】曾子问:"已经启葬送殡,在路上遇到日食,有特殊的仪式吗,还是没有?"孔子说:"从前我跟从老子在巷党帮人送葬,在路上遇到日食,老子说:'孔丘,把灵柩放在道路的右侧,停止哭泣以观其变。'等到天亮后,继续前行,说:'这是礼节。'葬礼后返回时我问他:'灵柩不能返回,遇到日食,不知道什么时候能复明,那还不如继续前行呢?'老子说:'诸侯朝见天子,白天前行,晚上住宿。大夫出使,也是白天前行,晚上住宿。灵柩不能在日出前起行,不能在半路过夜,在晚上起行的,只有罪人和为父母奔丧的人。有日食,怎么知道看不见星星呢?君子行礼,不让人接近危险的情况。'我听老子是这么说的。"

曾子问曰:"为君使而卒于舍,礼曰:'公馆复,私馆不复。'凡所使之国,有司所授舍,则公馆已,何谓私馆不复也?"孔子曰:"善乎问之也!自卿大夫士之家曰私馆,公馆与公所为曰公馆,公馆复,此之谓也。"[礼记·曾子问]

【释义】曾子问:"奉命出使而死在旅馆里,礼书说:'死在公馆的行招魂礼,死在私馆的不行招魂礼。'所出使的国家，都有接待使者的旅馆，都是公馆，怎么说死在私馆的不行招魂礼呢？"孔子说："这个问题问得好。从卿、大夫、士以下的家都叫私馆，公馆是按照君王命令修建的旅馆。公馆行招魂礼，说的就是这个。"

曾子问曰："下殇土周葬于园，遂舆机而往，涂迩故也。今墓远，则其葬也如之何？"孔子曰："吾闻诸老聃曰：'昔者史佚有子而死，下殇也，墓远，召公谓之曰："何以不棺敛于宫中？"史佚曰："吾敢乎哉？"召公言于周公，周公曰："岂不可？"史佚行之。'下殇用棺衣棺，自史佚始也。"［礼记·曾子问］

【释义】曾子问："下殇时，用土堆砌四周，抬着棺材下葬，这是路途近的做法。现在墓地比较远，该怎么安葬呢？"孔子说："我听老子说过：'从前史佚有个儿子死了，又是下殇，墓地比较远，召公对他说："为什么不在家里入殓呢？"史佚说："我敢这么做吗？"召公把这件事告诉周公，周公说："怎么不可以？"于是史佚就这么做了。'下殇用衣殓尸又入棺，是从史佚开始的。"

曾子问曰："卿大夫将为尸于公，受宿矣，而有齐衰内丧，则如之何？"孔子曰："出舍于公馆以待事，礼也。"［礼记·曾子问］

【释义】曾子问："卿、大夫将担任国君祭祀的尸，在家单宿，这时有齐衰之丧，该怎么办？"孔子说："那就离开家到公馆去等待国君的祭祀，这是礼节。"

孔子曰："尸弁冕而出，卿大夫士皆下之，尸必式，必有前驱。"［礼记·曾子问］

【释义】孔子说："尸出去时，不论弁服冕服，卿、大夫、士都得下马下车，尸要回礼，前面要有开路的仪仗队。"

子夏问曰："三年之丧卒哭，金革之事无辟也者，礼与？初有司与？"孔子曰："夏后氏三年之丧，既殡而致事。殷人既葬而致事①。《记》曰：'君子不夺人之亲，亦不可夺亲也。'此之谓乎？"子夏曰："金革之事无辟者，非与？"孔子曰："吾闻诸老聃曰：'昔者鲁公伯禽，有为为之也。'今以三年之丧从其利者，吾弗知也。"［礼记·曾子问］①"事"下，宋监本有"周人卒哭而致事"七字，考文引古本、足利本同。

【释义】子夏问："三年之丧到卒哭，这时对打仗的事情不回避，符合礼节吗？还是当初有司仪规定的？"孔子说："夏后氏三年之丧，在殡后请假。殷人在下葬后请假。《记》说：'君子不剥夺别人的亲情，也不剥夺自己的亲情。'说的就是这个意思。"子夏说："那不回避打仗之事，是不对的？"孔子说："我听老子说过：'从前鲁公伯禽，是在特殊情况下才打仗的。'现在人们往往在三年之丧为了利益而打仗，我就不明白了。"

仲尼曰："昔者周公摄政，践阼而治，抗《世子法》于伯禽，所以善成王也。闻之曰：为人臣者，杀其身，有益于君，则为之。况于其身以善其君乎？周公优为之。"是故知为人子，然后可以为人父，知为人臣，然后可以为人君，知事人，然后能使人。成王幼，不能莅阼，以为世子则无为也，是故抗《世子法》于伯禽，使之与成王居，欲令成王之知父子、君臣、长幼之义也。［礼记·文王世子］

【释义】孔子说："从前周公摄政，辅助天子治理天下，拿《世子法》让伯禽执行，所以培养成国君。我听说：作为臣子，他的死对国君有好处，就应该去做。何况改变自己的身份就对国君有利呢？所以周公是乐意去做的。"所以知道怎么做儿子，才能做好父亲。知道怎么做臣子，才能做好国君。知道如何侍奉别人，才能使用好别人。成王年幼，还不能即位，做太子又无法履行职责，所以拿《世子法》让伯禽执行，让他和成王一起生活，想让成王知道父子、君臣、长幼的基本道理。

昔者仲尼与于蜡宾，事毕，出游于观之上，喟然而叹。仲尼之叹，盖叹鲁也。言偃在侧，曰："君子何叹？"孔子曰："大道之行也，与三代之英，丘未之逮也，而有志焉。大道之行也，天下为公，选贤与能，讲信修睦。故人不独亲其亲，不独子其子，使老有所终，壮有所用，幼有所长，矜、寡、孤、独、废、疾者皆有所养，男有分，女有归。货恶其弃于地也，不必藏于己；力恶其不出于身也，不必为己。是故谋闭而不兴，盗窃乱贼而不作，故外户而不闭。是谓大同。今大道既隐，天下为家，各亲其亲，各子其子，货力为己。大人世及以为礼，城郭沟池以为固，礼义以为纪。以正君臣，以笃父子，以睦兄弟，以和夫妇，以设制度，以立田里，以贤勇知。以功为己，故谋用是作，而兵由此起。禹、汤、文、武、成王、周公由此其选也。此六君子者，未有不谨于礼者也。以著其义，以考其信，著有过，刑仁讲让，示民有常，如有不由此者，在执者去，众以为殃。是谓小康。"言偃复问曰："如此乎礼之急也?"孔子曰:"夫礼,先王以承天之道,以治人之情,故失之者死,得之者生。《诗》曰:'相鼠有体,人而无礼。人而无礼,胡不遄死?'是故夫礼,必本于天,殽于地,列于鬼神,达于丧、祭、射、御、冠、昏、朝、聘。故圣人以礼示之,故天下国家可得而正也。"言偃复问曰:"夫子之极言礼也,可得而闻与?"孔子曰:"我欲观夏道,是故之杞,而不足征也,吾得《夏时》焉。我欲观殷道,是故之宋,而不足征也,吾得《坤乾》焉。《坤乾》之义,《夏时》之等,吾以是观之。夫礼之初,始诸饮食。其燔黍捭豚,污尊而抔饮,蒉桴而土鼓,犹若可以致其敬于鬼神。及其死也,升屋而号,告曰:'皋某复。'然后饭腥而苴孰,故天望而地藏也。体魄则降,知气在上,故死者北首,生者南乡,皆从其初。昔者先王未有宫室,冬则居营窟,夏则居橧巢。未有火化,食草木之实、鸟兽之肉,饮其血,茹其毛。未有麻丝,衣其羽皮。后圣有作,然后修火之利,范金,合土,以为台榭、宫室、牖户。以炮,以燔,以亨,以炙,以为醴酪,治其麻丝,以为布帛,以养生送死,以事鬼神上帝,皆从其朔。故玄酒在室,醴酸在户,粢醍在堂,澄酒在下。陈其牺牲,备其鼎俎,列其琴、瑟、管、磬、钟、鼓,修其祝嘏,以降上神与其先祖,以正君臣,以笃父子,以睦兄弟,以齐上下,夫妇有所,是谓承天之祐。作其祝号,玄酒以祭,荐其血毛,腥其俎,孰其殽,与其越席,疏布以幂,衣其澣帛,醴酸以献,荐其燔炙。君与夫人交献,以嘉魂魄,是谓合莫。然后退而合亨,体其犬豕牛羊,实其簠簋笾豆铏羹,祝以孝告,嘏以慈告,是谓大祥。此礼之大成也。"[礼记·礼运]

【释义】从前,孔子参与蜡祭,完毕后,来到城楼远望,喟然长叹。孔子的叹息,大概是叹息鲁国。言偃在旁边,说:"你为什么叹息?"孔子说:"大道通行的时候,三代英明君王的时代,我都没赶上,但我一直有志向。大道通行的时候,天下人都为别人着想,提拔贤人和能者,讲究诚信,和睦相处。所以人们不单只亲近自己的亲人,爱护自己的子女,让老人得以善终,让成年人有用武之地,让小孩得到培养,让无妻子、无丈夫、无父亲、无子女、残疾人、病人都能得到供养,男人有职分,女人有归宿。憎恶浪费财物,但并不占为己有。憎恶有能力无处发挥,但并不为自己卖力。所以不会产生阴谋诡计,不会发生盗窃斗殴,家家的大门都敞开着。这就是大同社会。现在大道不通行,人们都为自己打算,只亲近自己的亲人,只爱护自己的子女,只为自己卖力。有权位的人将世袭变为制度,建筑城墙、城池保护自己，将礼仪变为纲纪，以使君臣关系明确，父子关系笃实，兄弟关系和睦，夫妻关系和谐。并设立各种制度，以建立土地疆界，鼓励勇敢智慧。因为功劳是自己的，所以计谋频繁使用，战争时常发生。禹、汤、文、武、成王、周公也由此产生。这六个圣人，对礼仪非常谨慎。用礼制来显示道义，树立诚信，显示过失，鼓励仁爱，告诉人们常规法则。如果有人违反，有权位者被罢免，一般民众受惩罚。这叫小康社会。"言偃又问："礼仪如此紧急吗？"孔子说："礼，是先王根据天意制定的，来管理人情。所以失礼的人没法生存，有礼的人才能生存。《诗经》说：'老鼠有形体，人却没礼仪。人如果没有礼仪，还不如赶紧去死。'所以，礼的根本在于天地，能使鬼神有序，贯穿于丧、祭、射、御、冠、昏、朝、聘等活动中。所以圣人用礼来彰显秩序，所以国家能得到治理。"言偃又问："关于礼仪的起源，能说给我听听吗？"孔子说："我曾想研究夏朝的礼法，所以去杞国，但没有明显的证据，只得到《夏时》。我也想研究商朝的礼法，所以去宋国，但也没有明显的证据，只得到《乾坤》。所以《乾坤》的含义，《夏时》的编次，我是由此知道的。礼制的起始来源于饮食，把米煮熟，把猪肉切开，挖地盛水，捧水而饮，以土块做鼓槌，以土堆做鼓，都可以用来敬侍鬼神。等到死的时候，亲属登上屋顶大喊：'某某归来。'然后把米放在死者嘴里，下葬时配上食物，这就是望天高呼下地安葬。魂魄到地下，知道魂气在天上，所以死者头朝北，活人头朝南，都是跟从人最初的样子。从前先王没有王宫，冬天住在洞穴，夏天住在草屋。没有火，所以吃草木的果实，鸟兽的肉，喝它的血，吃它的毛。没有麻丝，穿的是羽毛兽皮。然后有大人物出现，发明了火，冶炼金属，制造土器，盖起房屋、宫室、门窗。用火烙烧煎煮食物，制造奶酪酒类。制出麻丝，作为衣服的布料。以此来养活生人，送别死人，敬奉鬼神上帝，都依照以前的制度。所以把水放在屋里，把甜酒放在门边，把粢醍放在堂里，把酒放在堂下。把祭祀的牲畜陈列，备好祭祀器具，排列好琴、瑟、管、磬、钟、鼓，写好祝词，然后迎接神灵和祖先。以使君臣关系明确，父子关系笃实，兄弟关系和睦，上下关系清楚，夫妻有所归宿。这是承蒙上天的护佑。祝持报告祭品，献上玄酒和血毛，献上盛生肉和半生半熟肉的碗。给主祭铺好席子，用布盖好祭品，穿着帛服，献上甜酒和熟肉。国君和夫人一起敬献，以让鬼魂安息，这叫合莫。然后把肉都煮熟，把狗、猪、牛、羊放在簠、簋、笾、豆、铏、羹里。祝持宣讲祝语,尸代替祖先宣讲言辞。这叫大祥。祭礼就完成了。"

孔子曰:"于呼哀哉!我观周道,幽厉伤之,吾舍鲁何适矣!鲁之郊禘,非礼也,周公其衰矣!杞之郊也,禹也;宋之郊也,契也。是天子之事守也。故天子祭天地,诸侯祭社稷。"[礼记·礼运]

【释义】孔子说:"哎!我看周朝的礼制,幽、厉两代损伤得厉害,我离开鲁国还能去哪儿呢?鲁国的郊禘,不符合礼节,周朝的礼制衰退了。杞国郊天,是禘禹,宋国郊天,是契禹。还保留天子的职守。天子才能祭天地。诸侯只能祭社稷。"

孔子曰:"礼,不可不省也。"[礼记·礼器]

【释义】孔子说:"礼,不能不反思。"

子曰:"我战必克,祭则受福。"[礼记·礼器]

【释义】孔子说:"我祭战就能胜利,祭祀就能得到护佑。"

孔子曰:"臧文仲安知礼?夏父弗綦逆祀而弗止也,燔柴于奥[①]。夫奥者,老妇之祭也,盛于盆,尊于瓶。"[礼记·礼器]①郑注云:"奥"当作"爨"字之误也,或作竈。

【释义】孔子说:"臧文仲怎么算得上懂礼呢?夏父弗綦篡位逆祀而不阻止,燔柴祭奥的错误不能纠正。祭奥,是老妇人的祭祀,用盆盛放食物,用瓶子当作酒尊。"

孔子曰:"诵《诗》三百,不足以一献。一献之礼,不足以大飨。大飨之礼,不足以大旅。大旅具矣,不足以飨帝。毋轻议礼。"[礼记·礼器]

【释义】孔子说:"能诵《诗》三百,不一定能行一献之礼。能行一献之礼,不一定能行大飨之礼。能行大飨之礼,不一定能行大旅之礼。具备了大旅之礼,不一定能行祭天之礼。所以不要随便议论礼仪。"

论语诠解

子路为季氏宰。季氏祭,逮暗而祭,日不足,继之以烛。虽有强力之容、肃敬之心,皆倦怠矣!有司跛倚以临祭,其为不敬大矣!他日祭,子路与,室事交乎户,堂事交乎阶,质明而始行事,晏朝而退。孔子闻之曰:"谁谓由也而不知礼乎?"[礼记·礼器]

【释义】子路当上季氏的家臣。季氏祭祀,从天还未亮开始,到晚上还没结束,点上蜡烛继续举行。虽然有强健的身体,肃敬的心情,也都倦怠了。主祭的人斜着身体祭祀,这是大不敬。另一天祭祀,子路参与了,室事时,门外的人送进祭品,堂事时,台阶下的人把祭品递上来。从早晨开始举行仪式,下午就结束了。孔子听说后说:"谁说子路不懂礼呢?"

宾入大门而奏《肆夏》,示易以敬也。卒爵而乐阕。孔子屡叹之。[礼记·郊特牲]

【释义】宾客进入大门就演奏《肆夏》,以表示敬意,宾客喝酒时,乐曲正好演奏完。孔子觉得很好,经常赞赏它。

乡人禓,孔子朝服立于阼,存室神也。[礼记·郊特牲]

【释义】乡人举行禓祭,孔子穿着朝服站在东边的台阶上,使家神得以安宁。

孔子曰:"射之以乐也,何以听? 何以射?"[礼记·郊特牲]

【释义】孔子说:"射箭时奏乐,如何听乐? 如何射箭?"

孔子曰:"士使之射,不能,则辞以疾,县弧之义也。"[礼记·郊特牲]

【释义】孔子说:"主人请士射箭,士不能射,只能以身体有病加以推辞,男孩出生时悬弧在门外,射箭是男人的本职。"

孔子曰:"三日齐,一日用之,犹恐不敬。二日伐鼓,何居?"[礼记·郊特牲]

【释义】孔子说:"祭祀前斋戒三天刚过,就行祭事,恐怕不敬。斋戒两天就击鼓,这是什么居心?"

孔子曰:"绎之于库门内,祊之于东方,朝市之于西方,失之矣!"[礼记·郊特牲]

【释义】孔子说:"绎祭在外门举行,祊祭在东屋举行,朝市在城市的西边举行,这都是错误的。"

冠义:始冠之,缁布之冠也。大古冠布,齐则缁之。其緌也,孔子曰:"吾未之闻也。"

［礼记·郊特牲］

【释义】冠礼的意义：始加之冠是黑色的布冠。上古时是白色的，祭祀时用黑色的。冠有下垂的缨，孔子说："我没有听说过。"

孔子曰："朝服而朝，卒朔然后服之。"曰："国家未道，则不充其服焉。"［礼记·玉藻］

【释义】孔子说："月初，为官的一定要穿着朝服去参加朝会，过了朔日也要这样；但是国家无道可行，也就没必要守这规矩了。"

孔子佩象环五寸而綦组绶。［礼记·玉藻］

【释义】孔子佩戴五寸的象牙环，用杂色的丝带。

孔子食于季氏，不辞。不食肉而飧。［礼记·玉藻］

【释义】孔子在季氏家吃饭，没有致谢，没吃肉的时候就说饱了。

宾牟贾侍坐于孔子，孔子与之言，及乐，曰："夫《武》之备戒之已久，何也？"对曰："病不得其众也。""咏叹之，淫液之，何也？"对曰："恐不逮事也。""发扬蹈厉之已蚤，何也？"对曰："及时事也。""《武》坐，致右宪^①左，何也？"对曰："非《武》坐也。""声淫及商，何也？"对曰："非《武》音也。"子曰："若非《武》音，则何音也？"对曰："有司失其传也。若非有司失其传，则武王之志荒矣。"子曰："唯。丘之闻诸苌弘，亦若吾子之言是也。"宾牟贾起，免席而请曰："夫《武》之备戒之已，久则既闻命矣，敢问迟之迟而又久，何也？"子曰："居，吾语汝。夫乐者，象成者也。捴干而山立，武王之事也。发扬蹈厉，大公之志也。《武》乱皆坐，周召之治也。且夫《武》，始而北出，再成而灭商，三成而南，四成而南国是疆，五成而分周公左召公右，六成复缀，以崇天子。夹振之而驷伐，盛威于中国也。分夹而进，事蚤济也。久立于缀，以待诸侯之至也。且女独未闻牧野之语乎？武王克殷反^②商，未及下车而封黄帝之后于蓟，封帝尧之后于祝，封帝舜之后于陈，下车而封夏后氏之后于杞，投殷之后于宋，封王子比干之墓，释箕子之囚，使之行商容而复其位。庶民弛政，庶士倍禄。济河而西，马散之华山之阳而弗复乘，牛散之桃林之野而弗复服，车甲衅而藏之府库而弗复用，倒载干戈，包之以虎皮，将帅之士使为诸侯，名之曰建^③橐。然后天下知武王之不复用兵也。散军而郊射，左射《狸首》，右射《驺虞》，而贯革之射息也。裨冕搢笏，而虎贲之士说剑也。祀乎明堂，而民知孝。朝觐，然后诸侯知所以臣。耕借，然后诸侯知所以敬。五者，天下之大教也。食三老五更于大学，天子袒而割牲，执酱而馈，执爵而酳，冕而捴干，所以教诸侯之弟也。若此，则周道四达，礼乐交通，则夫武之迟久，不亦宜乎？"［礼记·乐记］①郑注云：宪读为轩。②同上，反当作及。③同上，建读为键。

【释义】宾牟贾陪坐在孔子旁边，孔子与他聊天，谈到音乐，孔子说："《武》乐的准备时间很长，这是为什么？"宾牟贾说："大概担心人们的注意力不集中。"孔子说："长歌咏叹，又流连忘返，这是为什么？"宾牟贾说："武王担心诸侯迟到，不能用兵。"孔子说："舞蹈一开始就动作很猛是为什么？"宾牟贾说："表示即时讨伐。"孔子说：《武》舞时，舞者右膝着地，左膝抬起，这是为什么？"宾牟贾说："还没到《武》舞的结束动作。"孔子说："音调里有杀伐之意，这是为什么？"宾牟贾说："这不是《武》乐的音乐。"孔子说："如果不是《武》乐的音乐，那是什么音乐？"宾牟贾说："可能是乐官失了真传，如果不是失了真传，那就是武王的心情乱了。"孔子说："对。我曾听苌弘说过，跟你说得差不多。"宾牟贾站起来，离开座席说："《武》乐的情况我已经明白，请问《武》乐的表演时间很长，这是为什么？"孔子说："你坐下，我来告诉你。音乐，象征成功。手持盾牌如山而立的，象征武王讨伐的英姿。奋发有力手舞足蹈的，象征太公的讨伐之心。《武》乐全体跪地，象征周、召时的天下太平。《武》曲开始向北行进，第二段灭掉了商，第三段向南，第四段统一南方，第五段周公在左而召公在右，第六段又回到原位，以尊崇天子。两队人有人挥动武器，四处刺击，表示威盛的情景。分两队前进，表示及早过河。舞者久久站立，表示武王在等候诸侯。你听说过武王牧野之战的情形吗？武王打败殷朝返回商朝旧都时，还没下车就封黄帝之后于蓟，封帝尧之后于祝，封帝舜之后于陈，下车后封夏后氏之后于杞，投殷之后于宋，又为王子比干之墓封土，释放了箕子，并让他行商礼而恢复职位。对普通百姓减免赋税，给士兵增加薪饷。渡河向西，把马放在华山南边不再骑乘，把牛放在桃林一带不再利用，把战车甲衣放在仓库不再使用，把刀枪用虎皮包裹，封将帅为诸侯，叫作建橐。然后天下人知道武王不再打仗了。解散军队学习射礼，东边唱《狸首》，西边唱《驺虞》，这样战场上的射就停止了。穿上礼服，戴上礼帽，这样战士就离开了刀剑。在明堂祭祀，让百姓懂得孝道。又制定朝见制度，让诸侯知道为臣之道。亲自耕种，让诸侯知道如何敬祖先。这五项，是天下基本的教化。在太学举行食礼，敬养三老五更，武王袒露胳膊，杀祭牲，拿起酱进食，戴冕执干起舞，教诸侯如何敬老。这样，周的教化就普及天下，礼乐相互通融，所以《武》乐时间长，不是很合适吗？"

曾子问曰："卿大夫将为尸于公，受宿矣，而有齐衰内丧，则如之何？"孔子曰："出舍乎公宫以待事，礼也。"［礼记·杂记下］

【释义】曾子问："卿、大夫将要为国君担任祭祀之尸，已经斋戒，这是遇到齐衰之丧，该怎么办？"孔子说："离开家到公馆去住，等待国君的命令，这是礼节。"

孔子曰："尸弁冕而出，卿、大夫、士皆下之，尸必式，必有前驱。"［礼记·杂记下］

【释义】孔子说："尸盛装出发，卿、大夫、士都要下车下马，尸要答谢，前面要有开路的仪仗队。"

子贡问丧，子曰："敬为上，哀次之，瘠为下。颜色称其情，戚容称其服。""请问兄弟之丧？"子曰："兄弟之丧，则存乎书策矣。"［礼记·杂记下］

【释义】子贡问丧礼的礼节。孔子说："尊敬为上，悲哀次之，憔悴最下。脸色与心情相符，悲哀的神情与衣服相符。""那兄弟的丧礼呢？"孔子说："对待兄弟的丧事，这已经写在书本上了。"

孔子曰："少连、大连，善居丧，三日不怠，三月不解①，期悲哀，三年忧，东夷之子也。"［礼记·杂记下］①郑注云：解，倦也。

【释义】孔子说："少连、大连善于居丧，三天不懈怠，三个月不松懈，周年内一脸哀情，三年内深色忧愁，他们还是东夷的人呢。"

孔子曰："身有疡则浴，首有创则沐，病则饮酒食肉。毁瘠为病，君子弗为也。毁而死，君子谓之无子。"［礼记·杂记下］

【释义】孔子说："身上有疮则可以洗澡，头上有伤可以沐浴，身体有病可以喝酒吃肉。哀伤成病，君子不能做。哀伤而死，君子成为无后。"

孔子曰："伯母、叔母疏衰，踊不绝地。姑、姊妹之大功，踊绝于地。如知此者，由文矣

哉！由文矣哉！"［礼记·杂记下］

【释义】孔子说："为伯母、叔母服丧，顿足而脚不离地。为姑姑、姊妹服大功，顿足而脚离地。懂得这一点，就知道礼是发自内心的！礼是发自内心的！"

孔子曰："管仲镂簋而朱纮，旅树而反坫，山节而藻棁，贤大夫也，而难为上也。晏平仲祀其先人，豚肩不掩豆，贤大夫也，而难为下也。君子上不僭上，下不逼下。"［礼记·杂记下］

【释义】孔子说："管仲用雕花纹的簋，红色的帽带，中门立屏风，并有反坫，有雕刻的山梁，彩绘的柱子，虽然是贤良的大夫，可是作为他的上级很难。晏平仲祭祀祖先，用的小猪不装豆子，虽然是贤良的大夫，可是作为他的下级很难。君子应该向上不超越名分，向下不逼迫下属。"

孔子曰："凶年则乘驽马，祀以下牲。"［礼记·杂记下］

【释义】孔子说："灾祸之年应该乘坐劣等马，祭祀用次一等的牲畜。"

恤由之丧，哀公使孺悲之孔子学士丧礼。《士丧礼》于是乎书。［礼记·杂记下］

【释义】为办恤由的丧事，哀公派孺悲到孔子那儿学习士的丧礼。《士丧礼》于是成为图书。

子贡观于蜡，孔子曰："赐也乐乎？"对曰："一国之人皆若狂，赐未知其乐也。"子曰："百日之蜡，一日之泽，非尔所知也。张而不弛，文武弗能也。弛而不张，文武弗为也。一张一弛，文武之道也。"［礼记·杂记下］

【释义】子贡观看蜡祭活动。孔子说："赐，你快乐吗？"子贡说："全国人都发狂似的，我不知道他们的乐趣。"孔子说："数百天的辛苦，一天的欢乐，你不明白其中的道理。紧张而不放松，文王武王也办不到。松弛而不紧张，文王武王不会这样做。有时紧张有时放松，才是文王武王的做法。"

厩焚，孔子拜乡人为火来者，拜之，士壹，大夫再，亦相吊之道也。［礼记·杂记下］

【释义】马棚失火，孔子拜谢因为火灾而来的乡人，对士一拜，大夫两拜，这是吊唁之礼。

孔子曰："管仲遇盗,取二人焉,上以为公臣,曰:'其所与游辟也,可人也。'管仲死,桓公使为之服。宦于大夫者之为之服也,自管仲始也,有君命焉尔也。"[礼记·杂记下]

【释义】孔子说:"管仲遇到强盗,抓了其中的两人,向君主推荐为大臣,说:'他们因为与邪辟的人交往而成为盗贼。其实是可用之人。'管仲死后,桓公让这两个人为管仲服丧。此后在大夫家服务的人都为大夫服丧,这是从管仲开始的,是有君王的命令的。"

孔子曰："吾食于少施氏而饱,少施氏食我以礼。吾祭,作而辞曰:'疏食不足祭也。'吾飧,作而辞曰:'疏食也,不敢以伤吾子。'"[礼记·杂记下]

【释义】孔子说:"我在少施家吃饭,吃得很饱,因为他请我吃饭很有礼貌。我要祭祀,他站起来说:'粗劣的食物不足以祭祀。'我要吃饭,他站起来说:'粗劣的食物担心损伤你的胃口。'"

仲尼尝,奉荐而进其亲也悫,其行也趋趋以数。已祭,子赣问曰:"子之言祭,济济漆漆然。今子之祭无济济漆漆,何也?"子曰:"济济者,容也,远也。漆漆者,容也,自反也。容以远,若①容以自反也。夫何神明之及②交?夫何济济漆漆之有乎?反馈乐成,荐其荐俎,序其礼乐,备其百官。君子致其济济漆漆,夫何慌惚之有乎?夫言岂一端而已,夫各有所当也。"[礼记·祭义]①若,及也。②及,与也。

【释义】孔子举行尝祭,捧着祭品进献给双亲的灵位,神情诚恳,行动急促。祭祀后,子赣问:"你说过,祭祀时要场面隆重,神色矜持。今天你举行祭祀,没有隆重的场面和矜持的神色,这是为什么?"孔子说:"隆重是疏远的仪容,矜持是自我关注的神色。疏远和自我关注的神情怎么跟父母的灵魂沟通呢?所以家庭祭祀怎能有隆重的场面和矜持的神色呢?如果是反馈乐成,大家捧着熟食,按音乐而活动,依官位而应酬。这时就要有隆重的场面和矜持的神色,因为那时怎么会有恍惚见到父母的感觉呢?所以言语的含义不能刻板礼节,必须结合实际情况。"

子曰："立爱自亲始,教民睦也。立敬自长始,教民顺也。教以慈睦,而民贵有亲。教以敬长,而民贵用命。孝以事亲,顺以听命,错诸天下,无所不行。"[礼记·祭义]

【释义】孔子说:"树立爱心要从自己的亲人开始,教导民众和睦相处。树立敬心要从自己的兄长做起,教导民众有顺从之心。以慈爱和睦教导百姓,他们才会敬爱父母。以尊敬长辈教导百姓,他们才会服从上级命令。用孝事亲,用顺听命,推广到整个天下,没有行不通的。"

宰我曰:"吾闻鬼神之名,不知其所谓。"子曰:"气也者,神之盛也。魄也者,鬼之盛也。合鬼与神,教之至也。众生必死,死必归土,此之谓鬼。骨肉毙于下,阴为野土。其气发扬于上为昭明,焄蒿,悽怆,此百物之精也,神之著也。因物之精,制为之极,明命鬼神,以为黔首,则百众以畏,万民以服。圣人以是为未足也,筑为宫室,设为宗祧,以别亲疏远迩。教民反古复始,不忘其所由生也。众之服自此,故听且速也。二端既立,报以二礼,建设朝事,燔燎羶①芗,见②以萧光,以报气也。此教众反始也。荐黍稷,羞肝肺首心,见③间以侠甒,加以郁鬯,以报魄也。教民相爱,上下用情,礼之至也。"[礼记·祭义]①郑注云:"羶"当作"馨"。②同上,"见"当作"覵"。③同上,"见间"当作"覵"。

【释义】宰我说:"我听到鬼神的名称,但不知道是什么东西"孔子说:"精气,是由神的充沛而来的。身体,是由肌肉的丰盛而来的。二者合一,就是教的最高境界。万物都会死亡,死后都归于尘土,这就叫鬼。骨肉在土里腐烂,变成泥土。气向上发扬,成为可见的东西,可闻的气息,可感的情感,这就是万物的精华,神的附着。因为万物的精华,定为最高法则,叫作鬼神,作为百姓的行为标准,这样百姓就会敬畏,万民就会服从。圣人认为这样还不够,建起宗庙,以区别远近亲疏,教育人们返古复始,不要忘记自己从哪里来的。众人的信服从这里开始,所以听从教导就很迅速。二端建立起来后,实行二礼。又设朝事,焚烧各种脂肪、香草,使火光冲上天,以报答上升的气。这是教导民众不要忘记自己从哪里来的。献上粮食,又进献动物内脏,设酒水,以报答入地的魂魄。进而教导人们相爱,上下用情,这才是礼的最高境界。"

夫子曰:"断一树、杀一兽不以其时,非孝也。"[礼记·祭义]

【释义】孔子说:"砍一棵树,杀一只野兽,不是在适当的时候,都不是孝。"

乐正子春下堂而伤其足,数月不出,犹有忧色。门弟子曰:"夫子之足瘳矣,数月不出,犹有忧色,何也?"乐正子春曰:"善如①尔之问也!善如尔之问也!吾闻诸曾子,曾子闻诸夫子曰:'天之所生,地之所养,无人为大。父母全而生之,子全而归之,可谓孝矣。不亏其体,不辱其身,可谓全矣。'故君子顷②步而弗敢忘孝也。今予忘孝之道,予是以有忧色也。"[礼记·祭义]①"如"读为"哉"。②"顷"当作"跬"。

【释义】乐正子春下堂损伤了脚,好几个月没出门,脸上有忧虑的神色。弟子说:"你的脚已经好了,几个月没出门,脸上有忧虑的神色,这是为什么?"乐正子春说:"你问得很好。你问得很好。我听曾子说,曾子曾听孔子说:'天之所生,地之所养,没有比人更大的。父母生下完美的我,我们也得完整地回归天地,这叫作孝。身体不损毁,不受侮辱,这叫作全。'所以君子每走一步路都不忘记孝道。现在我却忘了孝道,所以有忧虑的神色。"

孔子曰:"入其国,其教可知也。其为人也温柔敦厚,《诗》教也;疏通知远,《书》教也;广博易良,《乐》教也。絜静精微,《易》教也;恭俭庄敬,《礼》教也;属辞比事,《春秋》教也。故《诗》之失愚,《书》之失诬,《乐》之失奢,《易》之失贼,《礼》之失烦,《春秋》之失乱。其为人也温柔敦厚而不愚,则深于《诗》者也;疏通知远而不诬,则深于《书》者也。广博易良而不奢,则深于《乐》者也;絜静精微而不贼,则深于《易》者也;恭俭庄敬而不烦,则深于《礼》者也;属辞比事而不乱,则深于《春秋》者也。"[礼记·经解]

【释义】孔子说:"进入一个国家,其教化是可以知道的。为人温柔敦厚,得益于《诗》教;知识广博,得益于《书》教;宽容博大,得益于《乐》教;安静精微,得益于《易》教;恭俭谦逊,得益于《礼》教;言辞清楚,得益于《春秋》教。所以,《诗》的不足在于不懂变通,《书》的不足在于不切实际,《乐》的不足在于放荡不羁,《易》的不足在于执迷不悟,《礼》的不足在于烦琐复杂,《春秋》的不足在于使人混淆。为人温柔敦厚又懂得变通,就深得《诗》的精华;知识广博又实事求是,就深得《书》的精华;宽容博大又行为检点,就深得《乐》的精华;安静精微又通达醒悟,就深得《易》的精华;恭俭谦逊又简洁明了,就深得《礼》的精华;言辞清楚又清醒沉着,就深得《春秋》的精华。"

孔子曰:"安上治民,莫善于礼。"[礼记·经解]

【释义】孔子说:"使君主安心,使百姓服从,没有比礼更重要的了。"

哀公问于孔子曰：“大礼何如？君子之言礼，何其尊也？”孔子曰：“丘也小人，不足以知礼。”君曰：“否。吾子言之也。”孔子曰：“丘闻之：民之所由生，礼为大，非礼无以节事天地之神也，非礼无以辨君臣、上下、长幼之位也，非礼无以别男女、父子、兄弟之亲，昏姻、疏数之交也。君子以此之为尊敬然。然后以其所能教百姓，不废其会节。有成事，然后治其雕镂文章黼黻以嗣。其顺之，然后言其丧筹，备其鼎俎，设其豕腊，修其宗庙，岁时以敬祭祀，以序宗族。即安其居，节丑其衣服，卑其宫室。车不雕几，器不刻镂，食不贰味，以与民同利。昔之君子之行礼者如此。”公曰：“今之君子，胡莫行之也？”孔子曰：“今之君子，好实无厌，淫德不倦，荒怠敖慢，固民是尽，午其众以伐有道，求得当欲，不以其所。昔之用民者由前，今之用民者由后。今之君子莫为礼也。”〔礼记·哀公问〕

【释义】哀公问孔子说：“礼是什么意思？君子言礼，为什么这么重要？”孔子说：“我是平民百姓，不配讲礼。”哀公说：“不是这样的，你还是讲讲。”孔子说：“我听说，人在社会中生存，礼是根本，没有一定的礼仪，就不能侍奉天地神灵，不能分辨君臣、上下、长幼的位置，不能分别男女、父子、兄弟的亲疏，以及不能进行婚姻、人与人之间的交往。君子由此懂得仪礼的重要性。所以用来教导百姓，使人们不废弃各种祭祀活动。有了成效之后，再雕刻各种花纹图案。顺利之后，再考虑丧期的时间安排，准备各种祭祀器具，猪、腊等祭品，修建宗庙，每年都祭祀，以表示对宗族的尊敬。使人们各安其位，注意衣服的奢华程度，以及宫室的豪华程度。车上不雕饰，器物上不雕刻，食物不丰盛，以此与百姓同利。从前君子的礼节就是这样。”哀公说：“如今的君子为什么做不到呢？”孔子说：“现在的君子，喜欢财富贪得无厌，放纵倦怠，荒诞傲慢，索取无度，违背民意而侵犯有道之人，贪求私欲，不顾百姓流离失所。从前君子用百姓是前面的情况，现在君子用百姓是后面的情况。所以说，现在的君子不懂礼。”

孔子侍坐于哀公，哀公曰：“敢问人道谁为大？”孔子愀然作色而对曰：“君之及此言也，百姓之德也，固臣敢无辞而对：人道政为大。”公曰：“敢问何谓为政？”孔子对曰：“政者，正也。君为正，则百姓从政矣。君之所为，百姓之所从也。君所不为，百姓何从？”公曰：“敢问为政如之何？”孔子对曰：“夫妇别，父子亲，君臣严，三者正则庶物从之矣。”公曰:"寡人虽无似也,愿闻所以行三言之道。可得闻乎?"孔子对曰:"古之为政,爱人为大。所以治爱人,礼为大。所以治礼,敬为大。敬之至矣,大昏为大,大昏至矣。大昏既至,冕而亲迎,亲之也。亲之也者,亲之也。是故君子兴敬为亲。舍敬,是遗亲也。弗爱不亲,弗敬不正,爱与敬,其政之本与?"公曰:"寡人愿有言然,冕而亲迎,不已重乎?"孔子愀然作色而对曰:"合二姓之好,以继先圣之后,以为天地宗庙社稷之主,君何谓已重乎?"公曰:"寡人固。不固,焉得闻此言也? 寡人欲问不得其辞,请少进。"孔子曰:"天地不合,万物不生。大昏,万世之嗣也。君何谓已重焉?"孔子遂言曰:"内以治宗庙之礼,足以配天地之神明;出以治直言之礼,足以立上下之敬。物耻足以振之,国耻足以兴之,为政先礼,礼其政之本与?"孔子遂言曰:"昔三代明王之政,必敬其妻子也,有道。妻也者,亲之主也,敢不敬与? 子也者,亲之后也,敢不敬与? 君子无不敬也,敬身为大。身也者,亲之枝也,敢不敬与? 不能敬其身,是伤其亲,伤其亲,是伤其本,伤其本,枝从而亡。三者,百姓之象也。身以及身,子以及子,妃以及妃。君行此三者,则忾乎天下矣,大王之道也。如是,国家顺矣。"公曰:"敢问何谓敬身?"孔子对曰:"君子过言则民作辞,过动则民作则。君子言不过辞,动不过则,百姓不命而敬恭,如是则能敬其身。能敬其身,则能成其亲矣。"公曰:"敢问何谓成亲?"孔子对曰:"君子也者,人之成名也。百姓归之名,谓之君子之子,是使其亲为君子也,是为成其亲之名也已。"孔子遂言曰:"古之为政,爱人为大。不能爱人,不能有其身。不能有其身,不能安土。不能安土,不能乐天。不能乐天,不能成其身。"公曰:"敢问何谓成身?"孔子对曰:"不过乎物。"公曰:"敢问君子何贵乎天道也?"孔子对曰:"贵其不已,如日月东西相从而不已也,是天道也,不闭其久,是天道也,无为而物成,是天道也,已成而明,是天道也。"公曰:"寡人蠢愚冥烦,子志之心也。"孔子蹴然辟席而对曰:"仁人不过乎物,孝子不过乎物。是故仁人之事亲也如事天,事天如事亲。是故孝子成身。"公曰:"寡人既闻此言也,无如后罪何?"孔子对曰:"君之及此言也,是臣之福也。"[礼记·哀公问]

【释义】孔子陪坐在哀公旁边,哀公问:"人伦之道什么最重要?"孔子严肃地回答道:"您能提出这样的问题,真是百姓的福气。孤陋之臣认真地回答:人伦之道中,政务最重要。"哀公问:"那什么是政务?"孔子回答说:"政,就是正。国君行得正,百姓就会跟从。国君的所作所为,是百姓跟从的对象。国君不做典范,百姓怎么跟从呢?"哀公说:"那如何为政呢?"孔子说:"夫妇有别,父子相亲,君臣相敬,这三者正,百姓就都会跟从。"哀公说:"我虽然没像你说的那样,但愿意了解三者能够实行的方法。可以讲讲吗?"孔子说:"古代为政,爱人是最重要的。要做到爱人,礼是最重要的。要做到礼,敬是最重要的。敬的最高境界,大婚是最重要的,大婚之礼是最高的。大婚的时候,穿着礼服亲自迎娶,表示亲爱。自己亲爱对方,对方也亲爱自己。所以君子提倡人们要相敬为亲。没有了敬重,也就没有了亲爱。没有爱,就没有亲,没有亲,就没有敬。爱和敬,不是政的根本吗?"哀公说:"我想问,穿着礼服亲自迎接,是不是太隆重了?"孔子严肃地回答道:"合二姓之好,传承先人的后代,夫妻一起主持天地、宗庙、社稷的祭祀,怎么能说太隆重呢?"哀公说:"我孤陋寡闻了。不孤陋寡闻,怎么会这么说呢? 我还有问题,但没有恰当的词语,请再解释一下。"孔子说:"天地阴阳不合,万物不生。大婚,是为了有继承的后代。怎么能说太隆重了呢?"孔子接着说:"内以宗庙之礼,体现天地阴阳的神明;外以教令之礼,体现上下相敬之道。这样,国家衰败也可以兴起,国体衰微也可以强盛,为政先要用礼,礼难道不是政的根本吗?"孔子接着说:"从前三代的明君为政,都敬爱自己的妻子和儿子,这是有道理的。妻子,是亲人的主体,能不敬爱吗? 儿子,是亲人的后代,能不敬爱吗? 君子没有不敬爱的,敬爱自身是最重要的。身体,是父母的分支,能不敬爱吗? 不能敬爱自身,就是伤害了父母。伤害了父母,就伤害了根本。伤害了根本,分支就会消亡。这三者,是百姓的榜样。爱护自身延伸到爱护他人,爱护自己的儿子延伸到爱护别人的儿子,爱护自己的妻子延伸到爱护别人的妻子。君子能做到这三点,并将其扩展到天下,就是先王的治理之道。能做到这样,国家就太平了。"哀公说:"请问什么叫爱护自身?"孔子回答说:"君子说错话,百姓也会跟着说错话,君子行为不当,百姓也会跟着行为不当。君子言行得当,行为没有过失,百姓就不用命令而能恭敬顺从,这样就能爱护自身。能爱护自身,就能成就父母的名声。"哀公说:"请问怎样才能成就父母的名声?"孔子回答道:"君子,是人有德行的称谓。百姓给予他这个名称,称他为君子之子,也就能使其父母被人称为君子,也就成就了父母的名声。"孔子接着说:"古代为政,以爱人为最重要的事。不能爱人,就不能爱自身。不能爱自身,就不能守土。不能守土,就不能乐天。不能乐天,就不能成就自身。"哀公说:"请问怎样才能成就自身?"孔子回答道:"凡事无过失。"哀公说:"请问君子为什么重视天道?"孔子回答道:"是看重它的生生不息。像日月一样相从而不息,这是天道。畅行无阻,这是天道,无为而成功,这是天道,成物而明白,这是天道。"哀公说:"我愚蠢昏庸,你的话我都记住了。"孔子严肃地离开座位说:"仁人中庸行事,小子中庸行事。所以仁人侍奉双亲就像侍奉天地。侍奉天地就像侍奉双亲,所以孝子成就自身。"哀公说:"我听说了这些话,如果没做到会怎么样?"孔子说:"国君能担忧以后的过失,这是臣子的福气。"

仲尼燕居,子张、子贡、言游侍,纵言至于礼。子曰:"居,女三人者,吾语女礼!使女以礼周流,无不遍也。"子贡越席而对曰:"敢问何如?"子曰:"敬而不中礼谓之野,恭而不中礼谓之给,勇而不中礼谓之逆。"子曰:"给夺慈仁。"子曰:"师,尔过,而商也不及。子产犹众人之母也,能食之,不能教也。"子贡越席而对曰:"敢问将何以为此中者也?"子曰:"礼乎礼。夫礼所以制中也。"子贡退,言游进曰:"敢问礼也者,领恶而全好者与?"子曰:"然。""然则何如?"子曰:"郊社之义,所以仁鬼神也;尝禘之礼,所以仁昭穆也;馈奠之礼,所以仁死丧也;射乡之礼,所以仁乡党也;食飨之礼,所以仁宾客也。"子曰:"明乎郊社之义、尝禘之礼,治国其如指诸掌而已乎?是故以之居处有礼,故长幼辨也;以之闺门之内有礼,故三族和也;以之朝廷有礼,故官爵序也;以之田猎有礼,故戎事闲也;以之军旅有礼,故武功成也。是故宫室得其度,量鼎得其象,味得其时,乐得其节,车得其式,鬼神得其飨,丧纪得其哀,辨说得其党,官得其体,政事得其施,加于身而错于前,凡众之动得其宜。"子曰:"礼者何也?即事之治也。君子有其事,必有其治。治国而无礼,譬犹瞽之无相与?伥伥乎其何之?譬如终夜有求于幽室之中,非烛何见?若无礼,则手足无所错,耳目无所加,进退揖让无所制。是故以之居处,长幼失其别,闺门三族失其和,朝廷官爵失其序,田猎戎事失其策,军旅武功失其制,宫室失其度,量鼎失其象,味失其时,乐失其节,车失其式,鬼神失其飨,丧纪失其哀,辨说失其党,官失其体,政事失其施,加于身而错于前，凡众之动失其宜。如此则无以祖洽于众也。"子曰："慎听之，女三人者，吾语女礼！犹有九焉，大飨有四焉。苟知此矣，虽在畎畮之中事之，圣人已。两君相见，揖让而入门，入门而县兴，揖让而升堂，升堂而乐阕，下管《象》，《武》《夏》钥序兴，陈其荐俎，序其礼乐，备其百官，如此而后君子知仁焉。行中规，还中矩，和鸾中《采齐》。客出以《雍》，徹以《振羽》。是故君子无物而不在礼矣。入门而金作，示情也。升歌《清庙》，示德也。下而管《象》，示事也。是故古之君子，不必亲相与言也，以礼乐相示而已。"子曰："礼也者，理也；乐也者，节也。君子无理不动，无节不作。不能诗，于礼缪；不能乐，于礼素；薄于德，于礼虚。"子曰："制度在礼，文为在礼，行之其在人乎！"子贡越席而对曰："敢问夔其穷与？"子曰："古之人与！古之人也，达于礼而不达于乐谓之素，达于乐而不达于礼谓之偏。夫夔达于乐而不达于礼，是以传于此名也。古之人也。"子张问政，子曰："师乎，前，吾语女乎！君子明于礼乐，举而错之而已。"子张复问，子曰："师，尔以为必铺几、筵、升降，酌、献、酬、酢，然后谓之礼乎？尔以为必行缀兆、兴羽钥、作钟鼓，然后谓之乐乎？言而履之，礼也；行而乐之，乐也。君子力此二者，以南面而立，夫是以天下大平也，诸侯朝，万物服体，而百官莫敢不承事矣。礼之所兴，众之所治也；礼之所废，众之所乱也。目巧之室，则有奥阼，席则有上下，车则有左右，行则有随，立则有序，古之义也。室而无奥阼，则乱于堂室也；席而无上下，则乱于席上也；车而无左右，则乱于车也；行也无随，则乱于涂也；立而无序，则乱于位也。昔圣帝、明王、诸侯，辨贵贱、长幼、远近、男女、外内，莫敢相逾越，皆由此涂出也。"三子者既得闻此言也，于夫子照然若发矇矣。〔礼记·仲尼燕居〕

【释义】孔子在家，子张、子贡、言游在一旁陪侍，放言谈到礼。孔子说："你们三个坐下，我给你们说说礼。让你们明白，只有礼才能周而复始，畅通无阻。"子贡离开座位说："请问为什么会这样？"孔子说："尊敬而不用礼来表达就显得粗野，恭敬而不用礼来表达就显得虚伪，勇敢而不用礼来表达就显得叛逆。"孔子说："虚伪而强词夺理，叫偷换。"孔子说："师，做事有些过头，而商显得有些不及。子产好像众人的母亲，能供养但不能教育。"子贡离开座位说："请问如何才能适中？"孔子说："要用礼来达到适中。礼能使人行为得当。"子贡离开后,言游说:"请问礼能改变恶行而增加美德吗?"孔子说:"能。"言游说:"怎么才能达到呢?"孔子说:"郊社之义,是用来爱鬼神;尝禘之礼,是用来厚昭穆;馈奠之礼,是用来厚死丧;射乡之礼,是用来仁乡党;食飨之礼,是用来仁宾客。"孔子说:"明白了郊社之义、尝禘之礼,治理国家不就像手掌一样轻松吗?所以,在居处有礼,就能长幼有序;在闺门有礼,就能三族亲爱;在朝廷有礼,就能官爵有序;在田猎有礼,就能戎事有法;在军旅有礼,就能成就武功。这样宫室得到度量,量鼎得到标准,味道得到时机,音乐得到节制,车辆得到式样,鬼神得到供养,丧纪得到哀敬,辩说得到窍门,官员得到制度,政事得到实施,这些道理体现在自己身上,展示在人们面前,百姓的行为就会得体。"孔子说:"礼是什么?就是按照事物的法则。君子有其事就有其治。治理国家没有礼,就像盲人没有人帮助,不就像茫然不知所措吗?就像在黑暗的屋子里摸索,没有蜡烛能看见吗?如果没有礼,那么就会手足无措,耳目无加,进退揖让没有了依据。如果没有礼,在居处长幼就失去区别,夫妻、三族失去和睦,朝廷官爵失去秩序,田猎戎事失去纪律,军旅武功失去管制,宫室失去度量,量鼎失去标准,味道失去时机,音乐失去节制,车辆失去式样,鬼神失去供养,丧纪失去哀敬,辩说失去窍门,官员失去制度,政事失去实施,这些道理体现在自己身上,展示在人们面前,百姓的行为就不会得体。这样就无法让百姓融洽和谐。"孔子说:"你们好好听着,我给你们说说礼。有九项礼仪,大飨有四项。如果能全部了解,即使是种田的农民能依此行事。也能成为圣人。当两个君子相见,揖让进入大门,进入大门就开始奏钟乐,揖让而登堂,登堂时钟乐停止,开始演奏《象》乐,又依此演奏《武》《夏》,陈列酒菜,音乐依次演奏,百官依次排列,这样就能使人懂得仁了。君子的行为中规中矩,乐器发出《采齐》的乐声。客人离开时演奏《雍》,撤席时演奏《振羽》。所以君子无处不在礼仪之中。入门时钟鼓齐鸣,表示欢迎。登堂演奏《清庙》,表现品德高尚。离开演奏《象》,表现政事清明。所以古代的君子,不必亲自说话,可以用礼乐来表达情意。"孔子说:"礼,合乎情理。乐,有节制。君子不合乎情理就不动,没有节制就不行。不能作诗,是礼的方面不足;不能作乐,是礼的方面缺乏文采;道德不高,是认为礼无用。"孔子说:"制度依据礼,文采依据礼,行礼在于人。"子贡离开座位说:"请问夔懂礼吗?"孔子说："那是古人。古人通达于礼但没通达于乐，称之为朴素，通达于乐但没通达于礼，称之为偏颇。夔通达于乐但没通达于礼，所以留下这个名字，他是古人。"子张问政事，孔子说："师，你靠前点，我告诉你。君子明白了礼乐之道，就会把它运用到管理国家的事务中。"子张又问，孔子说："师，你以为摆上几案、宴席，上下奔走，斟酒上菜，觥筹交错就是礼吗？你以为列队表演，挥舞道具，演奏钟鼓，就是乐吗？言行统一才是礼，行为得体才是乐。君子努力做到这两者，就能南面而立，所以天下太平，诸侯来朝，万物各得其所，百官都各司其职。礼兴起，百姓就会得到管理。礼废弃了，百姓就会混乱。工匠目测建造的房

莲鹤方壶

屋，必有奥阼，座席必有上下之分，乘车有左右之分，行路有随，站立有序，这是古代的含义。建造的房屋没有奥阼，就会使堂室混乱；座席没有上下之分，就会使座席混乱；乘车没有左右之分，就会使乘车混乱；行路无随，就会在路上产生混乱；站立无序，就会使位次产生混乱。从前圣帝、明王、诸侯，分别贵贱、长幼、远近、男女、外内，不敢相互逾越，都是从这里引出的。"三人听了孔子的话后，好像昏眼重新复明一样。

孔子闲居，子夏侍，子夏曰："敢问《诗》云'凯弟君子，民之父母'，何如斯可谓民之父母矣？"孔子曰："夫民之父母乎，必达于礼乐之原，以致五至，而行三无，以横于天下，四方有败，必先知之。此之谓民之父母矣。"子夏曰："民之父母，既得而闻之矣，敢问何谓五至？"孔子曰："志之所至，诗亦至焉；诗之所至，礼亦至焉；礼之所至，乐亦至焉；乐之所至，哀亦至焉。哀乐相生，是故正明目而视之，不可得而见也，倾耳而听之，不可得而闻也，志气塞乎天地。此之谓五至。"子夏曰："五至既得而闻之矣，敢问何谓三无？"孔子曰："无声之乐，无体之礼，无服之丧，此之谓三无。"子夏曰："三无既得略而闻之矣，敢问何诗近

之?"孔子曰:"夙夜其命宥密,无声之乐也。威仪逮逮,不可选也,无体之礼也。凡民有丧,匍匐救之,无服之丧也。"子夏曰:"言则大矣、美矣、盛矣!言尽于此而已乎?"孔子曰:"何为其然也?君子之服之也,犹有五起焉。"子夏曰:"何如?"孔子曰:"无声之乐,气志不违;无体之礼,威仪迟迟;无服之丧,内恕孔悲。无声之乐,气志既得;无体之礼,威仪翼翼;无服之丧,施及四国。无声之乐,气志既从;无体之礼,上下和同;无服之丧,以畜万邦。无声之乐,日闻四方;无体之礼,日就月将;无服之丧,纯德孔明。无声之乐,气志既起;无体之礼,施及四海;无服之丧,施于孙子。"子夏曰:"三王之德,参于天地,敢问何如斯可谓参于天地矣?"孔子曰:"奉三无私以劳天下。"子夏曰:"敢问何谓三无私?"孔子曰:"天无私覆,地无私载,日月无私照。奉斯三者以劳天下,此之谓三无私。其在《诗》曰:'帝命不违,至于汤齐。汤降不迟,圣敬日齐。昭假迟迟,上帝是祗。帝命式于九围。'是汤之德也。天有四时,春秋冬夏,风雨霜露,无非教也。地载神气,神气风霆,风霆流形,庶物露生,无非教也。清明在躬,气志如神,嗜欲将至,有开必先。天降时雨,山川出云。其在《诗》曰:'嵩高惟岳,峻极于天。惟岳降神,生甫及申。惟申及甫,惟周之翰。四国于蕃,四方于宣。'此文武之德也。三代之王,也必先令闻。《诗》云:'明明天子,令闻不已。'三代之德也。弛其文德,协此四国,大王之德也。"子夏蹶然而起,负墙而立,曰:"弟子敢不承乎?"[礼记·孔子闲居]

【释义】孔子在家,子夏在一旁陪侍。子夏说:"请问《诗经》说'凯弟君子,民之父母',如何才能称之为民之父母?"孔子说:"民之父母,必须通达礼乐的根本,达到五至,践行三无,以此实行于天下,如果四方有灾祸,必须要先知道。这才叫民之父母。"子夏说:"民之父母,已经知道它的意思了,那什么叫五至呢?"孔子说:"诚致所及,发言就是诗;诗的极致,表现为礼;礼的极致,表现为乐;乐的极致。表现为哀。哀乐相生,所以明目正视,不能看见;倾耳相听,不能听到。诚致之心充塞天地,这就叫五至。"子夏说:"五至的意思明白了,那什么叫三无呢?"孔子说:"无声之乐,无体之礼,无服之丧,这就叫三无。"子夏说:"三无的意思大致明白了,那什么与诗相近呢?"孔子说:"夙夜其命宥密,这是无声之乐。威仪逮逮,不可选也,这是无体之礼。凡民有丧,匍匐救之,这是无服之丧。"子夏说:"刚才说的真是伟大、美丽、壮观,是不是已经穷尽了?"孔子说:"怎么能穷尽呢?君子实践起来,还有五起。"子夏说:"那是什么?"孔子说:"无声之乐,指人的气志一致;无体之礼,指人的举止从容;无服之丧,指内心仁恕外表恻隐。无声之乐,人的气志相得益彰;无体之礼,人的举止小心谨慎;无服之丧,怜悯之心施与四方。无声之乐,要求气志相跟从;无体之礼,要求上下齐同;无服之丧,要容纳天下万邦。无声之乐,每天闻于四方;无体之礼,日就月将;无服之丧,纯德昭然。无声之乐,气志共同升起;无体之礼,普及四海;无服之丧,延吉子孙。"子夏说:"三王的德行,与天地同行,请问如何才能与天地同行?"孔子说:"要用三无私去安抚天下。"子夏说:"请问什么叫三无私?"孔子说:"天覆盖万物没有私心,地承载万物没有私心,日月照耀万物没有私心。照这样的精神去安抚天下,这就叫三无私。在《诗经》里有:'帝命不违背,到汤成就大业。汤应运而生,圣德日日高升。从容宽厚,一心侍奉上帝。上帝让汤成为天下的典范。'这就是汤的德行。天有四季,春夏秋冬,风雨霜露,是上天在施教。地载神气,就是风雨雷电,风雨雷电导致万物的产生,这就是天地之教。一个人如果自身清明,气志如神,所想的事只要开个头,就会有人来帮助他。就像天要下雨,山川先出云来帮助它。这在《诗经》中说:'嵩山高于其他山峰,高耸入云。只有山岳能降神,产生甫和申。只有申和甫,是周的屏障。四国是藩篱,四方是城墙。'这就是文王武王的德行。三代圣王,也一定名声传遍天下。《诗经》说:'无私的天子,美名传遍四方。'这就是三代圣王的德行。弘扬文德,和谐四邦,这就是大王的德行。"子夏惊喜地站起来,靠墙而立,说:"弟子能不接受老师的教诲吗?"

子言之:"君子之道,辟则坊与?坊,民之所不足者也。大为之坊,民犹逾之。故君子礼以坊德,刑以坊淫,命以坊欲。"[礼记·坊记]

【释义】孔子说过:"君子之道,犹如江河的大堤。大堤,是预防民众有过失。最严密的堤防,民众仍有可能逾越。所以君子用礼制来做堤防使百姓不违背道德,用刑罚使百姓不至于淫乱,用政令使百姓不陷于欲望。"

子云:"小人贫斯约,富斯骄,约斯盗,骄斯乱。礼者,因人之情而为之节文,以为民坊者也。故圣人之制富贵也,使民富不足以骄,贫不至于约,贵不慊于上,故乱益亡。"[礼记

【释义】孔子说:"小人贫穷就会堕落,富贵就会骄傲,因堕落而偷盗,因骄傲而作乱。礼,依据人情而加以节制,作为人们的行事准则。所以圣人制定礼仪制度,就是想使人们富贵而不骄傲,贫穷而不堕落,尊贵而不抱怨,这样就不会作乱了。"

子云:"贫而好乐,富而好礼,众而以宁者,天下其几矣。《诗》云:'民之贪乱,宁为荼毒。'故制国不过千乘,都成①不过百雉,家富不过百乘。以此坊民,诸侯犹有畔者。"[礼记·坊记]①"成",集注本作"城"。

【释义】孔子说:"贫穷而平静和乐,富贵而懂得礼仪,人们安定和谐,这样的情况天下有多少。《诗经》说:'人们喜欢作乱,加上统治者荼毒生灵,作乱的情况更严重了。'所以封国不能超过千乘,都城不能超过百雉,采邑不能超过百乘。用这种制度制约人们,仍有诸侯叛乱。"

子①云:"夫礼者,所以章疑别微,以为民坊者也。故贵贱有等,衣服有别,朝廷有位,则民有所让。"[礼记·坊记]①《孔疏》以此章以下三章为一节。

【释义】孔子说:"礼,是用来分辨是非和隐微,作为人们的行为规范。所以贵贱有差异,衣服有区别,朝廷有位次,而人们会安于其位。"

子云:"天无二日,土无二王,家无二主,尊无二上,示民有君臣之别也。《春秋》不称楚越之王丧,礼,君不称天,大夫不称君,恐民之惑也。《诗》云:'相彼盍旦,尚犹患之。'"[礼记·坊记]

【释义】孔子说:"天上没有两个太阳,地上没有两个君王,家里没有两个主人,尊者没有比肩之人,这告诉人们有君臣之别。《春秋》不写楚越国君的丧礼,按照礼,国君不称天,大夫不称君,这是担心百姓迷惑。《诗经》说:'看那期盼天亮的鸟,人们尚且厌恶。'"

子云:"君不与同姓同车,与异姓同车不同服,示民不嫌也。以此坊民,民犹得同姓以弑其君。"[礼记·坊记]

【释义】孔子说:"国君不和同姓的宗人乘一辆车,与异姓人同乘一辆车但不穿同样的服饰,是为了避免嫌疑。这样事前预防,仍有人杀掉国君篡位的。"

子①云:"君子辞贵不辞贱,辞富不辞贫,则乱益亡。故君子与其使食浮于人也,宁使人浮于食。"[礼记·坊记]①《孔疏》以此章以下四章为一节。

【释义】孔子说:"君子不要富贵而宁愿卑贱,不愿富有而宁愿贫穷,这样争权夺利的事就少了。所以君子与其使俸禄超过别人,不如让别人的俸禄超过自己。"

子云:"觞酒豆肉,让而受恶,民犹犯齿。衽席之上,让而坐下,民犹犯贵。朝廷之位,让而就贱,民犹犯君。《诗》云:'民之无良,相怨一方。受爵不让,至于己斯亡。'"[礼记·坊记]

【释义】孔子说:"觞中酒,豆中肉,总有长者接受较差的一份,但人们仍会侵犯长者。在衽席之上,也有长者谦让坐在下位,但人们仍会侵犯长者。在朝廷中,也有人谦让而坐在下位,但仍有人进犯国君。《诗经》说:'有人德性不良,怨恨对方。受爵不谦让,没有责己之心。'"

子云:"君子贵人而贱己,先人而后己,则民作让。故称人之君曰君,自称其君曰寡君。"[礼记·坊记]

【释义】孔子说:"君子尊重别人而贬低自己,让别人先而自己后,这样民众就会谦让。所以称呼别国之君为君,称呼自己的国君为寡君。"

子云:"利禄先死者而后生者,则民不偝,先亡者而后存者,则民可以托。《诗》云:'先君之思,以畜寡人。'以此坊民,民犹偝死而号无告。"[礼记·坊记]

【释义】孔子说:"先给死者利禄后给生者利禄,那么民众就不会背弃死者,先给国外的人后给国内的人,那么民众就会信服。《诗经》说:'先君的思念,可以勉励我。'以此来教育百姓,百姓中仍有背弃死者而使老弱病残哭告无门。"

子云:"有国家者贵人而贱禄,则民兴让,尚技而贱车,则民兴艺。故君子约言,小人先言。"[礼记·坊记]

【释义】孔子说:"掌握权力的人看重人品而轻视利禄,百姓就会谦让,崇尚技艺而轻视车服,百姓就会发展技艺。所以君子说得少,小人做事前先说。"

子云:"上酌民言,则下天上施。上不酌民言,则犯也。下不天上施,则乱也。故君子

信让以莅百姓,则民之报礼重。《诗》云:'先民有言,询于刍荛。'"[礼记·坊记]

【释义】孔子说:"在上位者能听取民意,百姓就会感到上天的恩赐。在上位者不能听取民意,百姓就会叛乱。百姓感觉不到上天的恩赐,就会作乱。所以君子以诚信谦让对待百姓,那么百姓就会以礼相报。《诗经》说:'祖先有言,要向樵夫询问。'"

子①云:"善则称人,过则称己,则民不争。善则称人,过则称己,则怨益亡。《诗》云:'尔卜尔筮,履无咎言。'"子云:"善则称人,过则称己,则民让善。《诗》曰:'考卜惟王,度是镐京。惟龟正之,武王成之。'"[礼记·坊记]①《孔疏》以此章以下三章为一节。

【释义】孔子说:"有成绩了归功于他人,有过错了归于自己,那么百姓就不会争斗。有成绩了归功于他人,有过错了归于自己,那么怨恨就会消失。《诗经》说:'你占卜算卦,卦本身没有过错。'"孔子说:"有成绩了归功于他人,有过错了归于自己,那么百姓就会把好处让给别人。《诗经》说:'武王占卜,经营镐京。武王成就,归于龟正。'"

子曰:"善则称君,过则称己,则民作忠。《君陈》曰:'尔有嘉谋嘉猷,入告尔君于内。女乃顺之于外,曰:此谋此猷,惟我君之德。于乎是惟良显哉!'"[礼记·坊记]

【释义】孔子说:"有成绩了归功于国君,有过错了归于自己,那么百姓就会尽心尽力。《君陈》说:'你有好的计谋,进去告诉君王。你在外面说:这个好的计谋,是伟大的国君想出来的。如此光明磊落!'"

子云:"善则称亲,过则称己,则民作孝。《大誓》曰:'予克纣,非予武,惟朕文考无罪。纣克予,非朕文考有罪,惟予小子无良。'"[礼记·坊记]

【释义】孔子说:"有成绩了归功于亲人,有过错了归于自己,那么百姓就会孝顺。《大誓》说:'我若战胜纣王,不是我武力高,而是父母没有过错。纣王若是战胜我,不是我父母有过错,而是我自己无能。'"

子①云:"君子弛其亲之过,而敬其美。《论②语》曰:'三年无改于父之道,可谓孝矣。'高宗云:'三年其惟不言,言乃讙。'"[礼记·坊记]①《孔疏》以此章以下九章为一节。②《论语》曰:以下十五字恐注文衍。

【释义】孔子说:"君子忘掉父母的过失,而敬重他们的美德。《论语》说:'能长期不改变父亲为人处世之道,就可以称得上孝顺了。'高宗说:'长期居丧不发政令,一发政令百姓就很欢喜。'"

子云:"从命不忿,微谏不倦,劳而不怨,可谓孝矣。《诗》云:'孝子不匮。'"[礼记·坊记]

【释义】孔子说:"对于父母之命不懈怠,劝阻父母的过错不疲倦,侍奉父母不埋怨,这就叫孝顺。《诗经》说:'孝子的心没有止境。'"

子云:"睦于父母之党,可谓孝矣。故君子因睦以合族。《诗》云:'此令兄弟,绰绰有裕。不令兄弟,交相为愈。'"[礼记·坊记]

【释义】孔子说:"能和父母的族人和睦相处,就叫孝。所以君子每年都举行合族祭祀。《诗经》说:'美好的兄弟,心情舒畅。不好的兄弟,相互指责。'"

子云:"于父之执,可以乘其车,不可以衣其衣。君子以广孝也。"[礼记·坊记]

【释义】孔子说:"对于父母的朋友,可以坐他的车,不能穿他的衣服。君子以此推广孝道。"

子云:"小人皆能养其亲,君子不敬,何以辨?"[礼记·坊记]

【释义】孔子说:"小人都能供养父母,君子不尊敬父母,又怎么与其他人相区别呢?"

子云:"父子不同位,以厚敬也。《书》云:'厥辟不辟,忝厥祖。'"[礼记·坊记]

【释义】孔子说:"父子爵位相同也不能排在一起,这代表敬意。《尚书》说:'君不像君,辱没祖先。'"

子云:"父母在,不称老,言孝不言慈。闺门之内,戏而不叹。君子以此坊民,民犹有薄于孝而厚于慈。"[礼记·坊记]

【释义】孔子说:"父母健在,不能称自己老,只讲孝敬不能要求父母慈爱。闺门之内,可以说笑不能叹息。君子以此教育百姓,百姓仍有不尽孝要祈求父母的慈爱。"

子云:"长民者,朝廷敬老,则民作孝。"[礼记·坊记]

【释义】孔子说:"人民的上级,在朝廷敬重老者,那么人们便能孝顺长辈。"

子云:"祭祀之有尸也,宗庙之主也,示民有事也。修宗庙,敬祀事,教民追孝也。以

此坊民,民犹忘其亲。"[礼记·坊记]

【释义】孔子说:"祭祀时有尸,宗庙设神主,是为了让人们有敬重的对象。修建宗庙,举行祭祀,是为了教育人们缅怀祖先。以此来教育人们,人们仍有忘记父母之恩德的。"

子云:"敬则用祭器,故君子不以菲废礼,不以美没礼。故食礼,主人亲馈则客祭,主人不亲馈则客不祭。故君子苟无礼,虽美不食焉。《易》曰:'东邻杀牛,不如西邻之禴祭,寔受其福。'《诗》云:'既醉以酒,既饱以德。'以此示民,民犹争利而忘义。"[礼记·坊记]

【释义】孔子说:"为表示敬意,就用祭器,所以君子不因为食物不好就不行礼,不因为食物丰盛就超过礼。所以祭祀时,主人向客人进食,客人行祭礼,主人不向客人进食,客人就不行祭礼。所以君子如果没有礼,即使食物丰盛也不食用。《易经》说:'东邻杀牛祭祀,不如西邻的禴祭,更能承受上天的福佑。'《诗经》说:'君子既为了酒食之美,也为了礼仪之美。'以此来教育百姓,百姓仍有争利忘义的。"

子①云:"七日戒,三日齐,承一人焉以为尸,过之者趋走,以教敬也。醴酒在室,醍酒在堂,澄酒在下,示不淫也。尸饮三,众宾饮一,示民有上下也。因其酒肉,聚其宗族,以教民睦也。故堂上观乎室,堂下观乎上。《诗》云:'礼仪卒度,笑语卒获。'"[礼记·坊记]①《孔疏》以此章及次章为一节。

【释义】孔子说:"七日戒,三日齐,侍奉一位担任尸的人,经过的人都赶紧快走,这是为了教育百姓尊敬祖先。醴酒在室,醍酒在堂,澄酒在堂下,这表示不能沉溺于饮酒。尸饮三次,宾客只饮一次,告诉百姓有尊卑的分别。因为祭祀的酒肉使宗族聚集起来,教导人们和睦相处。所以堂上的人观察室内之人,堂下的人观察堂上的人。《诗经》说:'礼仪适度,人人都喜笑颜开。'"

子云:"宾礼每进以让,丧礼每加以远。浴于中溜,饭于牖下,小敛于户内,大敛于阼,殡于客位,祖于庭,葬于墓,所以示远也。殷人吊于圹,周人吊于家,示民不偝也。"子云:"死,民之卒事也,吾从周。以此坊民,诸侯犹有薨而不葬者。"[礼记·坊记]

【释义】孔子说:"宾礼的每一步都是谦让,丧礼的每一步都表示死者远去。在中溜尸浴,在窗下含饭,在室内小敛,在堂上大敛,在客位停柩,在宗庙祭奠,在墓地安葬,都表示一点点远去。殷人在墓旁凭吊,周人在家中凭吊,都表示不能背弃死者。"孔子说:"死,是人最终的事,我遵从周人的礼节。以此教育百姓,诸侯中竟还有死后没有安葬的。"

子[①]云:"升自客阶,受吊于宾位,教民追孝也。未没丧,不称君,示民不争也。故《鲁春秋》记晋丧曰:'杀其君之子奚齐,及其君卓。'以此坊民,子犹有弑其父者。"［礼记·坊记］①《孔疏》以此章及次章为一节。

【释义】孔子说:"丧礼在客阶升,在宾位受吊,这是教育百姓追慕祖先的孝敬。丧事未满一年,不能称君,告诉人们不要争斗。《鲁春秋》记载晋国丧事说:'杀其君之子奚齐,及其君卓。'以此来教育百姓,但仍有儿子杀害父亲的。"

子云:"孝以事君,弟以事长,示民不贰也。故君子有君不谋仕,唯卜之日称二君。丧父三年,丧君三年,示民不疑也。父母在不敢有其身,不敢私其财,示民有上下也。故天子四海之内无客礼,莫敢为主焉。故君适其臣,升自阼阶,即位于堂,示民不敢有其室也。父母在,馈献不及车马,示民不敢专也。以此坊民,民犹忘其亲而贰其君。"［礼记·坊记］

【释义】孔子说:"以孝顺之心侍奉国君,以孝悌之心侍奉兄长,这表示对国君和兄长不能有二心。所以国君的后代在国君健在时不能谋取职位,只有在占卜时才能称自己是二君。为父亲守丧三年,为国君守丧三年,表示敬重亲人和国君一样重要。父母在,不敢私爱自身,不能私藏钱财,告诉人们有尊卑之分。所以天子在四海之内没有做客之礼,天下人都不敢做主人。所以国君到大臣家里,从主阶登堂,到堂上就位,表示大臣不能私自占有房屋。父母在,子女如要送人礼物,不能送车马,表示自己不专断。以此来教育百姓,百姓仍有忘记亲人而对国君有二心的情况。"

子云:"礼之先币帛也,欲民之先事而后禄也。先财而后礼则民利,无辞而行情则民争。故君子于有馈者弗能见,则不视其馈。《易》曰:'不耕获,不菑畬,凶。'以此坊民,民犹贵禄而贱行。"［礼记·坊记］

【释义】孔子说:"先行礼再送礼物,这是希望人们先工作而后得到俸禄。如果先送礼物而后行礼,百姓就会重利忘义,没有适当的言辞而表达情意,百姓就会争利。所以君子对送礼物的宾客不能相见,也不见他送的礼物。《易经》说:'不耕作而有收获,不割草而

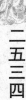

粮食成熟，不吉利。'以此来教育百姓，仍有人看重利禄而轻视礼节。"

子云："君子不尽利以遗民。《诗》云：'彼有遗秉，此有不敛穧，伊寡妇之利。'故君子仕则不稼，田则不渔，食时不力珍，大夫不坐羊，士不坐犬。《诗》云：'采葑采菲，无以下体，德音莫违，及尔同死。'以此坊民，民犹忘义而争利，以亡其身。"[礼记·坊记]

【释义】孔子说："君子不过分贪图利益，以便给百姓留一部分。《诗经》说：'有剩下的稻谷，有未捆的稻子，就让寡妇去捡。'所以君子当官就不种田，种田就不打渔，不追求山珍海味，大夫无故不杀羊，士无故不杀狗。《诗经》说：'采葑采菲，不要连根拔起，善言不违背，我和你一同死。'以此来教育百姓，仍有人忘义而争利，以致身亡。"

子云："夫礼，坊民所淫，章民之别，使民无嫌，以为民纪者也。故男女无媒不交，无币不相见，恐男女之无别也。以此坊民，民犹有自献其身。《诗》云：'伐柯如之何？匪斧不克。取妻如之何？匪媒不得。蓺麻如之何？横从其亩。取妻如之何？必告父母。'"[礼记·坊记]

【释义】孔子说："礼，是用来防止人们淫乱，彰显男女有别，使人们之间没有嫌疑，以此作为遵守的纲纪。所以男女没有媒人介绍就不交往，没有聘礼就不能相见，是为了防止男女界限不清。以此教育百姓，百姓仍有私下以身相许的。《诗经》说：'砍树该如何？没有斧头不行。娶妻该如何？没有媒人不行。蓺麻该如何？要先耕种土地。娶妻该如何？要先告诉父母。'"

子云："取妻不取同姓，以厚别也。故买妾不知其姓，则卜之。以此坊民，《鲁春秋》犹去夫人之姓曰吴，其死曰孟子卒。"[礼记·坊记]

【释义】孔子说："娶妻不娶同姓的女子，为了加强族性的区别。所以买妾不知对方的姓氏，就找人占卜。以此教育百姓，《鲁春秋》就去掉夫人的姓只称吴，死后只称孟子卒。"

子云："礼，非祭，男女不交爵。以此坊民，阳侯犹杀缪侯而窃其夫人。故大飨废夫人之礼。"[礼记·坊记]

【释义】孔子说："礼，不是祭祀，男女不向宾客敬酒。以此教育人们，仍出现了阳侯杀缪侯而霸占其夫人的情况。所以大飨已经废除夫人参与敬酒的礼节。"

子①云:"寡妇之子,不有见焉,则弗友也,君子以辟远也。故朋友之交,主人不在,不有大故,则不入其门。以此坊民,民犹以色厚于德。"[礼记·坊记]①《孔疏》以此章及次章为一节。

【释义】孔子说:"寡妇的儿子,如果没有突出的才艺,不会与他交朋友,以避免嫌疑。所以朋友之间,如果主人不在家,如果没有重大原因就不要进入。以此教育人们,人们仍好色超过好德。"

子云:"好德如好色,诸侯不下渔色,故君子远色以为民纪。故男女授受不亲,御妇人则进左手。姑、姊妹、女子子已嫁而反,男子不与同席而坐。寡妇不夜哭。妇人疾,问之,不问其疾。以此坊民,民犹淫泆而乱于族。"[礼记·坊记]

【释义】孔子说:"好德之心就像好色之心,诸侯不在本国中选取妻妾,所以君子应该远离女色,以此作为纲纪。所以男女之间不亲手受取物品,为妇人驾车要左手向前。已出嫁的姑姑、姐妹、外甥女回家,男子不与她们同席而坐。寡妇夜间不啼哭。妇人生病了,男子可以问候,但不能问是什么病。以此教育百姓,仍有贪淫之人淫乱族人。"

子云:"昏礼,婿亲迎,见于舅姑,舅姑承子以授婿,恐事之违也。以此坊民,妇犹有不至者。"[礼记·坊记]

【释义】孔子说:"婚礼,丈夫要亲自迎娶,见到岳父母,岳父母教育女子之后交给女婿,唯恐女子有违礼的情况。以此教育百姓,仍有妇人礼节不周。"

仲尼曰:"君子中庸,小人反中庸。君子之中庸也,君子而时中;小人之中①庸也,小人而无忌惮也。"[礼记·中庸]①"中"上,王肃本有"反"字。

【释义】孔子说:"君子恪守中庸之道,小人反对中庸之道。君子的中庸之道,随时处于中庸之中;小人反对中庸之道,所以肆无忌惮。"

子曰:"中庸其至矣乎? 民鲜能久矣!"[礼记·中庸]

【释义】孔子说:"中庸是最高境界,人们很少能坚持。"

子曰:"道之不行也,我知之矣! 知者过之,愚者不及也。道之不明也,我知之矣! 贤者过之,不肖者不及也。人莫不饮食也,鲜能知味也。"[礼记·中庸]

【释义】孔子说:"中庸之道不能推行,我知道了。聪明的人认为不必提倡,愚蠢的人又不知该怎么实行。中庸之道不能说明,我知道了。贤明的人认为不必阐明了,愚笨的人又不明白。人没有不吃饭的,但很少有人知道食物的滋味。"

子曰:"道其不行矣夫!"[礼记·中庸]

【释义】孔子说:"中庸之道不能推行吗?"

子曰:"舜其大知也与! 舜好问而好察迩言,隐恶而扬善,执其两端用其中于民。其斯以为舜乎!"[礼记·中庸]

【释义】孔子说:"舜是很有智慧的人。舜好问又察言观色,隐去错误的意思,发扬正确的意思,掌握了言论中的两个极端,而把中间的部分交给人们。这就是舜的为人。"

子曰:"人皆曰予知,驱而纳诸罟攫陷阱之中,而莫之知辟也。人皆曰予知,择乎中庸而不能期月守也。"[礼记·中庸]

【释义】孔子说:"人们都说我聪明,如果把我赶到罗网陷阱中,我也不知如何逃避。人们都说我聪明,我得到了中庸之道,但不能坚持一个月。"

子曰:"回之为人也,择乎中庸,得一善则拳拳服膺,而弗失之矣。"[礼记·中庸]

【释义】孔子说:"颜回的为人,恪守中庸之道,得到一点正确的思想就努力坚持,不使之丧失。"

子曰:"天下国家可均也,爵禄可辞也,白刃可蹈也,中庸不可能也。"[礼记·中庸]

【释义】孔子说:"天下的国家都能治理,爵位俸禄可以扔掉,刀山火海可以去,但中庸之道难以坚守。"

子路问强,子曰:"南方之强与? 北方之强与? 抑而强与? 宽柔以教,不报无道。南方之强也,君子居之。衽金革死而不厌,北方之强也,而强者居之。故君子和而不流,强哉矫! 中立而不倚,强哉矫! 国有道,不变塞焉,强哉矫! 国无道,至死不变,强哉矫!"[礼记·中庸]

【释义】子路问什么是坚强。孔子说:"你问的是南方人的坚强,还是北方人的坚强? 还是你自己的坚强? 宽容地教诲别人,忍受不公不想报复,这是南方人的坚强,君子据此而行。铁甲裹尸，死而不悔，这是北方人的坚强，尚武之人据此而行。所以君子与人和睦相处而不流俗，就是坚强。坚守中立，不偏不倚，就是坚强。国家有道，不改志向，就是坚强。国家无道，至死坚持操守，就是坚强。"

子曰："素^①隐行怪，后世有述焉，吾弗为之矣。君子遵道而行，半途而废，吾弗能已矣。君子依乎中庸，遁世不见知而不悔，唯圣者能之。"君子之道费而隐，夫妇之愚可以与知焉，及其至也，虽圣人亦有所不知焉。夫妇之不肖可以能行焉，及其至也，虽圣人亦有所不能焉。天地之大也，人犹有所憾。故君子语大，天下莫能载焉，语小，天下莫能破焉。《诗》云："鸢飞戾天，鱼跃于渊。"言其上下察也。君子之道，造端乎夫妇，及其至也，察乎天地。[礼记·中庸]①郑注云："素"读如"傃"。朱注云："素"当作"索"。

【释义】孔子说："探寻隐微，行为乖僻，后世有人记述这种行为，我不会这么做。君子遵循道义做事，半途而废，我不会这么做。君子遵循中庸之道，终生不为人知而不后悔，只有圣人能做到。"君子之道普通而又微妙，一般男女的智力都可以理解，但到了最高境界，圣人也不能完全悟透。一般品德的男女都可以践行，但到了最高境界，圣人也不能完全做到。天地这么大，人们还会感到有所缺憾。所以君子说大，天下每一个人能载得起。说小，天下每一个人能分得开。《诗经》说："鹰飞向天空，鱼游向深渊。"说的是天上地下都很充实。君子之道，发端于普通夫妇，到了最高境界，就充满天地间。

子曰："道不远人，人之为道而远人，不可以为道。《诗》云：'伐柯伐柯，其则不远。'执柯以伐柯，睨而视之，犹以为远。故君子以人治人，改而止。忠恕违道不远，施诸己而不愿，亦勿施于人。君子之道四，丘未能一焉：所求乎子以事父，未能也；所求乎臣以事君，未能也；所求乎弟以事兄，未能也；所求乎朋友先施之，未能也。庸德之行，庸言之谨，有所不足，不敢不勉。有余，不敢尽。言顾行，行顾言，君子胡不慥慥尔。"君子素其位而行，不愿乎其外：素富贵行乎富贵，素贫贱行乎贫贱，素夷狄行乎夷狄，素患难行乎患难，君子无入而不自得焉。在上位不陵下，在下位不援上，正己而不求于人，则无怨。上不怨天，下不尤人，故君子居易以俟命，小人行险以徼幸。[礼记·中庸]

【释义】孔子说："道并没有远离人，人们认为道远离人，是求不到道的。《诗经》说：

'拿着斧头去砍斧柄,斧柄就在眼前。'拿着斧头去砍斧柄,只要侧看一眼,不会遥远。所以君子以自身体会的道理去要求人,错误改正了就可以了。忠恕之道离人不远,施与自己身上不舒服的就不要施与别人身上。君子之道有四个方面,我一个方面也没做到:用要求儿子的孝道来侍奉父亲,我没做到;用要求下属的忠道来侍奉君主,我没做到;用要求弟弟的悌道来侍奉兄长,我没做到;用要求朋友的责任来对待朋友,我没做到。我只按平常的道德行事;用平常的言语说话,因为自身尚有不足,所以不敢不勉励自己。如果有余力,不敢不尽力。言语顾及行动,行动顾及言语,所以君子没有不真诚的。"君子按照他的位置行事;而不愿意参照他位置以外的条件:本来是富贵的,就按照富贵的条件行事;本来是贫贱的,就按照贫贱的条件行事,本来处于夷狄之中,就按照夷狄的条件行事;本来处于患难之中,就按照患难的条件行事,君子没有不按照自己的要求行事的。在上位的不欺负下属,在下位的不攀援上级,自己行为端正就不用要求别人,这样就没有怨恨了。上不怨天,下不尤人,所以君子在平易之中等待时机,小人铤而走险希望侥幸成功。

子曰:"射有似乎君子:失诸正鹄,反求诸其身。"君子之道,辟如行远必自迩,辟如登高必自卑。《诗》曰:"妻子好合,如鼓瑟琴。兄弟既翕,和乐且耽。宜尔室家,乐尔妻帑。"子曰:"父母其顺矣乎!"[礼记·中庸]

【释义】孔子说:"射箭有点像君子之行:没有射中,返回来检查自身。"君子之道,像走远路,必须从近处开始,像爬高山,必须从低处开始。《诗经》说:"夫妻好合,如琴瑟般和谐。兄弟和谐,欢乐融洽。使你的家庭舒适,使你的妻儿欢乐。"孔子说:"父母就顺心了。"

子曰:"鬼神之为德,其盛矣乎。视之而弗见,听之而弗闻,体物而不可遗。使天下之人齐明盛服,以承祭祀,洋洋乎如在其上,如在其左右。《诗》曰:'神之格思,不可度思,矧可射思。'夫微之显,诚之不可掩如此夫。"[礼记·中庸]

【释义】孔子说:"鬼神的德行,太盛大了。用眼睛看不见,用耳朵听不到,但体现在事物中又无处不在。使天下人准备了祭品,穿上礼服来祭祀,洋洋大观,好像鬼神就在头上,就在左右。《诗经》说:'鬼神的来去,不可捉摸,怎么能不恭敬呢。'事物从隐微到明显,人们的真情实感也是掩盖不住的。"

子曰:"舜其大孝也与!德为圣人,尊为天子,富有四海之内,宗庙飨之,子孙保之。故大德必得其位,必得其禄,必得其名,必得其寿。故天之生物,必因其材而笃焉。故栽者培之,倾者覆之。《诗》曰:'嘉乐君子,宪宪令德。宜民宜人,受禄于天。保佑命之,自天申之。'故大德者必受命。"[礼记·中庸]

【释义】孔子说:"舜真是大孝。德行堪称圣人,贵为天子,四海之内,人们修建宗庙祭祀他,子孙后代怀念他。所以大德之人会得到应有的地位,应有的俸禄,应有的名声,应有的寿命。所以天地万物,一定因其材而给予补养。所以可栽的培育它,倒下的埋掉它。《诗经》说:'崇高的君子,有着美好的品德。有利于人民,受禄于天。保佑他、任命他,上天会赐福。'所以大德之人一定会受命担负重任。"

子曰:"无忧者,其唯文王乎!以王季为父,以武王为子,父作之,子述之。武王缵大王、王季、文王之绪,壹戎衣而有天下,身不失天下之显名,尊为天子,富有四海之内,宗庙飨之,子孙保之。武王末受命,周公成文武之德,追王大王、王季,上祀先公以天子之礼。斯礼也,达乎诸侯大夫及士庶人。父为大夫,子为士,葬以大夫,祭以士。父为士,子为大夫,葬以士,祭以大夫。期之丧,达乎大夫。三年之丧,达乎天子。父母之丧无贵贱,一也。"[礼记·中庸]

【释义】孔子说:"没有忧患的人,只有文王了。有王季做父亲,有武王做儿子,父亲创业,儿子继承。武王继承了大王、王季、文王的事业,穿着戎衣就有了天下,得到了显耀天下的美名,尊为天子,四海之内,人们修建宗庙祭祀他,子孙后代怀念他。武王晚年接受命令,周公继承文王、武王的德行,追认大王、王季为王,以天子之礼祭祀他们。这一礼制,贯彻到诸侯、大夫及士、庶人。父亲为大夫,儿子为士,那么以士之礼安葬,以大夫之礼祭祀。到了周年,执行大夫的标准。三年之丧,天子也得服。因为父母治丧没有贵贱之分,是一样的。"

子曰:"武王、周公,其达孝矣乎!夫孝者,善继人之志,善述人之事者也。春秋修其祖庙,陈其宗器,设其裳衣,荐其时食。宗庙之礼,所以序昭穆也。序爵,所以辨贵贱也。

序事,所以辨贤也。旅酬下为上,所以逮贱也。燕毛,所以序齿也。践其位,行其礼,奏其乐,敬其所尊,爱其所亲,事死如事生,事亡如事存,孝之至也。郊社之礼,所以事上帝也,宗庙之礼,所以祀乎其先也。明乎郊社之礼,禘尝之义,治国其如示诸掌乎?"[礼记·中庸]

【释义】孔子说:"武王、周公多通晓孝道!孝道,在于善于继承先人的志向,完成先人未完成的事业。春秋时祭祀祖庙,陈列先人的器物,摆设先人的衣物,供奉四时的食物。宗庙之礼,在于辨别昭穆的顺序。排列爵位,是为了分辨贵贱。分配职事,是为了分辨贤明。众人依次敬酒,表明上下之分。祭祀后的饮酒,以年龄为序。祭祀后,按照自己的位次,行该行之礼,奏该奏之乐,敬所尊之人,爱护所亲之人,侍奉死者像侍奉生者,侍奉亡人像侍奉生人,这是孝的极致。郊社之礼是为了纪念上天,宗庙之礼是为了祭祀祖先。明白了郊社之礼和禘尝之义,治理国家不就像看自己的手掌一样容易吗?"

哀公问政,子曰:"文武之政,布在方策。其人存,则其政举;其人亡,则其政息。人道敏政,地道敏树。夫政也者,蒲卢也。故为政在人,取人以身,修身以道,修道以仁。仁者人也,亲亲为大。义者宜也,尊贤为大。亲亲之杀,尊贤之等,礼所生也。在①下位不获乎上,民不可得而治矣。故君子不可以不修身,思修身,不可以不事亲;思事亲,不可以不知人;思知人,不可以不知天。天下之达道五,所以行之者三。曰君臣也、父子也、夫妇也、昆弟也、朋友之交也,五者天下之达道也。知、仁、勇三者,天下之达德也,所以行之者一也。或生而知之,或学而知之,或困而知之,及其知之一也。或安而行之,或利而行之,或勉强而行之,及其成功一也。"[礼记·中庸]①郑注云:此句(在下位以下十四字)在下误重在此。

【释义】哀公询问为政之道。孔子说:"文王武王的情况,都写在书上。这样的人存在,那种政治就存在。这样的人消亡了,那种政治就消失了。人对于政治的敏感,好像土地对于树的敏感。政治,就像地上的蒲卢。所以为政在于人,要从自身开始自省,以道修身,以仁修道。仁就是人,以敬爱自己的亲人为最根本的法则。义就是适宜,以尊重贤者为最根本的法则,从敬爱自己的亲人出发,向四周逐渐减少,尊重贤者也根据对象而有差别,这就是礼产生的根源。处在下位的人如果得不到上级的信任,百姓就不可能治理好。所以君子不能不修身,想修养自身,不能不侍奉亲人;想侍奉亲人,不能不了解人;想了解人,不能不懂得天。天下最根本的关系有五种,其中使人际关系和谐的道德有三种。君臣、父子、夫妇、兄弟、朋友之间的关系,是最根本的五种关系。智慧、仁爱、勇敢,是最根本的三项道德,用来协调人际关系。有些人生来就懂得这些道理,有些人通过学习懂得,有些人通过克服困难懂得,但懂得的都是一样的。有些人是发自内心去实行,有些人是因为利益去实行,有些人则是勉强去实行,但获得的成功是一样的。"

子①曰:"好学近乎知,力行近乎仁,知耻近乎勇。知斯三者,则知所以修身,知所以修身,则知所以治人,知所以治人,则知所以治天下国家矣。凡为天下国家有九经,曰修身也,尊贤也,亲亲也,敬大臣也,体群臣也,子庶民也,来百工也,柔远人也,怀诸侯也。修身则道立,尊贤则不惑,亲亲则诸父昆弟不怨,敬大臣则不眩,体群臣则士之报礼重,子庶民则百姓劝,来百工则财用足,柔远人则四方归之,怀诸侯则天下畏之。齐明盛服,非礼不动,所以修身也。去谗远色,贱货而贵德,所以劝贤也。尊其位,重其禄,同其好恶,所以劝亲亲也。官盛任使,所以劝大臣也。忠信重禄,所以劝士也。时使薄敛,所以劝百姓也。日省月试,既廪称事,所以劝百工也。送往迎来,嘉善而矜不能,所以柔远人也。继绝世,举废国,治乱持危,朝聘以时,厚往而薄来,所以怀诸侯也。凡为天下国家有九经,所以行之者一也。凡事豫则立,不豫则废。言前定则不跲,事前定则不困,行前定则不疚,道前定则不穷。在下位不获乎上,民不可得而治矣。获乎上有道,不信乎朋友,不获乎上矣。信乎朋友有道,不顺乎亲,不信乎朋友矣。顺乎亲有道,反诸身不诚,不顺乎亲矣。诚身有道,不明乎善,不诚乎身矣。诚者,天之道也;诚之者,人之道也。诚者不勉而中,不思而得,从容中道,圣人也。诚之者,择善而固执之者也。博学之,审问之,慎思之,明辨之,笃行之。有弗学,学之弗能弗措也;有弗问,问之弗知弗措也;有弗思,思之弗得弗措也;有弗辨,辨之弗明弗措也;有弗行,行之弗笃弗措也。人一能之,己百之,人十能之,己千之。果能此道矣,虽愚必明,虽柔必强。"自诚明,谓之性,自明诚,谓之教。诚则明矣,明则诚矣。唯天下至诚,为能尽其性;能尽其性,则能尽人之性;能尽人之性,则能尽物之性;能尽物之性,则可以赞天地之化育;可以赞天地之化育,则可以与天地参矣。其次致曲。曲能有诚,诚则形,形则著,著则明,明则动,动则变,变则化。唯天下至诚为能化。至诚之道可以前知。国家将兴,必有祯祥;国家将亡,必有妖孽。见乎蓍龟,动乎四体。祸福将至,善必先知之,不善必先知之。故至诚如神。诚者自成也,而道自道也。诚者物之终始,不诚无物。是故君子诚之为贵。诚者,非自成己而已也,所以成物也。成己,仁也;成物,知也。性之德也,合外内之道也。故时措之宜也。故至诚无息,不息则久,久则征,征则悠远,悠远则博厚,博厚则高明。博厚所以载物也,高明所以覆物也,悠久所以成物也。博厚配地,高明配天,悠久无疆。如此者不见而章,不动而变,无为而成。天地之道,可一言而尽也:其为物不贰,则其生物不测。天地之道,博也,厚也,高也,明也,悠也,久也。今夫天,斯昭昭之多,及其无穷也,日月星辰系焉,万物覆焉。今夫地,一撮土之多,及其广大,载华岳而不重,振河海而不泄,万物载焉。今夫山,一拳石之多,及其广大,草木生之,禽兽居之,宝藏兴焉。今夫水,一勺之多,及其不测,鼋鼍蛟龙鱼鳖生焉,货财殖焉。《诗》曰:"惟天之命,于穆不已。"盖曰天之所以为天也。"于乎不显,文王之德之纯",盖曰文王之所以为文也,纯亦不已。大哉圣人之道!洋洋乎发育万物,峻极于天。优优大哉,礼仪三百,威仪三千,待其人然后行。故曰:"苟不至德,至道不凝焉。"故君子尊德性而道问学,致广大而尽精微,极高明而道中庸,温故而知新,敦厚以崇礼。是故居上不骄,为下不倍。国有道,其言足以兴,国无道,其默足以容。《诗》曰:"既明且哲,以保其身。"其此之谓与。[礼记·中庸]①《孔疏》云:前文(七四六)夫子答哀公为政须修身、知人、行五道三德之事,此以下夫子更为哀公广说修身治天下之道有九种常行之事,又明修身在于至诚,若能至诚,所以赞天地动蓍龟也,博厚配地,高明配天。○朱

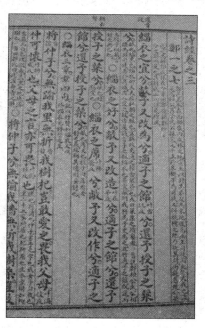

《诗经》书影

【释义】孔子说："努力学习就近乎智,身体力行就近乎仁,懂得耻辱就近乎勇。知道这三者,就懂得了如何修养自身,知道如何修养自身,就知道如何治理别人,知道如何治理别人,就知道如何治理天下或国家了。凡是治理天下或国家,有九项基本原则,分别是修养自身,尊重贤者,孝敬亲人,尊敬大臣,体恤群臣,爱护百姓,招徕百工,怀柔远人,安抚诸侯。修养自身那么道德就能树立,尊重贤者就不会迷惑,孝敬亲人叔父兄弟就不会怨恨,尊敬大臣就不会被迷惑,体恤群臣那士人就能倾力回报,爱护百姓就能使百姓受鼓舞,招徕百工就能使钱财充足,怀柔远人那四方就会来归附,安抚诸侯就能使天下敬畏。祭器干净,祭服华丽,不符合礼节就不行动,这样才能修养自身。远离谗言和美色,看轻财物看重品德,这样才能尊重贤者。尊重亲人的地位,看重他的俸禄,与亲人同好恶,这样才能孝敬亲人。官员众多而能各司其职,这样才能尊敬大臣。提倡忠信,加大俸禄,这样才能体恤群臣。使民于时,减轻税赋,这样才能爱护百姓。经常巡视不断考察,使供给的粮食充足,这样才能招徕百工。迎接来者,送别归者,奖励善行,同情不幸,这样才能怀柔远人。使绝世延续,使国家复兴,治理乱世扶持危亡,按时上朝,待人厚道而取人微薄,这样才能安抚诸侯。凡治理国家有九项原则,可以成功执行的只有一个原则。凡事有准备就能成功,没有准备就会失败。说话有准备就不会失言,办事前有准备就不会有困难,行动前有准备就不会忧虑,预先有道德修养就不会行不通。处在下位的人如果得不到上级的信任,百姓就不可能治理好。得到上级的信任有方法,不能获得朋友的信任,就不能得到上级的信任。得到朋友的信任有方法,不能孝敬父母,就不能得到朋友的信任。孝敬父母有方法,如果反躬自省没有诚意,就不能孝敬父母。反躬自省有方法,不明白善的真义,就不能反躬自省。诚,是上天的道,达到诚,是人要遵循的道。诚,不努力就能符合,不思考就能达到,从容自在而合乎中庸之道,这就是圣人。要达到诚,就要选择善并始终坚持。广博地学习,审慎地提问,慎重地思考,清楚地辨识,笃实地践行。要么不学习,学习而未能领悟就不放下;要么不提问,提问而未懂就不放下;要么不思考,思考而未通就不放下;要么不辨识,辨识不清就不放下;要么不践行,践行不坚持就不放下。别人一次能成功，我用一百次，别人十次能成功，我用一千次。如果能这样，即使愚昧的人也能变聪明，柔弱的人也能变刚强。"从至诚达到聪明，是天性，从聪明达到至诚，是教育。至诚就能聪明，聪明就能至诚。天下只有至诚，才能呈现天地的本性；使天地呈现本性，才能使人呈现本性；使人呈现本性，才能使万物呈现本性；使万物呈现本性，才能帮助天地孵化万物；可以帮助天地孵化万物，才能与天地并列。其次是推究人事。人事中有至诚，至诚必然形之于外，形之于外就会显著突出，显著突出就会引人注目，引人注目就会感动万物，感动万物就会引起变化，引起变化就会使万物化育。只有至诚才能使万物化育。至诚之道可以预知。国家将要复兴，一定有好的兆头；国家将要灭亡，一定有坏的迹象。这些征兆，能从占卜中得知，也能从人的举止中察知。祸福将至，好的一定能预知，坏的也能预知。所以，至诚之道有如神灵。诚是自己完成，道是理所当然。诚体现在万物的始终。不诚就没有万物。所以以诚为贵。诚，不仅仅是自己完成自己，还要完成万物。完成自己，是仁，完成万物，是智。天性的原理要符合内外的常理。所以要把握合宜的分寸。所以至诚生生不息，不息就会长久，长久就会显现，显现就会永存，永存就会博厚，博厚就会高明。博厚可以载物，高明可以覆物，长久可以成物。博厚合乎天，高明合乎地，悠久没有界限。这样就在无形中显现，在不动中变化，在无为中生成。天地之道也可以用一句话概括：成物始终为一，生物变幻莫测。天地之道，博大，宽厚，高远，光明，悠久，长远。天，多么光明，推至无穷，日月星辰悬挂其下，万物在它的覆盖之下。地，一撮土不多，推至广大，载着山岳不觉得重，容纳河海不泄露，承载着万物。山，一块石头不算多，推至广大，草木在上生长，禽兽在此居住，宝藏藏于其中。水，一勺水不算多，推至无穷，鼋鼍蛟龙鱼鳖生活其中，财宝货物藏于其中。《诗经》说："上天之命，光辉而生生不息。"这是说天之所以为天。"多么显耀，文王的道德多么纯粹"，这是说文王之所以为文，就在于纯粹。圣人之道真是伟大！广大无边孕育万物，又高耸入云。宽广舒适，礼仪、威仪规范盛大，等待人们去践行。所以说："如果没有德行，再好的道理也没法实现。"所以君子尊重德行，提倡努力学习，涉猎广泛又要专研精微，非常高明又推崇中庸，温习旧的学习新的，敦厚又推崇礼节。所以居上位不骄傲，居下位不违背。国家有道，其言论可以振兴国家,国家无道,其沉默可以保存自身。《诗经》说:"既明事理又懂哲理,才能保存自身。"说的就是这个道理。

子曰:"愚而好自用,贱而好自专,生乎今之世,反古之道,如此者,灾及其身者也。"非天子不议礼,不制度,不考文。今天下车同轨,书同文,行同伦。虽有其位,苟无其德,不敢作礼乐焉。虽有其德,苟无其位,亦不敢作礼乐焉。[礼记・中庸]

【释义】孔子说:"愚昧又刚愎自用,贫贱又专横独断,生活在现在,又想复原古代之道,这样的人,灾祸就要降临到他头上。"不是天子,就不议论礼制,不制定制度,不考究文字。现在天下车轮的轨道相同,书写的文字相同,行为准则相同。虽然有天子之位,如果没有德行。就不敢制作礼乐。虽然有德行,如果没有天子之位,也不敢制作礼乐。

子曰:"吾说夏礼,杞不足征也。吾学殷礼,有宋存焉。吾学周礼,今用之,吾从周。"王天下有三重焉,其寡过乎。上焉者,虽善无征,无征不信,不信民弗从。下焉者,虽善不尊,不尊不信,不信民弗从。故君子之道,本诸身,征诸庶民,考诸三王而不缪,建诸天地而不悖,质诸鬼神而无疑,百世以俟圣人而不惑。质诸鬼神而无疑,知天也;百世以俟圣人而不惑,知人也。是故君子动而世为天下道,行而世为天下法,言而世为天下则。远之则有望,近之则不厌。《诗》曰:"在彼无恶,在此无射。庶几夙夜,以永终誉。"君子未有不如此,而蚤有誉于天下者也。[礼记・中庸]

【释义】孔子说:"我想讲夏礼,但杞国不能考察。我想学殷礼,只有宋国可以考证。我学习周礼,现在用的正是周礼,所以我遵从周礼。"治理天下要注意三件事,可以少犯错误。以前的礼制,虽然好但没有考证,没有考证就不能令人信服,不能令人信服人们就不会遵从。后代的礼制,虽然好但没有威信,没有威信就不能令人信服,不能令人信服人们就不会遵从。所以君子之道,一定要从自身出发,从人们身上体验,对照三王的制度而不违背,施行天下而不混乱,祭祀鬼神而不怀疑,这样百世以后的圣人也不会迷惑。祭祀鬼神而不怀疑,这是知天;百世以后的圣人也不会迷惑,这是知人。所以君子的举动为天下人称道,行为作为天下人的准则。远离时人们尊敬,靠近时人们也不讨厌。《诗经》说:"在远处不嫌弃,在近处不讨厌。早晨晚上一样,名声永远流传。"君子没有不如此而能闻名天下的。

仲尼祖述尧舜，宪章文武，上律天时，下袭水土。辟如天地之无不持载，无不覆帱，辟如四时之错行，如日月之代明。万物并育而不相害，道并行而不相悖。小德川流，大德敦化，此天地之所以为大也。唯天下至圣为能聪明睿智，足以有临也；宽裕温柔，足以有容也；发强刚毅，足以有执也；齐庄中正，足以有敬也；文理密察，足以有别也。溥博渊泉，而时出之。溥博如天，渊泉如渊，见而民莫不敬，言而民莫不信，行而民莫不说。是以声名洋溢乎中国，施及蛮貊。舟车所至，人力所通，天之所覆，地之所载，日月所照，霜露所队，凡有血气者，莫不尊亲。故曰配天。唯天下至诚，为能经纶天下之大经，立天下之大本，知天地之化育，夫焉有所倚。肫肫其仁，渊渊其渊，浩浩其天，苟不固聪明圣知达天德者，其孰能知之？《诗》曰："衣锦尚絅。"恶其文之著也。故君子之道，暗然而日章；小人之道，的然而日亡。君子之道，淡而不厌，简而文，温而理，知远之近，知风之自，知微之显，可与入德矣。《诗》云："潜虽伏矣，亦孔之昭。"故君子内省不疚，无恶于志，君子所不可及者，其唯人之所不见乎。《诗》云："相在尔室，尚不愧于屋漏。"故君子不动而敬，不言而信。《诗》曰："奏假无言，时靡有争。"是故君子不赏而民劝，不怒而民威于鈇钺。《诗》曰："不显惟德，百辟其刑之。"是故君子笃恭而天下平。《诗》曰："予怀明德，不大声以色。"［礼记·中庸］

【释义】孔子继承尧舜传统，遵循文武之道，上效法天时，下顺应水土。正如天地无不承载于其上，无不覆盖于其下，正如四季循环，日月交替。万物一起生长而不相互伤害，大道并行而不相互违背。小德如川流，大德孕育万物，这是天地为大的原因。只有天下最圣明的人才能聪明睿智，才能居于上位；宽容温柔，可以容纳万物；刚强坚毅，可以做事果断；恭敬庄重，可以做事认真；条理分明，可以分辨一切。犹如泉水，经常涌出。宽广如天，深沉如渊。一出现，人们没有不尊敬的，说的话人们没有不相信的，举止行为人们没有不高兴的。所以名望遍及中国，影响蛮夷。舟车所到之处，人力能通达的地方，天覆盖的地方，地承载的区域，日月照耀的地方，霜露落下的地方，凡是有人的地方，没有不尊敬的，所以说圣人可以配天。只有天下至诚之人，才能把握天下命脉，树立天下的根本，知道天地的化育,使治理天下有所依据。总是诚诚恳恳显示仁德,深沉如深渊,浩荡如上天。如果不是聪明而能通达上天之德的人,谁能知道呢?《诗经》说:"穿着锦缎加外衣。"这是担心锦缎太耀眼。所以君子之道,隐微而彰显;小人之道,耀眼而消亡。君子之道,平淡而不厌倦,简单而有才华,温和而正直,懂得遥远源于近处,知道风的来源,知道显著的隐微,这就懂得德行了。《诗经》说:"虽然潜伏,但很明显。"所以君子自我反省而不内疚,无愧于自己的操守,君子让人不能及的地方,就在于人们看不到的地方。《诗经》说:"看你的家里,尚无愧于角落。"所以君子不行动而能获得尊敬,不说话而能获得信任。《诗经》说:"祖先默默,子孙肃静。"所以君子不加赞赏而百姓勤奋,不发怒而百姓生畏。《诗经》说:"君子之道不显,天下君王都效法。"所以君子笃实谦恭而天下太平。《诗经》说:"我光明磊落,说话声音不大,神情不严厉。"

子曰:"声色之于以化民,末也。"《诗》曰:"德輶如毛,毛犹有伦。""上天之载,无声无臭。"至矣。[礼记·中庸]

【释义】孔子说:"声色严厉地教育百姓,这是最坏的做法。"《诗经》说:"以德服人,轻而易举,轻如毛发,尚可比对。""上天承载万物,无声无息。"这是至高的道理。

子言之:"归乎!君子隐而显,不矜而庄,不厉而威,不言而信。"[礼记·表记]

【释义】孔子说:"回来吧!君子隐微而外显,不矜持而庄重,不严厉而有威信,不说话而有诚信。"

子曰:"君子不失足于人,不失色于人,不失口于人。是故君子貌足畏也,色足惮也,言足信也。《甫刑》曰:'敬忌而罔有,择言在躬。'"[礼记·表记]

【释义】孔子说:"君子举止不失态,神色不失态,说话不失态。所以君子容貌使人畏惧,神色让人忌惮,言语让人信服。《甫刑》说:'严肃恭敬,自身没有不足。'"

子曰:"裼袭之不相因也,欲民之毋相渎也。"[礼记·表记]

【释义】孔子说:"对于不同的人,裼和袭不能不变化,这是让人们不能轻慢。"

子曰:"祭极敬,不继之以乐;朝极辨,不继之以倦。"[礼记·表记]

【释义】孔子说:"祭祀恭敬,饮酒但不作乐。治理朝事,不能因疲倦而疏忽。"

子曰:"君子慎以辟祸,笃以不掩,恭以远耻。"[礼记·表记]

【释义】孔子说:"君子行为谨慎以避免祸患,笃实厚道以避免窘迫,恭敬以远离耻辱。"

子曰:"君子庄敬日强,安肆日偷,君子不以一日使其躬儳焉,不终日。"[礼记·表记]

【释义】孔子说:"君子庄重恭敬才能日日进步,安逸放肆就会退步,君子一天也不能让自己散漫,以致像小人一样惶惶不可终日。"

子曰:"齐戒以事鬼神,择日月以见君,恐民之不敬也。"[礼记·表记]

【释义】孔子说:"以齐戒祭祀鬼神,选择时间会见国君,这是为了防止人们不恭敬。"

子曰:"狎侮死焉,而不畏也。"[礼记·表记]

【释义】孔子说:"有人因狎戏轻侮而死,但并不觉得害怕。"

子曰:"无辞不相接也,无礼不相见也,欲民之毋相亵也。《易》曰:'初筮告,再三渎,渎则不告。'"[礼记·表记]

【释义】孔子说:"没有言辞不想接,没有礼节不想见,这是要使人们不要相互亵渎。《易经》说:'初次占卜就告诉,如果再三占卜,就不会告诉。'"

子言之:"仁者,天下之表也,义者,天下之制也,报者,天下之利也。"[礼记·表记]

【释义】孔子说:"仁,是天下的典范,义,是天下事物的标准,德怨之报,是天下的利益。"

子曰:"以德报德,则民有所劝;以怨报怨,则民有所惩。《诗》曰:'无言不仇,无德不报。'《大甲》曰:'民非后,无能胥以宁。后非民,无以辟四方。'"[礼记·表记]

【释义】孔子说:"以怨报德,人们就会相互勉励规劝。以德报怨,人们就会感到畏惧。《诗经》说:'说话有对象,好事有回报。'《大甲》说:'人民没有国君,就不会安宁;国君没有人民,也就无法开辟四方。'"

子曰:"以德报怨,则宽身之仁也;以怨报德,则刑戮之民也。"[礼记·表记]

【释义】孔子说:"以德报怨,是宽厚的仁者;以怨报德,是刑戮的小人。"

子曰:"无欲而好仁者,无畏而恶不仁者。天下一人而已矣,是故君子议道自己,而置

法以民。"［礼记·表记］

【释义】孔子说："没有欲望而好行仁德的人，无所畏惧，厌恶不行仁德的人。这种人天下很少。所以君子讨论仁德从自身出发，设置法规从百姓出发。"

子曰："仁有三，与仁同功而异情。与仁同功，其仁未可知也；与仁同过，然后其仁可知也。仁者安仁，知者利仁，畏罪者强仁。仁者右也，道者左也。仁者人也，道者义也。厚于仁者薄于义，亲而不尊。厚于义者薄于仁，尊而不亲。道有至，义有考。至道以王，义道以霸，考道以为无失。"［礼记·表记］

【释义】孔子说："仁有三种情况，效果相同心情不同。从效果看，行仁的心情不容易区分；但从人们忽视的地方看，行仁的心情就可以区分。有仁德的人，安于行仁，有智慧的人，懂得行仁，害怕惩罚的人勉强行仁。仁像右手，使用起来很顺利，道像左手，使用起来不太顺利。仁就是人，道就是义。厚于仁而薄于义，就会表现为仁爱而缺少尊敬。厚于义而薄于仁，就表现为尊敬而缺少仁爱。道有最高，义有考察。最高的道是王者，合适的道可以成为诸侯，考察之道可以没有过失。"

子言之："仁有数，义有长短小大。中心僭怛，爱人之仁也；率法而强之，资仁者也。《诗》云：'丰水有芑，武王岂不仕。诒厥孙谋，必燕翼子。武王烝哉。'数世之人也。《国风》曰：'我今不阅，皇恤我后。'终身之仁也。"［礼记·表记］

【释义】孔子说："仁有深浅，道有长短大小。心怀悲天悯人之情，是爱人之仁；徇法而强为之，是取资之仁。《诗经》说：'水芹长满丰水旁，武王岂是无事忙？传下谋略为子孙，保佑后代享国长。武王真是好君王！'这是数代的仁。《国风》说：'我尚不能被收容，哪里能为后代担忧呢。'这是一代的仁。"

子曰："仁之为器重，其为道远，举者莫能胜也，行者莫能致也。取数多者，仁也。夫勉于仁者不亦难乎？是故君子以义度人，则难为人；以人望人，则贤者可知已矣。"［礼记·表记］

【释义】孔子说："仁好像一件器物，也好像一条道路，想举起这个器物，没人能做到。想走完这条路，没人能达到。谁举到最终，走的最远，谁就是仁者。勉强为仁，不是很难吗？所以君子用仁的标准来看人，世人就难以称为人。以人的标准来看人，贤者就容易找到。”

子曰：“中心安仁者，天下一人而已矣。《大雅》曰：‘德輶如毛，民鲜克举之。我仪图之，惟仲山甫举之，爱莫助之。’《小雅》曰：‘高山仰止，景行行止。’”子[1]曰：“《诗》之好仁如此，乡道而行，中道而废，忘身之老也。不知年数之不足，俛焉日有孳孳，毙而后已。”［礼记·表记］[1]“子曰”二字恐衍。

【释义】孔子说：“内心安于仁德的人，天下很少。《大雅》说：‘仁德轻如毛，人们举不起。我认为只有仲山甫能举起来，但人们却爱莫能助。’《小雅》说：‘高山为人们所敬仰，大路为人们所共行。’”孔子说：“《诗经》是那么爱好仁德，向着大路向前，中途而废，忘了自己已老。不计较还有多少岁月，尽力行仁，死而后已。”

子曰：“仁之难成久矣。人人失其所好，故仁者之过易辞也。”［礼记·表记］

【释义】孔子说：“行仁很难由来已久。人们失去了美好的天性，所以仁者的过失容易被谅解。”

子曰：“恭近礼，俭近仁，信近情。敬让以行，此虽有过，其不甚矣。夫恭寡过，情可信，俭易容也，以此失之者，不亦鲜乎？《诗》曰：‘温温恭人，惟德之基。’”［礼记·表记］

【释义】孔子说：“恭敬近乎礼，简朴近乎仁，诚信近乎人情。以谦让待人，即使有过失也不会太重。恭敬就会减少差错，近人情可以让人信任，简朴可以使人可容，这种人犯错误很少。《诗经》说：‘温和谦恭，是仁德的基础。’”

子曰：“仁之难成久矣！唯君子能之。是故君子不以其所能者病人，不以人之所不能者愧人。是故圣人之制行也，不制以已，使民有所劝勉愧耻，以行其言，礼以节之，信以结之，容貌以文之，衣服以移之，朋友以极之，欲民之有壹也。《小雅》曰：‘不愧于人，不畏于天。’是故君子服其服，则文以君子之容；有其容，则文以君子之辞；遂其辞，则实以君子之德。是故君子耻服其服而无其容，耻有其容而无其辞，耻有其辞而无其德，耻有其德而无其行。是故君子衰绖则有哀色，端冕则有敬色，甲胄则有不可辱之色。《诗》云：‘惟鹈在梁，不濡其翼。彼记之子，不称其服。’”［礼记·表记］

【释义】孔子说:"行仁难有成就由来已久。只有君子才能做到。所以君子不以自己所能来责备别人,不以自己所不能去嘲笑别人。所以君子规范人们的行为,不是以自己的行为规范别人,而是让人们自勉,懂得羞耻,用行动来实现自己的诺言,用礼制来调节,用诚信相联系,用容貌来文饰,用衣服来改变,用朋友来团结,使人们一心向善。《小雅》说:'对人不愧疚,对天不畏惧。'所以君子穿着君子的衣服,以君子的仪容来配合;有了仪容,再以君子的言辞来修饰;有了言辞,再以君子的德行来充实。所以君子以穿着君子的衣服而无君子的仪容为耻,以有君子的仪容而无君子的言辞为耻,以有君子的言辞而无君子的德行为耻,以有君子的德行而无君子的行为为耻。所以君子穿上丧服有哀色,穿上礼服有敬色,穿上甲胄有不可辱之色。《诗经》说:'鹈鹕在石梁上,不弄湿羽毛。穿着君子衣服的人,德行与衣服不相称。'"

子言之:"君子之所谓义者,贵贱皆有事于天下。天子亲耕,粢盛秬鬯,以事上帝,故诸侯勤以辅事于天子。"[礼记·表记]

【释义】孔子说:"君子所谓的义,就是无论贵贱都要做本分的事。天子亲自耕种,把自己种的粮食做成酒,祭祀上天和祖先,所以诸侯尽力辅佐天子。"

子曰:"下之事上也,虽有庇民之大德,不敢有君民之心,仁之厚也。是故君子恭俭以求役仁,信让以求役礼,不自尚其事,不自尊其身,俭于位而寡于欲,让于贤,卑己而尊人,小心而畏义。求以事君,得之自是,不得自是,以听天命。《诗》云:'莫莫葛藟,施于修枝。凯弟君子,求福不回。'其舜、禹、文王、周公之谓与? 有君民之大德,有事君之小心。《诗》云:'惟此文王,小心翼翼,昭事上帝,聿怀多福。厥德不回,以受方国。'"[礼记·表记]

【释义】孔子说:"居下位的人侍奉上位的人,下位的人即使有庇护百姓的大德,也不能有成为国君之心,这是仁德的表现。所以君子恭敬节俭以求行仁,诚信谦让以求行礼,不自我夸大,不吹嘘自己,在位节俭,减少欲望,让位给贤人,贬低自己尊重他人,做事小心而畏惧仁义。以此来事君,得意时是这样,失意时也是这样,以听从天命。《诗经》说:'茂盛的葛藟,树枝四处生长。平和的君子,一心求善行。'这是说舜、禹、文王、周公吧?他们有治理天下的大德,有侍奉君主的小心。《诗经》说:'只有文王,小心翼翼,侍奉上天,祈求多福。修炼品德,得到其他国家的拥护。'"

子曰:"先王谥以尊名,节以壹惠,耻名之浮于行也。是故君子不自大其事,不自尚其功,以求处情;过行弗率,以求处厚;彰人之善而美人之功,以求下贤。是故君子虽自卑,而民敬尊之。"[礼记·表记]

【释义】孔子说:"先王用谥号来概括一生的功德,为了使名声得到尊重,以名声超过德行为耻。所以君子不夸大自己,不夸耀自己的功德,力求符合实情;不做出过分的行为,力求处世厚道;表彰别人的善行,夸奖别人的行为,以得到贤人。所以君子虽然处世低调,但百姓仍敬重他。"

子曰:"后稷天下之为烈也,岂一手一足哉? 唯欲行之浮于名也,故自谓便人。"[礼记·表记]

【释义】孔子说:"后稷是天下功业的创造者,不是一只手、一只足所能达到的。他只想让功德超过名声,所以自称为便人。"

子言之:"君子之所谓仁者,其难乎!《诗》云:'凯弟君子,民之父母。'凯以强教之,弟以说安之。乐而毋荒,有礼而亲,威庄而安,孝慈而敬,使民有父之尊,有母之亲。如此而后可以为民父母矣。非至德其孰能如此乎? 今父之亲子也,亲贤而下无能;母之亲子也,贤则亲之,无能则怜之。母亲而不尊,父尊而不亲。水之于民也,亲而不尊,火尊而不亲;土之于民也,亲而不尊,天尊而不亲;命之于民也,亲而不尊,鬼尊而不亲。"[礼记·表记]

【释义】孔子说:"君子所说的仁,很难做到。《诗经》说:'和乐的君子,是民之父母。'凯是以自强的精神教育人们,悌是以和乐的态度安抚人们。欢乐而不荒废事业,礼貌而相互亲近,威严而又安静,孝顺而又尊敬,使人们有父亲的尊严,母亲的亲和。这样才能成为人们的父母。如果没有崇高的德行,谁能做到这一点呢? 现在的父亲,亲近贤能的儿子而贬低无能的儿子;母亲则是亲近贤能的儿子,而怜惜无能的儿子。母亲有亲情而无尊严,父亲有尊严而无亲情。犹如水,只有亲近没有尊严。火,只有尊严没有亲近。犹如土,只有亲近没有尊严,天,只有尊严没有亲近。犹如政令,只有亲近没有尊严,而鬼神,只有尊严没有亲近。"

子曰:"夏道尊命,事鬼敬神而远之,近人而忠焉。先禄而后威,先赏而后罚,亲而不尊。其民之敝,蠢而愚,乔而野,朴而不文。殷人尊神,率民以事神,先鬼而后礼,先罚而后赏,尊而不亲。其民之敝,荡而不静,胜而无耻。周人尊礼尚施,事鬼敬神而远之,近人而忠焉,其赏罚用爵列,亲而不尊。其民之敝,利而巧,文而不惭,贼而蔽。"[礼记·表记]

【释义】孔子说:"夏朝人勤于做事,侍奉鬼神而远离鬼神之道,贴近人情并尽心尽力。先利禄而后威严,先奖赏而后惩罚,亲近而没有尊严。人们的弊病是,蠢笨愚昧,傲慢粗俗,朴实而没有才华。殷朝人尊重鬼神,带领人们侍奉鬼神,尊重鬼神而轻视礼教,先惩罚而后奖赏,有尊严而没有亲近。人们的弊病是,放荡不宁静,好胜而没有羞耻。周朝人尊重礼法并实施,侍奉鬼神而远离鬼神之道,贴近人情并尽心尽力,赏罚以爵位高低而分级,亲近而没有尊严。人们的弊病是,好利而取巧,有文采而不知羞耻,相互伤害。"

子曰:"夏道未渎辞,不求备,不大望于民,民未厌其亲。殷人未渎礼,而求备于民。周人强民,未渎神,而赏爵刑罚穷矣。"[礼记·表记]

【释义】孔子说:"夏朝的政道简约,不求全责备,对人们不横征暴敛,所以人们不讨厌这种亲近。殷朝人礼法简约,人们的税赋繁重。周朝人实行政教,尊敬鬼神,赏爵、刑罚很完备了。"

子曰:"虞夏之道,寡怨于民。殷周之道,不胜其敝。"[礼记·表记]

【释义】孔子说:"虞夏的政教简朴,人们很少有怨恨。殷周的政教烦琐,弊端很多。"

子曰:"虞夏之质,殷周之文,至矣。虞夏之文,不胜其质;殷周之质,不胜其文。"[礼记·表记]

【释义】孔子说:"虞夏的质朴,殷周的烦琐,都到了极致。虞夏的政教不能再质朴了,殷周的礼法不能再烦琐了。"

子言之曰:"后世虽有作者,虞帝弗可及也已矣!君天下,生无私,死不厚其子。子民如父母,有僭怛之爱,有忠利之教,亲而尊,安而敬,威而爱,富而有礼,惠而能散。其君子尊仁畏义,耻费轻实,忠而不犯,义而顺,文而静,宽而有辨。《甫刑》曰:'德威惟威,德明

惟明。'非虞帝其孰能如此乎?"［礼记·表记］

【释义】孔子说:"后世即使再有明君,也不可能像虞舜那样了。治理天下时,生时没有私心,死时不优待自己的儿子。对待百姓像父母,真心爱护,并有利民的教化,亲近而有威严,安静又让人尊敬,庄重而有爱心,富足而有礼貌,施惠能普遍。他的臣子尊重仁德敬畏道义,反对浪费轻视钱财,忠诚而不侵犯百姓,忠义又顺从,文饰而不烦琐,宽厚而有别。《甫刑》说:'德之威严让人敬畏,德之光辉让人目眩。'除了虞舜谁能做到这样呢?"

子言之:"事君先资其言,拜自献其身,以成其信。是故君有责于其臣,臣有死于其言。故其受禄不诬,其受罪益寡。"［礼记·表记］

【释义】孔子说:"侍奉君主要先陈述自己的意见,接受命令后要贡献自己的力量,已达成君主的信任。所以君主可以责成大臣,大臣要鞠躬尽瘁,尽量实现。所以接受俸禄不惭愧,受到惩罚的机会很少。"

子曰:"事君,大言入则望大利,小言入则望小利。故君子不以小言受大禄,不以大言受小禄。《易》曰:'不家食,吉。'"［礼记·表记］

【释义】孔子说:"侍奉君主,臣子说的话效果大贡献就大,效果小贡献就小。所以君子不以贡献小而接受厚禄,不以贡献大接受小禄。《易经》说:'不在家自食,吉利。'"

子曰:"事君不下达,不尚辞,非其人弗自。《小雅》曰:'靖共尔位,正直是与。神之听之,式谷以女。'"［礼记·表记］

【释义】孔子说:"侍奉君主不能引导其卑下,不能投其所好,不是正直人说的话不采纳。《小雅》说:'敬畏你的职位,与正直的人为友。神灵听到之后,会给你降福。'"

子曰:"事君远而谏,则谄也。近而不谏,则尸利也。"［礼记·表记］

【释义】孔子说:"侍奉君主,疏远者上谏就是谄媚。亲近者不上谏,就是失职。"

子曰:"迩臣守和,宰正百官,大臣虑四方。"［礼记·表记］

【释义】孔子说:"君主的近臣要调和君主之德,宰相要整治百官,大臣要考虑四方的政事。"

子曰:"事君欲谏不欲陈。《诗》云:'心乎爱矣,瑕不谓矣?中心藏之,何日忘之?'"[礼记·表记]

【释义】孔子说:"侍奉君主,对于过失只能上谏,不能陈说。《诗经》说:'我爱君王,为何不对他讲实话?心里藏着愿望,什么时候才能忘掉?'"

子曰:"事君难进而易退,则位有序;易进而难退,则乱也。故君子三揖而进,一辞而退,以远乱也。"[礼记·表记]

【释义】孔子说:"侍奉君主,难进易退,这样位置才有序;如果易进难退,就会混乱。所以君子多方考虑才进,一句话就退,这样才能避免混乱。"

子曰:"事君三违而不出竟,则利禄也。人虽曰不要,吾弗信也。"[礼记·表记]

【释义】孔子说:"侍奉君主,多次离职而不出境,这是贪图利禄。这人虽然说不索求什么,我却不相信。"

子曰:"事君慎始而敬终。"[礼记·表记]

【释义】孔子说:"侍奉君主,应该开始时慎重,不可随意离去。"

子曰:"事君可贵可贱,可富可贫,可生可杀,而不可使为乱。"[礼记·表记]

【释义】孔子说:"侍奉君主,贵贱、贫富、生死都听从君主,不能自己决定混乱常理。"

子曰:"事君,军旅不辟难,朝廷不辞贱。处其位而不履其事,则乱也。故君使其臣,得志则慎虑而从之,否则孰虑而从之。终事而退,臣之厚也。《易》曰:'不事王侯,高尚其事。'"[礼记·表记]

【释义】孔子说:"侍奉君主,打仗时不回避危险,在朝廷中不推辞低贱的工作。身在其位不履行职责,就会混乱。所以君主使用大臣,符合自己的意志就慎重考虑去做,不符合自己的意志也慎重考虑去做。完成任务后引退,就是大臣的厚道表现。《易经》说:'不侍奉王侯,自己道德高尚。'"

子曰:"唯天子受命于天,士受命于君。故君命顺,则臣有顺命。君命逆,则臣有逆命。《诗》曰:'鹊之姜姜,鹑之贲贲。人之无良,我以为君。'"[礼记·表记]

【释义】孔子说:"只有天子受命于天,大臣受命于君主。所以君主顺应天理时,大臣就顺应君命。君主不顺应天理时,大臣就可以离开。《诗经》说:'喜鹊飞翔,鹑鹑飞翔。人有无良之人,我要寻找君子。'"

子曰:"君子不以辞尽人。故天下有道,则行有枝叶;天下无道,则辞有枝叶。是故君子于有丧者之侧,不能赙焉,则不问其所费。于有病者之侧,不能馈焉,则不问其所欲。有客不能馆,则不问其所舍。故君子之接如水,小人之接如醴。君子淡以成,小人甘以坏。《小雅》曰:'盗言孔甘,乱是用餤。'"[礼记·表记]

【释义】孔子说:"君子不以言辞判断人。所以天下有道,人们行为美好;天下无道,人们言辞美好。所以君子在丧者身旁,如果不能有所馈赠,就不会问需要什么。在病者身旁,如果不能有所馈赠,就不能想要什么。有客人而不能提供住处,就不问他住在哪儿。所以君子之交犹如清水,小人之交犹如甜酒。君子因为清淡而能长久,小人因为甘甜而容易变质。《小雅》说:'坏的言语动听,灾祸由此发生。'"

子曰:"君子不以口誉人,则民作忠。故君子问人之寒则衣之,问人之饥则食之,称人之美则爵之。《国风》曰:'心之忧矣,于我归说。'"[礼记·表记]

【释义】孔子说:"君子不以虚言赞美他人,百姓就会忠实。所以君子问人寒冷就给人衣服,问人饥饿就给人食物,赞美人品德就给人爵位。《国风》说:'心有忧虑,和我归于有德之人。'"

子曰:"口惠而实不至,怨菑及其身。是故君子与其有诺责也,宁有己怨。《国风》曰:'言笑晏晏,信誓旦旦,不思其反,反是不思,亦已焉哉!'"[礼记·表记]

【释义】孔子说:"口头说得好而实际做不到,灾祸就会降临。所以君子与其诺言没有实现而遭受责备,不如拒绝答应而遭受怨恨。《国风》说:'言笑和悦,信誓旦旦,但如今和当初不一样,既然和当初不一样,那就算了吧!'"

子曰:"君子不以色亲人。情疏而貌亲,在小人则穿窬之盗也与?"[礼记·表记]

【释义】孔子说:"君子不以伪装的神色去亲近别人。情感疏远而神色亲近,这不跟小人挖洞偷盗的行为相似吗?"

子曰:"情欲信,辞欲巧。"[礼记·表记]

【释义】孔子说:"情感要真实,言辞要表达心意。"

子言之:"昔三代明王,皆事天地之神明,无非卜筮之用,不敢以其私亵事上帝。是故不犯日月,不违卜筮。卜筮不相袭也。大事有时日,小事无时日,有筮。外事用刚日,内事用柔日,不违龟筮。"[礼记·表记]

【释义】孔子说:"从前三代明王,侍奉天地神明,不用卜筮,不敢随便行事而亵渎神灵。所以他们尊敬日月,不违背卜筮。卜筮不能重复。祭天有时日,祭祖无时日,要用筮。祭天用刚日,祭祖用柔日,不能违反龟筮。"

子曰(三代明王事神明,无非卜筮之用):"牲牷、礼乐、齐盛,是以无害乎鬼神,无怨乎百姓。"[礼记·表记]

【释义】孔子说:"牲牷、礼乐、谷物不伤害鬼神,百姓也无怨言。"

子曰:"后稷之祀易富也,其辞恭,其欲俭,其禄及子孙。《诗》曰:'后稷兆祀,庶无罪悔,以迄于今。'"[礼记·表记]

【释义】孔子说:"祭祀后稷的祭品很容易准备,因为他言辞谦恭,欲求较少,福禄延及子孙。《诗经》说:'后稷祭祀鬼神,希望人们无罪悔,一直延续到现在。'"

子曰:"大人之器威敬。天子无筮,诸侯有守筮。天子道以筮,诸侯非其国不以筮,卜宅寝室。天子不卜处大庙。"[礼记·表记]

【释义】孔子说:"占卜的器具很威严庄重。天子不用筮,诸侯有守筮。太子在道路上用筮,诸侯不在自己的国内不用筮,只是搬家和安寝用筮。天子在太庙不占卜。"

牛形尊

子曰:"君子敬则用祭器。是以不废日月,不违龟筮,以敬事其君长。是以上不渎于民,下不亵于上。"[礼记·表记]

【释义】孔子说:"君子为了表示尊敬,可以用祭器招待客人。所以祭祀不废日月,不违背龟筮,用恭敬之心侍奉君主长辈。所以在上位者不欺负百姓,在下位者不亵渎上司。"

子言之曰:"为上易事也,为下易知也,则刑不烦矣。"[礼记·缁衣]

【释义】孔子说:"在上位的人以诚心对待下属,在下位的人以忠心对待上司,那么刑罚就没用了。"

子曰:"好贤如《缁衣》,恶恶如《巷伯》,则爵不渎而民作愿,刑不试而民咸服。《大雅》曰:'仪刑文王,万国作孚。'"[礼记·缁衣]

【释义】孔子说:"要像《缁衣》那样爱护贤者,要像《巷伯》那样讨厌奸佞之人,爵位不乱赐,民风淳朴,刑罚不滥用,百姓就会信服。《大雅》说:'以文王为榜样,使万国信服。'"

子曰:"夫民,教之以德,齐之以礼,则民有格心;教之以政,齐之以刑,则民有遁心。故君民者,子以爱之,则民亲之,信以结之,则民不倍,恭以莅之,则民有孙心。《甫刑》曰:'苗民匪用命,制以刑。惟作五虐之刑,曰法。'是以民有恶德,而遂绝其世也。"[礼记·缁衣]

【释义】孔子说:"对待百姓,要用道德教育他们,用礼仪规范他们,那百姓就会向善;以政令来教导他们,用刑罚来约束他们,百姓就会有逃避刑罚的心理。所以国君对待百姓,如果能像对待子女一样爱护他们,那百姓就会亲近国君,用诚信来团结他们,百姓就不会背离国君,用恭敬对待他们,百姓就会归附。《甫刑》说:'苗民不肯听从,所以制定了刑罚。这五种刑罚,就叫法。'这是因为百姓有恶德,所以断绝他们的世代。"

子曰:"下之事上也,不从其所令,从其所行。上好是物,下必有甚者矣。故上之所好恶不可不慎也,是民之表也。"[礼记·缁衣]

【释义】孔子说:"百姓对待统治者,不是听从他的命令,而是服从他的行为。国君喜欢一个事物,百姓一定会更喜欢。所以国君喜欢或厌恶什么一定要谨慎,因为他是人们的表率。"

子曰:"禹立三年,百姓以仁遂焉,岂必尽仁?《诗》云:'赫赫师尹,民具尔瞻。'《甫刑》曰:'一人有庆,兆民赖之。'《大雅》曰:'成王之孚,下土之式。'"[礼记·缁衣]

【释义】孔子说:"禹在位三年,百姓就很有道德,这是因为百姓天生就有仁德吗?《诗经》说:'地位显赫的太师尹,人们都望着你。'《甫刑》说:'一人有美德,天下人都受益。'《大雅》说:'成王的诚信,百姓的榜样。'"

子曰:"上好仁,则下之为仁争先人。故长民者章志,贞教,尊仁,以子爱百姓,民致行己以说其上矣。《诗》云:'有梏德行,四国顺之。'"[礼记·缁衣]

【释义】孔子说:"居上位的人爱好仁德,居下位的人就会争相行仁。所以百姓的长者,就要有仁德的志向,以正道教育百姓,尊重仁德,以爱护子女之心去爱护百姓,这样百姓就会以行为让居上位的人高兴。《诗经》说:'有正直的德行,四方都会归从。'"

子曰:"王言如丝,其出如纶;王言如纶,其出如綍。故大人不倡游言。可言也,不可行,君子弗言也;可行也,不可言,君子弗行也。则民言不危行,而行不危言矣。《诗》云:'淑慎尔止,不愆于仪。'"[礼记·缁衣]

【释义】孔子说:"君王的话像线,传播出去就像带子;君王的话像带子,传播出去就像绳子。所以君主不提倡空话。说了但做不到的,君子就不会说;能做的,但不能说,君子就不会做。这样百姓的言论就不会高于行为,行为也不会违背言论。《诗经》说:'美好的品德,不违背礼制。'"

子曰:"君子道人以言,而禁人以行,故言必虑其所终,而行必稽其所敝,则民谨于言而慎于行。《诗》云:'慎尔出话,敬尔威仪。'《大雅》曰:'穆穆文王,于缉熙敬止。'"[礼记·缁衣]

【释义】孔子说:"君子用言语教导人们向善,用行为阻止人们向恶,所以君子说话要考虑后果,行为要考虑其影响,这样人们才会在言语和行为方面谨慎。《诗经》说:'谨慎说话,谨慎做事。'《大雅》说:'端庄的文王,使人们深受鼓舞。'"

子曰:"长民者衣服不贰,从容有常,以齐其民,则民德壹。《诗》云:'彼都人士,狐裘黄黄。其容不改,出言有章。行归于周,万民所望。'"[礼记·缁衣]

【释义】孔子说:"百姓的长者有一定的服饰,有合适的仪容,以此约束百姓,使百姓的道德专一。《诗经》说:'都城的人士,狐裘金黄。仪容有规范,出言有文采。行归于忠信,万民所敬仰。'"

子曰:"为上可望而知也,为下可述而志也,则君不疑于其臣,而臣不惑于其君矣!尹吉曰:'惟尹躬及汤,咸有壹德。'《诗》云:'淑人君子,其仪不忒。'"[礼记·缁衣]

【释义】孔子说:"居上位者能让人一望而知其心意,居下位者能让人从其行为中了解他的为人,那么君主不会怀疑他的臣子,臣子也不会被君主所迷惑。尹吉说:'我对汤,始终一心。'《诗经》说:'谦谦君子,仪容不忒。'"

子曰:"有国者章善瘅恶,以示民厚,则民情不贰。《诗》云:'靖共尔位,好是正直。'"[礼记·缁衣]

【释义】孔子说:"管理国家的人,要嘉奖善行批评恶行,以道德示百姓,民风才会始终如一。《诗经》说:'保护你的职位,喜欢你的正直。'"

子曰:"上人疑则百姓惑,下难知则君长劳,故君民者章好以示民俗,慎恶以御民之淫,则民不惑矣。臣仪行,不重辞,不援其所不及,不烦其所不知,则君不劳矣。《诗》云:'上帝板板,下民卒瘅。'《小雅》曰:'匪其止共,惟王之邛。'"[礼记·缁衣]

【释义】孔子说:"居上位的人反复无常,百姓就会迷惑,居下位的人隐瞒实情,君王就会操劳,所以统治人们要倡导善行使民风向善,提防恶行防止人们行恶,这样百姓就不会迷惑。大臣效法君主,不看重言辞,不要求君主做不到的,不烦扰君主不知道的,那么君主就不会辛劳。《诗经》说:'君主反复无常,百姓不得安宁。'《小雅》说:'臣子举止不恭,君王就会操劳。'"

子曰:"政之不行也,教之不成也,爵禄不足劝也,刑罚不足耻也。故上不可以亵刑而轻爵。《康诰》曰:'敬明乃罚。'《甫刑》曰:'播刑之不①迪。'"[礼记·缁衣] ①郑注云:"不"衍字耳。

【释义】孔子说:"政令无法推行,教育没有成功,那么爵禄就不能使人向善,刑罚不能让人感到耻辱。所以居上位者不能滥施刑罚、轻赐爵位。《康诰》说:'慎重才能实施惩罚。'《甫刑》说:'实施刑罚不能使人醒悟。'"

子曰:"大臣不亲,百姓不宁,则忠敬不足,而富贵已过也。大臣不治,而迩臣比矣。

故大臣不可不敬也，是民之表也。迩臣不可不慎也，是民之道也。君毋以小谋大，毋以远言近，毋以内图外，则大臣不怨，迩臣不疾，而远臣不蔽矣。叶公之顾命曰：‘毋以小谋败大作，毋以嬖御人疾庄言，毋以嬖御士疾庄士、大夫、卿士。’”［礼记·缁衣］

【释义】孔子说："国君不亲近大臣，百姓就不得安宁，忠敬不足，大臣的富贵就成为过失。大臣不理政事，就会与近臣相互勾结。所以对大臣不能不尊敬，他是人们的表率。对近臣不可不慎重，他们是引导百姓的人。国君不能同小臣商量大臣的事，也不能跟远臣谈论近臣的事，不能同内臣谋划外臣的事，这样大臣就没有怨言，近臣不会妒忌，远臣不会被蒙蔽。叶公临终时说：‘不要以小臣的谋略败坏大臣的行为，不要因宠妾厌倦夫人，不要因宠臣而排斥忠臣。’"

子曰："大人不亲其所贤，而信其所贱，民是以亲失，而教是以烦。《诗》云：‘彼求我则，如不我得。执我仇仇，亦不我力。’《君陈》曰：‘未见圣，若己弗克见。既见圣，亦不克由圣。’"［礼记·缁衣］

【释义】孔子说："居上位的人不亲近贤者，而相信那些小人，百姓因此亲近失德的人，政教就混乱了。《诗经》说：‘从前君主求我从政，唯恐得不到我。让我从政后又把我闲置，不让我出力。’《君陈》说：‘未见圣人，觉得自己见不到。见到圣人，又不能按圣人的旨意办事。’"

子曰："小人溺于水，君子溺于口，大人溺于民，皆在其所亵也。夫水近于人而溺人；德易狎而难亲也，易以溺人；口费而烦，易出难悔，易以溺人。夫民闭于人而有鄙心，可敬不可慢，易以溺人。故君子不可以不慎也。《太甲》曰：‘毋越厥命，以自覆也。若虞机张，往省括于厥度则释。’《兑命》曰：‘惟口起羞，惟甲胄起兵，惟衣裳在笥，惟干戈省厥躬。’《太甲》曰：‘天作孽，可违也。自作孽，不可以逭。’《尹吉》曰：‘惟尹躬天①见于西邑夏，自周有终，相亦惟终。’"［礼记·缁衣］①郑注云："天"当作"先"。

【释义】孔子说："百姓会被水淹没，君子会被言论淹没，执政者会被百姓淹没，都是因轻慢造成的。水与人亲近容易淹死人，德行轻慢难以亲近，容易淹没人。说话多招人烦，说出容易追悔难，容易淹没人。那些不通情理而心怀不轨的人，只能尊敬不能轻慢，容易淹没人。所以君子不能不谨慎。《太甲》说：'不到颠倒政令，自招覆灭。好像虞人射箭，要看清目标再射。'《兑命》说：'言语能招来怨恨，甲胄能引起争斗，衣裳会导致轻慢，干戈会滥杀无辜。'《太甲》说：'天作孽，尚可躲避。自作孽，无法逃避。'《尹吉》说：'我的先人见过西邑夏，以忠信著称，大臣也忠信，可是覆灭了。'"

子曰："民以君为心，君以民为体。心庄则体舒，心肃则容敬。心好之，身必安之。君好之，民必欲之。心以体全，亦以体伤。君以民存，亦以民亡。《诗》云：'昔吾有先正，其言明且清。国家以宁，都邑以成，庶民以生。谁能秉国成？不自为正，卒劳百姓。'《君雅》曰：'夏日暑雨，小民惟曰怨。资冬祁寒，小民亦惟曰怨。'"［礼记·缁衣］

【释义】孔子说："百姓以君主为心脏，君主以百姓为躯体。心脏健康躯体就舒坦，心脏严肃体貌就端庄。心脏爱好什么，身体也会适应。国君爱好什么，人们也希望得到。心脏以身体而保全，也因身体而残伤。国君因为人们而生存，也因人们而灭亡。《诗经》说：'从前我有贤人，其言明白清楚。国家因此安宁，都邑因此建成，百姓因此生存。谁能管理国家？自己要是不公正，百姓就会受苦。'《君雅》说：'夏日多雨，百姓只会抱怨。冬天寒冷，小民只能怨恨。'"

子曰："下之事上也，身不正、言不信，则义不壹、行无类也。"［礼记·缁衣］

【释义】孔子说："居下位者侍奉居上位者，行为不端正，言语不诚信，就是因为道义不专一，行为无原则。"

子曰："言有物而行有格也，是以生则不可夺志，死则不可夺名。故君子多闻，质而守之。多志，质而亲之。精知，略而行之。《君孙》曰：'出入自尔师虞，庶言同。'《诗》云：'淑人君子，其仪一也。'"［礼记·缁衣］

【释义】孔子说："说话有内容，行为有准则，这样的人，活着的时候不能动摇志向，死去不能夺走他的美名。所以君子见识广博，虚心坚守。见解深刻，好学多问。虚心学习，努力实践。《君孙》说：'以众人的意见为参考，与众人的意见一致。'《诗经》说：'贤人君子，行为专一。'"

子曰："唯君子能好其正，小人毒其正。故君子之朋友有乡，其恶有方。是故迩者不

惑,而远者不疑也。《诗》云:'君子好仇。'"[礼记·缁衣]

【释义】孔子说:"只有君子能喜欢正直的人,小人痛恨正直的人。所以君子与朋友志趣相同,厌恶的事有一定的标准。所以君子不会被身边的人迷惑,对远方的人不怀疑。《诗经》说:'君子是我的朋友。'"

子曰:"轻绝贫贱而重绝富贵,则好贤不坚,而恶恶不著也。人虽曰不利,吾不信也。《诗》云:'朋友攸摄,摄以威仪。'"[礼记·缁衣]

【释义】孔子说:"轻易地与贫贱的人绝交,不轻易与富贵的人绝交,那么他向善的心不坚决,嫉恶的心不显著。他说他不为了利益,我不相信。《诗经》说:'朋友之间的帮助,帮的是道义。'"

子曰:"私惠不归德,君子不自留焉。《诗》云:'人之好我,示我周行。'"[礼记·缁衣]

【释义】孔子说:"对自己的恩惠如果不是出于道义,君子不会自己留着用的。《诗经》说:'喜欢我的人,要向我指明正道。'"

子曰:"苟有车,必见其轼。苟有衣,必见其敝。人苟或言之,必闻其声。苟或行之,必见其成。《葛覃》曰:'服之无射。'"[礼记·缁衣]

【释义】孔子说:"是车子,一定能见到轼。是衣服,一定能遮蔽身体。人如果说话,一定能听到他的声音。人如果行动,一定能见到成效。《葛覃》说:'穿着衣服不嫌弃。'"

子曰:"言从而行之,则言不可饰也;行从而言之,则行不可饰也。故君子寡言而行,以成其信,则民不得大其美而小其恶。《诗》云:'白圭之玷,尚可磨也。斯言之玷,不可为也。'《小雅》曰:'允也君子,展也大成。'《君奭》曰:'昔在上帝,周田观文王之德,其集大命于厥躬。'"[礼记·缁衣]

【释义】孔子说:"听从言语去实践,那么言语就不能掩饰;实践了再说,那么行动就不能掩饰。所以君子少说多做,来树立诚信,那么百姓就无法夸大它的优点,缩小他的缺点。《诗经》说:'白圭的瑕疵,可以磨掉。言行的瑕疵,无法抹掉。'《小雅》说:'谦谦君子,可以成功。'《君奭》说:'从上天来考察文王的德行,把天命集中在他一身。'"

子曰:"南人有言曰:'人而无恒,不可以为卜筮。'古之遗言? 与龟筮犹不能知也,而况于人乎?《诗》云:'我龟既厌,不我告犹。'《兑命》曰:'爵无及恶德民,立而正事。纯而祭祀,是为不敬。事烦则乱,事神则难。'《易》曰:'不恒其德,或承之羞。恒其德,侦,妇人吉,夫子凶。'"[礼记·缁衣]

【释义】孔子说:"南方人说:'人如果没有恒心,就不能卜筮。'这是古人的遗言吗? 连龟筮都无法做,更何况是了解人呢?《诗经》说:'龟已经厌弃我们,占卜也无法与之吉凶。'《兑命》说:'爵位不能赐给品德恶劣的人,百姓才能立德,事情才能正确。烦琐的祭祀,是对神的不敬。事情烦杂就容易乱,侍奉神灵就困难了。'《易经》说:'没有恒久的品德,或许会承受羞辱。有恒久的品德就正,妇人有恒久的品德也吉利,男人没有恒久的品德就有凶险。'"

孔子曰:"子生三年,然后免于父母之怀。"夫三年之丧,天下之达丧也。[礼记·三年问]

【释义】孔子说:"孩子出生三年,才能离开父母的怀抱。"父母死后子女守丧三年,也是天下最通情达理的礼仪了。

鲁哀公问于孔子曰:"夫子之服,其儒服与?"孔子对曰:"丘少居鲁,衣逢掖之衣,长居宋,冠章甫之冠。丘闻之也:君子之学也博,其服也乡。丘不知儒服。"哀公曰:"敢问儒行?"孔子对曰:"遽数之不能终其物,悉数之乃留,更仆未可终也。"哀公命席,孔子侍曰:"儒有席上之珍以待聘,夙夜强学以待问,怀忠信以待举,力行以待取。其自立有如此者。儒有衣冠中,动作慎。其大让如慢,小让如伪。大则如威,小则如愧。其难进而易退也,粥粥若无能也。其容貌有如此者。儒有居处齐难,其坐起恭敬,言必先信,行必中正。道途不争险易之利,冬夏不争阴阳之和。爱其死以有待也,养其身以有为也。其备豫有如此者。儒有不宝金玉,而忠信以为宝;不祈土地,立义以为土地;不祈多积,多文以为富。难得而易禄也,易禄而难畜也。非时不见,不亦难得乎? 非义不合,不亦难得乎? 先劳而后禄,不亦易禄乎? 其近人有如此者。儒有委之以货财,淹之以乐好,见利不亏其义。劫之以众,沮之以兵,见死不更其守。鸷虫攫搏,不程勇者。引重鼎,不程其力。往者不悔,来者不豫。过言不再,流言不极。不断其威,不习其谋。其特立有如此者。儒有可亲而不可劫也,可近而不可迫也,可杀而不可辱也。其居处不淫,其饮食不溽,其过失可微辨而不可而数也。其刚毅有如此者。儒有忠信以为甲胄,礼义以为干橹。戴仁而行,抱义而处,虽有暴政不更其所。其自立有如此者。儒有一亩之宫,环堵之室,筚门圭窬,蓬户瓮牖,易衣而出,并日而食。上苔之,不敢以疑。上不苔,不敢以诏。其仕有如此者。儒有今人与居,古人与稽。今世行之,后世以为楷。适弗逢世,上弗援,下弗推,谗谄之民有比党而危之者,身可危也,而志不可夺也。虽危,起居竟信其志,犹将不忘百姓之病也。其忧思有如此者。儒有博学而不穷,笃行而不倦,幽居而不淫,上通而不困。礼之以和为贵,忠信之美,优游之法,慕贤而容众,毁方而瓦合。其宽裕有如此者。儒有内称不辟亲,外举不辟怨。程功积事,推贤而进达之,不望其报,君得其志。苟利国家,不求富贵。其举贤援能有如此者。儒有闻善以相告也,见善以相示也,爵位相先也,患难相死也,久相待也,远相致也。其任举有如此者。儒有澡身而浴德,陈言而伏,静而正之,上弗知也。麤而翘之,又不急为也。不临深而为高,不加少而为多,世治不轻,世乱不沮。同弗与,异弗非也。其特立独行有如此者。儒有上不臣天子,下不事诸侯。慎静而尚宽,强毅以与人,博学以知服。近文章,砥厉廉隅。虽分国,如锱铢,不臣不仕。其规为有如此者。儒有合志同方,营道同术。并立则乐,相下不厌。久不相见,闻流言不信。其行本方立义,同而进,不同而退。其交友有如此者。温良者,仁之本也;敬慎者,仁之地也;宽裕者,仁之作也;孙接者,仁之能也;礼节者,仁之貌也;言谈者,仁之文也;歌乐者,仁之和也;分散者,仁之施也。儒皆兼此而有之,犹且不敢言仁也。其尊让有如此者。儒有不陨获于贫贱,不充诎于富贵,不恩君王,不累长上,不闵有司,故曰儒。今众人之名儒也妄常,以儒相诟病。"孔子至舍,哀公馆之。闻此言也,言加信,行加义,终没吾世,不敢以儒为戏。

[礼记·儒行]

【释义】鲁哀公问孔子说:"你的衣服,是儒服吗?"孔子回答说:"我小时候居住在鲁国,穿的是长衣,长大后在宋国,戴的是章甫帽。我听说:君子的学问广博,服饰却入乡随俗。我不清楚儒服。"哀公说:"那儒服怎么样?"孔子回答说:"仓促之间说不明白,要详细说明时间需要很长,换几个人说也说不完备。"哀公让人为孔子铺上座席,孔子陪侍着哀公说:"儒者的德行就像席上的珍宝,等待人招聘,日夜学习,博闻强识,期待国君的询问,心怀忠义期待被任用,身体力行期待被录取。儒者自立就该这样。儒者的衣冠符合礼制,举止慎重。他们对大利的推辞从容,好像傲慢似的,对小利的推让舒缓不迫,好像故意为之。面临大事,仿佛畏惧似的,对待小事,仿佛惭愧似的。受聘时谨慎持重,免职时毫不迟缓,平时恭谦柔和的样子像没才能似的。儒者的容貌就是这样的。儒者平时态度严肃,举止恭恭敬敬的。他们说话一定要做到,行动一定要正直无邪。在道路上,不和别人争平坦的路,在寒冬或盛夏,不和别人争温暖或凉爽的地方。他们爱惜自己的生命是因为有所等待,保养好自己的身体是因为要有所作为。儒者就是这样做好准备的。儒者不以金玉为宝,而以忠信为宝;不求土地,而把树立道德当作土地;不求多积财物,而把学识广博作为富有。这种人很难得,给他俸禄却没什么麻烦,既容易给予俸禄,却又很难容留。不到一定的时机,他不会出来效力,不是难得吗?不符合正义他就不会合作,这不是难以容留吗?要求自己先有功劳而后享受俸禄,这不就是轻视俸禄吗?他们与人相处就是这样。儒者有时接受别人的财物,欣赏人们所喜爱的东西,但不会因此见利忘义。用人多势众胁迫他也不会惧怕,用兵器威吓他也不会动摇的,面临生命危险不会改变自己的操守。如同与野兽搏斗,不估量自己的勇气。如同牵引重物,不估量自己的实力。对已往的事情不会追悔,对未来的事不去过多考虑。对已经说错的话不会为之强辩,对流言蜚语不会寻根问底。从不丧失自己的尊严,不会挖空心思去想什么主意。他们特立独行的品格就是这样的。

儒者可以与之友善相处而不会接受威胁,可以与之亲近而不能受人逼迫,可以杀死他而不接受别人的凌辱。他平时生活起居不奢侈,饮食也从不挑剔。他的过失可以委婉地批评,但不能当面数落。他们的刚毅品格就是这样的。儒者用忠信作为自己的盔甲,用礼义作为自己的盾牌;崇尚仁德来做人,怀抱道义而处事。即使政局昏暗,也不改变自己的操守。儒者自强自立的品格就是这样的。儒者即使只有一亩大的宅院,住着一丈见方的屋子,用荆竹篷草作门,用破瓮做窗,家人要交换衣服才能外出,两天只吃一餐饭。

当上级采纳他的意见时,他不会利用上级的重视而谋私利;如果上级不采纳,也不会用谄媚的手段讨好上级。他们做官的态度就是这样的。儒者虽然与今人共处,但怀有古人的志向。他现在的所作所为,后世将作为人们行为的楷模。如果生不逢时,上级不提拔,下级不推荐;那些谗言惑众的小人成帮结伙来危害他,他的人身受到危害,但志向是不会动摇的。虽然处在危难境地,日常举止也始终有正气,仍然不忘百姓的疾苦。他们忧国忧民的品德就是这样的。儒者博学而不停顿,坚定地实践而不知疲倦,虽然独处也不会放纵自己,虽然得到任用也不会得意妄为。实行礼法就以和为贵,效法温柔平和的风度。倾慕贤者而宽容对待大众,收敛自己的锋芒。他们就是这样的气度宏大。儒者举荐人才对内不避亲属,对外不避有私仇的人。呈现功劳和总结工作,推荐贤者并使他们得到提拔,并不希望被举荐的人来报答他,只求君主的意图能顺利贯彻。只求有利于国家,不追求地位和利益。他们是这样推荐和提拔贤人的。儒者听到善行就热情相告,见到善举就努力宣扬,面对爵位先让他人,遭遇患难争相先死,对有贤能的人能长久等待,在远方能千方百计去网罗。儒者任贤举能就是这样的。儒者修养身心使德行纯洁,为国君出谋划策后就不再声张,安静守着正道规劝着上级,别人并不知道这是自己出的主意。遇到大事就给上级以暗示,并不急于成功。地位虽高但不妄自尊大,有了功劳也不自我夸耀。世道清明也不掉以轻心,世道混乱也不沮丧。对意见相近的人并不十分亲近,对意见不同的人也不诋毁。他们特立独行的品格就是这样的。儒者上不做昏庸的天子的臣子,下不为无道的诸侯效命。谨慎安静又宽厚待人,以刚强坚定的性格与人交往,广博地学习,知道敬服前贤。每天都学习诗书,德行方正,即使天子分封给他国土做诸侯,他也把它看得像锱铢一样轻微,既不肯称臣也不去做官。他们就这样以正道来约束自己的。儒者相互之间志同道合,实践正道的方法也相同。他们在一起快乐相处,谦虚相待没有厌倦。长时间没相见,就是听到有关朋友的流言也不相信。儒者的行为方方正正,志向相同,就一起前进;志向不同,就分手离去。他们交朋友的原则就是这样的。温和善良,是仁德的根本;肃敬谨慎,是仁德成长的土地;宽舒从容,是仁德在举止上的体现;谦逊待人,是体现仁德的才能;礼仪节制,是仁德在外貌上的表现;言语谈说,是仁德外在的文采;诗歌音乐,表现着仁德的和悦;分财济贫,表现着仁德的施舍。儒者全部具备了这些美德,仍然不敢说自己已经达到了仁的境界。他们的谦抑逊让的品格就是这样的。儒者贫贱时不因为境遇困难而意志消沉,富贵了也不因心情欢快而趾高气扬,不因君王的羞辱、上级的斥责、有关部门的轻侮而背离正道,这才叫儒。现在的人们,都把儒当作迂腐的象征,甚至拿儒来侮辱别人。"孔子回到住所,哀公派人为他提供生活用品。鲁哀公听了这些话后,说话更讲信用了,做事更讲道义了。这辈子完结,再不拿儒来开玩笑了。

《诗》云:"邦畿千里,唯民所止。"《诗》云:"缗蛮黄鸟,止于丘隅。"子曰:"于止,知其所止,可以人而不如鸟乎?"[礼记·大学]

【释义】《诗经》说:"方圆千里的都城,全是人们居住。"《诗经》说:"啼叫的黄雀,栖息在山丘上。"孔子说:"鸟都知道选择栖息之处,难道人还不如鸟吗?"

子曰:"听讼,吾犹人也,必也使无讼乎!"[礼记·大学]

【释义】孔子说:"审理诉讼,我跟其他人差不多,我只是努力要使诉讼不发生。"

孔子曰:"吾观于乡,而知王道之易易也。"主人亲速宾及介,而众宾自从之。至于门外,主人拜宾及介,而众宾自入,贵贱之义别矣。三揖至于阶,三让以宾升。拜至,献酬辞让之节繁,及介,省矣。至于众宾,升受,坐祭,立饮,不酢而降,隆杀之义别矣。工人,升歌三终,主人献之。笙入三终,主人献之。间歌三终,合乐三终,工告乐备,遂出。一人扬觯,乃立司正焉,知其能和乐而不流也。宾酬主人,主人酬介,介酬众宾。少长以齿,终于沃洗者焉,知其能弟长而无遗矣。降,说屦升坐,修爵无数。饮酒之节,朝不废朝,莫不废夕。宾出,主人拜送,节文终遂焉,知其能安燕而不乱也。贵贱明,隆杀辨,和乐而不流,弟长而无遗,安燕而不乱,此五行者,足以正身安国矣,彼国安而天下安。故曰:"吾观于乡,而知王道之易易也。"[礼记·乡饮酒义]

【释义】孔子说:"我观看乡间饮酒的礼仪,就知道王道是容易实行的。"主人亲自到宾和介家邀请,其他宾客就自行前往。到了门外,主人迎接宾和介,其他宾客就自己进入,贵贱的差异就明显了。主人三次作揖到达阶前,三让后引导宾客升阶。将宾客迎接到后,主人斟酒劝宾客饮,这些礼节很烦琐。对于介,礼节就很简单了。对于众宾,登阶接受献酒,坐着享受祭食,站着饮酒,不必回敬主人,礼的隆重与否是很分明的。乐工进入,升堂唱歌三首,主人向乐工敬酒。吹笙的乐工进来后吹奏三首,主人向他敬酒。接着堂上堂下接替吹唱三次,唱歌、吹笙一块进行,乐工报告演出结束,自己就离开了。主人的管家拿着觯敬宾客,派司正监督众人的仪态,由此可知,酒礼能使宾主和谐而不会失礼。宾客向主人敬酒,主人向介敬酒,介向宾客敬酒。以年龄长幼为序,直到侍奉盥洗的人为止,由此可知,酒礼敬老爱幼而无遗漏。酒席撤了之后,众人下堂脱鞋,再登堂就座,相互敬酒无数次。饮酒的程度,一不耽误早上的上朝,不耽误晚上办事为标准。宾客离开,主人拜送,礼节于是完成。由此可知,酒礼使主宾和谐而不混乱。酒礼使贵贱分明,隆杀有别,和谐欢乐而不放肆,敬老爱幼而无遗漏,和谐而不混乱,这五方面,足可以使个人身正,使国家安定。所以孔子说:"我观看乡间饮酒的礼仪,就知道王道是容易实行的。"

孔子射于矍相之圃,盖观者如堵墙。射至于司马,使子路执弓矢出延射,曰:"贲军之将,亡国之大夫,与为人后者,不入,其余皆入。"盖去者半,入者半。又使公罔之裘、序点扬觯而语。公罔之裘扬觯而语曰:"幼壮孝弟,耄耋好礼,不从流俗,修身以俟死者,不在此位也。"盖去者半,处者半。序点又扬觯而语曰:"好学不倦,好礼不变,旄期称道不乱者,不在此位也。"盖僅有存者。[礼记·射义]

【释义】孔子在矍相的花园射箭,围观的人像一堵墙。开始后,司正转为司马,孔子让子路拿着弓箭对旁观者说:"败军之将,亡国的大夫,不顾宗族而为人后的人,不要进来,其他人可以进来。"离开的人有一半,进来的人有一半。孔子又让公罔之裘、序点拿着酒杯对大家说话。公罔之裘拿着酒杯说:"幼时能孝敬父母,敬爱兄弟,老年时爱好礼仪。不受流俗影响,修身养性等待死去,请站在这边。"离开的人有一半。留下的人有一半。序点拿着酒杯说:"喜欢学习不倦怠,爱好礼节不改变,到老仍坚持正道不随波逐流的人,请站到这边。"这时只有几个人留下了。

孔子曰:"君子无所争,必也射乎!揖让而升,下而饮,其争也君子。"[礼记·射义]

【释义】孔子说:"君子没有什么可以争的,只有射箭时才竞争。射箭时,相互揖让再升堂,下堂后再饮酒,这就是君子的竞争。"

孔子曰:"射者何以射? 何以听? 循声而发,发而不失正鹄者,其唯贤者乎? 若夫不肖之人,则彼将安能以中?"《诗》云:"发彼有的,以祈尔爵。"[礼记·射义]

【释义】孔子说:"射箭的人凭什么射箭? 听什么射箭? 就是按乐曲节奏射箭,射的时候不失去目标,恐怕只有君子吧? 如果是不肖之人,怎么能射中呢?"《诗经》说:"对准靶心射箭,以求免除刑罚。"

子贡问于孔子曰:"敢问君子贵玉而贱碈者何也? 为玉之寡而碈之多与?"孔子曰:"非为碈之多故贱之也,玉之寡故贵之也。夫昔者,君子比德于玉焉。温润而泽,仁也;缜密以栗,知也;廉而不刿,义也;垂之如队,礼也。叩之,其声清越以长,其终诎然,乐也;瑕不掩瑜,瑜不掩瑕,忠也;孚尹旁达,信也。气如白虹,天也;精神见于山川,地也。圭璋特达,德也;天下莫不贵者,道也。《诗》云:'言念君子,温其如玉。'故君子贵之也。"[礼记·聘义]

【释义】子贡问孔子说:"请问君子看重玉而轻视碈是什么原因呢? 是因为玉稀少而碈数量多吗?"孔子说:"并不是因为碈多就贱,玉少就贵。从前,君子用玉象征人的品德。玉的色泽温润,犹如仁;玉的纹理细密,犹如智;玉有棱角但不会伤人,犹如义;玉质下沉,犹如礼。敲打它,声音清脆悠扬,戛然而止,犹如乐;瑕疵不能掩盖其美丽,美丽不能掩盖其瑕疵,犹如忠;玉有青光,犹如信。气如长虹冲上天,精神藏于山川大地。聘礼以圭、璋为信物,这是用其德;天下人都重视玉,是重其道。《诗经》说:'谦谦君子,温润如玉。'所以君子看重玉。"

孔子卒,以所受鲁君之璠玉葬鲁城北。[礼记·檀弓白虎通崩薨引]

【释义】孔子死后,用鲁国国君赠送的璠玉埋葬在鲁城的北面。

孔子闲居,曾子侍。孔子曰:"参,今之君子,惟士与大夫之言之间①也,其至于君子之言者甚希矣。于乎! 吾主②言其不出而死乎! 哀哉!"曾子起曰:"敢问:何谓'主言'?"孔子不应。曾子惧,肃然抠衣下席曰:"弟子知其不孙也,得夫子之闲也难,是以敢问也。"孔子不应,曾子惧,退负序而立。孔子曰:"参! 女可语明主之道与?"曾子曰:"不敢以为足也，得夫子之闲也难，是以敢问。"孔子曰："吾语女：道者，所以明德也；德者，所以尊道也。是故非德不尊，非道不明。虽有国焉③，不教不服，不可以取千里。虽有博地众民，不以其地④治之，不可以霸主。是故昔者明主内修七教，外行三至。七教修焉，可以守；三至行焉，可以征。七教不修，虽守不固；三至不行，虽征不服。是故明主之守也，必折冲乎千里之外；其征也，衽席之上还师。是故内修七教而上不劳，外行三至而财不费，此之谓明主之道也。"曾子曰："敢问：不费、不劳，可以为明乎？"孔子愀然扬麋⑤曰："参！女以明主为劳乎？昔者舜左禹而右皋陶，不下席而天下治。夫政之不中，君之过也。政之既中，令之不行，职事者之罪也。明主奚为其劳也？昔者明主关讥而不征，市鄽不税，税十取一，使民之力，岁不过三日，入山泽以时，有禁而无征，此六者取财之路也。明主捨其四者而节其二者，明主焉取其费也？"曾子曰："敢问：何谓七教？"孔子曰："上敬老则下益孝，上顺齿则下益悌，上乐施则下益谅，上亲贤则下择友，上好德则下不隐，上恶贪则下耻争，上强果则下廉耻。民皆有别，则⑥贞、则正⑦，亦不劳矣，此谓七教。七教者，治民之本也，教定是⑧正矣。上者，民之表也。表正，则何物不正？是故君先立于仁，则大夫忠，而士信、民敦、工璞、商悫、女憧、妇空空，七者教之志也。七者布诸天下而不窕，内诸寻常之室而不塞。是故圣人等之以礼，立之以义，行之以顺，而民弃恶也如灌。"曾子曰："弟子则不足，道则至矣。"孔子曰："参！姑止，又有焉。昔者明主之治民有法，必别地以州之，分属而治之，然后贤民无所隐，暴民无所伏；使有司日省如⑨时考之，岁诱贤焉，则贤者亲，不肖惧；使之哀鳏寡，养孤独，恤贫穷，诱孝悌，选贤举能。此七者修，则四海之内无刑民矣。上之亲下也如腹心，则下之亲上也如保子之见慈母也。上下之相亲如此，然后令则从、施则行。因民既迩者说，远者来怀。然后布指知寸，布手知尺，舒肘知寻。十寻而索。百步而堵，三百步而里，千步而井，三井而句烈，三句烈而距。五十里而对⑩，百里而有都邑。乃为畜积衣裘焉，使处者恤行者有兴⑪亡。是以蛮夷诸夏，虽衣冠不同，言语不合，莫不来至，朝觐于王。故曰：无市而民不乏，无刑而民不违。毕弋田猎之得，不以盈宫室也；征敛于百姓，非以充府库也。慢⑫恒以补不足，礼节以损有余。故曰：多信而寡貌。其礼可守，其信可复，其迹可履其于信也，如四时春秋冬夏。其博有万民也，如饥而食，如渴而饮，下土之人信之夫⑬！暑熟冻寒，远若迩；非道迩也，及其明德也。是以兵革不动而威，用利不施而亲。此之谓'明主之守也，折冲乎千里之外'，此之谓也。"曾子曰："敢问：何谓三至？"孔子曰："至礼不让而天下治，至赏不费而天下之士说，至乐无声而天下之民和。明主笃行三至，故天下之君可得而知也，天下之士可得而臣也，天下之民可得而用也。"曾子曰："敢问何谓也？"孔子曰："昔者明王以尽知天下良士之名，既知其名，又知其数；既知其数，又知其所在。明主因天下之爵，以尊天下之士，此之谓'至礼不让而天下治'。因天下之禄，以富天下之士，此之谓'至赏不费而天下之士说'。天下之士说，则天下之明誉兴，此之谓'至乐无声而天下之民和'。故曰：所谓天下之至仁者，能合天下之至亲者也。所谓天下之至知者，能用天下之至和者也。所谓天下之至明者，能选天下之至良者也。此三者咸通，然后可以征。是故仁者莫大于爱人，知者莫大于知贤，政者莫大于官贤。有土之君修此三者，则四海之内拱而俟，然后可以征。明主之所征，必道之所废者也。彼废道而不行，然后诛其⑭君，致其征，吊其民，而不夺其财也。故曰：明主之征也，犹时雨也，至则民说矣。是故行施弥博，得亲弥众，此之谓'衽席之上乎还师'。"［大戴礼记·主言］①宋本讹作"闲"，从《杨氏大训》当改"闻"。②"主"当作"王"，以下同。武英殿校本曰：王字篇内凡十九见，曰王言者二，曰明王者十六，曰霸王者一。程本、朱本、沈本并讹作"主"。刘本、袁本、高安本"昔者明王必尽知天下良士之名"此一处未讹，今据以订正。③宋本讹作"焉"从，家语当改"马"。④宋本讹作"地"，从大训当改"道"。⑤"麋"一作"眉"。按：麋，古"眉"字。⑥"则贞"二字衍。⑦正，政之讹。⑧宋本讹作"是"，从朱本当改"则"。⑨如，而也。⑩宋本讹作"兴"，从大训当改"与"。⑪宋本讹作"慢"，从大训当改"忧"。⑫宋本"夫"上脱"若"字，从大训当增。⑬"致其征"，御览引作"改其政"。⑭对封之讹。

【释义】孔子在家闲住，曾子在一旁陪侍。孔子说："曾参，现在的君子，所讲的话不出于士和大夫的言语之间，很少讲到君子的大道。唉！我有关君子的话恐怕还没说出来就要死了，真是可悲啊！"曾子站起来说："请问：什么叫'君子的话'？"孔子不理他。曾子害怕了，很严肃地提起衣服离开席位，恭敬地说："学生知道我有点不恭敬，我是因为老师难得空闲,所以敢请问的。"孔子还不理他。曾子更害怕了,退到墙边站着。孔子说:"曾参!可以和你谈贤明君子的道理吗?"曾子说:"我不以为自己有资格谈这问题,因为难得老师这么空闲,所以才敢请问的。"孔子说:"我告诉你:道,是使德彰明,德,是使道尊贵。所以没有德,道就不能尊贵;没有道,德就不能彰明。虽然有国家,如果君主不施行教化,千里的国土是不能治理好的。虽然有广博的土地、众多的人民,不用道来教化,是不能成为霸主的。所以贤明的君王,对内教化七教,对外推行三至。七教教化好,就可以自保;三至推行了,就可以征战。七教不教化,虽想自保,可自己并不坚固;三至不推行,虽想征战,也不能使人臣服。所以贤明的君王自保,必使敌人远离国境;他征战,也必定能轻松获胜:所以对内教化七教,君王不会太辛苦,对外推行三至,国家财富就会消耗不大,这就是贤明君王的道理。"曾子说:"请问:君王做到国家财富消耗不大、自己不用太多力气,就可以算是贤明吗?"孔子脸色一变说:"曾参!你以为贤明的君王一定要用尽自己的力气吗?从前舜有禹和皋陶辅佐他,他不用自己行动而天下就治理了,所定的政令不好,这是君主的过错。政策很好,命令不能执行。那就是底下人的罪过了。贤明的君王为什么一定要用尽自己的力气呢?从前贤明的君王在界门上,只询问检查而不取费用,在市场上,只收摊位的税而不收货物的税,在田税方面,只收取收成的十分之一,要人民服劳役,每年不超过三天,砍柴打鱼,规定适当的时节,时节不适当禁止砍柴打鱼,但是政府并不收砍柴打鱼的税,这六件是政府取财的方法。贤明的君王舍弃了关、市、山、泽的税收,节省了田税和民力,贤明的君王怎么能让国家的财富消耗太大呢?"曾子说:"请问:什么是七教?"孔子说:"居上位的人尊敬老人,下面的人就格外孝顺,居上位的人尊重长幼之序,下面的人就格外尊敬兄长,居上位的人喜欢施德于人,下面的人就格外真诚信实,居上位的人亲近贤者,下面的人就能够选择朋友,居上位的人爱好有德行的人,下面的人就不会隐藏贤者,居上位的人厌恶贪婪,下面的人就羞于争夺,居高位的人择善固执,下面的人就明廉知耻。人们都能辨别,就人心坚定,邪恶不为,做君王的就无须用尽气力来治理了,这就叫作七教。七教,是治民的根本,教育成功,那人们就不会作恶了。居上位的人,是人民的榜样。榜样正确了,还有什么东西不正确呢?所以君王先立身于仁爱,那么大夫自会忠诚,士自会信实,人民自会敦厚,做工的人自会朴质,商人自会谨悫,未嫁的少女自会天真,已婚的妇女自会谦虚和顺,这七种是教育成功的标志。这七种人散布天下而不觉其细小,纳入于寻常人家而不觉其庞大。所以圣人用礼来显示人的层次,用义来处理人的事宜,用顺来实践人的道理,而人民的舍弃邪恶如同清洗污秽。"曾子说:"老师讲的道理很好,可我还不够了解。"孔子说:"曾参!你先别说话,我还有话。从前贤明的君王治理人民是有办法的,将国土分为许多区域,设立官员分别治理人民的事务,这样贤良的人民没有隐蔽,暴乱的人民没法匿藏;派有职权的官吏经常检查,而且定期考核,年年都发现提拔贤能的人,这样就使好人亲附,而坏人害怕;又教人民哀怜鳏夫、寡妇,抚养孤儿、无子女的老人,救济穷苦的人,表扬孝顺父母,兄弟和睦的人,选拔贤良的人,举荐能干的人。这七件事做好了,那么就没有受刑罚的人了。居上者亲爱居下者如心腹一样,那么居下者亲附居上者就如孩子看到慈母一样。上下相亲,如果发出政令,人民就会听从,有所律令,人民就会奉行。因而人民自然是近的悦服,远的归顺。然后伸开手指就知道寸有多长,伸开手就知道尺有多长,舒开臂肘就知道寻有多长。十寻而数尽,尽了量度的能事。百步为亩,三百步为里,千步为井,三井为句烈,三句烈为距。五十里立起土界,百里就有都邑。为人民储存起衣服毛裘,使居家的人关心旅途人的有无。所以中

曾子

国境内各族的人民,虽然服饰不同,言语不通,无不前来,朝拜君王。所以说:虽然没有买卖货物的市场,人民也不会匮乏,虽然没有严刑峻法,人民也不会违背政令。君王打猎所得,并不是用来充满宫室的;从人民那里征求敛取的,也不是用来装满公家的府库。君王经常拿出府库所藏,来救济百姓,经常用礼仪规范来约束自己生活的过度与有余。所以说:内心的诚信越多,外形的虚饰越少。他的礼可以遵行,他的信用可以证明,他的行迹可以从履行诚信上看出,如同春夏秋冬四季一样明显。他众多的人民,饥饿时可以食,口

渴时可以饮,人民非常信仰他了。君王的教化温暖像热天一样,严峻像寒冬一样,不论远近,人民都蒙受他的教化。并不是因为道路近,而是受到光明的德教。所以他不用武力而使人畏服,不给人民封赏而人民依然亲附。这就是所谓'贤明君主自保,能使敌人远离国境',就是这个道理。"曾子说:"请问:什么叫作三至?"孔子说:"礼到了极致,不用谦让而天下就治理了;赏到了极致,不用花费而天下的人才就高兴了;音乐到了极致,没有声音而天下的人民都和睦了。贤明的君王推行三至,所以各国的首领都知道他们的底蕴,天下的人才都可以招揽来做官员,天下的人民都可以接受指挥了。"曾子说:"请问这是什么意思?"孔子说:"以前贤明的君王知道天下贤能人才的名字,既知道他们的姓名,又知道他们的人数;既知道他们的人数,又知道他们住在哪里。贤明的领袖凭着爵位,使贤能的人才尊贵,这就是所谓的'礼到极致,不用谦让而天下就治理了';凭借着俸禄,使贤能的人富裕,这就是所谓的'赏到极处,不用私人花费而天下的人才就都喜悦了';天下的人才都喜悦了,贤明的声誉就兴起来了,这就是所谓的'乐到极处,没有声音而天下的人民都快乐了'。所以说:天下最仁爱的人,是能团结天下成为最亲爱的人。天下最聪敏的人,是能够使天下分歧的意见和谐的人。天下最明察的人,是能够选拔天下最贤能的人。这三件都做到了,就可以征讨了。所以仁者的作为,没有比爱人再大了,智者的作为,没有比知道贤能的人再大了,为政者的作为,没有比任用贤能的人再大了。有土地的君王将这三件事做好,那么四海以内的人都听从他的领导,就可以征讨了。贤明的君王所征讨的,一定是放弃正道的人。他们废弃正道而不行,然后诛杀他们的君王。引导他们走正道,安慰他们的人民,而不夺取他们的财物。所以说:贤明君王的征讨,像适时的雨一样,降临了人民就喜悦。所以执行、实施征讨的范围越广,得到拥护的人民也越多。这就是所谓的'轻松获得胜利,班师而回'。"

鲁哀公问于孔子曰:"吾欲论①吾国之士,与之为政,何如者取之?"孔子对曰:"生乎今之世,志古之道;居今之俗,服古之服。舍此而为非者,不亦鲜乎?"哀公曰:"然则今夫章甫、句②屦、绅带而缙笏者,此皆贤乎?"孔子曰:"否,不必然。今夫端衣、玄裳、冕而乘路者,志不在于食荤;斩衰、菅屦杖而歠粥者,志不在于饮食。故生乎今之世,志古之道;居今之俗,服古之服;舍此而为非者,虽有,不亦鲜乎?"哀公曰:"善! 何如则可谓庸人矣?"孔子对曰:"所谓庸人者,口不能道善言,而志不邑③邑;不能选贤人善士而托其身焉,以为己忧。动行不知所务。止立不知所定;日选于物,不知所贵;从物而流,不知所归;五凿为政,心从而坏;若此,则可谓庸人矣。"哀公曰:"善! 何如则可谓士矣?"孔子对曰:"所谓士者,虽不能尽道术,必有所由焉;虽不能尽善尽④美,必有所处焉。是故知不务多,而务审其所知;行不务多,而务审其所由;言不务多,而务审其所谓;知既知之,行既由之,言既顺⑤之,若夫性命肌肤之不可易也,富贵不足以益,贫贱不足以损。若此,则可谓士矣。"公曰:"善! 何如则可谓君子矣?"孔子对曰:"所谓君子者,躬行忠信,其⑥心不买⑦;仁义在己,而不害不知;闻志广博,而色不伐;思虑明达,而辞不争;君子犹然如将可及也,而不可及也。如此,可⑧谓君子矣。"哀公曰:"善! 敢问:何如谓⑨贤人矣?"孔子对曰:"所谓贤人者,好恶与民同情,取舍与民同统;行中矩绳,而不伤于本;言足法于天下,而不害于其身;躬⑩为匹夫而愿⑪富贵,为诸侯而无财⑫。如此,则可谓贤人矣。"哀公曰:"善! 敢问:何如可谓圣人矣?"孔子对曰:"所谓圣人者,知通乎大道,应变而不穷,能测万物之情性者也。大道者,所以变化而凝成万物者也。情性也者,所以理然、不然、取、舍者也。故其事大,配乎天地,参乎日月,杂于云蜺,总要万物,穆穆纯纯,其莫之能循;若天之司,莫之能职;百姓淡然,不知其善。若此,则可谓圣人矣哀。"公曰:"善!"孔子出,哀公送之。[大戴礼记·哀公问五仪]①论,选也。②句,绚也。③案:邑、恺古字通。④一本无"尽"字。⑤顺,一作谓。⑥其,一作而。⑦买,当作惠。⑧"可"上一本有"则"字。⑨宋本"谓"上脱"可"字。⑩躬,读为穷。⑪文撰注:所引"愿"上有"不"字。⑫"财"上,一本有"宛"字。

【释义】鲁哀公问孔子说:"我想了解一下我国的士人,让他们来从政,要怎样选取呢?"孔子回答说:"生活在当代,倾慕古代的道德;住在这个社会,穿古代的服饰。自认是士而为非作歹的,不是很少吗?"哀公说:"然而现在戴章甫冠、穿屦、拖着绅带而插笏的人,都是贤人吗?"孔子说:"不,不一定。现在穿着端衣、玄裳,戴着冕,而坐着车的人,想不到吃荤食;穿着斩衰、菅屦的丧服,扶着杖,而饮稀粥的人,想不到喝酒吃饭。所以生活在现在,倾慕古代的道艺;住在这个社会,穿着古代的服饰;这样的人如果还为非作歹,虽然有,但不也是很少吗?"哀公说:"好!怎样才可以说是庸人呢?"孔子回答说:"所谓庸人,嘴不能讲善良的话,而心志散漫;不能选择贤人善士,将自己托付给他们,为自己带来忧虑。行动的时候,不知道自己所做的是什么,停止的时候,不知道使自己安定的是什么;天天在财物上打算,不知道应该尊重什么;随物欲而摆动,不知道怎样回归正道;只为满足物欲和从政的目标,心地跟着败坏;这样的人,就可以说是庸人了。"哀公说:"好!怎么样才可以说是士呢?"孔子回答说:"所谓士,虽然不能得到道艺的全部,必然有所遵从;虽然不能做到尽善尽美,必然有所依据。所以知道的不一定多,而一定会详细了解所知道的是什么;实行的不一定多,而一定会详细了解所遵从的是什么;说得不一定多,而一定会详细了解说的内容是什么。知道的既然是道艺,实行的既然经由的是道艺,讲的既然遵行的是道艺,就像生命肌肤一样不可移动,富贵不能使他增加什么,贫贱不能使他减少什么。像这样的人,就可以说是士了。"哀公说:"好!怎么样才可以说是君子呢?"孔子说:"所谓君子,亲身去实践忠信,他的心不以忠信收买别人的心;尽力去实现仁义,不伤害人,也不嫉忌人;听到的、记住的知识很渊博,可是没有一点骄矜的脸色;思想很开明,考虑很通达,没有争执的言辞;君子好像是可以赶得上的,而终究是无法赶上的。像这样的人,可以说是君子了。"哀公说:"好!请问:怎么样才可以说是贤人呢?"孔子说:"所谓贤人,喜好和厌恶与人民的心情相同,取用或丢弃与人民的行为相同;行为合乎标准,但并非与本性冲突;言论可为天下的法则,又不会伤害到自身;自己是一个平民,却想有财有势,一直做到诸侯,自己却仍是个穷人。像这样的人,就可以说是贤人了。"哀公说:"好!请问:怎么样才可以说是圣人呢?"孔子说:"所谓圣人,智慧能通彻天地的大道,适应变化而不困顿,能够了解万物的性情。所谓大道,就是表现出变化以及由变化而凝成万事万物的道理。至于性情,则是理出是与非、取与舍的根源。所以圣人的事业很大,配合于天地,光明普照不亚于日月,他被人民所仰望有如云,万事万物都是敬慎、恳诚的样子,那是没有人能照着他做的;好像天所主管的事,是没有人能够掌管的;可是百姓受到了他的恩惠,还不知道是谁给他们的。像这样的人,就可以说是圣人了。"哀公说:"好!"孔子离开时,哀公送他出门。

哀公问于孔子曰："大礼何如？君子之言礼，何其尊也？"孔子曰："丘也小人，何足以知礼？"君曰："否！吾子言之也！"孔子曰："丘闻之也：民之所由生，礼为大。非礼无以节事天地之神明也，非礼无以辨君臣、上下、长幼之位也，非礼无以别男女、父子、兄弟之亲。昏姻、疏数之交也，君子以此之为尊敬然。然后以其所能教百姓，不废其会节。有成事，然后治其雕镂文章黼黻以嗣。其顺之，然后言其丧算，备其鼎俎，设其豕腊，修其宗庙，岁时以敬祭祀，以序宗族，则安其居处，丑其衣服，卑其宫室，车不雕几，器不刻镂，食不贰味，以与民同利，昔之君子之行礼者如此。"公曰："今之君子，胡莫之行也？"孔子曰："今之君子，好色无厌，淫德不倦，荒怠傲慢，固民是尽，忤其众以伐有道，求得当欲，不以其所。古之用民者由前，今之用民者由后。今之君子，莫为礼也！"［大戴礼记·哀公问于孔子］

【释义】哀公问孔子说："礼是什么意思？君子言礼，为什么这么重要？"孔子说："我是平民百姓，怎么会知道礼呢？"哀公说："不是这样的，你还是讲讲。"孔子说："我听说，人在社会中生存，礼是根本，没有一定的礼仪，就不能侍奉天地神灵，不能分辨君臣、上下、长幼的位置，不能分别男女、父子、兄弟的亲疏，以及不能进行婚姻、人与人之间的交往。君子由此懂得仪礼的重要性。所以用来教导百姓，使人们不废弃各种祭祀活动。有了成效之后，再雕刻各种花纹图案。顺利之后，再考虑丧期的时间安排，准备各种祭祀器具，猪、腊等祭品，修建宗庙，每年都祭祀，以表示对宗族的尊敬。使人们各安其位，注意衣服的奢华程度，以及宫室的豪华程度。车上不雕饰，器物上不雕刻，食物不丰盛，以此与百姓同利。从前君子的礼节就是这样。"哀公说："如今的君子为什么做不到呢？"孔子说："现在的君子，喜欢财富贪得无厌，放纵倦怠，荒怠傲慢，索取无度，违背民意而侵犯有道之人，贪求私欲，不顾百姓流离失所。从前君子用百姓是前面的情况，现在君子用百姓是后面的情况。所以说，现在的君子不懂礼。"

孔子侍坐于哀公。哀公曰："敢问人道谁为大？"孔子愀然作色而对曰："君及此言也，百姓之德也，固臣敢无辞而对。人道政为大。"公曰："敢问：何谓为政？"孔子对曰："政者，正也。君为正，则百姓从政矣。君之所为，百姓之所从也。君所不为，百姓何从？"公曰："敢问：为政如之何？"孔子对曰："夫妇别，父子亲，君臣严，三者正，则庶民从之矣。"公曰："寡人虽无似也，愿闻所以行三言之道。可得而闻乎？"孔子对曰："古之为政，爱人为大，所以治。爱人，礼为大，所以治。礼，敬为大；敬之至也，大昏为大，大昏至矣。大昏既至，冕而亲迎，亲之也；亲之也者，亲之也。是故君子兴敬为亲，舍敬是遗亲也。弗爱不亲，弗敬不正；爱与敬，其政之本与？"公曰："寡人愿有言，然冕而亲迎，不已重乎？"孔子愀然作色而对曰："合二姓之好，以继先圣之后，以为天地社稷宗庙之主，君何谓已重乎？"公曰："寡人固。不固，焉得闻此言也？寡人欲问，不得其辞，请少进。"孔子曰："天地不合，万物不生。大昏，万世之嗣也，君何以谓已重焉？"孔子遂有言曰："内以治宗庙之礼，足以配天地之神明；出以治直言之礼，足以立上下之敬。物耻足以振之，国耻足以兴之。为政先礼。礼者，政之本与！"孔子遂言曰："昔三代明王之政，必敬其妻、子也有道。妻也者，亲之主也，敢不敬与？子也者，亲之后也，敢不敬与？君子无不敬也，敬身为大。身也者，亲之枝也，敢不敬与？不能敬其身，是伤其亲；伤其亲，是伤其本；伤其本，枝从而亡。三者，百姓之象也，身以及身，子以及子，配以及配，君子行此三者，则忾乎天下矣。大王之道也如此，国家顺矣。"公曰："敢问：何谓敬身？"孔子对曰："君子过言，则民作辞；过动，则民作则。君子言不过辞，动不过则，百姓不命而敬恭。如是，则能敬其身；能敬其身，则能成其亲矣。"公曰："敢问：何谓成亲？"孔子对曰："君子也者，人之成名也。百姓归之名，谓之'君子之子'，是使其亲为君子也，是为成其亲名也已。"孔子遂言曰："古人为政，爱人为大；不能爱人，不有其身；不能有其身，不能安土；不能安土，不能乐天；不能乐天，不能成身。"公曰："敢问：何谓成身？"孔子对曰："不过乎物？"公曰："敢问：君^①何贵乎天道也？"孔子对曰："贵其不已。如日月西东相从而不已也，是天道也；不闭其久也，是天道也；无为物成，是天道也；已成而明，是天道也。"公曰："寡人蠢愚冥烦，子识之心也！"孔子蹴然避席而对曰："仁人不过乎物，孝子不过乎物，是仁人之事亲也如事天，事天如事亲，是故孝子成身。"公曰："寡人既闻是言也，无如后罪何？"孔子对曰："君之及此言也，是臣之福也！"［大戴礼记·哀公问于孔子］①"君"下，高安本有"子"字，宋本脱。

【释义】孔子陪坐在哀公旁边，哀公问："人伦之道什么最重要？"孔子严肃地回答道：

"您能提出这样的问题，真是百姓的福气。孤陋之臣认真地回答：人伦之道中，政务最重要。"哀公问："那什么是政务？"孔子回答说："政，就是正。国君行得正，百姓就会跟从。国君的所作所为，是百姓跟从的对象。国君不做典范，百姓怎么跟从呢？"哀公说："那如何为政呢？"孔子说："夫妇有别，父子相亲。君臣相敬，这三者正，百姓就都会跟从。"哀公说："我虽然没像你说的那样，但愿意了解三者能够实行的方法。可以讲讲吗？"孔子说："古代为政，爱人是最重要的。要做到爱人，礼是最重要的。要做到礼，敬是最重要的。敬的最高境界，大婚是最重要的，大婚之礼是最高的。大婚的时候，穿着礼服亲自迎娶，表示亲爱。自己亲爱对方，对方也亲爱自己。所以君子提倡人们要相敬为亲。没有了敬重，也就没有了亲爱。没有爱，就没有亲，没有亲，就没有敬。爱和敬，不是政的根本吗？"哀公说："我想问，穿着礼服亲自迎接，是不是太隆重了？"孔子严肃地回答道："合二姓之好，传承先人的后代，夫妻一起主持天地、宗庙、社稷的祭祀，怎么能说太隆重呢？"哀公说："我孤陋寡闻了。不孤陋寡闻，怎么会这么说呢？我还有问题，但没有恰当的词语，请再解释一下。"孔子说："天地阴阳不合，万物不生。大婚，是为了有继承的后代。怎么能说太隆重了呢？"孔子接着说："内以宗庙之礼，体现天地阴阳的神明；外以教令之礼，体现上下相敬之道。这样，国家衰败也可以兴起，国体衰微也可以强盛，为政先要用礼，礼难道不是政的根本吗？"孔子接着说："从前三代的明君为政，都敬爱自己的妻子和儿子，这是有道理的。妻子，是亲人的主体，能不敬爱吗？儿子，是亲人的后代，能不敬爱吗？君子没有不敬爱的，敬爱自身是最重要的。身体，是父母的分支，能不敬爱吗？不能敬爱自身，就是伤害了父母。伤害了父母，就伤害了根本。伤害了根本，分支就会消亡。这三者，是百姓的榜样。爱护自身延伸到爱护他人，爱护自己的儿子延伸到爱护别人的儿子，爱护自己的妻子延伸到爱护别人的妻子。君子能做到这三点，并将其扩展到天下，就是先王的治理之道。能做到这样，国家就太平了。"哀公说："请问什么叫爱护自身？"孔子回答说："君子说错话，百姓也会跟着说错话，君子行为不当，百姓也会跟着行为不当。君子言行得当，行为没有过失，百姓就不用命令而能恭敬顺从，这样就能爱护自身。能爱护自身，就能成就父母的名声。"哀公说："请问怎样才能成就父母的名声？"孔子回答道："君子,是人有德行的称谓。百姓给予他这个名称,称他为君子之子,也就能使其父母被人称为君子,也就成就了父母的名声。"孔子接着说:"古代为政,以爱人为最重要的事。不能爱人,就不能爱自身。不能爱自身,就不能守土。不能守土,就不能乐天。不能乐天,就不能成就自身。"哀公说:"请问怎样才能成就自身?"孔子回答道:"凡事无过失。"哀公说:"请问君子为什么重视天道?"孔子回答道:"是看重它的生生不息。像日月一样相从而不息,这是天道。畅行无阻,这是天道,无为而成功,这是天道,成物而明白,这是天道。"哀公说:"我愚蠢昏庸,你的话我都记住了。"孔子严肃地离开座位说:"仁人中庸行事,小子中庸行事。所以仁人侍奉双亲就像侍奉天地,侍奉天地就像侍奉双亲,所以孝子成就自身。"哀公说:"我听说了这些话,如果没做到会怎么样?"孔子说:"国君能担忧以后的过失,这是臣子的福气。"

孔子曰:"君子之道,譬犹防与? 夫礼之塞,乱之所从生也;犹防之塞,水之所从来也。故以旧防为无用而坏之者,必有水败;以旧礼为无所①用而去之者,必有乱患。"故婚姻之礼废,则夫妇之道苦,而淫辟②之罪多矣。乡饮酒之礼废,则长幼之序失,而争斗之狱繁矣。聘射之礼废,则诸侯之行恶,而盈溢之败起矣。丧祭之礼废,则臣子之恩薄,而倍死忘生之礼③众矣。凡人之知,能见已然,不能见将然。礼者,禁将④然之前;而法者,禁于已然之后。是故法之用易见,而礼之所为生⑤难知也。若夫庆赏以劝善,刑罚以惩恶,先王执此之正,坚如金石,行此之信,顺如四时,处此之功,无私如天地尔,岂顾不用哉? 然如⑥曰礼云礼云,贵绝恶于未萌,而起敬于微眇,使民日徙善远罪而不自知也。[大戴礼记·礼察]①一本无"所"字。②"辟"读为"僻"。③礼,徒之讹。④一本"将"上有"于"字。⑤生,至之讹。⑥"如"读为"而"。

【释义】孔子说:"做君王的道理,就好像筑堤吧? 礼如果阻塞不行,祸乱就会发生;就好像堤坝阻塞了,洪水就会泛滥一样。所以认为旧堤防没有用而毁弃它,一定会遭到水灾;认为旧礼教没有用而废弃它的,一定会引发大动乱。"如果婚姻的礼教废弃了,夫妻就很难相处,而淫乱苟且的事就发生了。大家喝酒的礼废止了,长幼的次序就丧失,而争夺打斗的事就多起来了。聘射的礼废弃了,诸侯就肆意作恶,而骄奢蛮横的灾祸就发生了。

丧祭的礼废弃了，为人臣、为人子的就薄情寡义，因而背叛死者忘记祖先的人就多了。一般人的智慧，能看到已经发生的事情，不能看到将要发生的事情。礼，是在恶事发生之前加以禁止；而法，是在恶事发生之后加以惩治。所以法的作用很容易看到，而礼的作用却很难被人知道了。至于用奖赏来鼓励人行善，用刑罚来惩罚人作恶，先王把握这一原则就如金石一样坚定，推行这一原则就如四季轮回一样忠诚，对这原则所采取的立场就如天地一样公正无私，怎么会不用赏罚呢？然而所谓礼，就是在罪恶还没有产生前就先消灭它，从极微小的地方培养起诚信，使百姓一天天接近善良，远离罪恶，而自己并不知道。

孔[①]子曰："少成若性，习贯之为常。"［大戴礼记·保传］①《贾子新书·保传》文小异。

【释义】孔子说："孩提时期养成的习惯，成人以后似乎本性就如此。"

子曰："可人[①]也，吾任其过；不可人也，吾辞其罪。《诗》云：'有子七人，莫慰母心。'子之辞也。'夙兴夜寐，无忝尔所生'，言不自舍也。不耻其亲，君子之孝也。"［大戴礼记·曾子立孝］①"人"当作"入"，下同。宋本皆讹作"人"。

【释义】孔子说："劝谏的话，说进去，我就承担那过错；不能说进去，我就责备自己的罪过。《诗经》说：'有子七人，莫慰母心。'这是儿子责备自己的话。'夙兴夜寐，无忝尔所生'，是说一刻也不放松自己。不把耻辱加到父母的身上，这就是君子的孝啊！"

乐正子春下堂而伤其足，伤瘳，数月不出，犹有忧色。门弟子问曰："夫子伤足瘳矣，数月不出，犹有忧色，何也？"乐正子春曰："善如[①]尔之问也。吾闻之曾子，曾子闻诸夫子曰：'天之所生，地之所养，人为大矣。父母全而生之，子全而归之，可谓孝矣；不亏其体，可谓全矣。故君子顷[②]步之不敢忘也。'今予忘夫孝之道矣，予是以有忧色。"［大戴礼记·曾子大孝］①"如"读为"哉"。②"顷"当为"跬"。

【释义】乐正子春下堂损伤了脚，伤愈之后，好几个月没出门，脸上有忧虑的神色。弟子说："你的脚已经好了，几个月没出门，脸上有忧虑的神色，这是为什么？"乐正子春说："你问得很好。我听曾子说，曾子曾听孔子说：'天之所生，地之所养，没有比人更大的。父母生下完美的我，我们也得完整地回归天地，这叫作孝。身体不损毁，不受侮辱，这叫作全。'所以君子每走一步路都不忘记孝道。现在我却忘了孝道,所以有忧虑的神色。"

夫①子曰:"伐一木,杀一兽,不以其时,非孝也。"[大戴礼记·曾子大孝]①庐注云:夫子,孔子。

【释义】孔子说:"砍伐一棵树,宰杀一头兽,不按一定的时节,也不符合孝道。"

曾子曰:"参尝闻之夫子曰:'天道曰圆,地道曰方,方曰幽而圆曰明;明者吐气者也,是故外景;幽者含气者也,是故内景。'"[大戴礼记·曾子天圆]

【释义】曾子说:"我曾经听孔夫子说过:'天的道理如圆形,地的道理如方形,方静之道是幽深,而圆通之道是光明;光明的一面吐出元气,所以它显示万物的影像是在本体之外;幽深的一面接受元气,所以它显示万物的影像是在本体之内。'"

卫将军文子问于子贡曰:"吾闻夫子之施教也,先以诗世;道①者②孝悌,说之以义,而观诸体③,成之以文德;盖受教者七十有余人。闻之,孰为贤也?"子贡对,辞以不知。文子曰:"吾子学焉,何谓不知也。"子贡对曰:"贤人无妄,知贤则难,故君子曰:'智莫难于知人',此以难也。"文子曰:"若夫知贤,人莫不难;吾子亲游焉,是敢问也。"子贡对曰:"夫子之门人,盖三就焉;赐有逮及焉,有未及焉,不得辩④知也。"文子曰:"吾子之所及,请问其行也。"子贡对曰:"夙兴夜寐,讽诵⑤崇礼;行不贰过,称言不苟,是颜渊之行也。孔子说之以《诗》,《诗》云:'媚兹一人,应侯顺德。永言孝思,孝思惟则。'故国⑥一逢有德之君,世受显命,不失厥名,以御于天子以申之。在贫如客,使其臣如借;不迁怒,不探⑦怨,不录旧罪,是冉雍之行也。孔子曰:'有土君子,有众使也,有刑用也,然后怒;匹夫之怒,惟以亡其身。'《诗》云:'靡不有初,鲜克有终。'以告之。不畏强御,不侮矜寡;其言曰性,都其富哉⑧,任其戎,是仲由之行也。夫子未⑨知以文也,《诗》⑩云:'受小共大共,为下国恂蒙。何天之宠,传奏其勇。'夫强乎武哉,文不胜其质。恭老恤孤,不忘宾旅,好学省物而不⑪懃,是冉求之行也。孔子因而语之曰:'好学则智,恤孤则惠,恭老则近礼,克笃恭以天下,其称之也,宜为国老。'志通而好礼,摈相两君之事,笃雅其有礼节也,是公西赤之行也。孔子曰:'礼义三百,可勉能也;威仪三千,则难也。'公西赤问曰:'何谓也?'孔子曰:'貌以摈礼,礼以摈辞,是之谓也。'主人闻之以成。孔子之语人也,曰:'当宾客之事则通矣。'

谓门人曰：‘二三子欲学宾客之礼者，于赤也。’满而不满，实如虚，通⑫之如不及，先生难之；不学其貌，竟其德，敦其言；于人也，无所不信，其桥大人也，常以皓皓，是以眉寿，是曾参之行也。孔子曰：‘孝，德之始也；弟，德之序也；信，德之厚也；忠，德之正也。参也，中夫四德者矣哉。’以此称之也。业功不伐，贵位不善，不侮可侮，不佚可佚，不敖无告，是颛孙之行也。孔子言之曰：‘其不伐则犹可能也，其不弊百姓者，则仁也。《诗》云："恺悌君子，民之父母。"’夫子以其仁为大也。学以深，厉以断，送迎必敬，上友下交，银手⑬如断，是卜商之行也。孔子曰：‘《诗》云："式夷式已，无小人殆。"而⑭商也其可谓不险也。’贵之不喜，贱之不怒；苟于民利矣，廉于其事上也，以佐其下，是澹臺灭明之行也。孔子曰：‘独贵独富，君子耻之，夫也中之矣。’先成其虑，及事而用之，是故不忘，是言偃之行也。孔子曰：‘欲能则学，欲知则问，欲善则讯，欲给则豫，当是⑮如偃也得之矣。’独居思仁，公言言义；其闻之《诗》也，一日三复‘白圭之玷’，是南宫绍之行也。夫子信其仁，以为异姓。自见孔子，入户未尝越屦，往来过人不履影；开蛰不杀，方长不折；执亲之丧，未尝见齿，是高柴之行也。孔子曰：‘高柴执亲之丧则难能也，开蛰不杀则天道也，方长不折则恕也，恕则仁也；汤恭以恕，是以日跻也。’此赐之所亲睹也，吾子有命而讯，赐则不足以知贤。"文子曰："吾闻之也，国有道则贤人兴焉，中人用焉，百姓归焉。若吾子之语审茂，则一诸侯之相也，亦未逢明君也。"子贡既与卫将军文子言，适鲁，见孔子曰："卫将军问二三子之行于赐也，不一而三，赐也辞不获命，以所见者对矣；未知中否，请尝以告。"孔子曰："言之。"子贡以其质⑯告。孔子既闻之，笑曰："赐，汝伟为知人，赐！"子贡对曰："赐也焉能知人？此赐之所亲睹也。"孔子曰："是女所亲也。吾语女耳之所未闻，目之所未见，思之所未至，智之所未及者乎？"子贡曰："赐得则愿闻之也。"孔子曰："不克不忌，不念旧恶，盖伯夷、叔齐之行也。晋平公问于祁傒曰：‘羊舌大夫，晋国之良大夫也，其行如何？’祁傒对，辞曰：‘不知也。’公曰：‘吾闻女少长乎其所，女其阉知之。’祁傒对曰：‘其幼也恭而逊，耻而不使其过宿也；其为侯大夫也悉善而谦，其端也；其为公车尉也信而好直，其功也；至于其为和容也，温良而好礼，博闻而时出，其志也。’公曰：‘乡者问女，女何曰弗知也？’祁傒对曰：‘每位改变，未知所止，是以不知。’盖羊舌大夫之行也。畏天而敬人，服义而行信，孝乎父而恭于兄,好从善而敎往,盖赵文子之行也。其事君也不敢爱其死,然亦不亡^⑰其身,谋其身不遗其友,君陈则进,不陈则行而退,盖随武子之行也。其为人之渊泉也,多闻而难诞也,不内辞^⑱足以没世;国家有道,其言足以生;国家无道,其默足以容,盖桐提伯华之行也。外宽而内直,自设于隐栝之中,直己而不直人,以善存,亡汲汲,盖遽伯玉之行也。孝子^⑲慈幼,允德禀义,约货去怨,盖柳下惠之行也。其言曰:君虽不量于臣,臣不可以不量于其君。是故君择臣而使之,臣择君而事之。有道顺君,无道横命,晏平仲之行也。德恭而行信,终日言不在尤之内,在尤之外,贫而乐也,盖老莱子之行也。易行以俟天命,居下位而不援其上;观于四方也,不忘其亲;苟思其亲,不尽其乐;以不能学为己终身之忧,盖介山子推之行也。"[大戴礼记·卫将军文子]①道,导也。②者,读为诸。③体,一作礼。④辩,读为偏。⑤诵,一作诗。⑥国,一作回。⑦探,一作深。⑧哉,读为材。⑨未知,当作知未。⑩"诗"上脱"曰"字。⑪案不字衍。⑫过,宋本讹作通。⑬乎,宋本讹作手。⑭而,读为如。⑮是如,当作如是。⑯质,读为实。⑰亡,元本作忘。⑱辞,恐乱之讹。⑲子,从方本当为老。

【释义】卫将军文子问子贡说:"我听说孔子施教,先教学生诵读诗篇;引导学生实行孝悌,以义理告诉他们,而在礼法中观察他们,以道艺德行完成其人格;大约受教的有七十多人。我听说是这样,那到底谁是最贤的人呢?"子贡回答时,推说不知道。文子说:"你在孔子门下学习,怎么会不知道呢?"子贡回答说:"称赞别人贤能不可虚妄,了解贤才是件难事。所以君子说:'智慧,没有比知人更难的了',因此我感到困难。"文子说:"说到知贤,没有人不感到困难;你亲身在孔门学习,我才敢问你。"子贡答说:"老师的学生,大概有三种成就;有的我能赶得上,有的赶不上,不能全知道啊。"文子说:"就你所知道的,请问他们的行为。"子贡答说:"早起晚睡,诵读诗篇,崇尚礼法;不犯同样的过失,言谈称呼不随便,这是颜渊的行为。孔子引用《诗经》评价他,《诗经》说:'进用于天子,在国君左右,能成就他的德行;增长孝道,是用来做人的法则。'所以遇到有德的国君,就世代受到显达的爵位,名声不坠,进而天子便器重他。身处贫困却如同做客,使用臣仆如同借力;不转移怒气,不找寻怨恨,不记旧恶,这是冉雍的行为。孔子说:'有土地的领导者,有大众可使用,有刑法可利用,然后可以发怒;个人的怒气,只会自取灭亡。'《诗经》说:'没有不开始,很少能有结果。'以这两句话告诉他。不畏强暴,不欺侮矜寡,言谈出自天性,非常美妙,这样的人可以担任军事家,这是仲由的行为。孔子知道他未受礼乐熏陶,《诗经》说:'受小法大法,下国在蒙受他的福惠。上天宠爱他,赋予他勇敢。'这人刚强勇敢,礼乐熏陶还没胜过他的本质。尊敬老人,抚恤孤儿,不忘以待客之礼待客,好学并仔细观察事物而不觉得劳苦,这是冉求的行为。孔子因而告诉他:'好学就是智,恤孤就是惠,敬老近于礼,能以忠厚恭敬对待天下人,被举荐时,应该能担任卿相。'触类旁通而好礼,两君相会时,担任礼相,公正而有礼节,这是公西赤的行为。孔子说:'礼经三百,可以早起勤学;在三千人面前有威仪,就比较困难了。'公西赤问:'这是什么意思呢?'孔子说:'容貌用来辅助礼制,礼制用来辅助辞令,就是这意思。'从别人的立场看,公西赤对礼法已有成就了。孔子告诉别人说:'接待宾客的礼仪,公西赤是明白了。'告诉学生说:'各位想要学接待宾客的礼节,找公西赤去。'充实而不自满,实有也当作空虚,超过仿佛不及,老师做到这些也有困难;不图表面上的样子,而是实践君子的德行,言谈敦厚;对于他人,非常诚信。出自真心地孝敬父母,使父母长寿,这是曾参的行为。孔子说:'孝是道德的开端,悌是道德的次序,信是道德的充实,忠是道德的正轨。曾参,具备这四种德行了。'以此来称赞他。有功劳而不自夸,居高位而不自喜,不欺侮可以欺侮的,不丢失可以丢失的,不凌傲穷困无告的人,这是颛孙的行为。孔子说:'他的不自夸,一般人还能做到,他的不伤百姓,则是仁道了。《诗经》说:"欢乐平易的领导者,有如百姓的父母。"'夫子以他的仁心为大。求学能深究其中,性格严厉而果断,送迎宾客毕恭毕敬,上下交流,严格而有限制,这是卜商的行为。孔子说:'《诗经》说:"以公正交友就好,别和小人交往而生危险。"卜商的交友,可以说不会有危险。'让他居高位,不会因此而高兴,让他居卑职,不会因此而愤怒;只要对百姓有好处,宁可对在上的人俭省,来帮助在下的人,这是澹台灭明的行为。孔子说:'独享富贵,是君子的耻辱,这个人做到这点了。'做事先定计划,面对情况灵活应用,因此没有漏洞,这是言偃的行为。孔子说:'想做到就要多学习,想知道就要多问,想做好就要请教,想充足就要预备,言偃做到了。'独居时思考仁道,在公家谈论义理;

听到《诗经》时,一天三次思索'白圭之玷'一章,这是南宫縚的行为。孔子相信他的仁道,把侄女嫁给他。自从见过孔子后,进门没有将自己鞋子摆在他人鞋子的前面,经过别人身旁不踏人的影子;不杀害出土的昆虫,不折断成长中的植物;守父母的丧,从不曾露齿笑过,这是高柴的行为。孔子说:'高柴守父母之丧的表现,一般人很难做到。不杀出土的昆虫,是合乎天意,不折成长中的植物,是行恕道,恕就是仁;商汤恭敬而宽恕,所以德行日益提高。'这些是我亲眼看见的,因为你问起我就谈谈,对他人的贤处知道得还不够。"文子说:"我听说,国家有道时,贤人就兴起了,正人就被任用了,百姓也就归附了。像你所说实在是太美好了,那他们应该都是诸侯的官员,怕是没遇到明君吧!"子贡和文子谈过后,到鲁国,见到孔子说:"卫将军问我同学们的行为如何,再三问,我推辞不掉,就将亲眼看见的告诉他,不知是否恰当,请允许我向老师报告。"孔子说:"讲吧。"子贡于是原原本本地说了。孔子听完笑着说:"赐,你真是知人啊,赐。"子贡回答说:"我哪能知人呢?这些是我亲眼见到的啊。"孔子说:"不错,是你亲眼见到的。我告诉过你不曾听到的,眼睛不曾见过的,思想不曾达到的,智慧不曾领会的吗?"子贡说:"我很愿意听听。"孔子说:"不好胜,不算计,不计较旧恶,大概是伯夷、叔齐的行为了。晋平公问祁傒说:'羊舌大夫是晋国的良大夫,他的行为如何?'祁傒回答,推辞说:'不知道。'平公说:'我听说你从小在那地方长大,你应该知道的。'祁傒回答说:'他自幼恭敬而顺从,知羞耻而时刻改正自己的错误;当他是侯大夫时,尽力做到善良而谦虚,这是他做事的开始;当他是公车尉时,诚信而正直,这是他的事功;至于他应酬时温良而喜好礼节,博学而应对得时,这是他的志节。'平公说:'刚才问你,你怎么说不知道呢?'祁傒回答说:'他每在不同的官位都有改变,不知到底止于哪里,因此不知。'这大概是羊舌大夫的行为了。对天恐惧而谨慎人事,服从义理而实行信用,孝顺父母而恭敬兄长,喜欢遵从善道而效法过去,这大概是赵文子的行为了。侍奉国君,不敢爱惜生命,但也不会为不义而牺牲,为自身考虑而不遗弃朋友,国君实行他的德教就出来做官,否则就引退,这大概是随武子的行为了。为人深沉静默,博学而不狡诈,一生可以不内疚;国家有道,他的言论可以使国家新生,国家无道,他的沉默又可以保全自己,这大概是桐提伯华的行为了。外貌平和而内心正直,自觉置身于法律规矩之内，纠正自己，不必等别人来纠正，以善道生活，而不急匆匆地追求出人头地，这大概是遽伯玉的行为了。敬老爱幼，崇信道德，坚持义理，舍弃财物，消除怨恶，这大概是柳下惠的行为了。他说：国君虽然可以不衡量臣子，臣子却不可不衡量国君。所以国君固然可以选择臣子来差遣，臣子也是可以选择国君来侍奉；国君有道则顺从君命，无道则权衡君命，这是晏平仲的行为。德性恭谨而行为忠诚，整天所谈的不在过失之内，而在过失之外，贫也安乐，大概是老莱子的行为了。以平静的行为来等待天命，居下位而不攀上；随文公流亡四方，还不忘他的尊亲；一想念尊亲，就不能继续欢乐；以不能学习为自己终身的遗憾，这大概是介之推的行为了。"

宰我问于孔子曰："昔者予闻诸荣伊，令①黄帝三百年。请问黄帝者人邪？抑非人邪？何以至于三百年乎？"孔子曰："予！禹、汤、文、武、成王、周公，可胜观邪！夫黄帝尚矣，女何以为②？先生难言之。"宰我曰："上世之传，隐微之说，卒业之辨，暗昏③忽之，意非君子之道也，则予之问也固矣。"孔子曰："黄帝，少典之子也，曰轩辕。生而神灵，弱而能言，幼而彗④齐，长而敦敏，成而聪明。治五气，设五量，抚万民，度四方；教熊罴貔豹虎，以与赤帝战于版泉之野，三战然后得行其志。黄帝⑤黼黻衣，大带黼裳，乘龙扆云，以顺天地之纪，幽明之故，死生之说，存亡之难。时播百谷草木，故⑥教化淳鸟兽昆虫，历离日月星辰；极畋土石金玉，劳心力耳目，节用水火材物。生而民得其利百年，死而民畏其神百年，亡而民用其教百年，故曰三百年。"宰我："请⑦问帝颛顼。"孔子曰："五帝用记⑧，三王用度，女欲一日辨⑨闻古昔之说，躁哉予也。"宰我曰："昔者予也闻诸夫子曰：'小子无有宿问。'"孔子曰："颛顼，黄帝之孙，昌意之子也，曰高阳。洪渊以有谋，疏通而知事；养材以任地，履时以象天，依鬼神以制义；治气以教民，絜诚以祭祀。乘龙而至四海：北至于幽陵，南至于交阯，西济于流沙，东至于蟠木，动静之物，大小之神，日月所照，莫不祇⑩励。"宰我曰："请问帝喾。"孔子曰："元嚣之孙，蟜极之子也，曰高辛。生而神灵，自言其名；博施利物，不于其身；聪以知远，明以察微；顺天之义，知民之急。仁而威，惠而信，修身而天下服。取地之财而节用之，抚教万民而利诲之，历日月而迎送之，明鬼神而敬事之。其色郁郁，其德巍巍，其动也时，其服也士。春夏乘龙，秋冬乘马，黄黼黻衣，执中而获天下；日月所照，风雨所至，莫不从顺。"宰我曰："请问帝尧。"孔子曰："高辛之子也，曰放勋。其仁如天，其知如神；就之如日，望之如云；富而不骄，贵而不豫；黄黼黻衣，丹车白马。伯夷主礼，龙、忧⑩教舞，举舜、彭祖而任之，四时先民治之。流共工于幽州，以变北狄；放驩兜于崇山，以变南蛮；杀三苗于三危，以变西戎；殛鲧于羽山，以变东夷。其言不贰，其德不回，四海之内，舟舆所至，莫不说夷。"宰我曰："请问帝舜。"孔子曰："蟜牛之孙，瞽叟之子也，曰重华。好学孝友，闻于四海；陶家⑪事亲，宽裕温良。教⑫敦而知时，畏⑬天而知时，畏天而爱民，恤远而亲亲⑭。承受大命，依于倪皇；睿明通知，为天下工。使禹敷⑮土，主明山川，以利于民；使后稷播种，务勤嘉谷，以作饮食；羲和掌历，敬授民时；使益行火，以辟山莱⑱；伯夷主礼，以节天下；夔作乐，以歌钥舞，和以钟鼓；皋陶作士，忠信疏通，知民之情；契作司徒，教民孝友，敬政率经。其言不惑，其德不愿，举贤而天下平。南抚交阯、大、教、鲜⑯支、渠庾、氏、羌，北山戎、发、息慎，东长乌夷、羽民。舜之少也，恶悴劳苦，二十以孝闻乎天下，三十在位，嗣帝所，五十乃死，葬于苍梧之野。"宰我曰："请问禹。"孔子曰："高阳之孙，鲧之子也，曰文命。敏给克济，其德不回，其仁可亲，其言可信；声为律，身为度，称以上士；亹亹穆穆，为纲为纪。巡九州，通九道，陂九泽，度九山。为神主，为民父母；左准绳，右规矩；履四时，据四海；平九州，戴九天，明耳目，治天下。举皋陶与益，以赞其身，举干戈以征不享、不道、无德之民；四海之内，舟车所至，莫不宾服。"孔子曰："予！大者如说，民说至矣；予也，非其人也。"宰我曰："予也不足，诚也，敬承命矣。"他日，宰我以语人，有为道诸夫子之所。孔子曰："吾欲以颜色取人，于灭明邪改之；吾欲以语言取人，于予邪改之；吾欲以容貌取人，于师邪改之。"宰我闻之，惧，不敢见。[大戴礼记·五帝德]①言，宋本为令，当从《史记》索隐引改。②"为"下当有"问"字。③戴氏校本删"昏"字。④彗，慧古假借，通用。

两头龙纹盆

⑤"帝"字衍。⑥"故教"二字衍。⑦"请"上戴氏校本增"曰"字。⑧记，一作说。⑨辨，遍

古通。⑩砥砺，表本为祇励，当从朱本改。⑪家，朱本、卢本作渔。⑫教敦，宋本之讹，当作敦敏。⑬"畏天而知时"五字衍。⑭亲，朱本作近。⑮敷，分也。⑯"鲜"上当有"西"字。⑰忧，爱之讹。⑱菜，莱之讹。

【释义】宰我问孔子说："以前我听荣伊说，黄帝留传三百年。请问黄帝是人呢？还是不是人呢？为什么会三百年呢？"孔子说："予！禹、汤、文、武、成王、周公的事迹，可以够看了！黄帝年代更久远，你为什么问这个？这是前人们都难以说清楚的。"宰我说："上古的传说，是不详尽的说法，事迹虽过但至今尚有争论，因模糊不清而忽略，不是君子应有的态度，所以当然要提问。"孔子说："黄帝，是少典氏的孩子，名轩辕。生来神奇灵异，很小就会说话，幼年才智敏捷，长大后敦厚勤勉，成年后很聪明。调理五气，设定五量，安抚百姓，量度四方；训练熊罴貔貅豹虎；用来和赤帝在版泉之野交战，三战后才打败赤帝。黄帝制定黄色的上衣，衣上绣黼黻，束大带，下身是绣有黼的裳，骑着龙，屏风绘有云彩，以顺应天地的纲纪、阴阳的气数、死生的理论、存亡的辨别。按时节播种百谷草木，德化遍布于鸟兽昆虫，修历法分别日月星辰；整治四境以内的土石金玉，劳苦自己的心力耳目，教百姓依时节取用水火财物。生时百姓蒙受他的利益百年，死后百姓敬畏他的神灵百年，亡后百姓遵用他的教化百年，因此说是三百年。"宰我说："请问帝颛顼。"孔子说："五帝的事迹，从现存的传记里可以知道，三王的事迹，从现存的法度里可以知道，你想一天内听遍从前的事，太急躁了啊。"宰我说："我从前听老师说：'学生不要把问题留到第二天。'"孔子说："颛顼是黄帝的孙子，昌意的儿子，叫高阳。他博大精深而有谋略，通达而明白事理；培养生物依据土地的肥瘠，实行政令效法天道，依从鬼神而制定义理；调治阴阳来教化万民，洁净虔诚以祭祀。骑龙巡行四夷：北到幽陵，南到交阯，西渡流沙，东到蟠木，动物、植物、大神、小神，凡日月所照到的，无不均平。"宰我说："请问帝喾。"孔子说："他是元嚚的子孙，蟜极的儿子，叫高辛。生来神奇灵异，自己叫自己的名字；广施恩惠，利于万物，不厚养自身；他的聪明足以知远察微；顺应天时，知道百姓的苦痛。仁德而威严，慈爱而忠信，修养自身而天下服从。取地上的财物而节制使用，安抚百姓又教诲他们，观察日月的运行而迎送它们，明白鬼神的道理而敬事它们。他的神情肃穆，品德高尚,举动顺应天时,所穿的是士服。春夏骑龙,秋冬骑马,穿黄色绣黼黻的上衣,执守中道而得天下;凡日月所照,风雨所至的地方,无不顺从。"宰我说:"请问帝尧。"孔子说:"他是高辛的儿子,叫放勋。他的仁德如天一般,智慧如神;亲近他如太阳般的温暖,远望他如云彩般灿烂;富有而不骄傲,高贵而不放逸;穿黄色绣黼黻的上衣,乘丹漆的车,骑白色的马。让伯夷主持礼仪,命龙、忧教导乐舞,任用舜和彭祖,传授百姓四时的节令。流放共工于幽州,以变化北狄;放逐讙兜于崇山,以变化南蛮;除掉三苗于三危,以变化西戎;放逐鲧于羽山,以变化东夷。他的话不用怀疑,品德不邪恶,四海之内,舟车所到的地方,无不悦服安定。"宰我说:"请问帝舜。"孔子说:"他是蟜牛的孙子,瞽叟的儿子,叫重华。爱学习又尊重朋友,名传四海;做陶器,侍奉双亲,宽裕温良。敦厚勤勉而知时宜,敬畏天命而知时宜,敬畏天命而爱护百姓,抚恤远方而亲近双亲。承受天命,为倪皇所倚重;圣明知人,为天下所归往。命禹划分天下,主持山川的命名,以便利百姓;让后稷教民播种,务必为粮食的成熟而劳作,以供应饮食;羲和掌管历法,敬慎地告诉百姓时令;命益放火,以开辟山泽草莱;伯夷主持礼仪,以节制天下;夔作乐,作为钥舞的歌,并与钟鼓相应;皋陶做首领,忠信通达,了解民情;契做司徒,教百姓孝顺友爱,敬重政事,遵循伦理。舜的言辞不惑乱,德行不邪恶,任用贤人而天下太平。南方安抚到交阯、大、教,西方鲜支、渠庾、氏、羌,北方山戎、发、息慎,东方长夷、乌夷、羽民。他年少时憔悴劳苦,二十岁以孝闻名于天下,三十岁被任用,后来代尧理政,到五十年才死,葬在苍梧的郊野。"宰我说:"请问禹。"孔子说:"他是高阳的孙子,鲧的儿子,叫文命。做事敏捷,品德高尚。仁慈让人亲近,言语让人信赖;声音合音律,身体合尺度,可以说是一个德行最高的人;勤勉恭敬,以纲纪治理天下。巡看九州,开通九道,建筑九泽的堤岸,测量九山的高低。做百神的祭主,做百姓的父母;用规矩标准来约束自己;履行四时节令,安定四海人民;平定九州,尊崇九天,使耳目聪明,治理天下。任用皋陶和益来帮助他,动干戈,征伐不献神、不正直、无道的人;四海之内,凡舟车所到的地方,无不朝贡顺服。"孔子说:"予!关于五帝的重大事迹就如以上所说,人们都说五帝的德行是极致了,你还不够资格谈这些。"宰我说:"我还不够资格,很显然,我遵从老师的教诲。"不久,宰我把听到的向别人讲,有人告诉了孔子。孔子说："我想以颜色取人，澹台灭明使我改变了想法；我想以语言取人，宰我使我改变了想法；我想以容貌取人，子张使我改变了想法。"宰我听说后，心里害怕，不敢再见孔子。

孔子曰："吾尝终日思矣，不如须臾之所学。吾尝跂而望之，不如升高而博见也。升高而招，非臂之①长也，而见者远；顺风而呼，非声加疾也，而闻者著；假车马者，非利足②，而致千里；假舟楫者，非能水也，而绝江海；君子之性非异也，而善假于物也。"［大戴礼记·劝学］①之，一本作加。②"足"下宋本脱"也"字。

【释义】孔子说："我曾经整天思索，却不如片刻学到的知识多。我曾经踮起脚远望，却不如登到高处看得广阔。登到高处招手，胳膊没有比原来加长，可是别人在远处也看得见；顺着风呼喊，声音没有变得洪亮，可是听的人却听得很清楚。借助车马的人，并不是脚走得快，却可以日行千里，借助舟船的人，并不善于游泳，却可以横渡江河。君子的资质跟一般人没什么不同，只是君子善于借助外物罢了。"

孔子曰："野①哉！君子不可以不学，见人不可以不饰。"不饰无貌，无貌不敬，不敬无礼，无礼不立。夫远而有光者，饰也；近而逾明者，学也。譬之如洿耶，水潦灂焉，莞蒲生焉，从上观之，谁知其非源泉也。［大戴礼记·劝学］①野哉当作鲤。

【释义】孔子说："鄙俗啊！君子不可不学，看到人不可以不修饰。"不修饰就没有仪容，没有仪容就意味不恭敬，不恭敬就意味没有礼貌，没有礼貌就立不住。离人远而有光彩的，是修饰；靠人近而更明亮的，是学习。譬如浊水不流的地方，雨水、流潦都归到那里，莞草、蒲草都生长在那里，从上面看下去，谁知道它不是活水的源泉呀。

子贡曰："君子见大川必观，何也？"孔子曰："夫水者，君子比德焉：偏与之而无私，似德；所及者生，所不及者死，似仁；其流行痹①下，倨句②皆循其理，似义；其赴百仞之溪不疑，似勇；浅者流行，深渊不测，似智；弱③约危通，似察；受恶不让，似贞④；苞里⑤不清似⑩入，鲜洁以⑪出，似善化；必⑥出，量必平，似正；盈不求概，似厉⑦；折必以东西⑧，似意，是以见⑨。［大戴礼记·劝学］①痹，当作卑。②句，当作钩。③弱约危通，当作绰约微达。④贞字衍。⑤里，一作裹。⑥必字衍。⑦厉当作度万，此文旧脱烂，唯存度上广合于万字之首,为成厉字。⑧西字衍。⑨见下。诸本有"大川必观焉"五字。四部丛刊本为附注。⑩似,以之讹。⑪以,似之讹。

【释义】子贡说:"君子看到大河大川,必要观望,为什么?"孔子说:"水,君子拿来比喻德行;给予万物未必周全,但是没有私心,这像德;被它碰到就生长,碰不到就死亡,这像仁;流行在卑下的地方,直行或曲行都遵循着条理,这像义;它奔赴深谷,毫不迟疑,又像勇;在浅处灵活运行,在深渊里又使人不可测度,这像智;遇到微弱的地方就旋绕,遇到危险的地方就通达,这像祭;碰到污秽而不逃避,这像贞;容纳污秽的东西,将之变成清洁的东西,这像善化;当流行时必流行,流到凹凸的地方,水面是平的,这像公正;盈满了不须用盖来平抑,这像严谨;曲折必定分东西,这又像意愿。所以看到大河大川,必要观望了。"

子张问入官于孔子。孔子曰:"安身取誉为难也。"子张曰:"安身取誉如何?"孔子曰:"有善勿专,教不能勿揩①,已过勿发,失言勿踦。不善辞勿遂,行事勿留。君子入官,自行此六路者,则身安誉,至而政从矣。且夫忿数者狱之所由生也,距谏者虑之所以塞也,慢易者礼之所以失也,堕怠者时之所以后也,奢侈者财之所以不足也,专者事之所以不成也,历者狱之所由生也。君子入官,除②七路者,则身安誉至,而政从矣。故君子南面临官,大城而公治之,精知而略行之,合是忠信,考是大伦,存是美恶,而进是利,而除是害,而无求其报焉,而民情可得也。故临之无抗民之志,胜之无犯民之言,量之无狡民之辞,养之无扰于时,爱之勿宽于刑;言③此则身安誉至,而民自得也。故君子南面临官,所见迩,故明不可弊④也;所求迩,故不劳而得也;所以治者约,故不用众而誉至也;法象在内,故不远。源泉不竭,故天下积也;而木不寡短长,人得其量,故治而不乱。故六者贯乎心,藏乎志,形乎色,发乎声,若此则身安而誉至,而民自得也。故君子南面临官,不治则乱至,乱至则争,争之至又反于乱。是故寡裕以容其民,慈爱以优柔之,而民自得也已。故躬行者政之始也,调悦者情之道也。善政行易则民不怨,言调悦则民不辨法,仁在身则民显以佚之也。财利之生微⑤矣,贪以不得;善政必简矣,苟以乱之;善言必听矣,详⑥以失之;规谏日至,烦以不听矣。言之善者在所日闻,行之善者在所能为。故上者民之仪也,有司执政⑦民之表也,迩臣便辟者群臣仆之伦也。故仪不正则民失誓,表弊则百姓乱,迩臣便辟不正廉而群臣服汙矣,故不可不慎乎三伦矣。故君子修身反道察说,而迩道之服存焉;是故夫工女必自择丝麻、良工必自择齐材、贤君良上必自择左右始⑧。故佚诸取人,劳于治事;劳于取人,佚于治事。故君子欲誉则谨其所便⑨,欲名则谨于左右。故上者辟⑩如缘木者务高,而畏下者滋甚。六马之离必于四面之衢,民之离道必于上之佚政也。故上者尊严而绝⑪,百姓者卑贱而神。民而⑫爱之则存,恶之则亡也。故君子南面临官,贵而不骄,富恭有本能图,修业居久而谭;情迩畅而及乎远,察一而关于多。一物治而万物不乱者,以身为本者也。故君子莅民,不可以不知民之性⑬,达诸民之情;既知其以⑭生有习,然后民特从命也。故世举则民亲之,政均则民无怨。故君子莅民,不临以高,不道以远,不责民之所不能。今临之明⑮王之成功,则民严而不迎也;道以数年之业,则民疾,疾则辟⑯矣。故古者冕而前旒,所以蔽明也;统⑰紞塞耳,所以弇聪也。故水至清则无鱼,人至察则无徒。故枉而直之,使自得之;优而柔之,使自求之;揆而度之,使自索之;民有小罪,必以其善以赦其过,如死⑱使之生,其善也,是以上下亲而不离。故惠者政之始也,政不正则不可教也,不习则民不可使也。故君子欲言之见信也者,莫若先虚其内也;欲政之速行也者,莫若以身先之也;欲民之速服也者,莫若以道御之也。故不先以身,虽行必隣⑲也;不以道御之,虽服必强矣。故非忠信,则无可以取亲于百姓矣;外内不相应,则无可以取信者矣。四者治民之统也。"[大戴礼记·子张问入官]①揗,当作进。②"除"下一本有"此"字。③言,若之讹。④弊,当作蔽。⑤徵,一作微。⑥详,读为佯。⑦"政"下大训有"者"字。⑧始字衍。⑨便,当作使。⑩辟读为譬。⑪绝,当作危。⑫而,读为若。⑬"性"下一本有"而"字。⑭以,已也。⑮"明"上一本有"以"字。⑯辟,避也。⑰黄本,宋本为统⑱死,一本作此。⑲隣,方本作遴。

【释义】子张向孔夫子请教做官的方法。孔子说:"取得稳固的职位和声誉是最难的。"子张说:"那怎么才能取得稳固的职位和声誉?"孔子说:"已经取得的成果不要独占,教育工作能力差的人不要急倦,对于他人已经犯下的过错不要张扬,别人说了错话不要得理不让人。不善的行为不要再做下去了,应该做的事情不要拖延。君子入世做官,做到这六个方面，就能有稳固的职位和美好的名声，而政事随着教化就会实行。而且恣数是牢狱产生的原因，阻止劝谏是思虑堵塞的原因，傲慢轻视，礼节因此丧失，怠慢懒惰，因此总赶不上时机，贪图奢侈浪费，财物因此而不足，专制独裁，事情因此不能成功，严厉苛刻，是牢狱产生的原因。君子入世做官，消除了这七种行为，那么职位稳固而声名鹊起，而且政绩斐然了。所以君子面朝南居在官位，面对百姓进行治理时，要做到"大诚而公"，理解"精知而略行"的大道理，凡事合乎忠信，辨别是否合乎伦理，体察什么是好的什么是坏的，更进而兴利除害，不索求百姓的报答，这样，百姓的真情便可得到了。所以管理百姓时，没有虐待他们的心，在说服百姓时，没有逼迫他们的话，在衡量百姓时，没有狡诈地说辞，让百姓富足，得让他们有充足的生产时间，应爱护百姓，但不过分纵容。如果能这样做，那么不但自身安定，而赞誉也来了，自然也得到了百姓的心。所以君子面向南居于官位，应从近处去观察，所以他看得清楚，不会被蒙蔽；从近处去寻求，不须费事，就能获得；治理百姓的办法很简单，所以用不着去役使民众，而赞誉就来了；一切的法则都是从在位者本身做起，所以取则不远。这就像永不竭尽的泉源一般，天下的人才都聚积过来；就像树木不乏长短一样，可以随心所欲地衡量才能而加以利用，所以得以治理而不纷乱。所以把六种善行时刻记在心中，牢记在脑子里，表现在日常的举止言谈上，这样做，不但自身安定而赞誉也来了，百姓的心自然也得到了。所以君子面朝南居在官位，不能治理，乱事便起了，乱事起来，争斗便会产生，争凶斗狠便会导致动乱了。所以能以坦荡的胸怀来包容百姓，心存着慈爱来安抚百姓，百姓的心也就能得到了。所以，以身作则是为政的开始，和颜悦色是和百姓沟通的途径。好的政令推行容易，不会引起百姓的怨恨，对百姓讲话和颜悦色，百姓就不会违抗法纪，身行仁道，百姓便能尊重他而使他安乐。社会财富已经增长，如果贪婪搜刮反而不能得到财宝；好的政治要清简，如果苟且马虎，就会引起乱子；好的意见要接受，如果考虑太多，反而不能实行；规谏的话天天听，会感觉厌烦而不能听从。但是好话是要天天听的，好事是要能够做到的。所以国君是百姓的表率，卿大夫是百姓的准则，侍从人员是供职的一类人。所以表率不当，百姓就要失去法制，准则坏了，百姓就会作乱，侍从亲近的人不公正、不廉洁，那些大臣就要做坏事了，所以这些人的行为不可不谨慎。因此，君子要能修身，反省自己的行为，检查自己的言论，那么那些贴近的事就能做到了；好比女工要从选择丝麻开始，好的工匠要从选择木质开始，贤明的君主要从选择左右开始。所以用人不费力，办起事来就吃力；用人费些力，办起事来就不吃力。因此君子要想取得他人的赞赏，就要谨慎选择他所亲近的人，要想博取声名，就要谨慎地去选择身边的官员。居上位者正如爬树一样，越想往上爬，越怕跌下来。六匹马的跑散，一定是在四通的道路上，百姓的离经叛道，必然是由于居上位者不费力办理政事。所以居上位者虽然尊贵，反而和百姓隔绝，百姓虽然卑贱，却是最有潜力的。百姓爱戴你，你就可以存在，百姓厌恶你，你就要灭亡了。所以君子面向南居于官位，地位尊贵而不骄傲，钱财多还能谦让，能为自身着想，建立事业，能够维持长久宏大；感情不但同靠近的人沟通，而且能够感染远处的人，彻底弄明白了一件事，就可推知许多事。整理了一件事，经历再多事也不会乱的，这些都是以修养自身为根本的。所以君子管理百姓时，不可不知道百姓的本质，不可不了解百姓的心理；知道了他们的心理和习惯，百姓就能服从你的政令。所以说，国家治理得好，百姓便爱戴你，政治清明，百姓自然没有怨尤。所以君子管理百姓时，理想不可太高，目标不可定得太远，不要责求百姓做力所不及的事。如果用前贤圣人取得的成功来要求百姓，恐怕百姓要敬而远之了；要求他们未来遥远的目标，百姓如果做得痛苦，就会躲避。所以古代帝王的冠冕上，垂挂着一串玉，是为了警惕自己，不可看得太明察了；用棉絮塞耳朵，是为了警惕自己，不可听得太细了。所以水太清澈，鱼就无法生存，人太精明，就没有人跟随你了。所以把百姓的坏事改正过来，使他们心安理得；用教导来引导百姓，使他们寻求自身的完美；衡量百姓的资质，让他们自己找到前途；百姓偶然犯了过错，必要找出他的好处来赦免他，如果要判死刑，要想法子让他活下去，这样他就会变好了，这样才能上下打成一片，不分离了。所以说仁惠是施政的前提，施政不当，就没法教导百姓，百姓不学习，就无法驱使他们。所以君子要让人家相信他的话，不如先虚心检讨一下自己；要政令迅速推行，不如先自己做出榜样；要百姓很快地服从，不如用自己的德行来引导。所以如果不能以身作则，虽发了政令，也是推行不远的；不能用“道”来驾驭，虽表面服从，心里也是勉强的。所以不存忠信之心,就无法让百姓来亲近你;言行不一,就无法让百姓信赖你。这四项,就是管理百姓的要旨了。"

公曰:"千乘之国,受命于天子,通其四疆,教其书社,循①其灌庙,建其主②,设其四佐,列其五官,处其朝市,为仁如何?"子曰:"不仁,国不化。"公曰:"何如之谓仁?"子曰:"不淫于色。"子曰:"立妃设如太庙然,乃中治;中治,不相陵;不相陵,斯庶嫔�达;达,则事上静;静,斯洁信在中。朝大夫必慎以恭;出会谋事,必敬以慎言;长幼小大,必中度,此国家之所以崇也。立子设㉘宗社,宗社先示威,威明显见;辨爵集德,是以母弟官子咸有臣志,莫敢援于外,大夫中妇私谒不行,此所以使五官治,执事政③也。夫政以教百姓,百姓齐以嘉善,故蛊佞不生,此之谓良民。国有道则民昌,此国家之所以大遂也。卿设如大门,大门显美,小大尊卑中度。开明闭幽,内禄出灾,以顺天道,近者闲焉,远者稽焉。君发禁宰④而行之,以时通于地,散布于小。理天之灾祥,地宝丰省,及民共飨其禄,共任其灾,此国家之所以和也。国有四辅,辅,卿也。卿设如四体,毋易事,毋假名,毋重食。凡事尚贤进能,使知事爵不世,能⑤之不惩。凡民戴名以能,食力以时成,以事立⑥,此所以使民让也。民咸孝弟而安让,此以怨省而乱不作也,此国之所以长也。下无用,则国家富;上有义,则国家治;长有礼,则民不争;立有神,则国家敬;兼而爱之,则民无怨心;以为无命⑦,则民不偷。昔者先王立此六者,而树之德,此国家所以茂也。误㉙其四佐而官之;司徒典春,以教民之不则时不若不令,成长幼老疾孤寡以时通于四疆。有阖而不通,有烦而不治,则民不乐生,不利衣食。凡民之藏贮,以及山川之神明加于民者,发国⑧功谋。齐戒必敬,会时必节。日历巫祝,执伎以守官,俟命而作。祈王年,祷民命,及畜谷蜚征庶虞草⑨。方春三月,缓施生育,动作百物,于时有事,享于皇祖皇考,朝孤子八人,以成春事。司马司夏,以教士车甲。凡士执伎论功,修四卫。强股肱,质射御,才武聪慧,治众长卒,所⑩以为仪缀于国。出可以为率,诱于军旅。四方诸侯之游士,国中贤余秀兴⑪阅焉。方夏三月,养长秀蕃庶物。于时有事,享于皇祖皇考,爵士之有庆者七人,以成夏事。司寇司秋,以听狱讼,治民之烦乱,执权变民中。凡民之不刑,崩⑫本以要⑬闲,作起不敬以欺惑憧愚。作于财贿六畜五谷曰盗。诱居室家有君子曰义⑭。子女专曰娆。馈五兵及木石曰贼。以中情出，小曰闲，大曰讲⑮。利辞以乱属曰谗。以财投长曰贷⑯。凡犯天子之禁，陈刑制辟，以追国民之不率上教者。夫是故一家三夫道行，三人饮食，哀乐平，无狱。方秋三月，收敛以时。于时有事，尝新于皇祖皇考，食农夫九人，以成秋事。司空司冬，以制度制地事，准揆山林，规表衍沃，畜水行，衰濯浸，以节四时之事。治地远近，以任民力，以节民食，太古食壮之食，攻老之事。"公曰："功事不少，而餕粮不多乎？"子曰："太古之民，秀长以寿者，食也。在今之民，羸丑以痟者，事也。太古无游民，食节事时，民各安其居，乐其宫室⑰，服事信上，上下交信，地移民⑱在。今之世，上治不平，民治不和，百姓不安其居，不乐其宫；老疾用财，壮狡用力，于兹民游。薄事贪食，于兹民忧。古者殷书为成男成女名属升于公门，此以气食得节，作事得时，劝⑲有功；夏服君事不及暍，冬服君事不及冻；是故年谷不成，天之饥馑，道无殣者。在今之世，男女属散，名不升于公门，此以气食不节，作事不成⑳；天之饥馑，于时委民，不得以疾死。是故立民之居，必于中国之休地，因寒暑之和，六畜育焉，五谷宜焉；辨轻重，制刚柔，和五味，以节食时事。东辟之民曰夷，精以侥，至于大远，有不火食者矣。南辟之民曰蛮，信以朴，至于大远，有不火食者矣。西辟之民曰戎，劲以刚，至于大远，有不火食者矣。北辟之民曰狄，肥以戾，至于大远，有不火食者矣。及中国之民，曰五方之民。有㉑安民㉒和味，咸有实用利器，知通之，信令之。及量地度㉓居，邑㉔有城郭，立朝市。地以度邑，以度民，以观安危。距封后利，先虑久固，依固可守，为奥可久。能节四时之事，霜露时降。方冬三月，草木落。庶虞藏，五谷必㉕人于仓。于时有事，蒸于皇祖皇考，息国老六人，以成冬事。民咸知孤寡之必不末㉗也，咸知有大功之必进等也，咸知用劳力之必以时息也。推而内之水火，人㉖也弗之顾矣，而况有强适㉗在前，有君长正之者乎？"公曰："善哉。"［大戴礼记・千乘］①修，宋本讹循。②"主"上朱本有"宗"字。③政，一作正。④"宰"下大训有"受"字。⑤"能"下大训有"官"字。⑥"立"字当在"以事"之上。⑦无命，戴氏校本改曲令。⑧国，图之讹。⑨"草"上一本有"百"字。⑩所，大训作可。⑪兴，一作与。⑫崩，萌之讹。⑬要，安之讹。⑭有君子曰义，方本作及幼子曰不义。⑮讲，当作谍。⑯贷，读为货。⑰大训无"室"字。⑱"民"下方本有"聚"字。⑲"劝"上大训有"民"字。⑳成，大训作时。㉑"有"上大训有"咸"字。㉒

民，大训作居。㉓度，读为宅，居也。以下同。㉔"邑"字，从戴氏校本，当在地以度下。㉕
必、毕通用。㉖人，卢本作人。㉗适，读为敌。㉘"设"下大训有"如"字。㉙误，设之讹。
㉚未，末之讹。

【释义】鲁哀公说："有一千辆兵车的国家，接受了周天子的册封，政令能够贯穿四方，
对于百姓讲习军旅诗书的事，顺着庙来排定昭穆的次序，建立起对宗族的领导，设立四
佐，并在四佐之下，列置五官，为百姓设置市场，像这样施行仁政，怎么样呢？"孔子说："不
实行仁政，国家就不能被教化。"鲁哀公说："怎么样才算仁呢？"孔子说："不沉迷在女色
里。"孔子接着说："册立后夫人，要像设置太庙一样小心，因为她是要治理内宫的；内宫能
治理好，嫔妃间就不相互欺凌；嫔妃间不相互欺凌，那地位就分明；地位分明，侍奉国君就
能相安；能相安，宫中就能洁净诚信。和大夫在朝廷里相见，一定要恭谨；出国和诸侯会
商，一定要恭敬慎言；长幼的序次，一定要合乎理法，这样，国家才能得到别人的尊崇。册
立太子要建造宗庙社稷，宗庙社稷是告诉百姓法则，法则明确，百姓才能听服；册立太子，
要按照爵位的尊卑、品德的高下，其他的人才能顺服，不敢向外国求援进行颠覆，而平日
受着宠幸的大臣、嫔妃，才不敢相互勾结作乱。这样，才能使得五官服从管理，任职的都
遵循正道。政治是在教化百姓，百姓接受教化而乐于行善，那么蛊惑、邪佞之事就不会发
生，这便叫良民。国家有道，百姓就兴旺，这样国家就能昌兴。卿的设置犹如宫中的大
门，大门有威仪的气象，小大贵贱皆合礼制。打开时明亮，关闭后幽暗，内以纳福，外以除
灾，顺应天道，使就近的人轻松，远方的人有所稽考。国君发布政令，宰相就去施行，要顺
应天时，将仁德的心推广到细小的物上。看到上天降示的灾祥，和土地作物的丰减，和百
姓共享安乐，共担灾祸，国家才会安乐。国家有四个辅佐的大臣，辅佐的大臣，就是卿。
设这四卿，好比人的四肢，不可把国家大事看得简单，不可假借名义乱来，不可一味看重
官禄。凡事都尊尚有贤德的人，提拔有才干的人，使大家都知道职务和官爵不是世袭的，
只要有能力，就有机会表现。凡百姓有才能，有声名，各种行业的人都顺应天时，发挥力
量。这样才可让百姓知道谦让。百姓都孝顺亲长，友爱兄弟，并且相安、互让，这样就能
减少怨恨，而为非作乱的事也不会发生了，这样国家就会长久。居下位者浪费，国家自然

富足；居上位者有仪法，国家自然能治理；长者能礼让，百姓自然没有争执；立祀如有神明，人们自然都能恭敬；对所有的事物都怀有亲爱之心，百姓自然没有怨恨；不持命中注定的观念，百姓自然没有苟且的心。以前圣王依据这六项，来建立德政，这样国家才会兴盛。设置四位辅佐，委以官位：司徒掌管春官的事宜，百姓不顺应天时，不服从政令，不做好事，要教导他们；长幼老病孤寡的人，要给他们妥善地照顾。如果百姓有隐情而不能通达，有烦乱而不能解决，那么百姓就不能生活安乐，衣食恐怕也要出现问题了。凡百姓贮藏在山林川谷的资源，用于祭祀保佑百姓的山川神明，以及那些对国家有功劳的人。斋戒时一定要恭敬，祭祀时要合于礼仪。而那些掌卜筮、祭祀的人，要用他们的技艺各尽其职，随时等待命令来工作。祈求国家平安，祷告百姓生活顺遂，甚至于牲畜谷物、树木花草都得到祈祷。春天三月，要使生养之事缓慢施行，生物都得到滋长，在有祭事的时候，能祭享于皇祖皇考，并召见为国死难者的子女八人，来完成春时的政事。司马掌管夏官的事，教士兵学习作战打仗。凡是士，要熟练武功，打造四境的防卫。锻炼臂力，使射御成为长处，才武聪慧的人要治理众人，成为国家的仪表。司马出征时，可以成为帅，发号施令。四方诸侯的游士，国家卿大夫中贤能的人，推荐到司马这里的人才，都要好好考察。夏季的三月，万物生养、滋长、繁殖。在行夏天的祭礼时，享祭皇祖皇考，对士中有吉庆的人七位赐以爵位，以完成夏时的政事。司寇掌管秋官的事，处理诉讼、牢狱的事务，治理百姓的烦乱，把握百姓的变化。凡是不守法的百姓，总是要败坏法律，利用法律的漏洞，做不守法的事，来欺骗没有知识的百姓。诈取人家的钱财、家畜、谷物的，叫作强盗；拐诱有夫之妇的，叫作奸；女子自作主张、不听父母之命的，叫作妖；私藏武器的，叫作贼；把国家机密泄露给外国，轻微的叫作反间，大的叫作间谍；巧言强辩，颠倒是非的，叫作谗；靠钱财结交上司，叫作贿赂。凡触犯天子的禁令，就得利用刑法，制裁罪犯，用以管治那些不遵天子教令的人。因此，一家只要有三个人去工作，三个人吃饭，便能够苦乐均平，没有讼狱。秋天中的三月，要适时收割，在有祭事的时候，要尝祭于皇祖皇考，请乡里的耆老九人会宴，以完成秋时的政事。司空掌管冬官的事，用制度来规划土地，度量山林，将平坦的灌溉区规划分明，储蓄水源，疏导沟渠，调节灌溉的水量，来调节农家四时的事。依据地域的远近，来分配百姓的劳役，调理百姓的口粮，使百姓吃青年人的那份食粮，而服老年人那样的劳役。"鲁哀公说："不会劳役的事做得少了，粮食给得多了吧?"孔子说："上古的人们，长得俊秀强壮，而且长寿，因为他们吃得好啊。而今天的人们瘦弱、丑陋，又早死，是因为劳役太苦。上古时没有游手好闲的人，粮食得到调配，耕作顺应时节，百姓都各得其所，喜欢他们的家室，服从命令，信任长官，上下相互信赖，虽然地域不同，百姓也能聚集在一起。今天的社会，在位的施政不公，治理百姓不和谐，他们不能各得其所，也不喜欢自己的家室；老年人、残废的人还要用钱财，健壮的人还要出劳力，这样百姓就流离逃亡了。成天为劳役所逼迫，吃也吃不饱，百姓就会忧愁痛苦。古时把成年的男女登记在政府的户籍中，以此作为分配食物的依据，使农事进行得符合时宜，让百姓努力工作；夏天为公家做事，不会过劳而中暑，冬天为公家做事，不会因受寒而冻坏。所以一年收成不好，遇到天灾，道路上也没有饿死的人。现在的社会，男女都流散了，户籍也没有登记在政府里，食物也得不到配给，农事的进行也不符合时宜。遇到天灾，百姓流离失所，病死都不能在家了。所以建百姓的住所，一定要在好的地方，顺应寒暑的调和，使六畜兴旺，五谷宜于播种；权衡事情的轻重，制定刚柔的标准，调和食物的味道，使粮食得到适当的分配，耕作按时节而进行。东方偏僻的人们叫夷，精悍而狡猾，到了很远的地方，还有吃生食的人了。南方偏僻的人们叫蛮，诚实而朴实，到了很远的地方，还有吃生食的人了。西方偏僻的人们叫戎，强劲而刚直，到了很远的地方，还有吃生食的人了。北方偏僻的人们叫狄，肥胖而乖戾，到了很远的地方，还有吃生食的人了。再加上住在中原的人们，总称为五方之民。他们有一定的居处，有适宜的口味，有实用的工具，要借助翻译来传达他们的情意，用诚信来领导他们的行为。至于量度土地，规划百姓的居处，使每座城邑都有城郭，又建起城市。土地要用来规划城邑，以安定百姓，观察他们的吉凶。要先注意形势，而后才想到地利，要先考虑到长久而牢固，依据牢固的地势，才可固守。作为深渊大泽，才可守得长久。能够调节四时的事情，露霜依时而降。冬天中的三月，草木凋零。山林川泽的作物已经藏贮，五谷全归入仓库。在有祭事的时候，要蒸祭于皇祖皇考，养息国老六人，以完成冬时的政事。能让百姓都知道孤寡的人不会受到轻待，有大功的人一定能得以晋升,有劳役的事一定会得到适时的休息。那么,即使让他们赴汤蹈火,他们也会义无反顾,更何况有强敌当前,有君长领导着他们呢?"鲁哀公说:"讲得真好。"

公曰:"四代之政刑,论①其明者,可以为法乎?"子曰:"何哉? 四代之政刑,皆可法也。"公曰:"以我行之,其可乎?"子曰:"否,不可。臣愿君之立知而以观闻也。四代之政刑,君若用之,则缓急将有所不节;不节,君将约之;约之,卒将弃法;弃法,是无以为国家也。"公曰:"巧匠辅绳而斲,胡为其弃法也?"子曰:"心未之度,习未之狎,此以数逾而弃法也。夫规矩准绳钩衡,此昔者先王之所以为天下也。小以及大,近以知远,今日行之,可以知古,可以察今,其此耶! 水火金木土谷,此谓六府,废一不可,进一不可,民并用之;今日行之,可以知古,可以察今,其此耶! 昔夏、商之未兴也,伯夷谓此二帝之眇。"公曰:"长国治民恒干;论政之大体,以教民辨;历大道,以时地性;兴民之阳德,以教民事;上服周室之典,以顺事天子;修政勤礼,以交诸侯。大节无废,小眇其后乎?"子曰:"否,不可后也。《诗》云:'东有开明,于时鸡三号,以兴庶虞,庶虞动,蛰征作。啬民执功,百草咸②淳,地倾水流之。'是以天子盛服朝日于东堂,以教敬示威于天下也。是以祭祀,昭有神明;燕食,昭有慈爱;宗庙之事,昭有义;率礼朝廷,昭有五官;无废甲胄之戒,昭果毅以听;天子曰崩,诸侯曰薨,大夫曰卒,士曰不禄,庶人曰死,昭哀。哀爱无失节,是以父慈子孝兄爱弟敬。此昔先王之所先施于民也,君而后此,则为国家失本矣。"公曰:"善哉,子察教我也。"子曰:"乡也,君之言善,执国之节也。君先眇而后善中备,以君子③言,可以知古,可以察今。奂然而兴④,民壹⑤始。"公曰:"是非吾言也,吾一闻于师也。"子呀焉其色曰:"嘻,君行道矣。"公曰:"道耶?"子曰:"道也!"公曰:"吾未能知人,未能取人。"子曰:"君何为不观器视才?"公曰:"视可明乎?"子曰:"可以表仪。"公曰:"愿学之。"子曰:"平原大薮,瞻其草之高丰茂者,必有怪鸟兽居之,且草可财也,如艾而夷之,其地必宜五谷;高山多林,必有怪虎豹蕃孕焉;深渊大川,必有蛟龙焉;民亦如之,君察之,此可以见器见才矣。"公曰:"吾犹未也。"子曰:"群然、戚然、颐然、睪然、蹴然、柱然、抽然、首然、金然、湛然、渊渊然、淑淑然、齐齐然、节节然、穆穆然、皇皇然。见才色修声不视闻,怪物恪⑥命不改志,舌不更气。君见之举也,得之取也,有事事也。事必与食,食必与位,无相越逾。昔虞舜天德嗣尧,取相十有六人如此。"公曰:"嘻,美哉。子道广矣。吾恐悟而不能用也。何以哉?"曰⑦:"由德径径。"公曰:"请问图德何尚?"子曰:"圣,知之华也;知,仁之实也;仁,信之器也;信,义之重也;义,利之本也。委利生孽。"公曰:"嘻,言之至也。道天地以⑧民辅之,圣人何尚?"子曰:"有天德,有地德,有人德,此谓三德。三德率行,乃有阴阳;阳曰德,阴曰刑。"公曰:"善哉,再闻此矣!阳德何出?"子曰:"阳德出礼,礼出刑,刑出虑,虑则节事于近,而扬声于远。"公曰:"善哉!载事何以?"子曰:"德以监⑨位,位以充局,局以观功,功以养民,民于此乎上。"公曰:"禄不可后乎?"子曰:"食为味,味为气,气为志,发志为言,发言定名,名以出信,信载义而行之,禄不可后也。"公曰:"所谓民与天地相参者,何谓也?"子曰:"天道以视,地道以履,人道以稽⑩。废一日失统,恐不长飨国。"公愀然其色。子曰:"君藏玉惟慎用之,虽⑪慎敬而勿爱,民亦如之。执事无贰,五官有差,喜无并爱,卑无加尊,浅无测深,小无招大,此谓楣机。楣机宾荐不蒙,昔舜徵荐此道于尧,尧亲用之,不乱上下。"公曰:"请问民征。"子曰:"无以为也。难行。"公曰:"愿学之,几⑫必能。"子曰:"贪于味不让,妨于政。愿富不久⑬,妨于政。慕宠假贵,妨于政。治民恶众,妨于政。为父不慈,妨于政。为子不孝,妨于政。大纵耳目,妨于政。好色失志,妨于政。好见小利,妨于政。变从无节⑭,挠弱不立,妨于政。刚毅犯神,妨于政。鬼神过节,妨于政。幼勿与众,克勿与比,依⑮勿与谋,放勿与游,徼勿与事。臣闻之弗庆⑯,非事君也。君闻之弗用,以乱厥德,臣将庆其简者。盖人有可知者焉,貌色声众有美焉,必有美质在其中者矣。貌色声众有恶焉,必有恶质在其中者矣。此者⑰伯夷之所后出也。"子曰:"伯夷⑱建国建政,修国修政。"公曰:"善哉。"[大戴礼记·四代]①论,选也。②咸,感也。③子,大训作之。④兴,当作与。⑤壹,当作更。⑥恪,大训作怪。⑦"曰"上脱"子"字。"曰由德径径"当属"何以哉"之下。⑧以,与也。⑨监,莅也。⑩稽,同也。⑪虽,惟之讹。⑫几,期也。⑬久当作以,以、已通。⑭"节"下高安本有"妨于政"三字,宋本脱。⑮依当作旅,旅读为鲁。⑯庆,大训作荐,以下同。⑰者,高安本作皆。⑱"夷"下大训有"曰"字。

【释义】鲁哀公说:"古时四代的政令刑法,选择好的,也可以用来效法吗?"孔子说:

"还要选什么呢？四代的政令刑法，都是值得效法的。"鲁哀公说："以我当前的情况，来实行四代的政令刑法，你看行吗？"孔子说："不，不行。我希望您能将所知道的保留着，来观察所见所闻。四代的政令刑法，您如果去用，恐怕轻重缓急不能适应；不合适，您再用刑法来约束；约束到头，终将导致律法无效而废弃；废弃了律法，国家就无法治理了。"鲁哀公说："巧妙的工匠也得靠绳墨的帮助，才能够削斫，怎么能说废弃律法的呢？"孔子说："心中还不能分辨清楚，也还没有练习娴熟，这样就常越了常规而废弃了律法。规矩、准绳、均衡，这些都是以前圣王用来治理天下的。可以从小及大，由近及远，现在用来实行，可以推知古代，也可以检查现在，就是这样。水、火、金、木、土、谷，这叫作六种库藏，缺一不可，多一也不可，百姓全得用它们；今天用来实行，可以推知古代，也可以察知现在，就是这样。以前夏朝、商朝还没有建立的时候，伯夷就是用它辅佐二帝而成功的。"鲁哀公说："领导国家、治理百姓的常理是：规定政制的大纲，教导百姓伦常的道理；观看自然的天道，来顺应土地的特性；启发百姓，来教百姓从事生产；上从周代的法典，来服侍天子；修治政制，勤行礼节，来结交诸侯。这些重大的事都做到了，那些小事可以慢点了吧？"孔子说："不行，不可以延后的。《诗经》说：'东方有启明星，那时鸡起来叫了几次，山林川泽的百物跟着活跃起来，农夫拿着农具，从事农活。农夫们播种着，五谷繁衍生长着，雨水灌溉着、滋润着。'因此，天子穿戴着威严的衣冠，在东堂行春分时的祭祀，是要教导天下人，告诉天下人仪礼。所以行祭祖的礼，是显示神鬼的存在；宴请亲长，是显示有慈爱的心；祭祀宗庙，是显示大义；遵循朝廷班列的礼制，是显示各种政务的不同；不忘记国防的警戒，是显示要克敌制胜的心意；天子死叫作崩，诸侯死叫作薨，大夫死叫作卒，士死叫作不禄，庶人死叫作死，是表达哀痛。哀痛而又不失礼节，所以父亲慈爱，儿子孝顺，兄长友爱，弟弟恭敬。这些都是以前圣王教导百姓的，如果您把这些缓慢实行，那就使国家失去根本啦。"鲁哀公说："很好，你这样教导我。"孔子说："您方才讲的也不错，也是治国的道理。您先从看来是渺小的事做起，使内在完备，从您的话可以知道古代的情状，可以检查现在的情况。国家就能兴盛起来，百姓就能专注于根本的道理了。"鲁哀公说："这些话不是我讲的，是我从老师那里听来的。"孔子惊喜地说："呀，您是在实行治国的大道理啊。"鲁哀公说:"是大道理吗?"孔子说:"是大道理。"鲁哀公说:"我还不能知人善任。"孔子说:"您为什么不看人的学识与才能呢?"鲁哀公说:"看才识人准确吗?"孔子说:"可以作为衡量人才的标准。"鲁哀公说:"希望学到这些道理。"孔子说:"宽广的平原川泽,草长得高大茂密,里头一定藏有珍禽异兽,而且那些草也是有用的材料。如果把它们刈平,那土地一定适宜五谷的生长;崇山峻岭林木茂盛,一定有很多虎豹在其中繁衍生息,很深的河川山谷,一定藏有蛟龙;百姓也是一样的,您到百姓里去观察,就可以看出谁有才能了。"鲁哀公说:"我还不十分明白。"孔子说:"要看与人相处的样子、与人相亲的样子、喜悦的样子、宽广的样子、勤敏的样子、特别的样子、超群的样子、正直的样子、赞同的样子、安闲的样子、深刻的样子、清静的样子、恭敬的样子、检束的样子、肃穆的样子、伟大的样子。对于美色和美声不看、不听,山鬼神怪和好坏变化不能改变他的情志,别人的花言巧语不能改变他的行为。您见到这样的人就应该选拔他,得到他就要任用他,有事就让他去做。他的俸禄一定要和他做的事相符,爵位也要和俸禄相当,不可超越限度。以前虞舜以他伟大的德性继承尧的帝位,便是这样任用辅佐他的十六个人。"鲁哀公说:"啊,说得真好。你的道理实在很博大。可惜我怕自己糊涂,不能实行,怎么办呢?"孔子说:"用道德去实行,就和走捷径一样快了。"鲁哀公说:"请问修养德行,什么是最重要的呢?"孔子说:"圣是智慧的花朵;知是仁爱的果实;仁爱是诚信的工具;诚信是道义的内容;道义是取利的根本。总是在利上打主意,就要生祸害了。"鲁哀公说:"啊,您说得真是好极了!要通于天地的道理,用百姓来辅佐,圣人以何为先呢?"孔子说:"有天德,有地德,有人德,这叫作三德。遵循三德去实行,才有所谓阴阳,阳叫德,阴叫刑。"鲁哀公说:"好啊,我又学了这些。那么,阳德会引发什么呢?"孔子说:"阳德产生礼仪,礼仪产生刑法,刑法产生思虑,思虑就能减少近处的事,使好的声名传到远方。"鲁哀公说:"好啊!拿什么成就这些事呢?"孔子说:"用德行来受爵位,用爵位来推广各部门的工作,用各部门的工作来考查官吏的业绩,用官吏的业绩来养护百姓。百姓自然会爱戴居高位的人了。"鲁哀公说:"俸禄不可以延后吗?"孔子说:"食禄为五味,五味为气血,气血为心志,抒发心志而成言语,发出言语而为号令,用号令来表示诚信,诚信建立在道义上,才能行得通。所以俸禄是不可以延后的。"鲁哀公说："百姓和天地的德行有关系，是什么意思呢？"孔子说："天道是用来看的，地道是用来实践的，人道是用来考查的。少了一样，

金柄铁剑

就是失去纲纪，恐怕不能长久地保有国家。"鲁哀公突然改变了脸色。孔子说："您珍藏着美玉，谨慎地用它，虽谨慎而不吝惜，百姓也是这样的。对执政的官吏不要有猜疑的心，五官的任用要有差别，不要因为喜欢某人而变成了滥爱，不要让少欺长，不要以资历浅的衡量资历深的，不要以小的去危害大的，这是用人的要理。用人的要理是要谨慎地利用，从前舜便是阐明这道理，告诉帝尧的，帝尧亲自用这道理，所以上下井然有序。"鲁哀公说："请问怎么样才可从百姓那里看出征兆呢？"孔子说："不问也罢。很不容易做到的。"鲁哀公说："我愿意学学，希望能做得到。"孔子说："贪图食禄而不谦让，政事就很难推行。老想富贵而不愿贫穷的，政事就很难推行。美慕别人受宠，也想谋求高位的，政事就很难推行。治理百姓，却暴虐他们，政事就很难推行。父亲不知慈爱子女的，政事就很难推行。子女不孝敬亲长的，政事就很难推行。成天纵情于耳目声色之欲的，政事就很难推行。爱好美色，使意志消沉的，政事就很难推行。好贪小利的，政事就很难推行。一天到晚老在改变的，政事就很难推行。处理事情不能当机立断，政事就很难推行。心性强悍，不敬信鬼神的，政事就很难推行。信奉鬼神太过分的，政事就很难推行。年纪轻的人，不可让他治理百姓。好胜的人，不和他比较。愚笨的人，不和他计谋。任性放纵的人，不和他交游。没有见识的人，不可和他谈事。臣子有所闻，而不进言给国君的，不是服侍国君的道理。进于国君而没被采用，使得品德不正，臣子应再进上比较简约的。人有可知的地方，容貌、声音、风度大家都说好的，一定会有美好的本质。容貌、声音、风度大家都说不好的，他的本质一定不好。这就是伯夷以后所采用的道理。"孔子说："伯夷认为，建立国家要建立政制，治理国家要治理政事。"鲁哀公说："好啊。"

公曰："昔有虞戴德何以？深虑何及？高举安取？"子曰："君以[1]闻之，唯丘无以更也。君之闻如[2]未成也，黄帝慕修之。"曰："明法于天明，开[3]施教于民；行此以上明于天

化也,物必④起,是故民命⑤而弗改也。"公曰:"善哉!以天教于民,可以班⑥乎?"子曰:"可哉。虽可而弗由,此以上知所以行斧钺也。父之于子,天也。君之于臣,天也。有子不事父,有臣不事君,是非反天而到⑦行耶?故有子不事父,不顺;有臣不事君,必刃。顺天作刑,地生庶物,是故圣人之教于民也,率天如⑧祖地,能用民德。是以高举不过天,深虑不过地,质知而好仁,能用民力,此以三常之礼明而名不塞。礼失则坏,名失则惛。是故上古不讳,正天名也;天子之官四通,正地事也;天子御珽,诸侯御荼,大夫服笏,正民德也;敛此三者而一举之,戴天履地,以顺民事。天子告朔于诸侯,率天道而敬行之,以示威于天下也。诸侯内贡于天子,率名溯⑨地实也,是以不至必诛。诸侯相见,卿为分⑩。以其教士毕行,使仁⑪守会,朝于天子。天子以岁二月为坛于东郊,建五色,设五兵、具五味、陈六律、品⑫奏五声,听明教。置离,抗⑬大侯规鹄,坚⑭物。九卿佐三公,三公佐天子。天子践位,诸侯各以其属就位。乃升诸侯,诸侯⑮之教士,教士执弓挟矢,揖让而升,履物以射其地⑯。心端色容正,时以激伎。时有庆以地,不时有让以地。天下之有道也,有天子存;国之有道也,君得其正;家之不乱也,有仁父存。是故圣人之教于民也,以其近而见者,稽其远而明者。天事曰明,地事曰昌,人事曰⑰比,两以庆。违此三者,谓之愚民。愚民曰奸,奸必诛。是以天下平而国家治,民亦无贷⑱。居小不约,居大则治;众则集,寡则缪⑲;祀则得福,以征则服;此唯官民之上德也。"公曰:"三代之相授,必更制典物,道乎?"子曰:"否。猷⑳德保㉑,保惛乎前,以小继大,变民示㉒也。"公曰:"善哉!子之察教我也。"子曰:"丘于君唯无言,言必尽,于他人则否。"公曰:"教他人则如何?"子曰:"否,丘则不能。昔商老彭及仲傀,政之教大夫,官之教士,技之教庶人。扬则抑,抑则扬,缀㉓以德行,不任以言,庶人㉔以言。犹以夏后氏之袿怀袍褐也,行不越境。"公曰:"善哉!我则问政,子事教我!"子曰:"君问已参黄帝之制,制之大礼也。"公曰:"先圣之道,斯为美乎?"子曰:"斯为美。虽有美者必偏。属于斯,昭天之福,迎之以祥;作地之福㉕,制之以昌;兴民之德,守之以长。"公曰:"善哉。"[大戴礼记·虞戴德]①以,大训作已。②如,而也。③"开"字当在下文"物必起"之上。④必,一作毕。⑤"命"上一本有"听"字。⑥班,齐也。⑦到,即倒也。⑧如,而也。⑨敩效古,通用。下同。⑩分,卢本作介。⑪"仁"下御览引有"者"

字。⑫品字衍。⑬抗，张也。⑭坚，大训作竖。⑮"诸侯"二字衍。⑯"地心"方本作"心志"。⑰"曰"下宋本脱"乐"字。⑱贷，忒也。⑲缪与穆通。⑳猷，由也。㉑保当作桀纣字之误。㉒示，视也。㉓缀，表也。㉔"庶人"疑当作"度人"。㉕福，大训作稽。

【释义】鲁哀公说："以前帝舜推行德政，用的什么办法呢？深谋远虑，想的是什么呢？崇高的行为，又得到了什么呢？"孔子说："您已听我讲完四代的政制了，我也没什么可说的了。如果您觉得知道得还不够，那么就研究黄帝的大道吧。"孔子接着说："效法自然，弄懂这些现象，对百姓进行教化，用这些教化来表现天地间变化的道理，万物跟着兴起，所以百姓听政府的命令，而不改变。"鲁哀公说："好啊！但是以自然的道理教导百姓，大家能接受吗？"孔子说："可以的。虽说可以，但他们不理您这一套，这就是为什么国君也要用刑罚了。父亲对于儿子来说，是天。国君对于臣下来说，也是天。子女不孝于父亲，臣子不忠于国君，这不是把是非颠倒过来，违反天道的行为吗？所以有子女不孝于父亲的，要治以大罪；有臣子不忠于国君的，要处以重刑。顺天道而制定刑法，顺地道而养万物，所以圣人施教化于百姓时，要遵循天道而效法地道的，是要能发掘百姓的美德。因此，再崇高的行为也超不过天，再深远的谋虑也超不过地，以智慧为本质又爱好仁道，善于运用民力，又能发挥天、地、人这三种常道的礼制，那么号令的施行就不困难了。失去礼制，国家就要腐败，失去号令，国家就要混乱。所以上古不避讳，以天的号令为准则；天子的明堂四面通达，是以地的业绩为准则；天子使用珽笏，诸侯使用荼笏，大夫使用竹笏，以端正百姓的德行；这三样一起施行，头戴着天，脚履着地，来顺应百姓的心性。天子在十二月时告诉诸侯农耕的时节，遵循自然的现象而谨慎地推行，用以告示天下人。诸侯向天子进贡，说明服从号令，贡献土产，所以不来进贡的，一定要加以诛伐。诸侯彼此之间相见，这时就以卿作为介绍人。朝见天子时，得把本国的教士带去，让仁厚的人留守国家，然后一起朝见天子。天子在每年的二月，在东郊设坛，摆放五色的旌旗，设置五种兵器，准备五味的肴馔，演奏六律，吹奏五声的音乐，听取政教的情况。设置位置，竖起国君用的大箭靶子，并画出射击位置的线。九卿辅佐三公，三公辅佐天子。天子登上坛台，诸侯率他们的随从站在北面的位置。于是让诸侯、诸侯的教士走上前，诸侯的教士执弓挟矢,互相揖让走上射坛,站到画着射击位置的线里,来射那靶子。澄神凝志,端正姿势,以这样来考验他们的技艺。射中了有喜庆,赏赐他们封地,射不中有责任,削减他们的封地。天下太平,由于有天子的存在;国家政治清明,由于国君做得正当;家庭安定,由于有慈父存在。所以圣人教化百姓,要以他周围看见的好事情、好德行,来研究那些远的大道。天道叫作明,地道叫作昌,人事叫作比。以人事配以天道、地道,就有喜庆。违背了这三者,叫愚弄百姓。愚弄百姓的人,叫作奸邪,奸邪的人一定要加以诛杀。这样天下太平,国家安定,百姓也没有了过失。积蓄少而不穷困,积蓄多而能平治;百姓多而能安乐,百姓少而能安详;祭祀便得到神的降福,征伐便能将叛逆降服;这是治理百姓的最高道德。"鲁哀公说:"继承三代,一定要更改法制、服色,这也是道吗?"孔子说:"不是。是想要以德政平定天下,安定前朝的混乱,以小国的诸侯继承天子的大位,是一种改变百姓视听的手法。"鲁哀公说:"好啊。你这样明白地告诉我。"孔子说:"我对您,只是没什么说的,但所说的必然都倾尽我所知。如果是别人,可不是这样了。"鲁哀公说:"教别人又怎样呢?"孔子说:"不行,我还做不到。以前商朝的大夫彭咸和仲傀,教大夫治理政事,教士做官吏,教庶人各种技艺。太张扬就压抑他们,不及就推进他们,同时培养他们的德行,不因会讲话而派他们工作,不会拿讲话的好坏来衡量他们。这就好比夏后氏穿着粗糙的褐色衣服,怀藏着美玉,那他们就无法过境。"鲁哀公说:"好啊。我请教你政制,你却事事告诉我。"孔子说:"您问的已包括黄帝的政制,那是政制的大体。"鲁哀公说:"以前圣人治理天下的道理,这是最好的吗?"孔子说:"这是最好的了。即使还有好的,也不完备。能用这种道理,就能显示天道的福泽,而得到安详;因顺地道的福泽,而能昌盛;发扬百姓的德行,爱护国家而使其久长。"鲁哀公说:"好啊。"

公曰:"诰志无荒,以会民义,斋戒必敬,会时必节,牺牲必全,齐[1]盛必洁,上下裡祀,外内无失节,其可以省怨远灾乎?"子曰:"丘未知其可以省怨也!"公曰:"然则何以事神?"子曰:"以礼会时。夫民见其礼则上下援[2],援则乐,乐斯毋忧,以此怨省而乱不作也。夫礼会其四时,四孟四季,五牲五谷,顺至必时其节也,丘未知其可以远灾也。"公曰:"然则为此何以?"子曰:"知仁合则天地成,天地成则庶物时,庶物时则民财敬[3],民财敬以时作④;时作则节事,节事以动众,动⑤众则有极;有极以使民则劝,劝则有功,有功则无怨,无怨则嗣世⑥久,唯⑦圣人! 是故政以胜众,非以陵众;众以胜事,非以伤事;事以靖民,非以征民;故地广而民众,非以为灾长之禄也。丘闻周太史曰:'政不率天,下⑧不由人,则凡事易坏而难成。'虞史伯夷曰:'明,孟也。幽,幼也。明幽,雌雄也。雌雄迭兴而顺至,正之统也。日归于西,起明于东;月归于东,起明于西。'虞夏之历,正⑨建于孟春。于时冰泮发蛰,百草权舆,瑞雉无释⑩。物乃岁俱生于东,以顺四时,卒于冬万⑪。于时鸡三号,卒⑫明。载于青色,抚⑬十二月节,卒于丑。日月成岁历,再闰以顺天道,此谓岁⑭虞汁月。天曰作明,曰与,维天是戴。地曰作昌,曰⑮与,惟地是事。人曰作乐,曰⑯与,惟民是嬉。民之动能⑰,不远厥事;民之悲⑱色,不远厥德。此谓表里时合,物之所生,而蕃昌之道如此。天生物,地养物,物备兴而时用常节,曰圣人,主祭于天曰天子。天子崩,步于四川,代⑲于四山,卒葬曰帝。天作仁,地作富,人作治。乐治不倦,财富时节,是故圣人嗣则治。文王治以俟时;汤治以伐乱;禹治以移众,众服,以立天下;尧贵以乐治时,举舜;舜治以德使力。在国统民如⑳恕,在家抚官而㉑国。安之勿变,动之勿沮,民咸废恶如㉒进良。上诱善而行罚,百姓尽于仁而遂安之,此古之明制之治天下也。仁者为圣,贵次,力次,美次,射御。次古之治天下者必圣人。圣人有国,则日月不食,星辰不陨,勃㉓海不运,河不满溢,川泽不竭,山不崩解,陵不施㉔谷,川浴㉕不处,深渊不涸。于时龙至不闭㉖,凤降忘翼,鸷兽忘攫,爪鸟忘距,蜂虿不螫婴儿,蝱虻不食夭㉗驹,雉出服㉘,河出图。自上世以来,莫不降仁,国家之昌,国家之臧,信仁。是故不赏不罚,如民咸尽力;车不建戈,远迩咸服;胤㉙使来往,地宾㉚毕极;无怨无恶,率惟懿德。此无空礼,无空名,贤人并忧㉛,残毒以时省;举良良,举善善,恤民使仁,日敦㉜仁宾也。[大戴礼记·诰志]①齐,当作粢。②"两援"上大训有"不"字。③敬,大训作佺佺,聚也。④作,用也。⑤大训不叠出"动众"。⑥大训叠出"世久"。⑦唯,一作惟。⑧大训无"下"字,《史记》作又。⑨《晋书》引此文,"正"在"建"下。⑩无释当作先湟,竝形之误。⑪万,大训作方。⑫卒,一作平,又作斯。⑬抚,循也。⑭大训无"岁"字。⑮⑯曰,日之伪。⑰能,读为態。⑱悲,当作斐。⑲代,大训作伐。⑳如,而也。㉑而,如也。㉒如,而也。㉓勃,大训作字。㉔施,读为陁。㉕浴,当作谷。

【释义】鲁哀公说:"告示臣民的政令,不使其荒废,以适应百姓的要求,斋戒时一定心存敬慎,祭祀时一定有节度,祭祀用的畜生一定很完备,所使用的祭器一定很干净,以虔诚来祭享天地神灵,对于祭祀对象没有失礼的行为,这样可以减少鬼神的不满,而远离灾祸吗?"孔子说:"我不知道这样做能不能减少鬼神的不满。"鲁哀公说:"那该怎么侍奉鬼神呢?"孔子说:"祭祀的时候要有隆重的礼仪。百姓看到这样隆重的礼仪,就会互相亲近,相亲就能安乐,安乐就没有忧患,这样一来便减少了鬼神的不满,而乱事也不会起来。用礼仪为四时祭祀,如四孟月、四季月,并用五畜牲、五谷物,按照礼制进行,不可失去时节,但我可不知这样做能不能远离天灾。"鲁哀公说:"那么该怎么做才能远离天灾呢?"孔子说:"智慧与仁道相合,便成就了天地,成就了天地,万物就可以按时节生长,万物按时节长生,百姓的财富就能积累起来;百姓积累了财富,就能顺应时节作业;百姓能应时节作业,做事就有节度,做事有节度,就可以让民众劳动,让百姓劳动,得有个限度;有限度,百姓就得到鼓励,得到鼓励,就可以有功效,有功效,就没有怨言,没有怨言,国家就可以长久继承。能做到这些,只有圣人。所以劳役的事情要分给百姓一起做,不是借此来压迫百姓的;百姓来分担事情,不是来败坏事情的;劳役的事情是用来安抚百姓的,不是用来惩罚百姓的;所以土地广大,百姓众多,并不是灾害,而是国君的福禄。我听周朝的太史说:'建立朝政而不遵循天道,也不顺从人心,那么凡事都容易败坏而难以成功。'虞史伯夷说:'阳明在先,阴幽在后。明幽是和雌雄一样,雌雄的更迭兴作,循序而行,是正朔的统纪。太阳从西边落下去,从东边升上来;月亮从东边落下去,从西边升上来。'虞夏的历法,是以孟春作为正月。这时冰冻融化,冬眠的万物开始复苏,百草也开始生长,祥瑞的野鸡也开始啼叫了。万物和岁星都从东方升起,遵循着四时的顺序,终于冬分。这个时候鸡叫了三次,天就亮了。从东方开始,循着十二个月份,到丑的月份结束了。以日月的运行来推断一年的历法,再把剩下来的日数合计成闰月,而顺天道的循环,这叫作用岁星量度而配合月球的运行。天道叫作作明,叫作生,只有天道才可乘载万象。地道叫作昌,叫作生,只有地道才可从事生养。人性叫作作乐,叫作生,只有百姓追求安逸。百姓的生活状态,不违背地事;百姓的脸色表情,不违背天德。这叫作内外都符合事物的规律,万物的生养,繁衍昌盛的道理就是这样。上天产生万物,土地养活万物,万物都能生养,而用时常常有节制,这叫作圣人,主祭天帝的人,叫作天子。天子死了叫崩,四川的祭祀,叫步,四山的祭祀,叫代,最后殡葬了,叫帝。天创造仁道,地创造财富,人创造安宁。能够乐于平治而不倦怠,那么就能富有,天时就可以调节,所以圣人承继,就天下太平了。周文王治理天下,是等待成熟的时机;商汤治理天下,是征伐乱国;夏禹治理天下,是发动百姓,平治洪水,使大家悦服,因而得到天下;帝尧以音乐治理天下,最后推举舜;舜以德行领导群臣治理百姓,而治理天下。在朝廷做事,治理百姓,要宽恕,在家操持家务,要像在朝廷里做事一样地认真。使百姓的生活安定,不要随意改变他们,劝勉他们做好事,不要随意去打击他们的信心,能这样,百姓都会抛弃坏的行为,而一心向善。在上位的人能引导百姓行善,而且处罚不良的人,百姓就都能爱人,而且生活安乐,这些都是古代的贤明君主平治天下的措施。爱人的人是圣人,其次是有爵位的人,又次是有功绩的人,再次是才学好的人,再次是有技艺的人。古代平治天下的人,一定是圣人。圣人治理国家的时候,日月不亏蚀,星辰不陨落,大海不改变。河水不泛滥,川泽不枯竭,高山不崩塌,山陵不塌陷,川谷不壅塞,深渊不干涸。这时龙络绎不绝地来到,凤凰也不愿飞走,猛兽和凶禽都忘记了攫取和残杀,毒蜂不会用毒针去刺婴儿,蚊子和牛虻也不叮幼小的马,洛水出现了《洛书》,河水出现了《河图》。从上古以来,治国的君主没有不崇尚仁道的,国家的昌盛美好,全系在仁道上。所以不用奖赏惩罚,百姓都尽力生产;战车不必装备戈载,近远的国家都来归服;信使相继不绝地往来,连偏远地方的人也都来了;没有怨恨和恶意,都遵循美好的德行。没有虚伪的礼仪和名望,贤人都在忧虑国事,想害人的人因此就减少了;推荐贤良的人,百姓都跟着学会贤良,推荐行为美好的人,百姓的行为也都跟着美好起来,爱护百姓,使他们心存仁道,每天以仁道教导百姓。

公曰:"寡人欲学小辨,以观于政,其可乎?"子曰:"否,不可。社稷之主爱日,日不可得,学不可以辨。是故昔者先王学齐大道,以观于政。天子学乐辨风,制礼以行政;诸侯学礼辨官政以行事,以尊事天子;大夫学德别义,矜行以事君;士学顺,辨言以遂志;庶人听长辨禁,农以行力。如此,犹恐不济,奈何其小辨乎?"公曰:"不辨则何以为政?"子曰:"辨而不小。夫小辨破言,小言破义,小义破道,道小不通,通道必简。是故循弦以观于乐,足以辨风矣;尔①雅以观于古,足以辨言矣。传言以象,反舌皆至,可谓简矣。夫道不简则不行,不行则不乐。夫亦②固十祺③之变,由④不可既也,而况天下之言乎?"曰:"微子之言,吾壹乐辨言。"子曰:"辨言之乐,不若治政之乐。辨言之乐不下席,治政之乐皇于四海。夫政善则民说,民说则归之如流水,亲之如父母;诸侯初入而后臣之,安用辨言?"公曰:"然则吾何学而可?"子曰:"礼⑤乐而力忠信,其君⑥其习可乎?"公曰:"多与我言忠信而不可以入患。"子曰:"毋乃既明忠信之备,而口倦其⑦君则不可。而有明忠信之备,而又能行之,则可立待也。君朝而行忠⑧信,百官承事,忠满于中而发于外,刑于民而放于四海,天下其孰能患之?"公曰:"请学忠信之备。"子曰:"唯社稷之主实知忠信。若丘也,缀学之徒,安知忠信?"公曰:"非吾子问之而焉也?"子三辞,将对。公曰:"疆,避!"子曰:"疆,侍。丘闻,大道不隐。丘言之君,发之于朝,行之于国,一国之人莫不知,何一之疆辟?丘闻之,忠有九知:知忠必知中,知中必知恕,知恕必知外,知外必知德,知德必知政,知政必知官,知官必知事,知事必知患,知患必知备。若动而无备,患而弗知,死亡而弗知,安与知忠信?内思毕必⑨曰知中,中以应实曰知恕,内恕外度曰知外,外内参意曰知德⑩,以柔政曰知政。正义辨方曰知官,官治物则曰知事,事戒不虞曰知备,毋患曰乐,乐义曰终。"[大戴礼记·小辨]①尔,迩也。②亦,盖古文借为"奕"字。③祺,大训作棋。④由,犹也。⑤"礼"上大训有"行"字。⑥"君"上戴氏校本删"其"字。⑦其,疑当作与。⑧忠,中也。⑨必,戴氏校本作心。⑩"德"下宋本脱"德"字。

【释义】鲁哀公说:"我想要学习小辨给,用这种方法来检查国政,行吗?"孔子说:"不,不行。治理国家的君王应当爱惜时间,时间是一去不复返的,不可以学习小辨给。所以以前的君王都是学习大道,来检查政事的。天子学习音乐用来辨别各地的风俗,制定礼制来推行政令;诸侯学习礼制、划分政务来推行事宜,来侍奉天子;大夫学习修养品格、辨别义理,谨慎地为国君服务;士人学习敬顺,分析言辞来达成志愿;百姓顺从长上,

辨别禁令，致力于农事。即使这样，还担心做不好，怎么可以学习小辨给呢?"鲁哀公说:
"不懂辨别又如何从政呢?"孔子说:"要能辨别，但不是小辨给。因为小辨给会损害言辞，
琐碎的言辞会损害义理，琐碎的义理又会损害道理，而琐碎的道理是不通达的，通达的道
理必定是简单的。所以抚摩琴弦来审察音乐，就足够辨别风俗了;以现代语言来审察古
语，就足以辨别言辞了。凭翻译来传话，说各种不同语言的人都来了，这道理可以说简单
极了。要是道理不简单就行不通了，行不通就不愉快。就像下棋，十着棋以后的种种变
化，还不能够算尽，何况是天下的言语呢?"鲁哀公说:"要不是你这席话，我会一心一意去
学辨析语言了。"孔子说:"辨析语言的乐趣，是不如治理政事的乐趣。辨析言语的乐趣局
限在室内的小范围里，治理政事的乐趣是全天下的。政治清明，人们就喜悦，人们喜悦，
就会像水一样归附过来，像对父母那样亲爱君王;诸侯也会先归附而后臣服的，何必在辨
析语言上下功夫呢?"鲁哀公说:"那么我该学什么呢?"孔子说:"推行礼乐而致力于忠
信，您就学这些可以吗?"鲁哀公说:"请跟我多说点忠信而不至于陷入祸患的道理吧。"孔
子说:"不能透彻明白忠信的道理，只是嘴里乱说，这不行。能透彻明白忠信的道理，又能
切实去做，那么这道理立刻就能充实起来。在朝廷里本着忠信去做，百官依你的命令行
事，内心全是忠诚，而表现在外，被百姓所效法，而普及到四海之内，这样，天下还有谁会
构成祸患呢?"鲁哀公说:"请让我向您学习忠信的道理吧。"孔子说:"只有主持国家的君
王才懂得忠信的道理。像我，不过是个偶尔学习的人，怎么知道忠信的道理呢?"鲁哀公
说:"我不问你，问谁呢?"孔子谦让了三次，正要回答。鲁哀公说:"疆，你回避一下。"孔
子说:"疆还是留在这儿好。我听说，大道理是公开的。我向你讲过后，就在朝廷表现出
来，然后推行到全国，全国的人没有不知道的，为什么独独要疆一个人回避呢? 我听说，
要知道忠的道理，有九句话:知道尽忠就必定了解自己的内心，了解自己的内心就必定明
白宽恕，明白宽恕就必定知道外界的事物，知道外界的事物就必定知道道德，知道道德就
必定知道政治的道理，知道政治的道理就必定知道官员的职责，知道官员的职责就必定
知道公共的事务，知道公共的事务就必定知道祸患发生的原因，知道祸患发生的原因就
必定知道如何去防备。如果行动时而没有防备，祸患发生时也不知道，死亡临头也不知

道，怎么能知道忠信的道理呢？尽心去想就会知道自己的内心，内心以诚相待就会知道宽恕，内心宽恕就能替别人设想，就会知道外界的事物，沟通外物和内心，就会知道道德，以这种德行来从事政治，就会知道政治的道理。能端正名义使官有常道，就会知道官员的职责，官员使事物都依常法，就会知道公共的事务，凡事都提防意外发生，就会知道防备，没有祸患就会安乐，乐于道义，就会有好的结果。"

公曰："用兵者，其由不祥乎？"子曰："胡为其不祥也？圣人之用兵也，以禁残止暴于天下也；及后世贪者之用兵也，以刘百姓，危国家也。"公曰："古之戎兵，何世安起？"子曰："伤害之生久矣，与民皆①生。"公曰："蚩尤作兵与？"子曰："否！蚩尤庶人之贪者也，及利无义，不顾厥亲，以丧厥身。蚩尤惛慾而无厌者也，何器之能作？蜂虿挟螫而生，见害而校，以卫厥身者也。人生有喜怒，故兵之作，与民皆生。圣人利用而弥②之乱，人兴之丧厥身。《诗》云：'鱼在在藻，厥志在饵。鲜民之生矣，不如死之久矣。校德不塞，嗣武孙③武子。'圣人爱百姓而忧海内，及后世之人，思其德，必称其仁④，故今之道尧舜禹汤文武者犹威致王⑤，今若存。夫民思其德，必称其人，朝夕祝之，升闻皇天，上神歆焉，故永其世而丰其年也。夏桀商纣赢⑥暴于天下，暴极不辜，杀戮无罪，不祥于天，粒食之民，布散厥亲，疏远国老，幼色是与，而暴慢是亲，谗贷⑦处谷⑧，法言法行处辟。妖替天道，逆乱四时，礼乐不行，而幼风是御。历失制，摄提失方，鄹⑨大无纪。不告朔于诸侯，玉瑞不行，诸侯力政，不朝于天子，六蛮四夷交伐于中国。于是降之灾，水旱臻焉，霜雪大满，甘露不降，百草歹焉⑩黄，五谷不升，民多夭疾，六畜悴眥⑪，此大上之不论不议也。妖伤厥身，失坠天下，夫天下⑫之报殃于无德者，必与其民。"公惧⑬焉，曰："在民上者，可以无惧乎哉？"［大戴礼记·用兵］①皆，偕也。以下同。②弥，卢本作弭。③孙武，元本作于孙。④仁，大训作人。⑤致王当作至于。⑥赢，大训作赢。⑦贷，当作货。⑧谷，禄也。⑨鄹大当作孟陬。⑩歹焉，当作蔫，⑪眥，大训作眥。⑫"下"字衍。⑬惧，当读瞿。

【释义】鲁哀公说："使用武力，是件不吉祥的事吗？"孔子说："为什么使用武力不吉祥呢？圣人使用武力，是用来禁止天下残杀暴虐的事情；到了后代，贪功的人使用武力，就用来残杀百姓，危害国家了。"鲁哀公说："古人使用武力，是从什么时候开始的呢？"孔子说:"伤害的事发生得很早,与人类一起产生的。"鲁哀公说:"蚩尤是发明兵器的人吗?"孔子说:"不是,蚩尤不过是普通人中有贪心的人,遇到利益就不顾道义,不顾他的亲长,以致丧命。蚩尤不过是个迷恋贪欲而不知满足的人,怎么能发明兵器呢?蜂、蝎一类的毒虫都带着毒针而生,受到危害就行毒报复,来保护自己。人类有喜怒的感情,发怒就有战斗,所以兵器的发明是一有人类就有的事。圣人把它用到好的地方来防止祸乱的发生,普通人发展它却丧失了性命。《诗经》说:'鱼在水草里悠然自得,却偏偏要去追求那诱饵。那些生活在战祸里的百姓,还不如早些死掉好。只知道兴兵违反德教,还将武事传给子子孙孙。'圣人爱护百姓而心忧天下,后代人想起他们的德泽,就赞美他们的为人,所以现代还有人称道尧舜禹汤武,好像他们还活在现代。凡是人民想念他们的恩德,必定也赞美他们的为人,早晚都为他们祈福,祈求的声音升到上天,天神很欣喜,所以使他们的后代长久而收成丰收。到了夏桀商纣,对天下人凶残,虐待无辜的人,杀戮无罪的人,连对上天都不怀好意,百姓不能安居而和亲人离散,疏远有经验的老年人,接近年轻献媚的人,和暴虐轻慢的人亲密,邪恶的人处在禄位,正言正行的人反而被治罪。歪曲废弃了天道,扰乱了四时的节序,礼乐都废止了,只喜欢听靡靡之音。历法失去了制度,以致摄提星所指的方位不正确,而什么时候是正月也没有固定的顺序。不能将历法颁给诸侯,也不能颁布主给诸侯以确定他们的爵位,诸侯之间各自以力相争,不再朝觐天子,四周的野蛮部落纷纷侵犯中原。于是上天就降下了灾害,水灾、旱灾都来了,霜雪下得过了头,甘露又不降,百草枯黄,五谷都没收成,人民多夭折疾病,六畜也病倒长瘤,这些是上古时代的人都没有提到的事。而暴君本身也受到伤害,丧失了他们的天下,天下给予这些无德暴君的报应,必定是依照他的民意的。"鲁哀公恐惧了,说:"在人民之上当君主的人,怎么能够不警惕呢?"

公曰:"今日少闲,我请言情于子。"子愀焉变色,迁席而辞曰:"君不可以言情于臣,臣请言情于君,君则不可。"公曰:"师之而不言情焉?其私不同。"子曰:"否。臣事君而不言情于君则不臣,君而不①言情于臣则不君。有臣而不臣犹可,有君而不君,民无所错手足。"公曰:"吾度其上下咸通②之,权其轻重居之;准民之色,目既见之;鼓民之声,耳既闻之;动民之德,心既和之;通民之欲,兼而壹之;爱民亲贤而教不能,民庶说乎?"子曰:"说则说矣,可以为家,不可以为国。"公曰:"可以为家,胡为不可以为国? 国之民,家之民也。"子曰:"国之民诚家之民也;然其名异,不可同也。同名同食,曰同等。唯不同等,民以知极。故天子昭有③神于天地之间,以示威于天下也;诸侯修礼于封内,以事天子;大夫修官守职,以事其君;士修四卫,执技论力,以听乎大夫;庶人仰视天文,俯视地理,力时使,以听乎父母。此唯不同等,民以可治也。"公曰:"善哉! 上与下不同乎?"子曰:"将以时同,时不同;上谓之闲,下谓之多疾。君时同于民,布政也;民时同于君,服听也;上下相报,而终于施。大犹④已成,发其小者;远犹已成,发其近者;将行⑤重器,先其轻者。先清而后浊者,天地也。天政曰正,地政曰生,人政曰辨。苟本正,则华英必得其节以秀孚矣,此官民之道也。"公曰:"善哉! 请少复进焉。"子曰:"昔尧取人民⑥状,舜取人以色,禹取人以言,汤取人以声,文王取人以度,此⑦四代五王之取人以治天下如此。"公曰:"嘻! 善之不同也。"子曰:"何为其不同也?"公曰:"同乎?"子曰:"同。"公曰:"人状可知乎?"子曰:"不可知也。"公曰:"五王取人,各有以举之,胡为人之不可知也?"子曰:"五王取人,比而视,相而望。五王取人,各以己焉,是以同状。"公曰:"以子相人何如?"子曰:"否,丘则不能五王取人。丘也传闻之以委于君,丘则否能⑧,亦又不能。"公曰:"我闻子之言始蒙矣。"子曰:"由君居之,成于纯,胡为其蒙也? 虽古之治天下者,岂生于异州哉? 昔虞舜以天德嗣尧,布功散德制礼。朔方幽都来服;南抚交阯,出入日月,莫不率俾,西王母来献其白琯。粒盒之民昭然明视,民明教,通于四海,海外肃慎、北发、渠搜、氐⑨、羌来服。舜崩,有禹代兴。禹卒受命,乃迁邑姚姓于陈。作物配天,修德使力。民明教,通于四海,海之外,肃慎、北发、渠搜、氐、羌来服。禹崩,十有七世,乃有末孙桀即位。桀不率先王之明德,乃荒耽于酒,淫泆于乐,德昏政乱。作宫⑩高台汗池,土察,以民为虐,粒食之民惛焉几亡。乃有商履代兴,商履循礼法,以观天子。天子不说,则嫌于死。成汤卒受天命,不忍天下粒食之民刈戮,不得以疾死,故乃放移夏桀,散亡其佐,乃迁姒姓于杞。发厥明德,顺民⑪天心嗇⑫地,作物配天,制典慈民。咸合诸侯,作八政,命于总章。服禹功以修舜绪,为副于天。粒食之民昭然明视,民明教,通于四海,海之外肃慎、北发、渠搜、氐、羌来服。成汤卒崩，殷德小破，二十有二世，乃有武丁即位。开先祖之府，取其明法，以为君臣上下之节，殷民更眩⑬，近者说，远者至，粒食之民昭然明视。武丁年⑭崩，殷德大破，九世，乃有末孙纣即位。纣不率先王之明德，乃上祖夏桀行，荒耽于酒，淫洗于乐，德昏政乱。作宫室高台汙池，土察，以焉民虐，粒食之民忽然几亡。乃有周昌霸，诸侯以佐之。纣不说诸侯之听于周昌，别⑮嫌于死，乃退伐崇许魏，以客事天子。文王卒受天命，作物配天，制元⑯用，行三明，亲亲尚贤。民明教，通于四海，海之外肃慎、北发、渠搜、氐、羌来服。君其志焉，或俟将至也。"公曰："大哉！子之教我政也。列五王之德，烦烦如⑰繁诸⑱乎！"子曰："君⑲无誉臣，臣之言未尽，请尽臣之言，君如财⑳之。"曰："于此有功㉑匠焉，有利器焉，有措扶焉，以时令其藏必周密。发如㉒用之，可以知古，可以察今；可以事亲，可以事君；可用于生，又用之死。吉凶并兴，祸福相生，卒反生福，大德配天。"公愀然其色曰："难立哉！"子曰："臣愿君之立知，如以闲㉓观也；时天之气，用地之财，以生杀于民。民之死，不可以教。"公曰："我行之，其可乎？"子曰："唯此在君。君曰足，臣恐其不足；君曰不㉔，举其前必举其后，举其左必举其右。君既教矣，安能无善？"公吁焉其色曰："大哉！子之教我制也。政之丰也，如㉕木㉖之成也。"子曰："君知未成，言未尽也。凡草木根鞍伤，则枝叶必偏㉗枯，偏枯是为不实。谷㉘亦如之，上失政，大及小㉙人畜谷。"公曰："所谓失政者，若夏商之谓乎？"子曰："否，若夏商者，天夺之魄，不生德焉。"公曰："然则何以谓失政？"子曰："所谓失政者：疆萎㉚未亏，人民未变，鬼神未亡，水土未纲；糟者犹糟，实者犹实，玉者犹玉，血者犹血，酒者犹酒。优以继惛㉛，政出自家门，此之谓失政也。非天是反，人是㉜反。臣故曰君无言情于臣，君无假人器，君无假人名。"公曰："善哉。"［大戴礼记·少闲］①大训无"不"字。②通，达也。③有常作百。④犹、獸同。下同。⑤行，一作持。⑥民，大训作以。⑦戴氏校本省此字。⑧注首能字，宋本混入，卢本无。⑨氐，卢本作氏，以下同。⑩"宫"下朱本有"室"字。⑪民天心，汪照补注本省"民心"二字。⑫啬与穑通。⑬眩，大训作服。⑭年，大训作卒。⑮别，则之讹。⑯元用疑当作典要，无盖典之讹。⑰如，读为而。⑱诸，读为者。⑲君，如汪拔贡《大戴礼记》正误作而君。⑳财、裁古字通用。㉑功，当作巧。㉒如，朱本作而。㉓闲观，朱本作观闻。㉔汪拔贡《大戴礼记》正误足下，补"臣则曰足"四字。㉕如，当作知。㉖木，大训及元本作未。㉗偏，一作偏，下同。㉘谷，恐政之误。㉙小人字当倒置。㉚娄，孙氏《大戴礼记》补作禹，禹即宇之借字。㉛愊，湛也。㉜是，朱本作自。

【释义】鲁哀公说："今天闲一些，我想向你说说我的心情。"孔子变了脸色，离开座席推辞说："君主不可以向臣子诉说心情，臣子可以向君主诉说心情，君主不可以这么做。"鲁哀公说："对老师也不能说自己的心情吗？这和君臣之间的私人谈话不同。"孔子说："不。臣子侍奉君主而不向君主表白他的心情，就不能成为臣子，君主也向臣子表白心情，就不成为君主。有的臣子不像臣子，还过得去，做君主不像君主，百姓就是举手投足也不知该怎么办了。"鲁哀公说："我区别尊卑，使上下都能互相通达，权衡轻重，使臣子处于应处的地位；观察百姓的生活，眼睛已经看到了；鼓励人们说话，耳朵已经听到了；发扬人们的德性，心意已协和了；沟通人们的愿望，把它们归纳起来；爱护百姓，亲近贤人，帮助那些无能的人，百姓也许会喜悦吧？"孔子说："喜悦是会有的，只是可以用来治理家，而不能用来治理国。"鲁哀公说："可以用来治家，为什么不能用来治国呢？国家中的人，也就是家庭中的人啊。"孔子说："国家中的人当然也就是家庭中的人；但是他们的地位名声不同，就不可混为一谈。名位、食禄相同，才是同等。由于不同等，人们知道怎么做才适当。所以天子祭祀天地间的神祇，让天下人懂得天子的威严；诸侯在封地内修明礼仪，来事奉天子；大夫治理政事，恪守职分，来事奉国君；士要做好保卫四境的事，维持他们技艺比赛的能力，来听从大夫的指示；百姓仰头观看天象的变化，低头观看地理的变化，尽力做各季节中该做的事，来听从父母的吩咐。正因为有各种不同的等级，所以人们可以治理。"鲁哀公说："好啊！君和臣有不同吗？"孔子说："有时候相同，有时候不相同；就像国君订些规则来预防祸患，臣子却以为太麻烦。君有时和民相同，就像君主施政时；民有时和君相同，就像臣民服从政令时。上下是相对的，但其极致是只求施予。伟大计划的完成，是先从小的地方着手的；长远计划的完成，是先从近的地方着手的；要送贵重的礼物，是先从轻微的礼物送起的。天地的生成，是先清而后浊的。上天的职责是定下原则，土地的职责是生成万物，人类的职责是辨别事物。要是根本正确，那么花朵必定能按时节而生长,这就是管理人们的道理了。"鲁哀公说:"好啊!请为我做进一步的说明。"孔子说:"从前尧凭面貌来选择人才,舜凭表情来选择人才,禹凭言语来选择人才,汤凭声音来选择人才,文王凭器度来选择人才,这是四代五王选择人才来治理天下的方法。"哀公说:"啊!五王取人的好处很不同。"孔子说:"怎么说不同呢?"鲁哀公说:"相同吗?"孔子说:"相同。"鲁哀公说:"从人的外貌可以了解他们吗?"孔子说:"不能了解。"鲁哀公说:"五王选拔人才,都各有所举荐,还有什么人是不可知的呢?"孔子说:"五王选拔人才,先与他们亲近再来观察,仔细衡量再加以察望。五王选拔人才,都各以他们自己认为的善为标准,所以选拔的都是同样的人。"鲁哀公说:"你来相人怎么样呢?"孔子说:"不行,我不能像五王一样选拔人才。我不过是传达我所知的道理给您,我自己不能看人,也不能像五王一样来考察别人。"鲁哀公说:"我听你的话,开始有点糊涂了。"孔子说:"您处在选择贤良的地位,只要专心就会成功,怎么会糊涂呢?即使古代治理天下的人,难道他们是生在别的世界吗?从前虞舜以他天赋的品德继承尧的帝位,施展天功,发扬九德,制定五礼。远在北方的幽也都来归顺;又安抚南方的交阯,东西一直到日出月入的地方,没有不归从听命的,连西王母也来献上白玉的管子。百姓对事理都看得明白,人们都发扬圣人的教化,流传到四方荒远的地区,连边远的肃慎、北发、渠搜、氏、羌都来归顺。舜帝逝世,又有大禹接着兴起。禹终于接受天命,就把姚姓迁到陈邑。创造了一些合于天意的事物,修明文德,努力建设。人们都能发扬禹的教化,流传到四方荒远的地方,连边远的肃慎、北发、渠搜、氏、羌都来归顺。大禹去世,传了十七代,有末代王孙桀继承王位。桀不遵循先王的光明德性,反而沉迷于酒,放纵于靡靡之乐,德性昏迷,政治紊乱。还兴建了宫室高台,挖了酒池,虐待百姓,百姓几乎不能生存。于是有商履接着兴起,商履遵循礼节法制,做给夏桀看。夏桀不高兴,还几乎杀了商履。成汤最后接受上天的使命,不忍心天下的百姓受到杀戮,不能因病而死,于是就把夏桀放逐了,而且把辅佐夏桀的大臣也遣散放逐,把姓姒的子孙都迁到杞去。他发扬光明的德性,顺从天意,努力耕作;创造许多合乎天意的事物,制定法制来爱护人民。把诸侯团结起来,创造了八种政治制度,自己在堂屋下达命令。重现大禹的功绩,重修帝舜的事业,来帮助天道的弘扬。天下的百姓对

这些看得清清楚楚，人们都发扬汤的教化，传播到四方荒远的地区，连边远的肃慎、北发、渠搜、氐、羌都来归顺。成汤逝世，殷代的德教稍微破损了一些，传了二十二世，又有武丁即位。武丁打开成汤的档案，拿出汤王那完善的法制，作为君臣上下的准则，殷代的人民就更加顺服了，近处的人都觉得愉悦，而远方的人也都纷纷归附，天下的人民也都看得清清楚楚。武丁逝世，殷代的德教受到严重的破坏，又传了九代，于是有末代子孙纣王即位。纣王不遵循先王的光明德性，反而去效法古时夏桀的行为，沉迷于美酒音乐，德性昏迷，政治紊乱。还兴建许多宫室高台，掘了酒池，把百姓当作粪土一样不在意，虐待百姓，百姓一下子变得活不下去了。于是有周昌起来领导诸侯，许多诸侯都帮助他。纣王不喜欢诸侯服从周昌，周昌就退下，讨伐无道的崇侯和许魏，仍然恭敬地服侍天子。文王最终接受了上天赋予他的使命，创立了一些配合天意的事，禁止奢侈浪费的器物，祭祀天上的日月星，接近亲族，尊敬贤人。百姓都发扬文王的教化，流传到四方荒远的地区，连边远的肃慎、北发、渠搜、氐、羌都来归顺。只要您立定志向，以前圣王政治的实现，只不过是早晚的事情。"鲁哀公说："伟大啊！你教我的这些政治道理。陈述五位圣王的德教，头绪多得像蚕丝一样。"孔子说："您先别称赞我，我的话还没说完，等我说完之后，您再裁断吧。"孔子又说道："现在有工巧的匠人，很精细的工具，有得力的帮手，把握时机，好好隐藏着，必定要藏得很周密。到了发动起来运用它，就可以知道往古，察见当今；可以用来事奉亲长，可以用来侍奉君主；可用于服务生人，又可用于纪念死者。吉凶是相对发生的，祸福也是循环相生的，能够终于反祸为福，就要靠那合于天意的大德了。"鲁哀公的表情变得很凝重，说："真难办啊。"孔子说："我希望您能确立您的知识，以此为标准来观察事物；把握天气的变化，利用土地的生产，来教育人们或诛杀。那些被诛杀的人，是无法教化的人。"鲁哀公说："我照这样做，行吗？"孔子说："只有您才能这么做。您如果认为足够了，我却还担心有不够的地方；您如果认为不足够，我却要鼓励您已经足够了。任用了前面的人，也别忘了后面的，任用了左边的人，也别忘了右边的。您既然教化了他们，哪会还有不善的人呢？"鲁哀公换了口气说："伟大啊！您教了我这些法制。政治的兴盛，正如树木的成长，不是一下子就可以长成的啊。"孔子说："您知道的还不全，我的话还没

有说完。凡草木的根本受到伤害，那么枝叶必定会
枯萎，枝叶枯萎了就不会结果。为政的道理也是一
样，君主的政治失去正道，就会影响到老百姓和牲畜
谷物了。"鲁哀公说："您所说的政治失去正道，就像
夏桀商纣那样子吗？"孔子说："不是，像夏桀商纣那
样，根本就是上天夺走他们的魂魄，连一点德性都谈
不上。"哀公说："那么怎样才是政治失去正道呢？"孔
子说："所谓政治失去正道，是指国家的领土完整，人
民仍然爱国，祖先的宗庙还在，水土还没有淤塞；而
糟还是糟，实还是实，玉还是玉，血还是血，酒还是
酒。只是君主寻欢作乐而且乐此不疲，政令由大夫
来下达，这才叫作失政。这不是天意反常，而是自己
反常而已。所以我说，君主不可以向臣子抒发他的
情绪，君主不要将权势落在别人手里，不要将威望落
在别人身上。"鲁哀公说："很好。"

彩漆方壶

子曰："夫易之生，人、禽、兽、万物昆虫各有以生。或奇或偶，或飞或行，而莫知其情。
惟达道德者，能原本之矣。"天一，地二，人三。三三而九，九九八十一。一主日，日数十，
故人十月而生。八九七十二，偶以承奇，奇主辰，辰主月，月主马，故马十二月而生。七九
六十三，三主升①，升主狗②，狗三月而生。六九五十四，四主时，时主豕，故豕四月而生。
五九四十五，五主间，音主猿，故猿五月而生。四九三十六，六主律，律主禽鹿，故禽鹿六
月而生也。三九二十七，主③星，星主虎，故虎七月而生。二九十八，八主风，风之④虫，故
虫八月化也。其余各以其类也。鸟鱼皆生于阴而属于阳，故鸟鱼皆卵；鱼游于水，鸟飞于
云。故冬燕雀入于海，化而为蚧。万物之性各异类：故蚕食而不饮，蝉饮而不食，蜉蝣不
饮不食，介鳞夏食冬蛰。龁吞⑤者八窍而卵生，咀嚼者九窍而胎生。四足者无羽翼，戴角
者无上齿。无角者膏而无前齿，有羽者脂而无后齿。昼生者类父，夜生者类母。凡地：东

西为纬，南北为经。山为积德，川为积刑。高者为生，下者为死。丘陵为牡，溪谷为牝。蟪蛤龟珠，与月盛虚。是故坚土之人肥，虚土之人大，沙土之人细，息土之人美，耗土之人丑。是故食水者善游能⑥寒，食土者无心而不息，食木者多力而拂，食草者善走而愚，食桑者有丝而蛾，食肉者勇敢而捍⑦，食谷者智惠而巧，食气者神明而寿，不食者不死而神。故曰：有羽之虫三百六十，而凤凰为之长；是有毛之虫三百六十，而麒麟为之长；有甲之虫三百六十，而神龟为之长；有鳞之虫三百六十，而蛟龙为之长；倮之虫三百六十，而圣人为之长。此乾坤之美类，禽兽万物之数也。故帝王好坏巢破卵，则凤凰不翔焉；好竭水搏鱼，则蛟龙不出⑧焉；好剖胎杀夭，则麒麟不来焉；好填溪塞谷，则神龟不出焉。故王者动必以道。静必以理；动不以道，静不以理，则自夭而不寿，訞孽⑨数起，神灵不见，风雨不时，暴风水旱并兴，人民夭死，五谷不滋，六畜不蕃息。〔大戴礼记·易本命〕①升升斗斗之讹。②"狗"下宋本脱"故"字。③"主"上同上脱"七"字。④之，主之讹。⑤蚕，吞之讹。⑥能读为耐。⑦捍，丁校改悍。⑧出，高安本作至。⑨孽，卢本作孽。

【释义】孔子说："阴阳互易导致生生不息，人类、禽、兽、万物昆虫各有他们生长的道理。或者是奇，或者是偶，或者是飞，或者是走，很难明白其中的原因。只有懂得自然的大道，才能研究出这些道理的本源。"宇宙的生成首先有天，然后有了地，然后有了人，人和天地相配而为三。以三自乘，得出数字的极限"九"，以极限的九自乘而得八十一。一代表太阳，太阳又统摄了十天干，所以人恰好怀胎十月而诞生。以八乘九是七十二，所得的尾数是二，二是偶数，偶数是跟着奇数而来的，而时辰正好是东南西北各三，是奇数，所以奇数主导时辰，而时辰有十二个，月份也有十二个，因此时辰主导月，月主导马，因此马是怀胎十二月而诞生。以七乘九是六十三，而斗星有三部分，应了三的尾数，且斗星正好指着戌方，而戌就是狗，因此狗是怀胎三月而诞生的。以六乘九是五十四，一年正好有春、夏、秋、冬四时，应了四的尾数，而猪最能感觉季节变化的，所以猪是怀胎四月而生的。以五乘九是四十五，而全音阶正好有五等，应了五的尾数，而猿又是最善于啼叫的动物，所以猿是怀胎五月而生的。以四乘九是三十六，而乐律正好有六阳律，应了六的尾数，乐律随节气而变化，鹿角也是如此，所以麋鹿是怀胎六月而生的。以三乘九是二十七，天上的二十八星宿是平均分在四方，各方正好七星，应了七的尾数，而虎纹斑斓，恰如星光，所以老虎是怀胎七月而生的。以二乘九是十八，风有八种，应了八的尾数，而昆虫是受空气而孵化的，所以昆虫从产卵到孵化正好是八个月。其余动物也分别受各种自然现象的支配。鸟和鱼都是生于阴，而长于阳的，因此鸟和鱼都是卵生。而鱼孵化后却游于水中，鸟则飞翔于云上。由于它们禀性类似，所以燕雀在冬天就飞进海里，变成和鱼一样生存于水中的蛤蜊。万物的性质形成不同的类别，因此蚕只是吃而不会喝，蝉只是喝而不会吃，蜉蝣却不吃不喝，有壳或长鳞甲的动物是夏天才吃食而冬天则蛰伏不动。用喙啄了囫囵吞枣禽类只有八个孔窍而是卵生的，咀嚼了咽下去的兽类却有九个孔窍，而且都是胎生的。有四条腿的走兽没有翅膀，头上长了角的就没有锐利的牙齿。没有角的走兽都肥腴，没有发达的门牙，长了角的走兽肥肉少些，没有发达的犬齿。白天生的孩子像父亲，夜里生的像母亲。地理的划分：由东到西的横线叫纬，从南到北的纵线叫经。山岭是阳，积恩德，河川是阴，含刑罚。高地仿佛充满了生机，而低处像有死亡的危险。丘陵象征着雄性，溪谷象征着雌性。蚌蛤龟珠都属阴，所以随着月的盈亏而充满或虚空。所以生长在坚实土地上的人肥壮，生长在高地上的人高大，生长在沙土上的人瘦小，生长在肥沃土地上的人美丽，生长在粗劣土地上的人丑陋。因此吃水的动物善于游泳且耐寒，吃土的动物没有脑袋且不呼吸，吃树木的动物力气大且脾气暴躁，吃草的动物跑得快但愚昧，吃桑叶的动物会吐丝并会蜕变成蛾，吃肉的动物勇敢而强悍，吃五谷的动物有知识有爱心，且很灵巧，吃气的人精神奕奕且长寿，什么都不吃的就长生不老，变成神了。所以说，长着羽毛的动物有三百六十种，而以凤凰为领袖；长着毛发的动物有三百六十种，而以麒麟为领袖；长着甲壳的动物有三百六十种，而以神龟为领袖；长着鳞片的动物有三百六十种，而以蛟龙为领袖；光着身子的动物也有三百六十种，而以圣人做它们的领袖。这些都是天地的杰作，全部动物的总领。所以如果帝王喜欢拆散鸟巢，打破鸟蛋，那么凤凰就不会在天空飞翔了；喜欢放干水来捉鱼，那么蛟龙就不会出现了；喜欢残杀怀孕的兽类取出胎儿，或残杀幼小的兽类，那么麒麟就不会前来了；喜欢填塞溪谷，那么神龟就不会出现了。所以天子行动的时候，一定要守天道。静思的时候，一定要思索事理，如果行动不守天道,静思不思考事理,那么本身固然会短命,而且各种亡国的凶兆也会时常发生,神灵不显灵了,风雨不在合适的节气来到了,暴风、水灾、旱灾同时发作,人们都短命而死,五谷不生长,六畜不繁殖了。

孔子受业而有疑,捧手问之,不当避席。[《孔子三朝记》文选东都赋注引]

【释义】孔子学习时有所疑问,恭敬地拱手问老师,并离开座位。

春王正月,戊申,宋督弑其君与夷及其大夫孔父。[春秋·桓公二年]①杜注云:孔父,孔子六世祖。

【释义】春天,周历的正月,戊申这天,宋国的华父督杀了宋殇公、夷以及大夫孔父嘉。

宋杀其大①夫。[春秋·僖公二十五年]①《谷梁传》云:其不称名姓,以其在祖之位尊之也。○孔子之祖也。

【释义】宋国杀了它的大夫。

夏四月己丑,孔丘卒。[春秋续经·哀公十六年,左氏传所载]

【释义】夏季,四月十一日,孔丘死了。

宋穆公疾,召大司马孔父而属殇公焉。[左氏传·隐公三年]

【释义】宋穆公病重了,召见大司马孔父而把殇公托给他。

宋华父督见孔父之妻于路,目逆而送之,曰:"美而艳。"[左氏传·桓公元年]

【释义】宋国的华父督在路上看到孔父的妻子,看着她从对面走过来,又回头目送她离开,说:"既美丽又动人。"

春,宋督攻孔氏,杀孔父而取其妻。公怒,督惧,遂弑殇公。(中略)宋殇公立,十年十一战,民不堪命。孔父嘉为司马,督为大宰,故因民之不堪命,先宣言曰:"司马则然。"已杀孔父而弑殇公。[左氏传·桓公二年]

【释义】二年春天,宋卿华父督攻打孔氏,杀死了孔父而霸占了他的妻子。宋殇公大怒,华父督害怕了,就把殇公也杀了。宋殇公即位以后,十年内发动了十一次战争,百姓苦不堪言。孔父嘉做了司马,华父督做太宰。华父督由于百姓不能忍受,就先宣传说:"这都是司马所造成的。"不久就杀了孔父和殇公。

冬,会于温。(中略)此会也,晋侯召王,以诸侯见,且使王狩。仲尼曰:"以臣召君,不可以训。故书曰:天王狩于河阳。"[左氏传·僖公二十八年]

【释义】冬季,僖公和其他人在温地会见。这次会见,晋文公请周襄王前来,并且带领诸侯朝见他,又让周襄王打猎。孔子说:"以臣下的身份请君主,是不能作为榜样的。"所以书上记载说:天王狩于河阳。

仲尼曰:"臧文仲,其不仁者三,不知者三。下展禽,废六关,妾织蒲,三不仁也。作虚器,纵逆祀,祀爰居,三不知也。"[左氏传·文公二年]

【释义】孔子说:"臧文仲,不仁爱的事情有三件,不聪明的事情有三件。使展禽居于下位,设立六个关口,小妾织席贩卖,这是三件不仁爱的事情。迷信卜卦,纵容不当的祭祀,祭祀爰居,这是三件不聪明的事情。"

晋灵公不君。(中略)宣子骤谏。公患之,使鉏麑贼之。晨往,盛门闭矣。盛服将朝,尚早,坐而假寐。麑退,叹而言曰:"不忘恭敬,民之主也。贼民之主,不忠;弃君之命,不信。有一于此,不如死也。"触槐而死。秋九月,晋侯饮赵盾酒,伏甲,将攻之。其右提弥明知之,趋登,曰:"臣侍君宴,过三爵,非礼也。"遂扶以下。公嗾夫獒焉,明搏而杀之。盾曰:"弃人用犬,虽猛何为?"斗且出。提弥明死之。(中略)乙丑,赵穿攻灵公于桃园。宣子未出山而复。太史书曰:"赵盾弑其君。"以示于朝。宣子曰:"不然。"对曰:"子为正卿,亡不越竟,反不讨贼,非子而谁?"宣子曰:"乌呼!'我之怀矣,自诒伊戚',其我之谓矣!"孔子曰:"董狐,古之良史也,书法不隐。赵宣子,古之良大夫也,为法受恶。惜也,越竟乃免。"[左氏传·宣公二年]

【释义】晋灵公做事不符合为君之道。赵盾屡次进谏。晋灵公很讨厌他,派鉏麑去暗杀他。一天早晨,赵盾的室门已经打开了,他穿戴整齐准备上朝。因为时间还早,赵盾正坐着打瞌睡。鉏麑退出来,感叹地说:"不忘记恭敬,真是百姓的主人。刺杀百姓的主人,就是不忠;放弃国君的使命,就是不信。两件事情有了一件,就不如死了好了。"于是他撞在槐树上死了。秋季,九月,晋灵公请赵盾喝酒,埋伏了甲士,准备杀死赵盾。赵盾的车右提弥明察觉了,快步登上殿堂,说:"臣下侍奉国君饮酒,超过三杯,就不合礼了。"于是扶着赵盾下殿堂。晋灵公让恶狗扑过去,提弥明上前搏斗,把狗杀了。赵盾说:"不用人而用狗,虽然凶猛,又有什么用?"赵盾一边搏斗一边退了出去,提弥明被伏兵杀死。九月二十六日,赵穿在桃园杀死了晋灵公。赵盾没有走出晋国国境就回来再度做官。太史记载说:"赵盾弑其君。"在朝廷上公布。赵盾说:"不是这样的。"太史回答说:"您是正卿,逃亡而没有离开国境,回来不惩罚凶手,弑君的人不是你,那是谁?"赵盾说:"哎呀! '因为我的怀恋,给自己带来了忧患。'恐怕说的就是我了。"孔子说:"董狐,是古代的好史官,据事直书而不加隐讳。赵宣子,是古代的好大夫,因为法而蒙受恶名。太可惜了,要是走出了国境,就可以避免背上弑君的罪名了。"

陈灵公与孔宁、仪行父通于夏姬,皆衷其衵服以戏于朝。泄冶谏曰:"公卿宣淫,民无效焉,且闻不令,君其纳之。"公曰:"吾能改矣。"公告二子,二子请杀之。公弗禁,遂杀泄冶。孔子曰:"《诗》云:'民之多辟,无自立辟。'其泄冶之谓乎。"[左氏传·宣公九年]

【释义】陈灵公和孔宁、仪行父与夏姬通奸,都把夏姬的汗衣贴身穿着,而且在朝廷上开玩笑。泄冶进谏说:"国君和卿宣扬淫乱,百姓就无所效法,而且名声不好。国君还是把那件衣服收起来吧!"陈灵公说:"我能够改过。"陈灵公把泄冶的话告诉孔宁、仪行父两个人,这两个人请求杀死泄冶,陈灵公不加阻拦,于是就杀了泄冶。孔子说:"《诗经》说:'百姓多行邪恶,就不要再去自立法度。'这说的就是泄冶吧!"

新筑人仲叔于奚救孙桓子,桓子是以免。既,卫人赏之以邑,辞。请曲县、繁缨以朝,许之。仲尼闻之曰:"惜也,不如多与之邑。唯器与名,不可以假人,君之所司也。名以出信,信么守器,器以藏礼,礼以行义,义以生利,利以平民,政之大节也。若以假人,与人政也。政亡,则国家从之,弗可止也已。"[左氏传·成公二年]

【释义】新筑人仲叔于奚救了孙良夫,孙良夫因此幸免于难。不久,卫国人把城邑赏给仲叔于奚。仲叔于奚辞谢,而请求得到诸侯所用的乐器,并用繁缨装饰马匹来朝见,卫君允许了。孔子听说了这件事,说:"可惜啊,还不如多给他城邑。只有器物和名号,不能假借给别人,这是国君掌握的。名号用来赋予威信,威信用来保持器物,器物用来体现礼制,礼制用来推行道义,道义用来产生利益,利益用来治理百姓,这是政权中的大节。如果把名位、礼器假借给别人，这就是把政权给了别人。失去了政权，国家也就跟着失去了，这是无法阻止的。"

齐庆克通于声孟子，与妇人蒙衣乘辇而入于闳。鲍牵见之，以告国武子，武子召庆克而谓之。庆克久不出，而告夫人曰："国子谪我！"夫人怒。国子相灵公以会，高、鲍处守。及还，将至，闭门而索客。孟子诉之曰："高、鲍将不纳君，而立公子角。国子知之。"秋七月壬寅，刖鲍牵而逐高无咎。（中略）仲尼曰："鲍庄子之知不如葵，葵犹能卫其足。"［左氏传·成公十七年］

【释义】齐国的庆克和声孟子私通，穿着女人衣服和女人一起坐辇进入宫中的夹道门，鲍牵见了，报告了国武子。武子把庆克招来告诉他。庆克躲在家里很久不出门，报告声孟子说："国子责备我。"声孟子于是发怒了。国武子作为齐灵公的相礼参加会见，高无咎、鲍牵留守。等到回国，将要到达的时候，关闭城门，检查旅客。声孟子诬陷说："高、鲍两人打算不接纳国君而立公子角，国子参与了这件事。"秋季，七月十三日，砍去了鲍牵的双脚，并驱逐了高无咎。孔子说："鲍牵的聪明不如葵菜，葵菜还能保护自己的脚。"

逼阳人启门，诸侯之士门焉。县门发，郰人纥抉之，以出门者。［左氏传·襄公十年］

【释义】逼阳人打开城门，诸侯的将士乘机进攻。内城的人把闸门放下，郰县长官纥双手举门，把进攻城里的士兵放出来。

孟献子以秦堇父为右，生秦丕兹，事仲尼。［左氏传·襄公十年］

【释义】孟献子让秦堇父做车右。秦堇父生了秦丕兹，拜孔子为师。

高厚围臧纥于防。师自阳关逆臧孙，至于旅松。郰叔纥、臧畴、臧贾帅甲三百，宵犯齐师，送之而复。［左氏传·襄公十七年］

【释义】高厚把臧纥包围住了。军队从阳关出发，迎接臧纥，到达旅松。郰叔纥、臧畴、臧贾率领甲兵三百人，夜袭齐军，把臧纥送到旅松然后返回。

仲尼曰："知之难也。有臧武仲之知，而不容于鲁国，抑有由也。作不顺而施不恕也。《夏书》曰：'念兹在兹。'顺事、恕施也。"［左氏传·襄公二十三年］

【释义】孔子说："聪明是很难的。像臧武仲那么聪明，而不能为鲁国所容纳，这是有原因的。因为他的所作所为不顺于事理，而所施不合于恕道。《夏书》说：'想着这个，一心在干这个。'这就是顺于事理，合于恕道啊。"

郑子展、子产帅车七百乘伐陈，宵突陈城，遂入之。（中略）郑子产献捷于晋，戎服将事，晋人问陈之罪。对曰："昔虞阏父为周陶正，以服事我先王。我先王赖其利器用也，与其神明之后也，庸以元女大姬配胡公，而封诸陈，以备三恪。则我周之自出，至于今是赖。桓公之乱，蔡人欲立其出，我先君庄公奉五父而立之，蔡人杀之。我又与蔡人奉戴厉公，至于庄、宣，皆我之自立。夏氏之乱，成公播荡，又我之自人，君所知也。今陈忘周之大德，蔑我大惠，弃我姻亲，介恃楚众，以冯陵我敝邑，不可亿逞。我是以有往年之告，未获成命，则又有我东门之役。当陈隧者，井堙木刊。敝邑大惧不竟，而耻大姬。天诱其衷，启敝邑之心。陈知其罪，授手于我。用敢献功！"晋人曰："何故侵小？"对曰："先王之命，唯罪所在，各致其辟。且昔天子之地一圻，列国一同，自是以衰。今大国多数圻矣！若无侵小，何以至焉？"晋人曰："何故戎服？"对曰："我先君武、庄，为平、桓卿士。城濮之役，文公布命，曰：'各复旧职！'命我文公戎服辅王，以授楚捷，不敢废王命故也。"士庄伯不能诘，复于赵文子。文子曰："其辞顺，犯顺不祥。"乃受之。（中略）仲尼曰："《志》有之：'言以足志，文以足言。'不言，谁知其志？言之无文，行而不远。晋为伯，郑入陈，非文辞不为功。慎辞也！"〔左氏传·襄公二十五年〕

【释义】郑国的子展、子产率领七百辆战车攻打陈国，夜里发动攻击，就进了城。郑国的子产向晋国奉献战利品，穿着军装主持事务。晋国人质问陈国的罪过，子产回答说："从前虞父做周朝的陶正，服侍我们先王。我们先王因为他能制作器物，于人有利，并且是虞舜的后代，就把大女儿太姬匹配给胡公，封他在陈地，以表示对黄帝、尧、舜后代的敬意。所以陈国是我周朝的后代，到今天还依靠着周朝。陈桓公死后发生动乱，蔡国人想立他们的后代，我们先君庄公侍奉五父而立了他，蔡国人杀死了五父。我们又和蔡国人侍奉厉公，至于庄公、宣公，都是我们所立的。夏氏的祸乱导致灵公死亡，成公流离失所，又是我们让他回国的，这是君王知道的。现在陈国忘记了周朝的大德，丢弃了我们的大恩，抛弃我们这个亲戚，倚仗楚国人多，以进逼我们敝邑，而且并不满足，我国因此而有去年请求攻打陈国的报告。没有得到贵国的命令，反倒有了陈国进攻我国东门的那次战役。在陈军经过的路上，水井被填塞，树木被砍伐。敝邑非常害怕敌兵压境，给太姬带来羞耻，上天诱导我们的心，启发了敝邑攻打陈国的念头。陈国知道自己的罪过，在我们这里得到惩罚。因此我们敢于奉献俘虏。"晋国人说："为什么侵犯小国？"子产回答说："先王的命令，只要是罪过所在，就要分别给予刑罚。而且从前天子的土地方圆一千里，诸侯的土地方圆一百里，以此递减。现在大国的土地多到方圆几千里，如果没有侵占小国，怎么能到这种地步呢？"晋国人说："为什么穿上军服？"子产回答说："我们先君武公、庄公做周平王、周桓王的卿士。城濮这一役后，晋文公发布命令，说：'各人恢复原来的职务。'命令我郑文公穿军服辅佐天子，以接受楚国俘虏献给天子，现在我穿着军服，这是因为不敢废弃天子命令的缘故。"士庄伯已经不能再质问，于是向赵文子回复。赵文子说："他的言辞顺理成章，违背了情理不吉利。"于是就接受郑国奉献的战利品。孔子说："《志》上说：'言语用来完成意愿，文采用来完成言语。'不说话，谁知道他的意愿是什么？说话没有文采，不能到达远方。晋国成为霸主，郑国进入陈国，不是善于辞令就不能成功。要谨慎地使用辞令啊！"

六月丁未朔，宋人享赵文子，叔向为介。司马置折俎，礼也。仲尼使举是礼也，以为多文辞。[左氏传·襄公二十七年]

【释义】六月初一，宋国人设享礼招待赵文子，叔向作为副手。司马把煮熟的牲畜切成块，放在盘子里，这是礼节。以后孔子看到了这次礼仪的记载，认为文辞太多。

郑人游于乡校，以论执政。然明谓子产曰："毁乡校，何如？"子产曰："何为？夫人朝夕退而游焉，以议执政之善否。其所善者，吾则行之；其所恶者，吾则改之。是吾师也，若之何毁之？我闻忠善以损怨，不闻作威以防怨。岂不遽止？然犹防川，大决所犯，伤人必多，吾不克救也。不如小决使道，不如吾闻而药之也。"然明曰："蔑也今而后知吾子之信可事也，小人实不才。若果行此，其郑国实赖之，岂唯二三臣？"仲尼闻是语也，曰："以是观之，人谓子产不仁，吾不信也。"[左氏传·襄公三十一年]

【释义】郑国人到乡校休闲聚会，议论政策的好坏。郑国大夫然明对子产说："把乡校毁了,怎么样?"子产说:"为什么要毁掉?人们早晚干完活儿到这里聚一下,议论一下政策的好坏。他们喜欢的,我们就推行;他们讨厌的,我们就改正。这是我们的老师,为什么要毁掉它呢? 我听说尽力做好事以减少怨恨,没听说过依仗权势来防止怨恨。难道很快制止这些议论不容易吗? 然而那样做就像堵塞河流一样,河水大决口造成的损害,伤害的人必然很多,我是挽救不了的。不如开个小口泄洪,听取这些议论后把它当作治病的良药。"然明说:"我从现在起才知道您确实可以成大事,小人确实没有才能。如果真的这样做,恐怕郑国真的就有了依靠,岂止是有利于我们这些臣子?"孔子听到了这番话后说:"照这些话看来,人们说子产不仁,我不相信。"

(竖)牛立昭子而相之。(中略)昭子即位,朝其家众,曰:"竖牛祸叔孙氏,使乱大从,杀适立庶,又披其邑,将以赦罪,罪莫大焉。必速杀之。"竖牛惧,奔齐。孟、仲之子杀诸塞关之外,投其首于宁风之棘上。仲尼曰:"叔孙昭子之不劳,不可能也。周任有言曰:'为政者不赏私劳,不罚私怨。'《诗》云:'有觉德行,四国顺之。'"[左氏传·昭公四年及五年]

【释义】竖牛立了昭子并辅佐他。昭子即位,召集家族上下人等来朝见,说:"竖牛给叔孙氏造成祸乱,搅乱了正常的秩序,杀死嫡子立庶子,又分裂封邑,将要以此逃避罪责,罪过没有比这再大的了。一定要赶紧杀死他!"竖牛害怕了,出奔齐国。孟丙、仲壬的儿子把他杀死在塞关之外,把脑袋扔在宁风的荆棘上。孔子说:"叔孙昭子不酬劳竖牛,这是一般人做不到的。周任有话说:'掌握政权的人不赏赐对于私人的功劳,不惩罚个人的怨恨。'《诗经》说:'具有正直的德行,四方的国家都来归顺。'"

孟僖子病不能相礼,乃讲学之,苟能礼者从之。及其将死也,召其大夫,曰:"礼,人之干也。无礼,无以立。吾闻将有达者曰孔丘,圣人之后也,而灭于宋。其祖弗父何以有宋而授厉公。及正考父,佐戴、武、宣,三命兹益共,故其鼎铭云:'一命而偻,再命而伛,三命而俯,循墙而走,亦莫余敢侮。饘于是,鬻于是,以糊余口。'其共也如是。臧孙纥有言曰:'圣人有明德者,若不当世,其后必有达人。'今其将在孔丘乎? 我若获没,必属说与何忌于夫子,使事之,而学礼焉,以定其位。故孟懿子与南宫敬叔师事仲尼。仲尼曰:'能补过

者,君子也。'《诗》曰:'君子是则是效。'孟僖子可则效已矣。"〔左氏传·昭公七年〕

【释义】孟僖子不满意自己对礼仪不熟悉,就学习礼仪,如果有精通礼仪的人就跟他学习。等到临死的时候,他召集手下的大夫,说:"礼仪,是做人的根本。没有礼仪,就不能自立。我听说有一个将要得志的人叫孔丘,是聪明人的后代,而他的家族却在宋国灭亡了。他的祖先弗父何本来应当据有宋国,但让给了宋厉公。到了正考父,辅佐戴公、武公、宣公,三命而做了上卿就更加恭敬了,所以他的鼎铭说:'一命低头,二命弯身,三命把腰深深弯下,沿着墙赶快走,也没有人敢把我欺侮。稠粥在这里,稀粥也在这里,用来糊住我的口。'他的恭敬就像这样。臧孙纥有话说:'聪明人里具有明德的人,如果不能做国君,他的后代必然有显贵的。'现在恐怕会在孔丘身上吧!我如得以善终,一定把说和何忌托给他老人家,让他们侍奉他而学习礼仪,以稳定他们的地位。"所以孟懿子和南宫敬叔把孔子作为老师来事奉。孔子说:"能够弥补过错的,就是君子啊。《诗经》说,'要取法仿效君子'。孟僖子可以学习仿效了。"

楚子狩于州来,次于颍尾,使荡侯、潘子、司马督、嚻尹午、陵尹喜帅师围徐以惧吴。楚子次于乾溪,以为之援。雨雪,王皮冠,秦复陶,翠被,豹舄,执鞭以出,仆析父从。右尹子革夕,王见之,去冠、被、舍鞭,与之语曰:"昔我先王熊绎,与吕级、王孙牟、燮父、禽父并事康王,四国皆有分,我独无有。今吾使人于周,求鼎以为分,王其与我乎?"对曰:"与君王哉!昔我先王熊绎,辟在荆山,筚路蓝缕,以处草莽。跋涉山林,以事天子。唯是桃弧、棘矢,以共御王事。齐,王舅也。晋及鲁、卫,王母弟也。楚是以无分,而彼皆有。今周与四国服事君王,将唯命是从,岂其爱鼎?"王曰:"昔我皇祖伯父昆吾,旧许是宅。今郑人贪赖其田,而不我与。我若求之,其与我乎?"对曰:"与君王哉!周不爱鼎,郑敢爱田?"王曰:"昔诸侯远我而畏晋,今我大城陈、蔡不羹,赋皆千乘,子与有劳焉。诸侯其畏我乎?"对曰:"畏君王哉!是四[1]国者,专足畏也,又加之以楚,敢不畏君王哉!"工尹路请曰:"君王命剥圭以为鏚柲,敢请命。"王入视之。析父谓子革:"吾子,楚国之望也!今与王言如响,国其若之何?"子革曰:"摩厉以须,王出,吾刃将斩矣。"王出,复语。左史倚相趋过。王曰:"是良史也,子善视之。是能读《三坟》《五典》《八索》《九丘》。"对曰:"臣尝问焉。

昔穆王欲肆其心,周行天下,将皆必有车辙马迹焉。祭公谋父作《祈招》之诗,以止王心,王是以获没于祇宫。臣问其诗而不知也。若问远焉,其焉能知之?"王曰:"子能乎?"对曰:"能。其诗曰:'祈招之愔愔,式昭德音。思我王度,式如玉,式如金。形民之力,而无醉饱之心。'"王揖而入,馈不食,寝不寐,数日,不能自克,以及于难。仲尼曰:"古也有志:'克己复礼,仁也。'信善哉!楚灵王若能如是,岂其辱于乾溪?"[左氏传·昭公十二年]

①孔疏云:四当为三。

【释义】楚灵王在州来打猎,驻扎在颍尾,派荡侯、潘子、司马督、嚣尹午、陵尹喜带兵包围徐国,以威胁吴国。楚灵王驻扎在乾溪,作为他们的后援。下雪了,楚灵王戴着皮帽子,穿着秦国的羽衣,披着翠羽披肩,脚穿豹皮鞋,手拿着鞭子走了出来,仆析父作为随从。右尹子革晚上去朝见,楚王接见了他,脱去帽子、披肩,放下鞭子,对他说:"从前我们先王熊绎,和吕级、王孙牟、燮父、禽父一起事奉康王,齐、晋、鲁、卫四国都分赐了宝器,唯独我国没有。现在我派人到周,请求赏赐鼎,周天子会给我吗?"子革回答说:"会给君王的啊!从前我们先王熊绎住在荆山僻处,乘柴车、穿破衣,以开辟丛生的杂草,跋山涉水以事奉天子,只能用桃木弓、枣木箭作为进贡。齐国,是天子的舅父。晋国和鲁国、卫国,是天子的同胞兄弟。楚国因此没有得到赏赐,而他们却有。现在是周朝和四国侍奉君王了,将会都听您的命令,难道还爱惜鼎吗?"楚灵王说:"以前我的皇祖伯父昆吾,居住在旧许,现在郑国人贪利这里的土地,而不给我们。我们如果求取,他会给我们吗?"子革回答说:"会给君王的啊!周朝不爱惜鼎,郑国还敢爱惜土地?"楚灵王说:"从前诸侯认为我国偏僻而害怕晋国,现在我们修筑陈国、蔡国两个不羹城,每地都有战车一千辆,这你是有功劳的。诸侯会害怕我们吗?"子革回答说:"害怕君王啊!光是这四个城邑,就足够使人害怕了,再加上楚国全国的力量,岂敢不怕君王呢?"工尹路请求说:"君王命令破开圭玉以装饰斧柄,谨请发布命令。"楚灵王走进去察看。析父对子革说:"您是楚国有名望的人。现在和君王说话,对答好像回声一样,国家将怎么办呢?"子革说:"我磨快了刀刃等着,君王出来后,我的刀刃就将砍下去了。"楚灵王出来后,又和子革说话。左史倚相快步走过,楚灵王说:"这个人是好史官,您要好好对待他,这个人能够读《三坟》《五典》《八索》《九丘》。"子革回答说:"我曾经问过他。从前周穆王想要放纵自己的私心,周游天下,想要让天下到处都有他的车辙马迹。祭公谋父作了《祈招》这首诗来阻止穆王的私心,穆王因此得以善终于祇宫。下臣问他这首诗,他都不知道。如果问更远的事情,他哪里能知道?"楚灵王说:"你能知道吗?"子革回答说:"能。这首诗说:'祈招安详和悦,表现有德者的声音。想起我们君王的风度,样子好像玉好像金。保存百姓的力量,而自己没有醉饱之心。'"楚灵王向子革作揖,便走了进去,送上饭来不吃,睡觉睡不着,有好几天,不能克制自己,所以终于遇上了祸难。孔子说:"古时候有话说:'克制自己回到礼仪上,这就是仁。'真是说得好啊!楚灵王如果能够这样,难道还会在乾溪受到羞辱?"

（八月）同盟乎平丘,（中略）令诸侯日中造于除。癸酉,退朝。子产命外仆速张于除,子大叔止之,使待明日。及夕,子产闻其未张也,使速往,乃无所张矣。及盟,子产争承,曰:"昔天子班贡,轻重以列,列尊贡重,周之制也。卑而贡重者,甸服也。郑伯,男也,而使从公侯之贡,惧弗给也,敢以为请。诸侯靖兵,好以为事。行理之命,无月不至,贡之无艺,小国有阙,所以得罪也。诸侯修盟,存小国也。贡献无极,亡可待也。存亡之制,将在今矣。"自日中以争,至于昏,晋人许之。既盟,子大叔咎之曰:"诸侯若讨,其可渎乎?"子产曰:"晋政多门,贰偷之不暇,何暇讨?国不竞亦陵,何国之为?"（中略）仲尼谓:"子产于是行也,足以为国基矣。《诗》曰:'乐只君子,邦家之基。'子产,君子之求乐者也。"且曰:"合诸侯,艺贡事,礼也。"[左氏传·昭公十三年]

【释义】八月,在平丘结成同盟。命令诸侯在中午到达盟会地点。初六,朝见晋国完毕。子产命令外仆赶紧在盟会的地方搭起帐篷,子太叔阻拦仆人,让他们等到第二天再搭。到晚上,子产听说他们还没有搭起帐篷,就派他们赶紧去,到那里已经没有地方可以搭帐篷了。等到结盟的时候,子产争论进贡物品的轻重次序,说:"从前天子确定进贡物品的次序,是根据地位排列的。地位尊贵,贡赋就重,这是周朝的制度,地位低下而贡赋重的,这是距天子近的小国。郑伯,是男服。让我们按照公侯的贡赋标准,恐怕不能足数供应,竟敢以此作为请求。诸侯之间应当休息甲兵,友好行事。使者催问贡税的命令,没有一个月不来到。贡赋没有限度,小国不能满足要求而有所缺少,这就是得罪的原因。

诸侯重温旧盟,这是为了使小国得以生存。贡赋没有限制,灭亡的日子将会马上到来。决定存亡的规定,就在今天了。"从中午开始争论,直到晚上,晋国人同意了。结盟以后,子太叔责备子产说:"诸侯如果来讨伐,难道可以轻易地对待吗?"子产说:"晋国的政事出于很多家族,他们不能一心一意,苟且偷安还来不及,哪里来得及讨伐别人?国家不和别国竞争,也就会遭到欺凌,还成个什么国家?"孔子说:"子产在这次盟会中,足以成为国家的柱石了。《诗经》说:'君子欢乐,他是国家和家族的柱石。'子产是君子中追求欢乐的人。"又说:"会合诸侯,制定贡赋的限度,这就是礼。"

仲尼曰:"叔向,古之遗直也。治国制刑,不隐于亲,三数叔鱼之恶,不为末减。曰义也夫,可谓直矣。平丘之会,数其贿也,以宽卫国,晋不为暴。归鲁季孙,称其诈也,以宽鲁国,晋不为虐。邢侯之狱,言其贪也,以正刑书,晋不为颇。三言而除三恶,加三利,杀亲益荣,犹义也夫!"[左氏传·昭公十四年]

【释义】孔子说:"叔向,有着古代流传下来的正直作风。治理国家大事使用刑罚,不包庇亲人,三次指出叔鱼的罪恶,不给他减轻。做事合于道义,可以说得上是正直。平丘的盟会,责备他贪财,以宽免卫国,晋国就做到了不凶暴。让鲁国季孙回去,称道他的欺诈,以宽免鲁国,晋国就做到了不凌虐。邢侯这次案件,说明他的贪婪,以执行法律,晋国就做到了不偏颇。三次说话而除掉三次罪恶,增加三种利益。杀死了亲人而名声更加显著,这也是合乎道义的吧!"

秋,郯子来朝,公与之宴。昭子问焉,曰:"少暤氏鸟名官,何故也?"郯子曰:"吾祖也,我知之。昔者黄帝氏以云纪,故为云师而云名;炎帝氏以火纪,故为火师而火名;工氏以水纪,故为水师而水名;大暤氏以龙纪,故为龙师而龙名。我高祖少暤挚之立也,凤鸟适至,故纪于鸟,为鸟师而鸟名。凤鸟氏,历正也。玄鸟氏,司分者也;伯赵氏,司至者也;青鸟氏,司启者也;丹鸟氏,司闭者也;祝鸠氏,司徒也;鸤鸠氏,司马也;鹎鸠氏,司空也;爽鸠氏,司寇也;鹘鸠氏,司事也。五鸠,鸠民者也。五雉,为五工正,利器用、正度量,夷民者也。九扈为九农正,扈民无淫者也。自颛顼以来,不能纪远,乃纪于近,为民师而命以民事,则不能故也。"仲尼闻之,见于郯子而学之。既而告人曰:"吾闻之:'天子失官,学在

四夷。'犹信。"[左氏传·昭公十七年]

【释义】秋季，郯子来鲁国朝见，昭公为他举办宴席。昭子询问他，说："少皞氏用鸟名作为官名，这是什么原因？"郯子说："他是我的祖先，我知道。从前黄帝氏用云记事，所以设置各部门长官都用云字命名。炎帝氏用火记事，所以设置各部门长官都用火字命名。共工氏用水记事，所以设置各部门长官都用水字命名。太皞氏用龙记事，所以设置各部门长官都用龙来命名。我的高祖少皞挚即位的时候，凤鸟正好来到，所以就从鸟开始记事，设置各部门长官都用鸟来命名。凤鸟氏，就是掌管天文历法的官；玄鸟氏，就是掌管春分、秋分的官；伯赵氏，是掌管夏至、冬至的官；青鸟氏，是掌管立春、立夏的官；丹鸟氏，是掌管立秋、立冬的官；祝鸠氏，就是司徒；鸣鸠氏，就是司马；鸤鸠氏，就是司空；爽鸠氏，就是司寇；鹘鸠氏，就是司事。这五鸠，是鸠聚百姓的。五雉是五种管理手工业的官，是改善器物用具、统一尺度容量、让百姓得到平均的。九扈是九种管理农业的官，是制止百姓不让他们放纵的。自从颛顼以来，不能记述远古的事情，就从近古开始记述，做百姓的长官而用百姓的事情来命名，那已经是不能照过去办理了。"孔子听到这件事，进见郯子并向他学习古代官制。不久以后告诉别人说："我听说：'在天子那里失去了古代官制，官制的学问还保存在远方的小国。'这话可以相信。"

琴张闻宗鲁死，将往吊之。仲尼曰："齐豹之盗，而孟絷之贼，女何吊焉？君子不食奸，不受乱，不为利疚于回，不以回待人，不盖不义，不犯非礼。"[左氏传·昭公二十年]

【释义】琴张听说宗鲁死了，准备去吊唁。孔子说："齐豹之所以成为坏人，孟絷之所以被害，都是由于他的缘故，你为什么要去吊唁呢？君子不吃坏人的俸禄，不接受动乱，不为了利而受到邪恶的侵扰，不用邪恶对待别人，不袒护不义的事情，不做出非礼的事情。"

齐侯田于沛，招虞人以弓，不进。公使执之，辞曰："昔我先君之田也，旌以招大夫，弓以招士，皮冠以招虞人。臣不见皮冠，故不敢进。"乃舍之。仲尼曰："守道不如守官，君子韪之。"[左氏传·昭公二十年]

【释义】齐景公在沛地打猎，用弓召唤虞人，虞人没有来。齐景公派人扣押了他，虞人辩解说:"从前我们先君打猎的时候,用红旗召唤大夫,用弓召唤士,用皮冠召唤虞人。下臣没有见到皮冠,所以不敢进见。"齐景公于是就释放了虞人。孔子说:"遵守道义,不如遵守官制。君子认为说得对。"

郑子产有疾,谓子大叔曰:"我死,子必为政。唯有德者能以宽服民,其次莫如猛。夫火烈,民望而畏之,故鲜死焉。水懦弱,民狎而玩之,则多死焉。故宽难。"疾数月而卒。大叔为政,不忍猛而宽。郑国多盗,取人于萑苻之泽。大叔悔之,曰:"吾早从夫子,不及此。"兴徒兵以攻萑苻之盗,尽杀之,盗少止。仲尼曰:"善哉! 政宽则民慢,慢则纠之以猛。猛则民残,残则施之以宽。宽以济猛,猛以济宽,政是以和。《诗》曰:'民亦劳止,汔可小康。惠此中国,以绥四方。'施之以宽也。'毋从诡随,以谨无良。式遏寇虐,惨不畏明。'纠之以猛也。'柔远能迩,以定我王。'平之以和也。又曰:'不竞不絿,不刚不柔。布政优优,百禄是遒。'和之至也。"及子产卒,仲尼闻之,出涕曰:"古之遗爱也。"[左氏传·昭公二十年]

【释义】郑国的子产生病了,对子太叔说:"我死以后,你必须执政。只有有德行的人能够用宽大来使百姓服从,其次就莫如严厉。火势猛烈,百姓看着就害怕,所以很少有人死于火。水性懦弱,百姓轻视并玩弄它,很多人就死在水中。所以宽大不容易。"子产病了几个月就死去了。子太叔执政,不忍心严厉却奉行宽大政策。郑国盗贼很多,聚集在芦苇塘里。太叔后悔了,说:"我早点听从他老人家的话,就不至于到这一步。"于是发动士兵攻打藏在芦苇丛生的湖泽里的盗贼,全部杀死他们,盗贼稍稍收敛了一些。孔子说:"好啊! 政事宽大百姓就怠慢,怠慢就要用严厉来纠正。严厉了百姓就受到伤害,伤害了就实施宽大。用宽大调节严厉,用严厉调节宽大,因此政事调和。《诗经》说,'百姓已经很辛劳,差不多可以稍稍安康。赐恩给中原各国,用以安定四方。'这是实施宽大。'不要放纵随声附和的人,以约束不良之人。应当制止侵夺残暴的人,他们从来不怕法度。'这是用严厉来纠正。'安抚边远,柔服近邦,用来安定我国王。'这是用和平来安定国家。又说:'不争强不急躁,不刚猛不柔弱。施政平和宽裕,各种福禄都聚集。'这是和谐的顶点。"等到子产死去,孔子听到这消息,流着眼泪说:"他的仁爱,是古人流传下来的遗风啊。"

秋，晋韩宣子卒，魏献子为政。分祁氏之田以为七县，分羊舌氏之田以为三县。司马弥牟为邬大夫，贾辛为祁大夫，司马乌为平陵大夫，魏戊为梗阳大夫，知徐吾为涂水大夫，韩固为马首大夫，孟丙为盂大夫，乐霄为铜鞮大夫，赵朝为平阳大夫，僚安为杨氏大夫。谓贾辛、司马乌为有力于王室，故举之。谓知徐吾、赵朝、韩固、魏戊，余子之不失职，能守业者也。其四人者，皆受县而后见于魏子，以贤举也。魏子谓成鱄："吾与戊也县，人其以我为党乎？"对曰："何也？戊之为人也，远不忘君，近不逼同，居利思义，在约思纯，有守心而无淫行。虽与之县，不亦可乎？"（中略）贾辛将适其县，见于魏子。魏子曰："辛来！（中略）今女有力于王室，吾是以举女。行乎！敬之哉！毋堕乃力！"仲尼闻魏子之举也，以为义，曰："近不失亲，远不失举，可谓义矣。"又闻其命贾辛也，以为忠："《诗》曰：'永言配命，自求多福。'忠也。魏子之举也义，其命也忠，其长有后于晋国乎！"［左氏传·昭公二十八年］

【释义】秋天，晋国的韩宣子死了，魏献子执政。把祁氏的土地分割为七个县，把羊舌氏的土地分割为三个县。司马弥牟做邬大夫，贾辛做祁大夫，司马乌做平陵大夫，魏戊作梗阳大夫，知徐吾做涂水大夫，韩固做马首大夫，孟丙做盂大夫，乐霄做铜鞮大夫，赵朝做平阳大夫，僚安做杨氏大夫。认为贾辛、司马乌曾经给王室出过力，所以提拔他们。认为知徐吾、赵朝、韩固、魏戊是卿的庶子中不失职、能够保守家业的人。另外四个人，都先接受县的职务然后进见魏献子，是由于贤能而加以提拔的。魏献子对成鱄说："我把一个县给了戊，别人会认为我是偏袒吗？"成鱄回答说："哪里会呢？戊的为人，远不忘国君，近不逼同事，处在有利的地位上想到道义，处在困难之中想到保持纯正，有保持礼义之心而没有过度的行为，即使给了他一个县，不也是可以的吗？"贾辛将要到他的县里去，进见魏献子。魏献子说："辛，过来！现在你为王室出了力，我因此提拔你。动身吧！保持着恭敬，不要损毁了你的功劳。"孔子听到魏献子提拔的事，认为合乎道义，说："提拔近的而不失去亲族，提拔远的而不失去应当提拔的人，可以说是合乎道义了。"又听说他命令贾辛的话，认为体现了忠诚，说："《诗经》说，'永远符合于天命，自己求取各种福禄。'这是忠诚。

魏子提拔合乎道义,他的命令又体现了忠诚,恐怕他的后代会在晋国长享禄位吧!"

冬,晋赵鞅、荀寅帅师城汝滨,遂赋晋国一鼓铁,以铸刑鼎,著范宣子所为刑书焉。仲尼曰:"晋其亡乎! 失其度矣。夫晋国将守唐叔之所受法度,以经纬其民,卿大夫以序守之。民是以能尊其贵,贵是以能守其业。贵贱不愆,所谓度也。文公是以作执秩之官,为被庐之法,以为盟主。今弃是度也,而为刑鼎,民在鼎矣,何以尊贵? 贵何业之守? 贵贱无序,何以为国? 且夫宣子之刑,夷之蒐也,晋国之乱制也,若之何以为法?"[左氏传·昭公二十九年]

【释义】冬季,晋国的赵鞅、荀寅带兵在汝水岸边筑城,于是向晋国的百姓征收了四百八十斤铁,用来铸造刑鼎,在鼎上铸着范宣子所制定的刑书。孔子说:"晋国恐怕要灭亡了吧! 失掉法度了。晋国应该遵守唐叔传下来的法度,作为百姓的准则,卿大夫按照他们的位次来维护它,百姓才能尊敬贵人,贵人因此才能守住他们的家业。贵贱的差别没有错乱,这就是所谓的法度。文公因此设立执掌官职位次的官员,在被庐制定法律,以作为盟主。现在废弃这个法令,而铸造了刑鼎,百姓都能看到鼎上的条文,还用什么来尊敬贵人? 贵人还有什么家业可守住? 贵贱没有次序,还怎么治理国家? 而且范宣子的刑书,是在夷地检阅时制定的,是违犯晋国旧礼的乱法,怎么能把它当成法律呢?"

秋七月癸巳,葬昭公于墓道南。孔子之为司寇也,沟而合诸墓。[左氏传·定公元年]

【释义】秋季,七月二十二日,在墓道南面安葬昭公。孔子做司寇的时候,在昭公坟墓外挖沟扩大墓地,使它和先公的坟墓同在一个范围内。

龙耳尊

阳虎(中略)逃奔宋,遂奔晋,适赵氏。仲尼曰:"赵氏其世有乱乎?"[左氏传·定公九年]

【释义】阳虎逃亡到宋国,又逃到晋国,归顺赵氏。孔子说:"赵氏恐怕世世代代都会有祸乱吧!"

春，及齐平。夏，公会齐侯于祝其，实夹谷。孔丘相。犂弥言于齐侯曰："孔丘知礼而无勇，若使莱人以兵劫鲁侯，必得志焉。"齐侯从之。孔丘以公退，曰："士，兵之！两君合好，而裔夷之俘以兵乱之，非齐君所以命诸侯也。裔不谋夏，夷不乱华，俘不干盟，兵不逼好。于神为不祥，于德为愆义，于人为失礼，君必不然。"齐侯闻之，遽辟之。将盟，齐人加于载书曰："齐师出竟，而不以甲车三百乘从我者，有如此盟。"孔丘使兹无还揖对曰："而不反我汶阳之田，吾以共命者，亦如之。"齐侯将享公，孔丘谓梁丘据曰："齐、鲁之故，吾子何不闻焉？事既成矣，而又享之，是勤执事也。且牺象不出门，嘉乐不野合。飨而既具，是弃礼也。若其不具，用秕稗也。用秕稗，君辱，弃礼，名恶，子盍图之？夫享，所以昭德也。不昭，不如其已也。"乃不果享。齐人来归郓、讙、龟阴之田。〔左氏传·定公十年〕

【释义】春季，鲁国和齐国讲和。夏季，鲁定公在祝其会见齐景公，祝其也就是夹谷。孔丘相礼。犂弥对齐景公说："孔丘懂得礼而缺乏勇，如果派莱地人用武力劫持鲁侯，一定可以如愿以偿。"齐景公听从了。孔丘领着定公退出，说："士兵拿起武器攻上去！两国的国君会见友好，而边远的东夷俘虏用武力来捣乱，这不是齐君对待诸侯的态度。边远地区不能图谋中原，东夷之人不能搅乱华人，俘虏不能侵犯盟会，武力不能逼迫友好，这些对于神明来说是大不吉祥的，对于德行来说是丧失道义的，对于人们来说是丢弃礼仪的，君王必定不会这样做。"齐景公听了以后，很快就让莱地人离开了。将要盟誓时，齐国人在盟书上加了一句话说："如果齐军出境，而鲁国不派三百辆甲车跟随我们的话，有盟誓为证！"孔丘让兹无还作揖回答说："你们不归还我们汶阳的土地，让我们用来供应齐国的需要，也有盟誓为证！"齐景公准备设享礼招待定公。孔丘对梁丘据说："齐国、鲁国旧有的典礼，您为什么没有听说过呢？事情已经完成了，而又设享礼，这是麻烦执事。而且牺尊、象尊不出国门，钟磬不在野外合奏。设享礼而具备这些东西，这是不合礼仪的。如果不具备，那就像秕子、稗子一样轻微而不郑重。像秕子、稗子一样的礼节，这是君王的耻辱。不合礼仪，就名声不好，您何不考虑一下呢？享礼，是用来宣扬德行的。如果不能宣扬的话，不如不用。"于是最终没有设享礼。齐国人前来归还郓、讙、龟阴的土地。

仲由为季氏宰，将堕三都，于是叔孙氏堕郈。季氏将堕费，公山不狃、叔孙辄帅费人以袭鲁。公与三子人于季氏之宫,登武子之台。费人攻之,弗克。入及公侧。仲尼命申名须、乐颀下,伐之,费人北。[左氏传·定公十二年]

【释义】仲由做了季氏的家臣,准备毁掉三都,因此叔孙氏毁掉了郈邑。季氏准备毁掉费邑,公山不狃、叔孙辄率领费邑人袭击鲁国国都。鲁定公和季孙等三个人躲进季氏的宫室,登上武子之台。费邑人进攻,没有攻下。费邑人已经攻到了定公的附近。孔子命令申句须、乐颀下台反击,费邑人被打败了。

春,邾隐公来朝,子贡观焉:邾子执玉高,其容仰;公受玉卑,其容俯。子贡曰:"以礼观之:二君者皆有死亡焉。夫礼,死生存亡之体也。将左右周旋、进退俯仰于是乎取之,朝、祀、丧、戎于是乎观之。今正月相朝而皆不度,心已亡矣! 嘉事不体,何以能久? 高、仰,骄也;卑、俯,替也。骄近乱,替近疾。君为主,其先亡乎!"(中略)夏,五月壬申,公薨。仲尼曰:"赐不幸言而中,是使赐多言者也。"[左氏传·定公十五年]

【释义】春季,邾隐公来鲁国朝见。子贡观礼:邾隐公把玉高高地举着,他的脸朝上;定公把玉低低地接过来,他的脸朝下。子贡说:"用礼来看这件事:两位国君都有死亡的预兆。礼,是死生存亡的主体。一举一动、或左或右以及进退、俯仰就从这里来选取,朝聘、祭祀、丧事、征战就从这里来观察。现在在正月相互朝见却都不合乎法度,两位国君的心中已经失掉礼了! 朝会不符合礼,怎么能够长久? 高和仰,是骄傲;卑和俯,是怠惰。骄傲接近动乱,怠惰接近疾病,君主是主人,大概会先死去吧!"夏季,五月二十二日,鲁定公死了。孔丘说:"赐不幸而说中了,这件事使他成为多嘴的人了。"

孔子在陈,闻火,曰:"其桓、僖乎?"[左氏传·哀公三年]

【释义】孔子在陈国,听说发生火灾了,说:"恐怕是桓公庙、僖公庙吧!"

昭王有疾。卜曰:"河为祟。"王弗祭。大夫请祭诸郊,王曰:"三代命祀,祭不越望。江、汉、睢、漳,楚之望也。祸福之至,不是过也。不谷虽不德,河非所获罪也。"遂弗祭。孔子曰:"楚昭王知大道矣。其不失国也,宜哉!《夏书》曰:'惟彼陶唐,帅彼天常,有此冀方。今失其行,乱其纪纲,乃灭而亡。'又曰:'允出兹在兹。'由己率常可矣。"[左氏传·哀公六年]

【释义】楚昭王得病了,占卜的人说:"黄河之神在作怪。"楚昭王不去祭祀。大夫们请求在郊外祭祀。楚昭王说:"三代时规定的祭祀制度,祭祀不超越本国的山川。长江、汉水、睢水、漳水,是楚国的大川。祸福的来到,不会超过这些地方。我即使没有德行,也不会得罪黄河之神。"于是就不去祭祀。孔子说:"楚昭王理解大道理。他不失去国家,是当然的了!《夏书》说:'那位古代的君王陶唐,遵循天道纲常,占有中国这地方。现在走到邪道上,搅乱了治国的大纲,于是就灭亡。'又说:'付出了什么,就会收获什么。'由自己来服从天道,这就可以了。"

春,齐(中略)伐我,及清。季孙谓其宰冉求曰:"齐师在清,必鲁故也。若之何?"求曰:"一子守,二子从公御诸竟。"季孙曰:"不能。"求曰:"居封疆之间。"季孙告二子,二子不可。(中略)武叔呼而问战焉,对曰:"君子有远虑,小人何知?"懿子强问之,对曰:"小人虑材而言,量力而共者也。"武叔曰:"是谓我不成丈夫也。"退而蒐乘,孟孺子泄帅右师。(中略)冉求帅左师。(中略)冉有以武城人三百为己徒卒。老幼守宫,次于雩门之外。五日,右师从之。公叔务人见保者而泣,曰:"事充政重,上不能谋,士不能死,何以治民?吾既言之矣,敢不勉乎!"师及齐师战于郊。(中略)公为与其嬖僮汪锜乘,皆死,皆殡。孔子曰:"能执干戈以卫社稷,可无殇也。"冉有用矛于齐师,故能入其军。孔子曰:"义也。"

[左氏传·哀公十一年]

【释义】春季,齐国进攻我国,到达清地。季孙对他的家臣冉求说:"齐国驻扎在清地,必然是因为鲁国的缘故,怎么办?"冉求说:"您三位中间一位留守,两位跟着国君在边境抵御。"季孙说:"不行。"冉求说:"那就在境内近郊抵御。"季孙告诉了叔孙、孟孙,这两人不同意。……叔孙喊来冉求,问他关于作战的意见。冉求回答说:"君子有着深远的考虑,小人知道什么?"孟孙硬是问他,他回答说:"小人是考虑了才干而说话,估计了力量才出力的。"叔孙说:"这是说我成不了大丈夫啊。"退回去以后就检阅部队。孟孺子泄率领右军。……冉求率领左军。……冉有带着三百个武城人作为自己的亲兵,老的小的守在宫里,驻扎在雩门外边。过了五天,右军才跟上来。公叔务人见到守城的人就掉眼泪说:"徭役烦、赋税多,上面不能谋划,战士不能拼命,用什么来治理百姓?我已经这么说了,怎么敢不努力呢?"鲁军和齐军在郊外作战。……国君为和他宠爱的小僮汪绮同坐一辆战车,结果一起战死,都加以殡敛。孔子说:"能够拿起干戈保卫国家,可以不作为夭折来对待。"冉有使用矛攻杀齐军,所以能攻破齐军。孔子说:"这是合乎道义的。"

(卫大叔)疾娶于宋子朝,其娣嬖。子朝出。孔文子使疾出其妻而妻之。疾使侍人诱其初妻之娣,置于犁,而为之一宫,如二妻。文子怒,欲攻之。仲尼止之。(中略)孔文子之将攻大叔也,访于仲尼。仲尼曰:"胡簋之事,则尝学之矣。甲兵之事,未之闻也。"退,命驾而行,曰:"鸟则择木,木岂能择鸟?"文子遽止之,曰:"圉岂敢度其私,访卫国之难也。"将止。鲁人以币召之,乃归。[左氏传·哀公十一年]

【释义】卫太叔疾娶了宋国子朝的女儿,她的妹妹受到宠爱。子朝逃亡出国,孔文子让太叔疾休了他的妻子,而把女儿嫁给他。太叔疾派随从引诱他前妻的妹妹,把她安置在犁地,为她造了一所房子,好像有两个妻子一样。孔文子发怒了,想要攻打太叔疾,孔子加以劝阻。……孔文子将要攻打太叔的时候,去征求孔子的意见,孔子说:"祭祀的事情,那是我曾经学过的;打仗的事情,我没有听说过。"退下去,叫人套上车子就走,说:"鸟可以选择树木,树木哪里能选择鸟?"孔文子立刻阻止他,说:"圉哪里敢自己打算,为的是防止卫国的祸患。"孔子打算留下来。鲁国人用财礼来召请他,于是他就回到鲁国了。

季孙欲以田赋,使冉有访诸仲尼。仲尼曰:"丘不识也。"三发,卒曰:"子为国老,待子而行,若之何子之不言也?"仲尼不对。而私于冉有曰:"君子之行也,度于礼,施取其厚,事举其中,敛从其薄。如是则以丘亦足矣。若不度于礼,而贪冒无厌,则虽以田赋,将又不足。且子季孙若欲行而法,则周公之典在。若欲苟而行之,又何访焉?"弗听。[左氏传·哀公十一年]

【释义】季孙想要按田亩征税,派冉有征求孔子的意见。孔子说:"我不懂得这个。"问了三次,最后说:"你是国家的元老,等着你的意见办事,为什么你不说话呢?"孔子不做正式答复,私下对冉有说:"君子推行政事,要根据礼来衡量,施舍要力求丰厚,事情要做得适当,赋税要尽量微薄。如果这样,那么照我看来也就够了。如果不根据礼来衡量,贪婪没有满足,那么虽然按田亩征税,还会不够的。而且季孙如果办事合乎法度,那么周公的典章就在那里。如果要随便办事，又何必征求意见呢？"季孙不听孔子的建议。

夏五月，昭夫人孟子卒。(中略)孔子与吊，适季氏。季氏不绖，放经而拜。[左氏传·哀公十二年]

【释义】夏季，五月，鲁昭公夫人孟子死了。……孔子参加吊唁，到了季氏那里。季氏不脱帽，除掉丧服跪拜。

冬十二月，螽。季孙问诸仲尼，仲尼曰："丘闻之，火伏而后蛰者毕。今火犹西流，司历过也。"[左氏传·哀公十二年]

【释义】冬季，十二月，蝗虫成灾。季孙向孔子询问这件事。孔子说："我听说，大火星下沉以后，昆虫都蛰伏完毕。现在大火星还在经过西方，这是司历官的过错。"

春，西狩于大野，叔孙氏之车子鉬商获麟，以为不祥，以赐虞人。仲尼观之曰："麟也。"然后取之。[左氏传·哀公十四年]

【释义】春季，在西部的大野打猎，叔孙氏的驾车人子鉬商猎获了一只麒麟，认为不吉利，赏赐给管山林的人。孔子细看后，说："这是麒麟。"然后收下它。

(六月)齐陈恒弑其君壬于舒州。孔丘三日齐，而请伐齐三。公曰："鲁为齐弱久矣，子之伐之，将若之何？"对曰："陈恒弑其君，民之不与者半。以鲁之众，加齐之半，可克也。"公曰："子告季孙。"孔子辞。退而告人曰："吾以从大夫之后也，故不敢不言。"[左氏传·哀公十四年]

【释义】六月，齐国的陈恒在舒州杀了他们的国君壬。孔子斋戒三天，三次请求攻打齐国。哀公说："鲁国被齐国削弱已经很久了，您攻打他们，打算怎么办？"孔子回答说："陈恒杀了他们的国君，百姓不亲附他的有一半。以鲁国的群众加上齐国不服从陈恒的一半，是可以战胜的。"哀公说："您告诉季孙吧。"孔子辞谢，退下去告诉别人说："我由于曾经列于大夫之末，所以不敢不说话。"

孔子闻卫乱，曰："柴也其来，由也死矣。"[左氏传·哀公十五年]

【释义】孔子听说卫国发生动乱，说："柴能回来，可是由死去了。"

夏四月己丑，孔丘卒。公诔之曰："旻天不吊，不憖遗一老。俾屏余一人以在位，茕茕余在疚。呜呼哀哉! 尼父,无自律。"子赣曰:"君其不没于鲁乎! 夫子之言曰:'礼失则昏,名失则愆。'失志为昏,失所为愆。生不能用,死而谏之,非礼也。称一人,非名也。君两失之。"[左氏传·哀公十六年]

【释义】夏季,四月十一日,孔子死了,哀公致悼词说:"上天不善,不肯留下这样一位国老,让他捍卫我一人居于君位,使我孤零零地忧愁成病。呜呼哀哉! 尼父,我失去了律己的榜样。"子赣说:"国君恐怕不能在鲁国善终吧! 他老人家的话说:'礼仪丧失就要昏暗,名分丧失就有过错。'失去意志就是昏暗,失去身份就是过错。活着不能任用,死了又致悼词,这不合乎礼仪,自称一人,这不合乎名分。国君把礼与名这两样都丧失了。"

(宋)督将弑殇公,孔父生而存,则殇公不可得而弑也,故于是先攻孔父之家。殇公知孔父死,已必死,趋而救之,皆死焉。孔父正色而立于朝,则人莫敢过而致难于其君者,孔父可谓义形于色矣。[公羊传·桓公二年]

【释义】宋国华父督将要杀殇公,孔父要是活着,殇公就不会被杀,于是就先攻打孔父的家。殇公知道孔父死了,自己肯定也会死,于是跑去救孔父,两个人都死了。孔父一脸正气地站在朝廷上,没有人敢对他的国君发难。孔父可以说是大义凛然表现在脸上。

闵子要经而服事。既而曰:"若此乎古之道,不即人心。"退而致仕。孔子盖善之也。[公羊传·宣公元年]

【释义】闵子戴着经带去办事。后来他说:"这样符合古人的原则,但不符合人心。"就退休了,把官位推给国君。孔子很认可他。

十有一月庚子,孔子生。[公羊传·襄公二十一年]

【释义】十一月庚子这天,孔子诞生了。

伯于阳者何? 公子阳生也。子曰:"我乃知之矣。"在侧者曰:"子苟知之,何以不革?"曰:"如尔所不知何?《春秋》之信史也,其序则齐桓、晋文,其会则主会者为之也,其词则丘有罪焉耳。"[公羊传·昭公十二年]

【释义】在阳为伯的人是谁? 是公子阳生。孔子说:"我现在知道了。"在旁边的人说:"如果你已经知道了,为什么不改正呢?"孔子说:"那你不知道的怎么办呢?《春秋》

是一部信史，它的顺序是齐桓、晋文，聚会由每次开会的主持记下，至于文辞，我在上面也有错误。"

昭公将弑季氏，告子家驹曰："季氏为无道，僭于公室久矣，吾欲弑之，何如？"子家驹曰："诸侯僭于天子，大夫僭于诸侯，久矣。"昭公曰："吾何僭矣哉？"子家驹曰："设两观，乘大路，朱干，玉戚，以舞《大夏》，八佾以舞《大武》，此皆天子之礼也。且夫牛马维娄，委己者也，而柔焉。季氏得民众久矣，君无多辱焉。"昭公不从其言，终弑而败焉。走之齐，齐侯唁公于野井，曰："奈何君去鲁国之社稷？"昭公曰："丧人不佞，失守鲁国之社稷，执事以羞。"再拜颡。庆子家驹曰："庆子免君于大难矣。"子家驹曰："臣不佞，陷君于大难，君不忍加之以铁锧，赐之以死。"再拜颡。高子执箪食与四脡脯，国子执壶浆，曰："吾寡君闻君在外，馂饔未就，敢糗致于从者。"昭公曰："君不忘吾先君，延及丧人锡之以大礼。"再拜稽首以衽受。高子曰："有夫不祥，君无所辱大礼。"昭公盖祭而不尝。景公曰："寡人有不腆先君之服，未之敢服。有不腆先君之器，未之敢用，敢以请。"昭公曰："丧人不佞，失守鲁国之社稷，执事以羞，敢辱大礼，敢辞。"景公曰："寡人有不腆，先君之服，未之敢服，有不腆先君之器，未之敢用，敢固以请。"昭公曰："以吾宗庙之在鲁也，有先君之服，未之能以服，有先君之器，未之能以出，敢固辞。"景公曰："寡人有不腆先君之服，未之敢服，有不腆先君之器，未之敢用，请以飨乎从者。"昭公曰："丧人其何称？"景公曰："孰君而无称？"昭公于是噭然而哭，诸大夫皆哭。既哭以人为菑，以帏为席，以鞌为几，以遇礼相见。孔子曰："其礼与其辞足观矣！"〔公羊传·昭公二十五年〕

【释义】昭公要杀季孙氏，告诉子家驹说："季氏无道，他像僭越公室很久了，我想把他杀了，怎么样？"子家驹说："诸侯僭越天子，大夫僭越诸侯。已经很久了。"昭公说："我僭越天子了吗？"子家驹说："你宫门外设两座门楼，又常坐天子的大车，用红色的盾牌，玉石的斧头，表演《大夏》的舞曲，用八人跳《大武》的舞蹈，这都是天子的礼节。把牛马拴起来，就属于饲养它们的人，变得柔顺了。季孙氏得民心很久了，你何必自取其辱呢？"昭公不听他的话，想杀季氏但失败了。逃到齐国去，齐景公在野井慰问昭公，说："你为什么丢掉了齐国的社稷？"昭公说："丧失国家的人不幸，丢掉鲁国的社稷，让随从的人感到羞辱。"再次伏下磕头。齐景公祝贺子家驹说:"祝贺你让国君免除大难。"子家驹说:"是我不好,让国君陷入危难,国君又不肯把刀放在我的脖子上,赐我死罪。"他也两次伏地叩头。齐国的高子拿着竹篮子里盛的饭食和四角的肉脯,国子拿着一壶浆水,说:"我们的国君听说你在外边,熟食也没有了,就让我们给您的随从送上食物。"昭公说:"你不忘我的先君,恩情延续到逃亡的人身上,用大礼赏赐我。"又两次叩头,用衣服接受礼物。高子说:"到处都有不好的人,您没有什么有辱大礼的。"昭公祭祀而不吃食物。齐景公说:"我有先君的衣服不敢穿,有先君的器物不敢用,敢请行礼。"昭公说:"逃亡的人不好,失去鲁国的社稷,使您感到羞耻,我敢辞谢大礼。"景公说:"我有先君的衣服不敢穿,有先君的器物不敢用,敢坚持请你行礼。"昭公说:"我的宗庙在鲁国,有先君的衣服不敢穿,有先君的器物不敢用,敢固辞行礼。"景公说:"我有先君的衣服不敢穿,有先君的器物不敢用,请你的随从享用吧。"昭公说:"逃亡的人怎么称呼呢?"景公说:"哪位国君能没有称呼呢?"昭公于是号啕大哭,随行的鲁国大夫也都哭了。哭完后,以人作墙,以车围作席,以马鞍作桌子,以国君相遇之礼相见。孔子说:"这种礼和它的文辞足以让人观看。"

齐人曷为来归运、欢、龟阴田?孔子行乎季孙,三月不违,齐人为是来归之。[公羊传·定公十年]

【释义】齐国人为什么送还运、欢、龟阴的田地呢?因为孔子的主张在季孙那里实行,三个月不违背,因此齐国人送还这些土地。

孔子行乎季孙,三月不违,曰:"家不藏甲,邑无百雉之城。"于是帅师堕郈、帅师堕费。[公羊传·定公十二年]

【释义】孔子的主张在季孙那里实行,三个月不违背,孔子说:"大臣家里不能藏有甲兵,城邑不应该有上百雉的城墙。"

春,西狩获麟。(中略)麟者,仁兽也。有王者则至,无王者则不至。有以告者曰:"有麕而角者。"孔子曰:"孰为来哉!孰为来哉!"反袂拭面涕沾袍。颜渊死,子曰:"噫!天丧予。"子路死,子曰:"噫!天祝予。"西狩获麟,孔子曰:"吾道穷矣。"[公羊传·哀公十四年]

【释义】十四年春天，在都城的西边，捕到一头麒麟。……麒麟是仁兽，有圣明的王者就来，没有圣明的王者就不来。有人把这件事告诉孔子说："有个长角的怪兽。"孔子说："为什么要来呀！为什么要来呀！"把衣襟翻过来擦眼泪。颜渊死了，孔子说："哎！上天要灭掉我。"子路死了，孔子说："哎！上天在诅咒我。"西边打猎得到麒麟，孔子说："我的道路走到头了。"

《春秋》何以始乎隐？祖之所逮闻也，所见异辞，所闻异辞，所传闻异辞。何以终乎哀十四年？曰："备矣！"君子曷为为《春秋》？拨乱世，反诸正，莫近诸《春秋》。（中略）制《春秋》之义，以俟后圣。［公羊传·哀公十四年］

【释义】《春秋》为什么开始于隐公？祖先的事情还没有听过，所看见的记载不一样，所听到的不一样，所传下来的也不一样。为什么到哀公十四年就结束了呢？回答说："到此就完整了。"君子为什么做《春秋》呢？拨开乱世，回归正道，没有比《春秋》更接近这个道理的了。……制作《春秋》的义理，以等待后来的圣贤来体会。

春，王正月戊申，宋督弑其君与夷（中略）及其大夫孔父。孔父先死，其曰及何也？书尊及卑，《春秋》之义也。孔父之先死何也？督欲弑君而恐不立，于是乎先杀孔父，孔父闲也。何以知其先杀孔父也？曰子既死，父不忍称其名，臣既死，君不忍称其名。以是知君之累之也。孔，氏，父，字，谥也。或曰其不称名，盖为祖讳也，孔子故宋也。［谷梁传·桓公二年］

【释义】春天，周历的正月，戊申这天，宋国的华父督杀了宋殇公和夷……以及大夫孔父。孔父先死，为什么记"及孔父"呢？记载的顺序是由尊到卑，这是《春秋》的义理。孔父为什么先被杀死？华父督想弑君又怕争不到君位，于是先杀掉孔父，孔父是他的障碍。怎么知道先杀了孔父呢？儿子死了，父亲不忍心称他的名字，大臣死了，国君不忍心称他的名字。依此知道孔父先死，宋君跟着也死了。孔是氏，父是字，也是谥号。有人说不称呼他的名字，大概是为了避祖讳，孔子的祖先在宋国。

孔子曰："名从主人，物从中国。"［谷梁传·桓公二年］

【释义】孔子说："名跟随主人，物随从中原的叫法。"

子贡曰:"冕而亲迎,不已重乎?"孔子曰:"合二姓之好,以继万世之后,何谓已重乎?"[谷梁传·桓公三年]

【释义】子贡说:"国君亲自迎亲,不是太隆重了吗?"孔子说:"和二姓成婚好,以致延续万代,怎么能说隆重呢?"

孔子曰:"听远音者,闻其疾而不闻其舒;望远者,察其貌而不察其形。立乎定、哀,以指隐、桓,隐、桓之日远矣。"[谷梁传·桓公十四年]

【释义】孔子说:"听远处的声音,能听到激扬而听不到舒缓的;看远处的物体,能看到大体形貌但看不出具体的姿容。处于定公、哀公时代,指望隐公、桓公的事情,隐公、桓公的时代离得太遥远。"

子曰:"石,无知之物,鹢微有知之物。石无知,故曰之;鹢微有知之物,故月之。君子之于物,无所苟而已。"[谷梁传·僖公十六年]

【释义】孔子说:"石头是无知之物,鹢鸟是稍微有灵性的动物。石头无知,所以记下日期;鹢鸟稍微有灵性,所以记下月份。君子对于万物,没有随随便便的。"

宋杀其大夫。其不称名姓,以其在祖之位,尊之也。[谷梁传·僖公二十五年]

【释义】宋国杀了自己的大夫。不称大夫的名姓,是因为他在先祖的地位,尊敬他。

梁山崩,壅遏河,三日不流。晋君召伯尊而问焉。伯尊来,遇辇者,辇者不辟。使车右下而鞭之。辇者曰:"所以鞭我者,其取道远矣。"伯尊下车而问焉,曰:"子有闻乎?"对曰:"梁山崩,壅遏河,三日不流。"伯尊曰:"君为此召我也。为之奈何?"辇者曰:"天有山,天崩之。天有河,天壅之。虽召伯尊如之何?"伯尊由忠问焉,辇者曰:"君亲素缟,帅群臣而哭之,既而祠焉,斯流矣。"伯尊至。君问之,曰:"梁山崩,壅遏河,三日不流。为之奈何?"伯尊曰:"君亲素缟,帅群臣而哭之,既而祠焉,斯流矣。"孔子闻之,曰:"伯尊其无绩乎,攘善也!"[谷梁传·成公五年]

【释义】梁山崩塌,堵住了河道,三天水不能流动。晋侯召见伯尊问这件事。伯尊在来的路上,遇到一个推车的人,不给他让路。伯尊让车右下车鞭打那个推车的人。推车的人说:"打我的原因,是因为赶远路吧。"伯尊下车问他,说:"你听说什么了吗?"回答说:"梁山崩塌,堵住了河道,三天水不能流动。"伯尊说:"国君因为这件事召见我,该怎么办呢?"推车人说:"老天造了山,老天又让它崩塌。老天造了河,老天又让它阻塞。即使召见伯尊,又能怎么样呢?"伯尊诚恳地问他,推车人说:"国君亲自穿着孝服,带领群臣一起哭,然后祭祀,水就会流动。"伯尊到了京城,国君问他说:"梁山崩塌,堵住了河道,三天水不能流动。该怎么办呢?"伯尊说:"国君亲自穿着孝服,带领群臣一起哭,然后祭祀,水就会流动。"孔子听了这件事后,说:"伯尊恐怕没有功劳吧,他盗用了别人的好主意。"

(冬十月)庚子,孔子生。[谷梁传·襄公二十一年]

【释义】冬季,十月,庚子日,孔子降生了。

颊谷之会,孔子相焉。两君就坛,两相相揖。齐人鼓噪而起,欲以执鲁君。孔子历阶而上,不尽一等,而视归乎齐侯,曰:"两君合好,夷狄之民何为来?"为命司马止之。齐侯逡巡而谢曰:"寡人之过也。"退而属其二三大夫曰:"夫人率其君与之行古人之道,二三子独率我而入夷狄之俗,何为?"罢会,齐人使优施舞于鲁君之幕下。孔子曰:"笑君者罪当死!"使司马行法焉,首足异门而出。齐人来归郓、讙、龟阴之田者,盖为此也。因是以见虽有文事,必有武备,孔子于颊谷之会见之矣。[谷梁传·定公十年]

【释义】颊谷之会,孔子担任礼相。两国国君登上土台,两国的礼相相互作揖。齐国人一起起哄,想抓住鲁国国君。孔子一步步登上台阶,只差最后一级没登,视死如归地看着齐景公说:"两国国君友好相见。夷狄之民为什么会来这里呢?"并命令司马官拦住齐人。齐景公退却谢罪说:"这是我的过错。"退下后对群臣说:"那个人领着国君行古代的礼节,你们为什么偏偏领着我行夷狄人的恶俗,这是为什么?"开会结束后,齐国又让优人在鲁国国君的帐下跳舞。孔子说:"戏弄国君的人该杀。"于是让司马官执行军法,把优人的头扔出大门。齐国人归还了郓、讙、龟阴的土地,大概就是因为这次大会。由此可见,即使是盟会,也一定要有武装准备,孔子从颊谷之会看出这个道理。

吴王夫差曰:"好冠来!"孔子曰:"大矣哉!夫差未能言冠而欲冠也。"[谷梁传·哀公十三年]

【释义】吴王夫差说:"好帽子拿来。"孔子说:"大胆呀!夫差说不出帽子的差别,还想戴帽子。"

仲尼曰:"始作俑者,其无后乎!"[孟子·梁惠王上]

【释义】孔子说:"第一个制作木偶用于陪葬的人,应该是没有后代吧!"

仲尼之徒无道桓、文之事者。[孟子·梁惠王上]

【释义】孔子的学生没有讲述、谈论齐桓公、晋文公霸业的人。

孔子曰:"德之流行,速于置邮而传命。"[孟子·公孙丑上]

【释义】孔子说:"仁德的流行,比驿站传递上级的政令还要迅速。"

昔者曾子谓子襄曰:"子好勇乎?吾尝闻大勇于夫子矣:自反而不缩,虽褐宽博,吾不惴焉;自反而缩,虽千万人,吾往矣。"[孟子·公孙丑上]

【释义】从前,曾子对子襄说:"你崇尚勇敢吗?我曾经听老师孔子说过关于勇气的论述:反躬自问后,知道道理不在自己一方时,即使对方是普通百姓,我也不会欺凌;但反躬自问后确信道理在我一方,即使对方有千万人,我也不会退缩。"

宰我、子贡善为说辞,冉牛、闵子、颜渊善言德行。孔子兼之,曰:"我于辞命则不能也。"[孟子·公孙丑上]

【释义】宰我、子贡擅长言辞,冉牛、闵子、颜渊以德行见长。孔子兼有他们的长处,却说:"我对于说话,不太擅长。"

昔者子贡问于孔子曰:"夫子圣矣乎?"孔子曰:"圣则吾不能,我学不厌而教不倦也。"子贡曰:"学不厌,智也;教不倦,仁也。仁且智,夫子既圣矣。"[孟子·公孙丑上]

【释义】子贡曾经问孔子说:"老师您是圣人吗?"孔子说:"我还达不到圣人的地步,只不过是对于学习不厌倦,教诲别人不知疲惫罢了。"子贡说:"学习不厌倦是智的表现,教诲别人不知疲惫是仁的表现。智仁兼备,老师您称得上是圣人了!"

可以仕则仕,可以止则止,可以久则久,可以速则速,孔子也。自有生民以来,未有孔子也。[孟子·公孙丑上]

【释义】可以做官时就做官,可以隐居时就隐居,可以久留时就久留,想急速离开就能急速离开,这是孔子的行事风格。自有人类以来,没出现过孔子这样伟大的人物。

宰我曰："以予观于夫子,贤于尧舜远矣。"[孟子·公孙丑上]

【释义】宰我说:"以我对老师的观察,他远比尧舜优胜。"

子贡曰："见其礼而知其政,闻其乐而知其德,由百世之后,等百世之王,莫之能违也。自生民以来,未有夫子也。"[孟子·公孙丑上]

【释义】子贡说:"看见一个国家的礼仪,就能知道这个国家的政治,听到一个国家的音乐,就能知道道德教化的状况。在百世之后,用这个标准去评价百世的王者,没有一个人能够违背这种礼乐的标准。自有人类以来,没有人具有像孔子这样的功德。"

有若曰："岂惟民哉?麒麟之于走兽,凤凰之于飞鸟,泰山之于丘垤,河海之于行潦,类也。圣人之于民,亦类也。出于其类,拔乎其萃,自生民以来,未有盛于孔子也。"[孟子·公孙丑上]

【释义】有若说:"难道只有人类这样吗?麒麟对于走兽,凤凰对于飞鸟,泰山对于小土堆,河海对于小水塘,都是同类。圣人对于人民,也是同类。高出同类,超出群体,自从人类以来,没有谁比孔子更伟大。"

以力服人者,非心服也,力不赡也;以德服人者,中心悦而诚服也,如七十子之服孔子也。[孟子·公孙丑上]

【释义】以力服人,并不能使人从内心臣服,只是因为力量不如你;而以德服人,别人就会心悦诚服,就像孔子的弟子诚心归附孔子那样。

诗云："迨天之未阴雨,彻彼桑土,绸缪牖户。今此下民,或敢侮予。"孔子曰："为此诗者,其知道乎!"[孟子·公孙丑上]

【释义】《诗经》上说:"趁着天还没下雨,把桑树根的皮剥下来,把门窗修理好。这样住在下面的人,谁敢来欺侮我呢?"孔子说:"作这首诗的人,真是知道治理国家的道理。"

孔子曰："里仁为美。择不处仁,焉得智?"[孟子·公孙丑上]

【释义】孔子说:"邻居里有有仁德的人才是好的。如果你选择的住处没有有仁德的人,那么怎么能算是明智呢?"

孔子曰："君薨,听于冢宰,歠粥,面深墨,即位而哭,百官有司莫敢不哀,先之也。上

有好者,下必有甚焉者矣。君子之德,风也;小人之德,草也。草上之风,必偃。"[孟子·滕文公上]

【释义】孔子说:"君王去世,太子把政务都交给宰相代理,自己每天喝稀粥,面色深黑,一临孝子之住便哭泣,文武百官没有谁敢不悲哀,这是因为太子带了头。在上位的人有所喜好,下面的人一定会喜好得更厉害。领导的德行是风,百姓的德行是草。草受风吹,必随风倒。"

孔子曰:"大哉尧之为君!惟天为大,惟尧则之,荡荡乎民无能名焉。君哉舜也,巍巍乎有天下而不与焉。"[孟子·滕文公上]

【释义】孔子说:"尧作为帝王真是伟大!只有天最伟大,只有尧能效法天,他的圣德无边无际,百姓找不到恰当的词语来形容他。舜也是了不起的帝王,令人信服地管理天下,却并不占有它。"

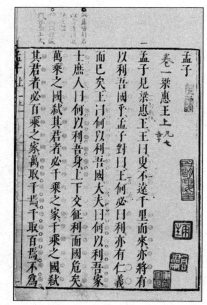

《孟子》书影

昔者孔子没,三年之外,门人治任将归,人揖于子贡,相向而哭,皆失声,然后归。子贡反,筑室于场,独居三年,然后归。他日,子夏、子张、子游以有若似圣人,欲以所事孔子事之,强曾子。曾子曰:"不可。江汉以濯之,秋阳以暴之,皜皜乎不可尚已。"[孟子·滕文公上]

【释义】从前孔子去世的时候,为他守孝三年后,弟子们准备收拾行李回家,去向子贡行礼告别,彼此相对而哭,都泣不成声,然后才离开。子贡又返回到孔子的墓地,重新筑屋,独自守墓三年,然后才离开。后来,子夏、子张、子游认为,有若的模样像孔子,便想用尊敬孔子的礼节来尊敬他,并希望曾子同意。曾子说:"不行。就像用江汉的水洗过,又在盛夏的太阳下暴晒过,光明洁白没人比得上。"

昔齐景公田,招虞人以旌,不至,将杀之。志士不忘在沟壑,勇士不忘丧其元。孔子

奚取焉？取非其招不往也。［孟子·滕文公下］

【释义】从前齐景公打猎，用旌旗召唤看守猎场的小官，小官不来，齐景公准备杀了他。一个有志之士不怕弃尸山沟，一个勇士不怕丢掉脑袋。孔子赞扬小官哪一点？就是赞扬他敢于坚守礼仪，不接受不符合礼仪的召唤。

传曰："孔子三月无君，则皇皇如也，出疆必载质。"［孟子·滕文公下］

【释义】传记上说："孔子三个月无官可做，就惶惶不安，出国时，一定会带上拜见其他国家君主的见面礼。"

阳货欲见孔子而恶无礼，大夫有赐于士，不得受于其家，则往拜其门。阳货瞰孔子之亡也，而馈孔子蒸豚；孔子亦瞰其亡也，而往拜之。［孟子·滕文公下］

【释义】阳货想要孔子来拜见他，又害怕自己不懂礼仪，当时大夫如果赏赐士人东西，士人没有在家亲自接受的话，就得上大夫家去拜谢。阳货趁孔子不在家的时候，便赐给孔子一只蒸猪腿。孔子也趁阳货不在家的时候，前去拜谢。

世衰道微，邪说暴行有作，臣弑其君者有之，子弑其父者有之。孔子惧，作《春秋》。《春秋》，天子之事也。是故孔子曰："知我者其惟《春秋》乎！罪我者其惟《春秋》乎！"［孟子·滕文公下］

【释义】世风衰微，王道荒废，邪说、暴行又随之兴起，臣子杀害君主的事情出现了，儿子杀害父亲的事情出现了。孔子深感忧虑，写了《春秋》。《春秋》写的是天子的事，因此孔子说："将使世人了解我的恐怕只有《春秋》了，将使世人责怪我的恐怕只有《春秋》了。"

孔子成《春秋》而乱臣贼子惧。［孟子·滕文公下］

【释义】孔子写了《春秋》，那些乱臣贼子就感到害怕。

孔子曰："道二，仁与不仁而已矣。"［孟子·离娄上］

【释义】孔子说："治理国家的道义只有两条，实施仁政与不实施仁政。"

孔子曰："仁不可为众也。"［孟子·离娄上］

【释义】孔子说："仁德不是用人数来衡量的。"

有孺子歌曰:"沧浪之水清兮,可以濯我缨;沧浪之水浊兮,可以濯我足。"孔子曰:"小子听之!清斯濯缨,浊斯濯足矣。自取之也。"[孟子·离娄上]

【释义】有小孩唱道:"清澈的水可以洗我帽子上的缨,浑浊的水可以洗我的脚。"孔子说:"你们听着!清的水可以洗帽缨,浑的水可以洗脚。这是水本身决定的。"

求也为季氏宰,无能改于其德,而赋粟倍他日。孔子曰:"求非我徒也,小子鸣鼓而攻之可也!"[孟子·离娄上]

【释义】冉求做了季世的家臣,却没能力改变他的所作所为,而征收的谷物赋税比以前增加了一倍。孔子说:"冉求不是我的学生,你们可以大张旗鼓地声讨他。"

仲尼不为已甚者。[孟子·离娄下]

【释义】孔子不做过分的事。

徐子曰:"仲尼亟称于水,曰:'水哉,水哉!'何取于水?"孟子曰:"源泉混混,不舍昼夜,盈科而后进,放乎四海。有本者如是,是之取尔。"[孟子·离娄下]

【释义】徐子说:"孔子多次赞美水,说:'水啊,水啊!'水有哪一点可取的?"孟子说:"有源的泉水滚滚向前,不舍昼夜,注满了洼地又向前,一直到大海。有源的都是这样,孔子取的就是这一点。"

王者之迹熄而《诗》亡,《诗》亡然后《春秋》作。晋之《乘》,楚之《梼杌》,鲁之《春秋》,一也。其事则齐桓、晋文,其文则史。孔子曰:"其义则丘窃取之矣。"[孟子·离娄下]

【释义】圣王们的事迹消失了,《诗经》就亡失了,《诗经》亡失了,《春秋》就产生了。晋国的《乘》,楚国的《梼杌》,鲁国的《春秋》,都是一样的。它们记载的都是齐桓公、晋文公争霸的事情,文字就是历史。孔子说:"《诗经》的微言大义,我在《春秋》中借用过来。"

禹、稷当平世,三过其门而不入,孔子贤之。颜子当乱世,居于陋巷。一箪食,一瓢饮。人不堪其忧,颜子不改其乐,孔子贤之。[孟子·离娄下]

【释义】禹、稷处于政治和平时代,三次经过自己家门都不进去,孔子称赞他们。颜子处于政治混乱时代,住在狭窄的巷子里,一篓饭,一瓢水,谁都受不了这种苦生活,他却自得其乐,孔子也称赞他。

咸丘蒙问曰:"语云:'盛德之士,君不得而臣,父不得而子。'舜南面而立,尧帅诸侯北面而朝之,瞽瞍亦北面而朝之。舜见瞽瞍,其容有蹙。孔子曰:'于斯时也,天下殆哉,岌岌乎!'不识此语诚然乎哉?"孟子曰:"否。此非君子之言,齐东野人之语也。尧老而舜摄也。《尧典》曰:'二十有八载,放勋乃徂落,百姓如丧考妣,三年,四海遏密八音。'孔子曰:'天无二日,民无二王。'舜既为天子矣,又帅天下诸侯以为尧三年丧,是二天子矣。"[孟子·万章上]

【释义】咸丘蒙问道:"俗语说:'道德高尚的人,君主不能把他当臣子看,父亲不能把他当儿子看。'舜做了帝王,尧带领诸侯面北朝见他,瞽瞍也面北朝见他。舜看见瞽瞍,神情局促不安。孔子说:'这个时候,天下真是岌岌可危呀!'不知道这话是否属实?"孟子说:"不。这不是君子说的话,是齐国东部老百姓的话。尧老了,让舜接管天下。《尧典》说:'舜管理天下二十八年,尧才死去,百官像死了父母一样,天下三年之内没有音乐。'孔子说:'天上没有两个太阳,百姓没有两个君王。'要是舜当了君王,又带领天下诸侯为尧守孝三年,天下就有两个天子了。"

孔子曰:"唐虞禅,夏后、殷、周继,其义一也。"[孟子·万章上]

【释义】孔子说:"唐尧虞舜禅让,夏商周三代子孙相传,道理都是一样的。"

万章问曰:"或谓孔子于卫主痈疽,于齐主侍人瘠环,有诸乎?"孟子曰:"否,不然也。好事者为之也。于卫主颜雠由。弥子之妻与子路之妻,兄弟也。弥子谓子路曰:'孔子主我,卫卿可得也。'子路以告。孔子曰:'有命。'孔子进以礼,退以义,得之不得曰'有命'。而主痈疽与侍人瘠环,是无义无命也。孔子不悦于鲁卫,遭宋桓司马将要而杀之,微服而过宋。是时孔子当阨,主司城贞子,为陈侯周臣。吾闻观近臣,以其所为主;观远臣,以其所主。若孔子主痈疽与侍人瘠环,何以为孔子?"[孟子·万章上]

【释义】万章问道:"有人说孔子在卫国住在痈疽家里,在齐国住在瘠环家里,有这回事吗?"孟子说:"没有,不是这样的。这是好事的人捏造出来的。孔子在卫国住在颜雠由家里。弥子的妻子与子路的妻子是姐妹。弥子对子路说:'孔子要是住在我家,就能当上

论语诠解

经书所载孔子言行

卫国的卿相。'子路告诉了孔子。孔子说:'这都是上天注定的。'孔子无论进与退都合乎礼仪,是否得到官位都说'上天注定的'。如果住在痈疽和瘠环家里,就不符合道义和天命了。孔子在鲁国和卫国不开心,又遇上宋国的司马桓要截杀他,因此乔装通过。这时孔子正在蒙难,住在司城贞子家里,是陈侯周的臣子。我听说要观察朝中的大臣,就要观察他家里住的客人;要观察外来的远臣,就要观察他住在什么人家里。如果孔子住在痈疽和瘠环家里,那还是孔子吗?"

孔子之去齐,接淅而行。去鲁,曰:"迟迟吾行也,去父母国之道也。"可以速而速,可以久而久,可以处而处,可以仕而仕,孔子也。[孟子·万章下]

【释义】孔子离开齐国的时候,把已经下锅的米滤干就走。离开鲁国时,说:"我们慢慢走吧,这是离开祖国的做法。"该快走就快走,该时间久点就时间久点,改退隐就退隐,该做官就做官,这就是孔子的态度。

孔子,圣之时者也。孔子之谓集大成。[孟子·万章下]

【释义】孔子,是圣人中能合乎时宜的人。孔子是集大成的人。

其交也以道,其接也以礼,斯孔子受之矣。[孟子·万章下]

【释义】依据规矩来交往,依据礼节来接触,这样孔子也会接受礼物的。

(孟子曰)孔子之仕于鲁也,鲁人猎较,孔子亦猎较。(中略)(万章)曰:"然则孔子之仕也,非事道与?"曰:"事道也。""事道奚猎较也?"曰:"孔子先簿正祭器,不以四方之食供簿正。"曰:"奚不去也?"曰:"为之兆也,兆足以行矣而不行,而后去;是以未尝有所终三年淹也。孔子有见行可之仕,有际可之仕,有公养之仕。于季桓子,见行可之仕也;于卫灵公,际可之仕也;于卫孝公,公养之仕也。"[孟子·万章下]

【释义】孔子在鲁国做官时,鲁国人争取猎物,孔子也参加了。(中略)(万章)说:"那么孔子做官,不是为了实现道义吗?"孟子说:"是为了实现道义。"万章说:"那为什么要参加争取猎物的活动?"孟子说:"孔子用书籍文册来规范祭器,不用四方献来的食物祭祀。"万章说:"那孔子为什么不离开呢?"孟子说:"他要以此为开端,如果他的主张行得通,而国君不肯实施下去,他才会离开,所以他没在一个地方停留超过三年。孔子有见到道义可行而做官,有因礼遇而做官,有因国君养贤而做官。对于季桓子,是因为道义可行而做;对于卫灵公,是因为礼遇而做官;对于卫孝公,是因为国君养贤而做官。"

孔子尝为委吏矣,曰:"会计当而已矣。"尝为乘田矣,曰:"牛羊茁壮长而已矣。"〔孟子·万章下〕

【释义】孔子曾经做过仓库管理员,说:"账目清楚就行了。"曾经做过管理牲畜的小官,说:"牛羊膘肥体壮就行了。"

云纹兽尊

齐景公田,招虞人以旌,不至,将杀之。志士不忘在沟壑,勇士不忘丧其元。孔子奚取焉?取非其招不往也。〔孟子·万章下〕

【释义】从前齐景公打猎,用旌旗召唤看守猎场的小官,小官不来,齐景公准备杀了他。一个有志之士不怕弃尸山沟,一个勇士不怕丢掉脑袋。孔子赞扬小官哪一点?就是赞扬他敢于坚守礼仪,不接受不符合礼仪的召唤。

万章曰:"孔子,君命召,不俟驾而行。然则孔子非与?"(孟子)曰:"孔子当仕有官职,而以其官召之也。"〔孟子·万章下〕

【释义】万章说:"君主一召唤孔子,他不等马车套好就出发,那么孔子做得不对吗?"孟子说:"孔子当时正做官,有官职在身,国君是靠职务召唤他的。"

《诗》曰:"天生蒸民,有物有则。民之秉彝,好是懿德。"孔子曰:"为此诗者,其知道乎!"〔孟子·告子上〕

【释义】《诗经》说:"上天养育百姓,有物便有法则。百姓掌握常道,便喜欢美德。"孔子说:"作这诗的人,大概懂得道理。"

孔子曰:"操则存,舍则亡;出入无时,莫知其乡。"惟心之谓与?〔孟子·告子上〕

【释义】孔子说:"把握它就存在,舍弃它就消亡。出入没有定时,不知道它在什么地

方。"这说的就是心吧？

孔子曰："舜其至孝矣,五十而慕。"[孟子·告子下]

【释义】孔子说："舜算是最孝顺的人了,到五十岁还爱慕父母。"

孔子为鲁司寇,不用,从而祭,燔肉不至,不税冕而行。不知者以为为肉也,其知者以为为无礼也。乃孔子则欲以微罪行,不欲为苟去。[孟子·告子下]

【释义】孔子担任鲁国的司寇,不受重用,跟随国君去参加祭祀,祭肉却没有送到,孔子连祭祀的帽子也没脱就走了。不知道的人以为孔子是因为祭肉,知道的人明白孔子是因为没有按照礼节办事。于是孔子想在未酿成大错时离开,并不是随随便便地离开。

孔子登东山而小鲁,登泰山而小天下。[孟子·尽心上]

【释义】孔子登上东山觉得鲁国小,登上泰山觉得天下也小了。

孔子之去鲁,曰："迟迟吾行也,去父母国之道也。"去齐,接淅而行,去他国之道也。[孟子·尽心下]

【释义】孔子离开鲁国时,说："我们慢慢走吧,这是离开祖国的做法。"离开齐国时,把已经下锅的米漉干就走,这是离开他国的态度。

君子之厄于陈、蔡之间,无上下之交也。[孟子·尽心下]

【释义】孔子在陈国蔡国之间遭围困,是因为他跟这两国的君臣没有交往。

《诗》云："忧心悄悄,愠于群小。"孔子也。[孟子·尽心下]

【释义】《诗经》说："我忧虑烦恼,招致小人怨恨。"孔子就是这样的人。

特别提示：

本书在编写过程中,参阅和使用了一些报刊、著述和图片。由于联系上的困难,和部分作品的作者(或译者)未能取得联系,对此谨致深深的歉意。敬请原作者(或译者)见到本书后,及时与本书编者联系,以便我们按照国家有关规定支付稿酬并赠送样书。

联系电话:010-80776121　联系人:马老师